同济大学经济与管理学院资助出版

同济经管
TONGJI SEM

新技术革命下的
企业商业模式与机制创新

覃宜都　王一伟　郑　冲　李倩雯　著

同济大学出版社
TONGJI UNIVERSITY PRESS
·上海·

图书在版编目(CIP)数据

新技术革命下的企业商业模式与机制创新 / 覃宜都等著. —上海：同济大学出版社，2023.8

ISBN 978-7-5765-0696-9

Ⅰ.①新… Ⅱ.①覃… Ⅲ.①企业管理—商业模式—研究 Ⅳ.①F272

中国国家版本馆 CIP 数据核字(2023)第 018359 号

新技术革命下的企业商业模式与机制创新

覃宜都　王一伟　郑　冲　李倩雯　著

出 品 人　金英伟　　责任编辑　尚来彬　　责任校对　徐春莲　　封面设计　陈益平

出版发行　同济大学出版社　　www.tongjipress.com.cn
（地址：上海市四平路 1239 号　邮编：200092　电话：021-65985622）
经　　销　全国各地新华书店、网络书店
排版制作　南京展望文化发展有限公司
印　　刷　江苏凤凰数码印务有限公司
开　　本　710 mm×1000 mm　1/16
印　　张　22.5
字　　数　450 000
版　　次　2023 年 8 月第 1 版
印　　次　2023 年 8 月第 1 次印刷
书　　号　ISBN 978-7-5765-0696-9

定　　价　128.00 元

前言 FOREWORD

随着新一轮科技革命的深入发展和经济社会的高速发展，企业在激烈的市场竞争中如何抓住机遇，利用新兴技术完成商业模式的变革及合作机制的创新，并构建创新合作网络、实现多方共赢，显得尤为关键，这也一直是学术界研究的热点问题。

本书以“新技术革命下的企业商业模式与机制创新”为主旨，收录了同济大学优秀学术论文 4 篇，主要涉及数字经济、区块链、5G 移动通信网络、汽车企业等多种技术领域，以及企业管理、社会网络理论和生态系统理论等，综合了文献分析、案例分析、扎根理论法、访谈调研、专利计量法、社会网络分析法、定性与定量分析法等多种研究方法。

第一篇作者为同济大学经济与管理学院技术经济及管理专业的覃宜都，以金融企业采用数字化转型策略驱动商业模式变革为对象，研究了企业数字化变革的内在机理。文章在对数字化转型、商业模式变革等主题相关文献进行分析研究的基础上，以中国平安集团为案例，运用扎根理论建构进行资料编码分析，进一步结合聚类分析、跨案例对比和理论文献回顾，得到若干有新意的研究结论，并从战略执行、科技赋能、协同合作、资源禀赋、价值主张、价值实现和价值网络为金融集团企业采用数字化转型策略驱动商业模式变革提出了建议。

第二篇作者为同济大学经济与管理学院技术经济及管理专

业的王一伟，以区块链技术在金融领域的应用为对象，研究区块链金融公司商业模式的演化过程及演化机理。文章选择区块链金融领域的6个代表公司和项目，运用扎根理论的方法并通过跨案例比较和深入探索，得到区块链金融公司商业模式演化的关键因素，得出商业模式演化的主要过程，为未来区块链金融公司的建立和发展提供决策参考。

第三篇作者为同济大学经济与管理学院技术经济及管理专业的郑冲。文章从专利角度研究5G关键技术及领军企业的研发合作态势。结合产业特征，利用文献研究法得到5G移动通信领域及其关键技术的基本发展和演化特征，利用UCINET 6.0软件构建专利合作网络，对5G技术发展趋势进行专利计量分析，并构建专利合作“广度-深度”二维矩阵，探析领军企业专利合作意愿和质量的差异性。揭示了5G移动通信技术的演化趋势和方向，在一定程度上有助于相关产业政策的制定以及为更有效地推动行业技术发展及产业化应用提供参考。

第四篇作者为同济大学中德学院企业管理专业的李倩雯，研究汽车产业在华德企在创新生态系统中合作机制的影响因素以及合作方式。对9个在华德资汽车制造商、一级供应商及6个外部创新伙伴(包括高校、政府、创新服务机构、投资机构等)进行半结构化访谈，基于扎根理论方法对访谈数据进行开放性编码、选择性编码及理论性编码，共提炼出289个概念与9个主范畴，识别出“企业与创新生态系统的合作机制”这一核心范畴并找出诸范畴之间的关联，构建了中国汽车产业创新生态系统中企业与其他创新主体的合作机制理论模型，并从企业创新管理及整体创新生态系统发展层面提出了提升企业对外创新合作的建议。

本书各篇内容以新技术革命为出发点，研究了数字化转型驱动金融企业商业模式变革创新的机制、区块链金融企业商业模式的演化过程、5G关键技术及领军企业的研发合作态势的演化过程，以及汽车产业在华德企在创新生态系统中的合作机制，以期对新兴技术在企业商业模式创新中的应用及伴随的生态系统合作机制提供指导。本书可供新兴技术工作者与企业管理者参阅，也可供相关专业学生撰写论文参考。

目录

CONTENTS

第一篇

数字化驱动的商业模式变革机制研究

——以中国平安集团为例

覃宜都

一、引言

（一）研究背景与问题提出

数字化转型是当今社会经济升级发展的重要动力。目前，世界主要经济体都建立了相应的数字化战略。2018 年美国发布了《数据科学战略计划》，提出要培育充满活力和弹性的数字经济，继续巩固美国数字经济的优势地位；欧盟也发布了《欧盟人工智能战略》《通用数据保护条例》《非个人数据在欧盟境内自由流动框架条例》等政策文件，旨在通过个人数据保护的方式推动数据流通，进而促进数字经济发展；英国发布了《数字宪章》《产业战略：人工智能领域行动》《国家计量战略实施计划》等行动计划；德国也发布了《联邦政府人工智能战略要点》和《人工智能德国制造》，都力图推动人工智能等技术领域的突破。我国也逐渐将数字经济发展上升至国家战略层面。2017 年，全国两会政府工作报告中第一次出现数字经济，并明确提到“促进数字经济加快成长”；2019 年，政府工作报告又进一步提出“壮大数字经济”的战略。

金融行业最成功的数字化转型是在亚洲，数字技术不仅用于支付市场，而且还用于贷款、保险和投资[1]。政府制定数字贷款有关法律（印度尼西亚、新加坡、马来西亚、泰国、菲律宾），对众筹的监管（马来西亚、新加坡、泰国），用监管沙箱来测试新的金融技术，开发和测试监管科技（Regtech）（马来西亚和菲律宾）。欧洲领先的数字支付地区包括法国、立陶宛、卢森堡、马耳他、瑞士和英国；这些国家在体制上促进金融创新，并与金融科技公司合作制定监管措施。

伴随数字经济发展的浪潮，全世界的商业模式发生变革，产业不断重塑，传统的战略转型研究难以有效地指导数字化转型的实施。组织管理者如何有效应对这一挑战并把握住其中的机遇，转换原有的思维模式，进行商业模式创新？而企业如何转换思维，又如何基于新思维进行商业模式变革，其演化路径又是如何？这些问题都是随着数字经济不断发展，企业及管理者亟需解决的现实问题。

商业模式这一概念自提出以来，就受到了学术界和企业界的高度重视。经过多年的研究探索，学者们已经多角度、多层次对商业模式进行剖析，并取得了一定进展,但大多数研究成果仍主要集中于对商业模式的静态视角研究,如价值链、价值网的研究,对商业模式动态演化的研究相对较少,而针对某一类型企业商业模式演化过程的深入研究则更少。

本文通过平安集团的案例对数字化驱动商业模式变革机制进行了研究,目的在于探究我国大型金融控股集团数字化转型驱动商业模式变革的机理,从而为相关产业数字化商业模式创新提供借鉴和指导。

(二)研究目的与研究内容

1. 研究目的

基于上述对金融企业数字化转型和金融业商业模式的理论与现实背景的分析,结合金融企业在采取数字化转型进行商业模式变革中面临的困境和挑战,本文拟回答的问题是:金融企业在数字化驱动商业模式变革的内在机理是什么?本土金融企业都先后提出数字化转型策略,但部分金融企业成效仍待检验。本文试图通过选取在本土金融企业中数字化转型和商业模式变革中极具代表性的中国平安集团,通过单案例研究和扎根理论建构来深入分析金融企业数字化驱动商业模式变革的内在机理,旨在为金融企业在数字经济背景下实现商业模式创新提供指导,降低采取数字化转型策略失败的风险,并希望进一步为本土金融企业商业模式演变及多元化发展提供借鉴和指导意义。

2. 研究内容

本文综合运用扎根理论建构和单案例研究的主要研究方法,选择中国平安集团作为研究对象,探索中国平安数字化转型策略驱动的商业模式变革机理。研究内容由六章组成。

第一章,绪论。第一章主要介绍了本文的研究背景,从现实发展中提炼出本文的关键问题,并简要阐述了本文的研究方法、主要研究内容及关键技术路线。

第二章,文献综述。本章首先梳理了国内外学者对商业模式、扎根理论等的相关研究,并着重关注企业数字化转型策略的研究、对金融企业的数字化转型研究综述,提出可能的研究空白点。

第三章,平安集团数字化驱动商业模式演变过程研究。首先说明了本案例的选取依据,指出其符合目的性抽样原则;其次分析了平安集团的商业模式演化概况,详细阐述了平安集团的数字化转型历程;最后概述了平安集团数字化转型后期主营业务的构成。本章的案例研究为下一步案例扎根分析的理论性抽样划定了框架。

第四章，案例扎根分析。本章对样本案例进行编码，得出各范畴间的逻辑关系，并构建数字化驱动的商业模式演化模型，对模型进行分析和讨论和得出研究结论。

第五章，理论模型适用性验证。进行同类案例和同类研究文献比较，再对花旗集团数字化驱动商业模式进一步开展横向对比研究，对照上一步所构建模型验证对同类案例解释的适用性。

第六章，总结了本文的研究启示，并指出本研究的不足和未来进一步研究的方向。

（三）研究方法与技术路线

1. 研究方法

（1）文献分析法

在确定研究主题后，笔者收集了相关文献资料，并进行系统分析。首先，利用中国知网、Web of Science 等网站检索数字化转型、商业模式等研究领域相关中英文文献；其次，对平安集团发布的官方网站新闻报道、知名刊物对平安集团高层的访谈以及企业内部发行刊物进行分析，为案例分析奠定基础，并从中找出平安集团数字化转型商业模式演变的特点及发展规律。

（2）单案例纵向研究方法

作为管理学研究方法的一个重要分支，案例研究长于描述和解释，主要用于回答“如何改变”“为什么变成这样”及“结果如何”等研究问题，重点关注现象发生时的实际情境，并且进行丰富的描述[2]。这种现象驱动的研究适用于复杂情境的复杂现象，尤其是处于初期理论探索阶段，并且具有明显的情境特殊性的研究问题。单案例研究法聚焦于对典型样本的深度探究，较之多案例研究，更具有典型性和代表性。单案例研究法通过对样本案例的重大变革、典型事件等资料进行搜集和分析，以学术性的语言进行概括和提升，并以此为基础实现理论创新和拓宽。

（3）扎根理论建构方法

扎根方法适用于内涵和外延尚不明确或仍有争议，以及要素、关系非常复杂的理论概念。扎根理论利用归纳的方法分析整理现实问题中的典型事件，进行深入比较、思考和挖掘，将资料转化为理论范畴、建立模型，并以此验证现有理论或创建新理论。扎根理论深入探索样本案例中的典型事件以及重要变革，可以了解各范畴间的内在逻辑，进而总结案例演化规律。不同领域的学者们都认可扎根理论方法论的科学程度、严谨度、合法度和有效性。但不可避免地，由于领域限制、研究方法和主题的不同，扎根理论在现实研究中存在不同的研究思路和发展方向[3]。

扎根理论构建有三种不同版本。第一个版本是经典的传统“扎根理论构建”方法，即 Glaser 与 Strauss 两人在 1967 年专著中开创的扎根理论研究方法，其特色表现为具体步骤相对松散开放，两人同时提出了“扎根理论构建”方法的核心理念[4]，包括理论构建目的、理论抽样步骤（theoretical sampling）、理论饱和（theoretical saturation），以及最为重要的理论敏感性（theoretical sensitivity）等。

第二个版本见于《质性研究基础：扎根理论程序与技术》这部专著[5]，此书由 Strauss 与其学生 Corbin 在 1990 年共同出版，主要特色是强调将以前相对松散开放的具体步骤落地，提出了许多操作技巧，包括现在普遍应用的编码方法。该书将扎根理论程序化，Strauss 与 Corbin 在经典版本的基础上，通过长年的研究实践总结，引入了新的概念和方法，倾向于主张采用正式、规范的数据分析范式。

为了区分以上两种不同版本的扎根理论，学界用“经典扎根理论”代指 1967 年 Glaser 与 Strauss 的传统版本；“程序化扎根理论”则用于指代 1990 年 Strauss 和 Corbin 在其著作中提出的理论。

第三个版本是 Charmaz 出版的《建构扎根理论：质性研究实践指南》专著提出的。此书认为，必须从实证主义源头发展扎根理论，融合建构主义思想，让扎根理论的实践更具反思性[6]。

三个有代表性的扎根理论方法论都属于归纳性的质性研究方法，都旨在建构中层理论，而且都是基于经验资料进行。三者的不同点主要在对于原始资料的处理上。经典扎根理论和程序化扎根理论强调数据收集中研究者需保持中立，而建构主义扎根理论还强调研究者与被研究对象之间的互动关系。同时，三者对原始资料的编码分析方式各不相同。

至今还未有人能将以上三个版本整合成为一个统一体系，三大流派的研究者之间进行着长期的争论，因此扎根理论方法论虽然是使用最广泛的一个社会科学研究方法，但是学界对其也同样存在着相当大程度的误用[7]。本文采用的是使用最广泛的第二个版本，即 Strauss 和 Corbin 的程序化扎根理论建构，同时注意在研究中反对完全的机械化，避免将现有资料填充到预设框架中，避免生硬地嵌入事先预设的概念化描述[8]。

扎根理论的建构包含几个核心思想[9]：第一，理论源于数据，任何与研究对象有关的材料，包括研究文献、访谈文本、新闻报道、研究者本身的观点等，都可以作为扎根理论的原始数据。第二，不断比较和连续抽象，一般的质性研究方法都是先收集再分析，扎根理论研究则不同。扎根分析需要在每次采集数据后及时进行，接着比较新数据和已有的概念与范畴，然后再继续重复这样的数据采集和分析。第三，“理论敏感性”，研究者需要具备从原始经验数据中进行抽象概括的能力。第四，开放性抽样、目的性抽样和理论抽样结合。第五，灵活运用文献，在扎根理论研究中，对于研究什么文献、什么时候研究和如何研究等问题，一直没有定论。Glaser 的经典流派强调，研究者在研究之前不应预设框架，应不带任何固有观点地从原始数据中通过层层编码发现理论。但 Strauss 的程序化扎根流派认为，在理论上强调避免先入为主没有问题，但研究者研究之前都有已存在的知识，在实践中不可能将研究人员完全看作一块“白板”。

本文综合采用单案例研究和扎根理论建构对数字化转型驱动企业商业模式变革机理进行相关研究，同时注重文献分析，原因有三点。

(1) 单案例研究法聚焦于对典型样本的深度探究，较之多案例研究，更具有典型性和代表性。单案例研究法通过对样本案例的重大变革、典型事件等资料进行搜集和分析，以学术性的语言进行概括和提升，并以此为基础实现理论的创新和拓宽。在针对企业数字化转型对商业模式的影响机理研究中，通过单案例进行深度挖掘所得出的结论更具有深度。

(2) 扎根理论构建和案例研究都属于定性研究方法的范畴，在研究目的上并没有本质区别，而且两者在某些具体实践操作方面有不少相似之处，但两者也在另外一些具体实践操作层面有所不同，各具特色[2]。本文综合利用案例分析和扎根理论构建进行探索性研究和分析，同时借助用于质性研究分析的 Nvivo 软件提供的聚类分析算法以辅助进行量化分析，弥补定性研究方法存在的可信度不高、现实依据弱等问题。

(3) 现有文献中数字化转型战略的内涵在不断发展，商业模式的研究领域也包含众多学派，应用管理方面针对数字化转型驱动企业商业模式变革机理的研究较少，尚未出现成熟的理论模型。对于涉及概念较多、形式多样和变量之间关系复杂的理论，相较于量化研究更适合使用扎根理论方法论[10]。因此本文以扎根理论构建为主，从案例中寻找规律，使理论模型自然涌现，结合案例研究对现实问题进行理论提炼，对于后续企业采取数字化转型战略重塑商业模式有一定的指导意义。

2. 技术路线

本文所使用的技术路线主要围绕扎根理论方法展开，具体技术路线见图 1.1。

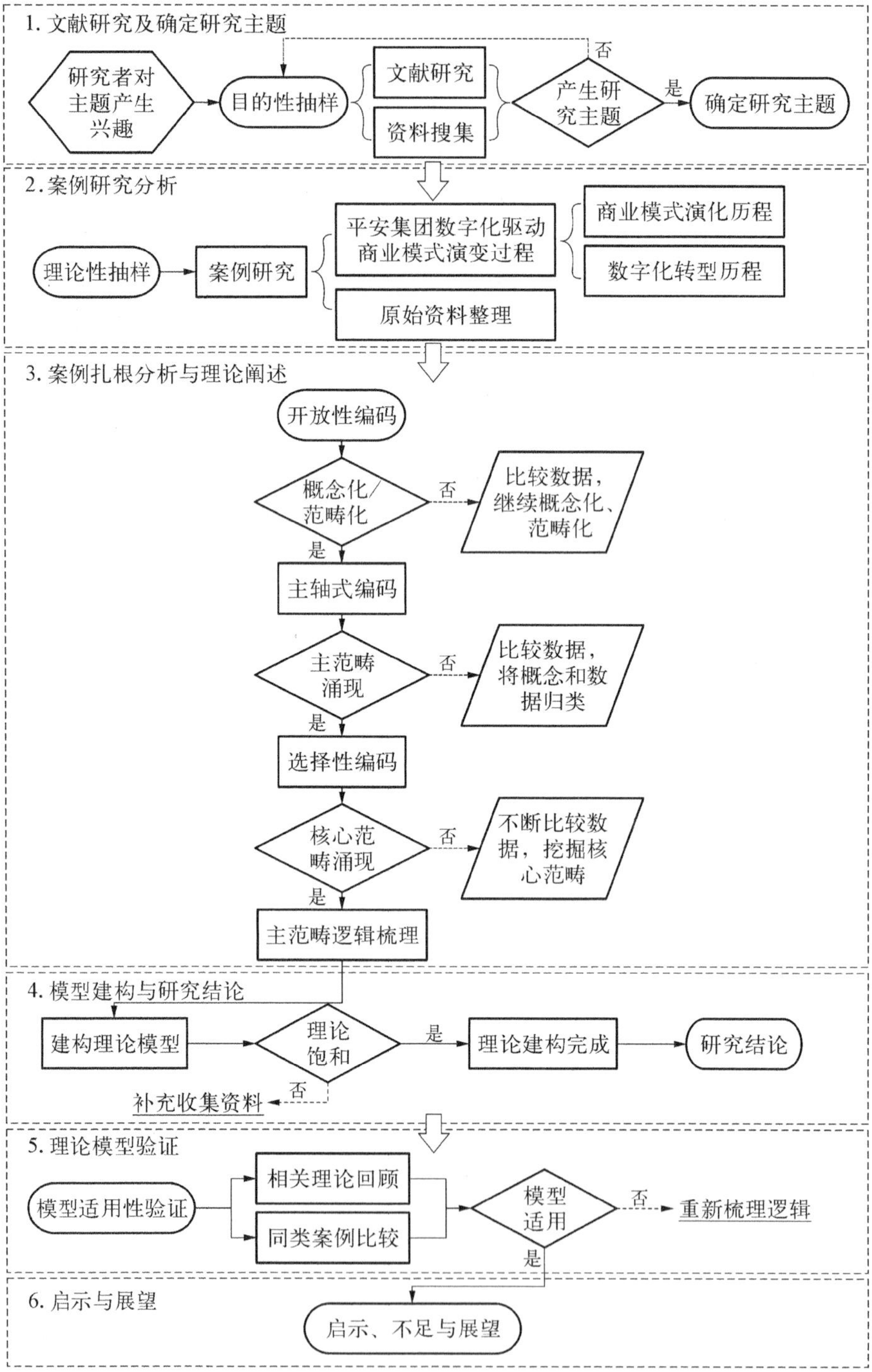
1. 文献研究及确定研究主题
研究者对主题产生兴趣
目的性抽样
文献研究
资料搜集
产生研究主题
否
是
确定研究主题
2. 案例研究分析
理论性抽样
案例研究
平安集团数字化驱动商业模式演变过程
原始资料整理
商业模式演化历程
数字化转型历程
3. 案例扎根分析与理论阐述
开放性编码
概念化/范畴化
否
比较数据，继续概念化、范畴化
是
主轴式编码
主范畴涌现
否
比较数据，将概念和数据归类
是
选择性编码
核心范畴涌现
否
不断比较数据，挖掘核心范畴
是
主范畴逻辑梳理
4. 模型建构与研究结论
建构理论模型
理论饱和
是
理论建构完成
研究结论
否
补充收集资料
5. 理论模型验证
模型适用性验证
相关理论回顾
同类案例比较
模型适用
否
重新梳理逻辑
是
6. 启示与展望
启示、不足与展望

图 1.1　技术路线图

二、文献综述

（一）数字化转型

1. 数字化转型的内涵

根据腾讯研究院和工信部《数字经济白皮书》中的定义，依据数字化发展程度的不同，“数字经济”可以被依次划分为：信息数字化、业务数字化、数字转型三个阶段。其中，数字化发展的最新阶段即是数字转型，一方面数字转型可以发现新的经济转型发展空间；另一方面，数字转型又不断推动传统产业转型升级，从而促进全社会经济转型，实现可持续发展[11]。

数字化转型没有统一的定义（表 2.1）。现有的许多研究对数字化转型有不同的理解。例如早期存在各种信息化策略概念[12]，比如 Mithas 等将数字策略划分为两种形式：一般 IT 投资和 IT 外包投资，但这些概念主要围绕公司业务运营的应用系统架构[13]。但随着研究深入，更多学者认为数字化转型实际上是随着时间推移而发生的更为激进和进化的过程[14]。Ross 等指出为了取得数字化转型策略的成功，公司需要一个独特的价值主张，该价值主张强调应采用竞争对手难以复制的数字技术[15]。

表 2.1　数字化转型的定义举例

研　究　者	定　　　义
Bharadwaj 等[19]	通过利用数字资源来创造差异价值而制定和执行的组织策略
Lucas 等[20]	通过重新定义业务能力，流程和关系从根本上改变传统的商业活动方式
Fitzgerald 等[21]	采用新的数字技术来促进组织中的重大业务改进
Westerman 等[22]	使用技术从根本上改善企业的绩效或市场覆盖范围
Henriette 等[23]	社会各方面的数字技术应用带来的变化驱动的商业模式
Piccinini 等[24]	特点是利用新的数字技术，使业务得到显著改善
Schuchmann，Seufert[25]	技术和新商业的重组，以更有效地在用户生命周期的所有接触点上吸引数字用户
Chanias 和 Hess[26]	体现在整个组织引进数字技术的所有变化

续 表

研 究 者	定 义
Hess 等[27]	数字技术可能带给企业商业模式的变化导致产品或组织结构或流程自动化发生变化
Sebastian 等[28]	受强大且易于访问的技术(例如 SMACIT)的能力启发而制定的业务策略,为不断变化的市场状况提供独特的集成业务功能
Morakanyane 等[29]	利用数字功能和技术来实现业务模式、运营流程和客户体验的价值创造的演进过程

一些研究人员将数字化转型视为范式或过程[16]。Rogers 认为数字化转型主要是关于改善数字技术基础架构的想法。数字化转型的主要驱动力不是技术要素,而是战略思维的根本性变化,需要新的方法和思维方式[17]。Matt 等指出数字化转型策略是一个蓝图,它支持公司管理由于数字技术集成以及转型后的运营而发生的转型。数字化转型策略具有不同的视角并追求不同的目标。从以业务为中心的角度来看,这些策略着重于因新技术而导致的产品、流程和组织方面的转变[18]。

中国的数字化转型研究同样经历了从信息化领域概念到数字化领域概念的发展。广义的数字化转型研究可以涵盖较早的企业信息化管理研究,其研究焦点是企业基于计算机的管理系统和流程自动化,目的是通过采用数字化技术提升企业管理能力进而保持竞争优势[30-32],比如使用新的企业资源计划(Enterprise Resource Planning,ERP)系统实施被视为数字化转型[33,34]。此时,数字化可以理解为信息技术作为一个独立要素作用于企业科学管理[35],或者信息化能够优化企业管理中资本、生产等各要素之间的联系[36]。随着数字技术的发展,数字化不再被视为单一的技术要素,数字化转型更多地与新兴技术的应用带来的组织变革相关。陈劲提出数字化转型(Digital transformation)是以建立新的商业模式为企业目标的高层次转型,需要在原有数字化转换、数字化升级等手段的基础上,进一步深入企业的核心业务变革[37]。新兴数字技术带来变革的一大标志即是互联网技术的普及,2002 年后淘宝网络购物的发展,拉开了电子商务时代的序幕,再之后随着 3G 和 4G 通信技术的发展,社会转而进入移动互联网时代。互联网与数字化转型联系愈发紧密,2012 年出现了一个极具代表性的本土化数字化转型概念——“互联网+”。2014 年《中国的数字化转型:互联网对生产力与增长的影响》报告中，麦肯锡研究团队着重论述互联网作为技术手段，而数字化能够提高行业生产效率，两者相互影响[38]。2015 年，马化腾提交了以“互联网＋”为主题的议案[39]，该议案中“互联网＋”指代将互联网和各行业利用互联网的平台和信息通信技术进行结合，在旧有的商业领域之外创造新的业态。“互联网＋”作为一种技术手段，目的是创造新的商业生态。

2018 年，中国国务院发展研究中心相关课题组发布了一份关于传统产业数字化转型的报告[40]，界定了产业层面数字化转型的内涵，即在新的信息技术背景下，打破不同层级、不同行业间的技术及数据壁垒，从而构建基于数据采集、传输、存储、处理、反馈全流程的闭环，提高整体运行效率，构建全新的数字经济体系。2019 年国际咨询公司 IDC 中国副总裁武连峰综合微软、华为、IBM 等代表性企业对数字化转型的表述，将数字化转型定义为通过数字技术创新驱动企业商业模式转型升级并实现商业生态系统重构的新方法[41]。

2. 数字化转型的研究视角

(1) 转型机理

Westerman 指出，大型传统公司如果接受数字环境并找到使其成为数字环境的方法，就可以胜过快速发展的数字初创公司[42]。

从市场驱动向驱动市场转型的关键是企业的动态能力[43]，Yeow 等使用动态能力方法对“企业对企业”(Business to Business，B2B)公司制定“企业对客户”(Business to Customer，B2C)数字策略的过程进行了纵向分析。研究发现，随着组织向数字化策略转变，新兴策略和资源之间的失调导致了紧张局势，动态能力能够支持(数字)策略的发展和后续完善[44]。Scuotto 等通过结构方程模型(Structure Equation Model，SEM)，分析了位于意大利的 239 个知识密集型中小企业样本。值得注意的结果是，面向组织内部和组织间创新过程的 ICT 都改善了新产品的产生和/或服务的提供[45]。

(2) 前置条件

Mithas 等研究认为，许多数字商业策略在竞争激烈的行业中之所以失败，不是因为 IT 部门在规划、实施或执行方面失败了，而是因为高管们没有预料到行业竞争对手可能会做出的反应[13]。Kulatilaka 和 Venkatraman 指出，在数字经济中创造和获取价值需要跨业务、信息技术和金融三个领域协调行动[46]。为了帮助管理者更系统地应对数字化转型挑战，Hess 等根据三家德国媒体公司如何成功进行数字化转型的经验指出，对于负责制定公司数字化转型策略的经理人来说，最重要的是知道要问的正确问题[27]。《麻省理工学院斯隆管理评论》和德勤2015年全球数字业务研究发现，对业务进行数字化重新构想的能力在很大程度上取决于清晰的数字战略，这些战略由领导者支持，领导者培养了创新的文化。数字化转型的独特之处在于，冒险精神正在随着数字化程度更高的公司寻求新的竞争优势成为一种文化范式[47]。

相反，Chanias和Hess在研究的三个欧洲汽车集团中发现了反直觉的结果——已实现的数字化转型策略主要由不同的组织子社区通过自下而上的流程，并在发起一个新的策略行动之前形成的多样化战略活动来形成[26]。其研究结果表明，在制定数字化转型策略时，管理层代表需要对正在进行的数字化转型工作有一个清晰的概览，并需要理解执行数字转型策略每一步行动背后的意图。在此基础上，数字化转型策略的目标应在最高管理意图与整个组织机构的意图之间取得平衡。

此外，领导层面临的数字化转型挑战需要高级管理人员和首席执行官的新能力，并需要新的价值观[48]，例如信息透明性、适应性和弹性。信息驱动的透明性将永远改变高层领导权力分配的方式，而领导者需要接受这种新的透明性。他们还必须能够理解如何使用数字技术带来的新管理工具[49]。

(3) 行业研究

针对金融行业，麦肯锡针对商业银行提出“3＋1”转型策略：一是打造生态圈银行，二是打造场景金融，三是数字化转型以客户为中心，四是强化IT基础能力建设[50]。陆岷峰指出，以大数据思维为指导推动商业银行的转型升级符合互联网金融时代银行业的发展要求[51]。侯世英、宋良荣的研究建议，中小银行的金融科技布局战略要以客户为中心精准定位实现差异化经营，并简化业务流程拓宽业务场景，改变自身思路以开放合作的态度做好金融科技“软转型”的准备[52]。谢治春等分析发现，不同规模银行在战略选择上有所区别，大中型银行更偏向于选择开放生态银行或者闭环生态银行，而小型银行则有更高的可能性选择垂直分工或细分市场的银行战略模式[53]。保险业方面，霍联宏通过对太平洋保险的研究指出，太平洋“以客户为导向”的转型发展，本质为再造企业商业模式及业务流程，即利用新技术的广泛应用，提升客户体验，以实现公司的价值可持续[54]。苗力的研究从外部环境推动和内部能力重塑拉动两方面剖析了保险企业数字化战略转型的动因[55]。

需要注意的是，赵洪瑞等的实证研究表明，尽管一些商业银行战略转型的方式，诸如产业事业部改革、互联网新技术的应用等均具有合理性，但仍存在一些不足，主要集中于对转型方式的探索和应用上：第一，现有的数字化转型存在于企业的不同层面，仍需长期的系统拟合；第二，现有的部分转型方式存在着多重路径混合的现象[56]。

（二）商业模式变革

1. 商业模式的内涵

商业模式（Business Model）在学术论文中的出现可以追溯至 1957 年[57]，1960 年此概念以标题的形式出现[58]。随着 1990 年年末互联网和电子商务的兴起，这一概念开始被广泛提及[59-61]。最初这些研究的重点主要是互联网公司获取收入的方式，随着数字技术的发展，产业边界逐渐模糊，商业模式这一概念的使用在互联网公司的范围之外变得更加普及，因此，每个公司都被认为具有商业模式[62]。然而不同研究领域背景对商业模式的认识并不相同（表 2.2）[63]，如 Teece 指出，现有对商业模式的定义缺乏商业研究和经济学的理论支撑[64]。

表 2.2　商业模式定义举例

研究者	发表时间	商业模式定义
Slywotzky 和 Morrison[65]	1997	使公司获利的模式和策略
Picken 和 Dess[66]	1998	关于公司如何在竞争环境中获利的一系列假设
Timmers[59]	1998	产品、信息和服务组合的体系流结构，包含各参与方及与之有关的潜在利益和收入
Rappa[61]	2000	公司如何通过利用其在价值链中的位置来赚钱
Stewart 和 Zhao[62]	2000	关于企业如何赚钱并随持续维持利润流的陈述
Boulton 等[67]	2000	关于企业如何利用资产为所有利益相关者创造价值
Mahadevan[60]	2000	是对业务至关重要的价值流、收入流和物流三个流的独特结合
Amit 和 Zott[68]	2001	企业为自身、供应商、合作伙伴及客户创造价值的决定性来源
Dubosson-Torbay 等[69]	2002	公司及其合作伙伴共同组成的，通过生产、营销、价值传递及关系网络等手段产生利润和可持续收入流的体系结构

续 表

研究者	发表时间	商业模式定义
Afuah 和 Tucci[70]	2003	公司构造和利用资源为客户提供比竞争对手更高的价值并以此盈利
Shafer 等[71]	2005	企业在价值网络内创造和获取价值的基本核心逻辑和战略选择的一种表述
Osterwalder 等[72]	2005	公司为客户群提供的价值,以及公司的体系结构及其合作伙伴网络的创建、营销,交付此价值和关系资本以及产生可盈利性的描述和可持续的收入来源
Chesbrough 等[73]	2007	商业模式本质上发挥两大功能:创造价值,并使创造者从中获取部分价值
Osterwalder 和 Pigneur[74]	2010	企业维持生存的方式,即组织能够在财务上实现自给自足
Teece[64]	2010	企业向顾客传递价值,进而创造利润的方式

Morris 等总结商业模式的研究主要集中于经济性、公司运营以及总体战略三个维度[75]。此外,也有学者从知识管理的角度对商业模式展开研究[76]。秦志华和王永海回顾商业模式概念演变过程后将其研究发展分为初始阶段、成长阶段和反思发展阶段[77]。1995—1998 年研究目的在于给出定义和解释基本内容,1999—2002 年旨在明确定义内涵和说明结构内容,2003 年之后除了说明内容结构还包括说明功能作用以及探讨商业模式创新。

总体而言,随着电子商务、数字技术的发展以及研究的深入,商业模式研究视角逐渐从经济性上升到运营再到战略层面,其内涵变得更加全面。最近的研究中,Wirtz 等重新提出了一个综合性定义:是公司相关活动的简化和汇总表示。它描述了如何通过公司的增值组件生成可销售的信息,产品和/或服务。不仅需要考虑价值创造的架构,还需要考虑战略、客户和市场的组成,进而确保竞争优势[78]。为了实现确保竞争优势的最终目的,应该始终从动态角度审慎地考虑当前的商业模式,因此要意识到随着时间流逝,内部或外部变化可能会引发商业模式的演化或创新。

2. 商业模式的构成要素

早期商业模式(Business Model)、战略(Strategy)、商业概念(Business

Concept)、收入模型(Revenue Model)和经济模型(Economic Model)经常互换使用,因此引起术语混乱[79],梳理不同研究视角的商业模式的构成要素(表 2.3),有助于更清晰地理解商业模式的内涵,也便于下一步研究分析。

表 2.3 商业模式构成要素

研究者	商业模式构成要素
Timmers[59]	产品流、服务流、信息流
Mahadevan[60]	价值流、收入流、物流
Amit 和 Zott[68]	价值主张、价值创造、价值交付、价值获取
Alt 和 Zimmermann[80]	使命、结构、过程、收入、法律因素、技术
Weill 和 Vitale[81]	价值主张、战略目标、目标客户、成功因素、核心能力、收入来源、渠道、IT 技术设施
Chesbrough 和 Rosenbloom[82]	竞争策略、价值理念、价值网络中的位置、公司内部价值链结构、识别细分市场、成本结构和潜在收益
Osterwalder 等[72]	价值主张、利润公式、关键资源、关键流程
Morris 等[79]	价值主张、客户、内部流程和能力、盈利方式、竞争策略、行动框架
原磊[83]	目标顾客、价值内容、网络形态、业务定位、伙伴关系、隔绝机制、收入模式、成本管理
Teece[64]	选择产品/服务、识别目标市场、确定顾客价值、确定收入来源、设计价值获取机制
Osterwalder 和 Pigneur[74]	价值主张、客户细分、渠道通路、核心资源、客户关系、关键业务、重要合作、收入来源、成本结构
荆浩和贾建锋[84]	客户、价值主张、价值网络、创收逻辑
李红等[85]	用户、市场、企业运营资源、盈利模式
魏江等[86]	价值主张、价值创造、价值获取、价值网、战略抉择
项国鹏和周鹏杰[87]	细分顾客/市场范围、经营模式、顾客接触方式、盈利方式
Boons 和 Lüdeke-Freund (2013)[88]	价值主张、财务模式、顾客界面、供应链

续 表

研 究 者	商业模式构成要素
罗峰[89]	价值主张、价值生产、价值提交、价值回收、价值维护
吴瑶和葛殊[90]	目标市场、竞争战略、价值主张、价值链、价值网络、收益机制
Bocken 等[91]	价值主张、价值创造和传递、价值获取

商业模型作为一个概念框架，基本的功能是组织公司的价值创造并实现盈利。通过对商业模式构成要素的梳理可以发现，一方面还要考虑客户和市场（外部因素），另一方面要考虑服务提供/价值创造的条件（内部因素）。此外还会涉及战略的相关概念。对商业模式的构成要素进行梳理后，对相应的构成要素或者要素之间的联系进行重塑，企业就能实现对商业模式变革。

3. 商业模式变革的相关研究

随着研究的发展，越来越多研究者认识到，企业需要改变、适应和创新他们的商业模式，以便从技术创新中获得适当的价值[92-94]。在商业模式变革的研究中，有多种相似内涵的研究术语，如商业模式应用、商业模式调整和商业模式创新。该领域的研究可分为两类，区别在于一些学者侧重于商业模式的创新是颠覆性的，会对市场或者行业产生根本性的变革[95-96]，而另一些学者，如 Osterwalder 和 Amit，Zott 等，则认为商业模式的创新重点在于实现新颖性，即企业自身推出新的产品服务或设计新的运营活动[72,97-99]，不要求引起市场或行业的变革。从创新的分类模式来看，Smith 将创新分为三种模式，包括增量式创新，指的是技术体系内的创新带来处理效率的提升；颠覆性创新，改变行事方法，但是不改变整个体制；以及激进式创新，整个技术体制的改变，包括新的技术功能和新的组织形式[100]。从对变革的理解来看，第三种模式激进式创新最契合于变革的语义。因此，综合而言，对本文所探讨的商业模式变革可作如下界分：在数字经济背景下，如果企业只是更新所使用的 ICT 系统提升工作效率，不视为商业模式创新；企业至少能够利用互联网技术提供了线上/移动端的相关服务即可视为基本的商业模式创新，企业在原有商业模式内提升了价值创造；而当企业采用的数字技术提供了更丰富的价值创造增量并且造成了组织上的变革时，即是商业模式变革。这种变革上可以改变行业或者市场，下至企业自身提供的新产品服务不足以影响改变市场时，也具备开辟新的市场的能力。

商业模式变革主要以价值创造的变革为表现形式，核心竞争力可以通过三个标准来定义：能够运用到不同的市场、能被消费者认可、难以被竞争者复制[101]。商业模式变革的代表性研究视角包括战略规划视角和价值系统视角。从战略规划视角出发要求企业家正确识别企业所处的内外部环境，围绕企业战略设计商业模式变革目标。王雪冬和董大海指出，战略规划视角会以竞争为思考出发点，认为商业模式创新也是竞争导向，忽略商业模式创新注重客户需求带来的竞合特点[102]。价值系统视角则要求企业不断审视自身的价值传递方式，在价值创造和价值获取上进行调整。随着研究的发展，两种视角也被部分学者综合一并进行考量[103]。

学者们对不同商业模式变革路径的优劣一直持有争议。一种思路主张将多种甚至部分冲突的商业模式作为风险对冲的机制并行[104-106]；另一种观点认为，企业应改变主要商业模式以适应不断变化的需求[96,107-110]。具有代表性的是Amit和Zott给出商业模式创新需要实现新颖性、锁定（指合作伙伴的转移成本）、互补性和效率[68]。Frankenberger提出了一个4I框架，指出商业模式创新分为启动、构想、集成和实施四个阶段，企业家在每一个阶段都需要面对特定的挑战。

商业模式变革的途径可以分为静态方式和动态方式[111]：静态方式关注商业模式的具体构成要素，在此视角下，更改一个或者多个商业模式的构成要素即可实现商业模式的创新和变革。动态方式对实施商业模式变革进行阶段划分，识别企业发展和行业发展所处的不同阶段，通过构成要素内部的关联、不同要素间的多种排列组合、有机联系促使企业构建资源组合，或者优化组织系统，乃至重塑价值主张，通过不同层次的演化积累，最终促成商业模式变革。

应用研究中，周辉等对战略性新兴产业中核心企业商业模式特点分析，认为技术创新是商业模式构建的起点[112]。张璐等通过对蒙草生态进行纵向案例研究发现：战略导向与动态能力交互作用的不断升级，驱动了企业商业模式由"市场需求型商业模式"向"技术创新型商业模式"，再向"共享开放型商业模式"的创新演化过程[113]。

4. 商业模式与战略的辨析

自2000年以来，关于商业模型的战略视角的研究的增加。通过使用商业模型方法，可以更好地分析竞争结构，并可以作出战略创新决策[114]。通过在战略理解范围内业务模型的日益差异化，对商业模式的战略组成部分的考虑变得越来越重要[82]。Amit和Zott提出了一种关于商业模型的跨理论的观点，认为没有单一的理论可以完全解释企业的价值创造潜力。他们认为,商业模式构建可以用作分析的统一单元,以捕获来自多种来源的价值创造[68]。

Casadesus-Masanell 和 Ricart 的研究认为商业模式是企业战略的直接执行结果,强调战略和商业模式虽然相互关联,却是不同的概念。商业模式以机会为中心[103],战略还涉及愿景,对竞争对手的定位和企业未来的发展方向[115-118]。商业模式可以看作是已实现战略的反映,商业模式可以被视为焦点公司战略武器库的一部分[119]。商业模式将战略制定与实施联系起来,两者同时发生并汇聚成一个独特的结构即商业模式。

Teece 将商业模式与战略和创新理论进行了连接,指出需要将商业模式和业务战略耦合,从而保护新商业模式设计所带来的竞争优势[64]。商业模式的概念可以用作整合战略制定(分析、设计、思考、学习和实验)的不同过程的手段,也可以作为通过专注于制定商业模式的递归过程来联系战略制定和实施阶段的一种方式[120]。

通过对价值创造和价值获取的综合,整体和平衡的考虑,商业模式使客户重新成为战略学者和企业家精神学者的关注焦点。Massa 研究指出战略管理和商业模式研究的分歧和差异源于以下事实:商业模式可能正在挑战传统的价值创造和价值获取理论的假设[121]。这些理论假定需求侧没有价值创造,而是将价值创造视为一种供应方现象。其中,价值仅由生产者创造[122]。这种观点与商业模式的观点相反,在商业模式中,价值也可以由客户及其生态系统的其他成员在需求侧创建[123-125]。因此,一种观点是,在放宽理论假设可以创建一个新领域的同时,商业模型是一个新领域,因为它从传统的理论观点衍生而来。相反,也可以认为这种放松假设仅扩展了战略领域的广度,商业模型研究是战略的扩展,而不是新的领域。但是,无论如何,现在的商业活动都需要考虑从供需双方寻求价值创造和获取,并从双方寻求基于资源和行动的竞争优势。

(三)金融科技的内涵

不论是讨论金融企业的数字化转型还是金融企业的商业模式变革,不可避免地需要先厘清现有商业活动中金融行业最为关注的金融科技(FinTech)的内涵。金融服务和技术领域的交汇点是一个充满活力的细分市场,在这里,以技术为中心的初创企业和新进入市场的企业对传统金融服务行业提供的产品和服务进行了创新[126]。数字技术的创新对全球金融市场的企业结构和产品服务都产生深刻的影响。就具体的金融技术而言,金融业受到以下因素的影响:互联网使用、移动支付的使用、数字货币的发明以及实时支付的引入。金融机构在日常客户工作(光学字符识别，语言、语音、客户图像和面部识别等)中使用云技术、区块链和大数据、人工智能、生物识别技术和开源 API 进行复杂的分析非结构化数据集(洗钱交易中的模式识别、反恐融资)。目前，金融市场中最大变化的主要细分市场是零售、公司银行业务、支付、银行交易、投资银行业务和基础设施项目。数字技术的使用一方面增加了金融市场中的竞争和市场效率，另一方面又对金融稳定性和完整性造成了新的系统性风险。

持续的创新"破坏"了传统的商业模式，商业生态系统的扩展，使得传统金融机构必须考虑数字技术的前景，大型银行不能忽视金融科技竞争通过专门服务解绑银行价值链[127]。技术创新正在改变消费者的行为，并改变他们对金融服务的理解，这对当今的金融业来说至关重要。对于传统金融业来说，做到理解和接受金融科技带来的变化以保持既有竞争优势是一个巨大的挑战。许多研究人员和行业专家都在讨论金融科技公司的未来以及它们可能取代银行的威胁。

Vasiljeva 和 Lukanova 综合分析后认为金融科技是一个面向个人和行业提供金融服务的行业，旨在通过创新和技术以最有效的方式和最低的成本提供客户导向的解决方案[128]。金融科技可以说是金融业的技术驱动流程，它将新的工作方法和方法引入标准流程。它旨在增强传统金融机构的客户体验并提高流程效率，为新进入的提供创新金融服务的企业开辟了新的市场，从而使传统金融业务更加透明、个性化和渠道数字化，为潜在客户提供了替代传统金融业提供的服务。在金融科技领域中的活动主要划分为三种。

① 面向服务：开发与传统上由金融机构提供的服务相关的技术，例如资金转账或卡支付、贷款和投资、P2P 贷款、众筹或外汇；

② 面向数据：专注于收集，处理和分析信息的解决方案和技术；

③ 面向流程：应对银行业引入的成本上限概念，力求提高效率和流程自动化。

综上，金融科技既是一个全新行业，又是一种技术创新，也可以看成一种新的产品服务。但无一例外的是，金融科技已经深深扎根于金融业的商业模式变革中，金融企业在数字化转型策略执行中必须要明确自身对金融科技的态度。

(四) 数字化转型驱动商业模式变革

学者们认识到，新的数字技术已经改变了商业活动的过程和结果，以及应对这种不确定性方法的固有不确定性本质[129]。Bharadwaj 等将信息化战略和业务策略整合为全面的“数字业务策略”(Digital Business Strategy)[19]。数字业务策略是指通过利用数字资源来创造差异价值而制定和执行的组织策略，讨论数字技术对企业的可能性和影响，然而通常不包括实现方式。Berman 指出，为了成功实现数字化转型，领先的公司将重点放在两项互补的活动上：重塑客户价值主张，并使用数字技术实现更好的客户互动与协作。制定有针对性的计划，整合运营的数字资源和实物资源的公司可以成功地转变其商业模式[130]。

随着认识的深入，数字化转型和商业模式进一步耦合。王毅提出数字化的核心是企业技术创新能力的数字化，并将数字化战略分为数字效率战略、数字性能战略和数字价值战略。数字价值战略即以用户价值为中心，制造围绕全新用户价值来提供个性化的数字智能产品以及提供产品生命周期内的持续服务[131]。具有增强功能的智能和互联产品可实现商业模式的根本改变。已经出现了从基于产品的商业模式向以服务为中心的商业模式的转变[132]。这种转变迫使公司区分其价值链一致性，制定新的战略决策以应对竞争，重新定义组织结构并改变其应用成功因素。阳双梅和孙锐研究指出，企业进行商业模式创新和技术创新的周期无论长短，在进行商业模式创新和技术创新活动时都要回答的两个基本问题，即“如何进行价值创造”与“创造何种价值”[133]。

应用研究方面，Fine 认为组织的最终核心竞争力是“供应链设计”，是指选择价值链上哪些能力在内部进行投资和开发，以及由供应商为发展进行分配[134]。钱锡红等的研究表明，处于网络中心位置、并占有丰富结构洞的企业在信息获取方面具有显著优势[135]。周辉等对战略性新兴产业中核心企业商业模式特点分析，认为技术创新是商业模式构建的起点[112]。Fine 及 Pagani 研究分析了技术驱动型行业中价值配置的结构和动态，以提供洞察力来识别和定义控制点，这些控制点会影响价值网络中数字业务战略的执行，并且使用商业双螺旋结构[136]来解释数字生态系统演变方式及其动态能力[137]。杨炎指出，我国数字经济战略覆盖面不只是电子商务，还要引导产业与数字技术深度融合，更要将数字思维贯穿传统产业的数字化转型中[138]。肖旭和戚聿东认为，数字技术的发展为产业实现高质量发展奠定了基础，带动了产业数字化转型。数字技术的应用，改变了传统的商业逻辑，产业数字化转型的价值维度体现在驱动产业效率提升、推动产业跨界融合、重构产业组织的竞争模式以及赋能产业升级四个方面[139]。孙岩等分析了九安医疗“互联网＋产品”“互联网＋平台”“互联网＋商业模式”三步走的战略实施路径，认为企业可以通过借助互联网技术对相关数据进行操作，实现商业模式再造，最终拉动企业价值的增长[140]。

结合本文研究目的，本文所研究的数字化转型是驱动企业商业模式的创新及变革。商业模式构成要素的转变是数字化转型的核心。数字技术，包括金融科技，是数字化转型的基石。

（五）文献评述

数字化转型是一个内涵丰富的术语，它用于描述企业的数字技术应用策略随着时间的推移使企业演变的实际状况，并且描述当数字技术的应用带来的演化积累到一定程度时，有可能造成企业组织根本变革的现象。除了描述企业的动态性，数字化转型自身也是一个动态性的概念，早期相关概念包括信息化建设、数字化建设、数字化改造等，研究中，将数字化视作一项企业的技术要素，关注其对于组织科学管理的作用。而随着数字技术的发展，单纯地使用数字技术并不足以让企业保持竞争优势，企业采用数字技术的动机不再是提升管理效率，而是关注数字化对企业的全方位影响，比如提升数字营销能力，力图用数字技术武装企业，从而更深入地推动数字化转型。数字化转型随之上升至战略层面，而实践中，数字化转型战略具备跨越其他各种战略的特点，其内涵仍旧随着技术进步和研究深入不断丰富和完善。

与之类似，商业模式则具备跨理论的特征，与数字化转型战略的研究发展路径相仿，皆在互联网技术兴起时得到学界和产业界大量关注。早期的是对商业模式中主要企业的业务运营方式展开研究，到电子商务时代，商业模式开始上升为一个更丰富的内涵，学者们开始聚焦新兴经济模式的企业系统性商业活动，随着进一步发展不同领域的学者加入研究，商业模式这一主题也发展出不同学派，其内涵也逐步上升至企业的战略层高度。因此，本文对商业模式从“是什么”上进行梳理并传承研究成果，结合各学派指出的商业模式的组合内涵，包括企业内部的资源能力和运营活动，外部的价值主张和价值网络。

对于数字化转型驱动商业模式变革这一研究主题，本文认为数字化转型和商业模式两者的内涵在不断发展过程中建立的联系会更多更复杂，部分文献对企业采用数字经济时代商业策略的解释同时适用于这两种研究视角，也有文献直接提出数字商业战略的概念，从根本上说都离不开数字技术发展造成的深刻影响。为了探明这一影响机理，本文把研究精力放在解释和论证“为什么”和“怎么样”数字化转型驱动商业模式变革相关的问题上。在梳理了数字化转型和商业模式两个领域研究文献的基础上，采用商业模式概念，包括其构成要素作为理论视角，在战略性业务层面研究金融集团的数字化转型。

三、中国平安数字化驱动商业模式演变过程

为进一步探究互联网数字化转型对企业商业模式演化的发展路径及影响机理，需对本文使用的研究方法、案例选择、案例收集与资料分析、案例对象数字化驱动商业模式演变过程等内容进行初步阐述，为后续扎根分析提供基础。

（一）中国平安现有主营业务概况及以其为研究样本的选取

1. 中国平安现有主营业务概况

截至 2019 年，中国平安"一个客户、多个产品、一站式服务"的综合金融业务已发展为保险业务、银行业务、资产管理业务和金融科技与医疗科技业务四根支柱。集团的公司架构由最初的保险、银行和投资三个主业发展出了第四项关键业务——金融科技公司序列，从 2016 年之后的架构图调整中科技序列归类不断优化但始终独立成列，战略架构上最终设计成为"大金融＋大医疗健康"。由此可见，围绕医疗健康生态圈的科技类业务已达到与原有金融主业并重的战略高度。2019 年集团整体架构见图 3.1，战略架构见图 3.2。四个主营业务线包括四点。

（1）保险业务

中国平安集团的保险系由平安人寿险、平安健康险、平安财产险和平安养老险四家子公司组成。以平安人寿险为例，中国平安人寿保险股份有限公司成立于 2002 年，2017 年前后，平安人寿推出以"金管家"App 为核心的移动金融生活平台，连通线上线下多种场景，运用领先科技，升级创新业务模式。截至 2017 年 12 月 31 日，"金管家"App 为 1.36 亿注册用户提供保险保单、财富增值、丰富活动和健康管理等全方位的金融生活服务。

（2）银行业务

中国平安集团的银行系特指平安银行，其前身是深圳发展银行股份有限公司，平安银行是中国内地首家公开上市的全国性股份制银行，2012 年，深圳发展银行与原平安银行完成合并，之后更名为平安银行。2016 年，平安银行正式启动零售转型，注重科技创新和综合金融发展，以打造"中国最卓越、全球领先的智能化零售银行"为目标，坚持"科技引领、零售突破、对公做精"的方针。将科技视为其战略转型的第一生产力。

图 3.1　平安集团组织架构图

资料来源：根据中国平安官网（http://www.pingan.cn/about/corporate-architecture.shtml）“公司架构”示意图简化而成。

（3）资产管理业务

投资系主要包括平安证券、平安信托、平安国际融资租赁和平安资产管理等。值得注意的是平安租赁的业务领域涵盖了汽车金融和平安健康（检测）中心，这两个业务分别归属于中国平安五大生态圈中的“汽车服务”和“医疗健康”。平安集团内部较多涉及数字技术相关的硬件产品业务，如智能机器人，也划归于平安租赁业务管理。

（4）金融科技和医疗科技业务

中国平安集团科技系的子公司下属众多，其中主要以平安好医生、金融壹账通、陆金所和平安医保科技四家“独角兽”企业为代表。

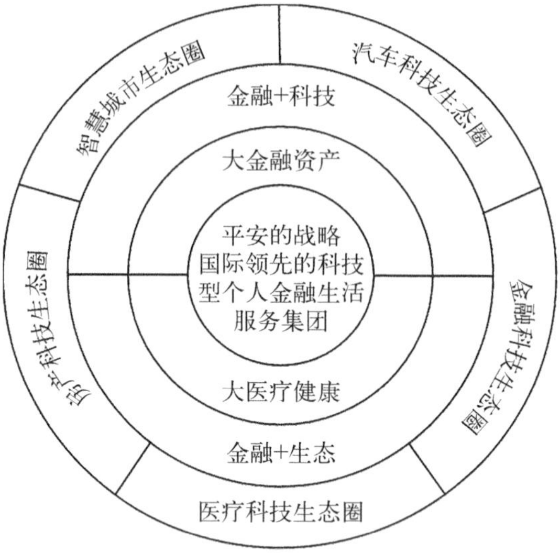

图 3.2　平安集团的战略架构

资料来源：根据中国平安官网(http://www.pingan.cn/about/vision-strategy.shtml)绘制。

陆金所全称上海陆家嘴国际金融资产交易市场股份有限公司，以 P2P 网贷业务为出发点，现在定位为互联网财富管理平台。陆金所推出了投资者适当性管理系统，该系统由五部分组成：产品风险评估、投资者评估、投资者与产品风险的适配、信息披露和投资者教育。该系统利用机器学习和大数据等技术对投资者进行“精准画像”，同时借助智能推荐功能，实现投资者风险承受能力与产品风险的精准匹配。陆金所是中国平安互联网金融业务布局的重要试验田。

平安健康医疗科技有限公司(简称“平安好医生”)是全球领先的医疗健康生态平台，通过自主研发的 AI 辅助诊疗系统协助平安好医生的自有医疗团队，为用户提供 24 小时在线医疗服务。

金融壹账通是面向金融机构的商业 TaaS(科技云服务)平台，为金融机构提供“科技＋业务”的解决方案，帮助客户实现“三升两降”，即提升收入、效率和服务质量，降低风险和成本，帮助金融机构进行数字化转型。金融壹账通为银行、保险、投资等金融行业多个垂直领域提供服务。目前金融壹账通共有 12 大解决方案，覆盖从营销获客、风险管理和客户服务的全流程服务，以及从数据管理、智慧经营到云平台的底层技术服务。

平安医疗健康管理股份有限公司(中文简称“平安医保科技”)正式成立于

2016 年 9 月，公司为医保、商保及医院、医生、医药提供系统、服务和数据赋能。公司以智慧医保系统为核心，咨询、服务、保险为辅助，打造智慧医保一体化平台，全面赋能医保局。同时，公司打造商保产品方案设计、风控、健康服务等 TPA 服务，并积极延伸至为医院、医生、药店和药企赋能。

2. 研究样本的选取

案例研究是本文研究的重要环节，不同于传统抽样统计的方法，为了更准确地归纳出研究问题的一般规律，案例必须高度贴合研究问题，并保证资料的可获得性、客观性及代表性。选择平安集团作为本文单案例研究样本对象，原因主要包括三点。

第一，中国平安（全称“中国平安保险（集团）股份有限公司”），2010 年首次进入《财富》杂志 500 强排行榜，之后连续 11 年排行一直上升，在商业上取得了成功，如图 3.3 所示。中国平安布局互联网金融业务较早，参照中国平安对于其集团本身的定位演变，从传统业务扩张到互联网金融，再入局科技，可以发现中国平安的发展历程上存在一个数字化转型的过程，并且取得不少成果，能反映我国大型金融集团的商业模式特征，具有代表性。

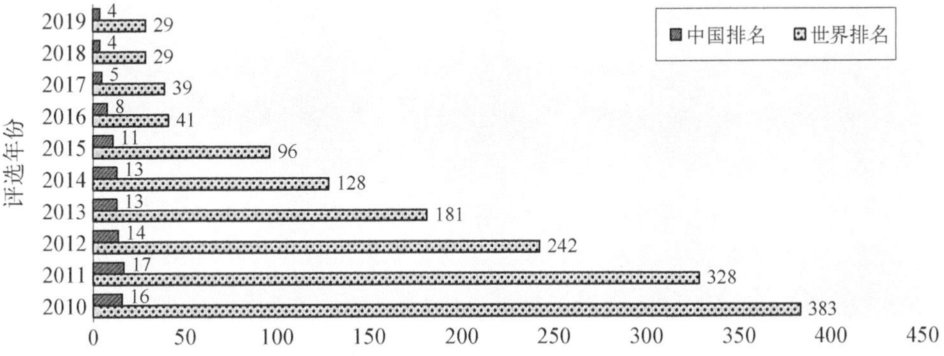

图 3.3　2010—2019 年中国平安保险（集团）股份有限公司《财富》500 强排名

资料来源：根据财富中文网（http://www.fortunechina.com/global500/517/2021）整理。

第二，平安集团科技数字化转型升级较为成功，有大量的新闻报道，研究资料充足详细。学术界对于平安集团旗下的各子公司，如平安银行等的发展演变态势都有相关的分析和研究。此外，笔者曾在平安集团参与实习，与公司内部人员有深入细致的交流，获取了诸多内部资料。对于案例对象的数据收集具有便利性。

第三，目前中国具备全金融牌照的四家大型金融控股集团为中国中信集团有限公司、招商局集团、中国光大集团股份公司和中国平安保险(集团)股份有限公司。其他三个企业集团属于国有企业，虽具有全金融牌照，但经营业务相互间差异较大，中信集团境内外业务涉及金融、资源能源、制造业、工程承包、房地产、信息产业等领域，招商局集团业务主要集中于交通、金融、城市和园区综合开发运营三大核心产业，而光大集团于2015年年底才完成国有独资向股份制公司改制。在综合考察其他三个集团企业的原始资料后，认为需进行对于平安集团的单案例扎根理论建构，而非跨案例扎根分析。原因如下：首先，不同案例间企业原有商业模式差异较大；其次，另外三家企业集团有关数字化转型战略的二手数据披露数量较少；最后，相较于平安集团有长期的数字化转型历程和成果，另外三家集团企业仍处于探索阶段，面向市场的成熟商业成果较少。

综上所述，中国平安在商业盈利上一直取得较大的成功，并拥有采用了数字化转型的策略的长期过程，具有典型性和研究价值，同时符合目的性抽样原则，故选择其作为本文的研究案例。

（二）中国平安的商业模式演化概况

中国平安成立于1988年，是中国首家股份制保险公司。中国平安在2004年提交的A股招募书中，对平安集团的定位是：抓住保险业务这一核心，建立成为综合性金融服务集团，以同一品牌“中国平安”向客户提供多元化综合金融服务，包含保险、银行、证券、信托等。经过三十年的发展，中国平安综合保险、银行、投资三大主要业务提供综合性金融服务，已成为国内领先的个人金融服务集团，双线发展核心金融与互联网金融业务。

对中国平安2004年A股招股书发布之后的战略定位演变研究，见表3.1，中国平安对自身的业务领域一直在不断探索。以科技领先战略的时间提出为界，2004至2012年中国平安的发展重点为综合金融服务集团，2013至2016年中国平安将互联网金融纳入主要业务范围，2017年之后重新定位为科技型个人金融生活服务集团，直接将“科技型”融入中国平安的愿景表述，更为注重通过科技为集团创造效益，战略愿景更新为科技型个人金融生活服务集团。

表 3.1 平安集团战略愿景演变

<table>
<tr><th>年份</th><th>战　略　定　位</th><th>主要业务</th><th>商标文字</th></tr>
<tr><td>2004</td><td>通过公司的多渠道分销网络，向客户提供多种金融产品和服务</td><td>寿险、产险</td><td rowspan="3">专业价值</td></tr>
<tr><td>2005</td><td>同上</td><td>人身保险产品、财产保险产品</td></tr>
<tr><td>2006—2007</td><td>具有国际领先地位的以银行、保险、资管为核心的综合性金融服务集团</td><td>保险、银行、资产管理</td></tr>
<tr><td>2008</td><td>未来十年成为国际领先的综合金融集团，保险、银行和投资均衡发展，打造综合金融服务平台</td><td rowspan="3">保险、银行、投资</td><td rowspan="8">保险银行投资</td></tr>
<tr><td>2009—2011</td><td>同上</td></tr>
<tr><td>2012</td><td>提出科技领先，科技与金融结合，未来十年成为中国最领先、客户体验最好的个人金融服务集团</td></tr>
<tr><td>2013</td><td>“中国领先的个人综合金融服务提供商”，围绕“科技引领金融，金融服务生活”，共同发展传统金融和非传统业务</td><td>保险、银行、投资、综合金融</td></tr>
<tr><td>2014</td><td>坚持科技引领金融和金融服务生活，双线发展传统金融和互联网金融，致力于成为国际领先的针对个人业务的金融服务供应商</td><td>保险、银行、投资、互联网金融</td></tr>
<tr><td>2015</td><td>围绕传统金融和互联网金融，建立“综合金融＋互联网”及“互联网＋综合金融”模式，集中在“大金融资产”“大医疗健康”，最终成为“国际领先的个人金融生活服务提供商”</td><td rowspan="2">保险、银行、资产管理、互联网金融</td></tr>
<tr><td>2016</td><td>致力于成为国际领先的个人金融生活服务提供商</td></tr>
<tr><td>2017</td><td>深入挖掘、探索“金融＋科技”“金融＋生态”发展模式；深化创新科技应用，建立新型金融科技服务生态圈，致力于成为国际领先的科技型个人金融生活服务集团</td><td rowspan="2">寿险和健康险、保险投资组合、财产保险、银行、资产管理、金融科技与医疗科技</td></tr>
<tr><td>2018</td><td>以“金融＋科技”“金融＋生态”为指引，其余同上</td><td>金融科技</td></tr>
</table>

资料来源：整理自 2004—2018 年平安集团年度报告。

观察中国平安的企业标识中的文字演变规律，2004 至 2007 年中国平安强调企业文化“专业创造价值”；2008 年，中国平安提出了新的愿景，开始保险、银行和投资的三个主营业务线并重；直至 2018 年，中国平安的“第 4 个十年”开始，其强调的内涵变更成为金融和科技，也意味着科技成为中国平安业务生态的一个支柱，也从侧面表明其科技转型的战略高度。

再进一步对平安集团商业模式演化梳理，可以得到平安集团的整体生命周期发展主线，见图 3.4。可以发现，平安集团的数字化部署早在 2002 年设立平安科技业务线中就有所显现，2007 年大数据中心正式建立后，在数字化上面带来的竞争优势已不容忽视，发展至 2018 年后，科技业务具备独立运营的实力，在平安集团内所占比重已不容忽视。纵观平安集团的整个发展脉络，数字化转型与商业模式的变革相互关联，并行发展。而演变脉络的内部机理，则需借助下一章的分析。

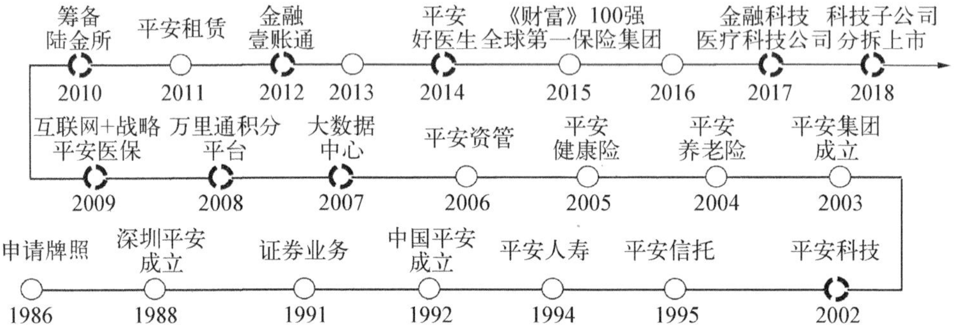

图 3.4　平安集团的整体发展主线

此外，平安集团内部采用一种阶段划分的方法，即以战略规划为界，分为 4 个“十年”愿景；另一种是在数字经济时代，从数字化技术创新的角度，平安集团在对外的访谈中将中国平安经历的业务层变革分为 1.0、2.0 和 3.0 三个时代。本文综合中国平安在商业模式和科技创新两个方面的演化路径，将中国平安的生命周期划分为四个阶段。

（三）中国平安的商业模式演化阶段

1. 开启信息化（1988—2007 年）：从保险公司发展为综合金融集团

1988 年 3 月 21 日，中国第一家股份制、地方性的保险企业平安保险公司成立，获批“经营金融业务许可证”。中国平安的信息化布局可以追溯至 1997 年 3 月，正式投入运行了办公自动化系统。在 1998 年，董事长马哲明提出了下一个十年目标——“国际一流的综合金融服务集团”，认识到信息化对于企业的价值，紧接着在后续的工作中指出“IT 上的投入，必将带来其他领域的成本的下降，提高人均产能，提高经营管理水平，最终提高平安的整体价值”。

1999 年中国平安投入使用的健康险小型机系统、个人寿险电脑作业系统和电脑建议书系统都属业界领先。2000 年中国加入 WTO，中国平安也紧跟时代发展，逐步部署其电子商务项目 PA18.com，2002 年，该网站上正式推出中国首个网上全自助式平安旅行意外保险，超前的互联网布局巩固了中国平安在网上直销领域的领先地位。2003 年，集团通过自主开发的“平安 e 办公系统”实现无纸化办公，同时借助门禁卡普及实现了“一卡通”管理。2004 年，车险理赔网上审批系统投入使用，淘汰了传统卷宗，同期还投入使用了行销支援系统，极大程度地提升了营销管理和服务水平。同年，中国平安在业内首先推出了自己的网站(WWW.PA18.COM)，用于支付续期保费。2006 年，中国平安集团全国后援管理中心项目正式投入使用，此时中国平安已实现服务标准化、客户资源共享、后台运作统一标准，该项目是对金融企业业务流程的重大变革，以“金融工厂”的方式支持“以客户为中心、一站式、标准化的服务平台”这一战略目标的实现。2007 年，集团成立了联通内外部的万里通事业部，以积分制的形式为客户提供差异化服务。

在第一个阶段，中国平安用近 20 年的时间从保险公司发展成为综合金融集团，积累了丰富的线下资源和信息化经验。此阶段的信息化部署以提升企业运营效率为主，同时开始布局互联网业务。“2001 年中国优秀券商网站”评选活动中，中国平安保险股份有限公司电子商务 PA18 网站荣获“十佳”；2003 年，中国平安保险集团获“最佳电子金融企业”称号；2003 年度“中国企业信息化 500 强”中国平安排名 31，在同业中名列第一。

2. 探索数字化(2008—2011 年)：科技引领综合金融

第二个阶段，中国平安充分利用上一个阶段积累下的线上渠道和丰富线下资源，从客户需求出发，深度融合互联网和传统地面综合金融服务。

2008 年，中国平安发展至第三个十年，中国平安更换了新的公司标志，这标志着中国平安的品牌战略从单一保险业务为主全面转型至综合金融。一方面，平安集团组织架构与运作模式优化完善，开始实行公司化、市场化运作，先后成立了平安数据科技、平安科技等多家子公司。另一方面，综合金融服务体系建设得到突破与深化，中国平安开创“一账通”服务项目，目的是让客户轻松管理账户，实时查阅多个网上金融账户的信息，即一个账户、一套密码、一次登录、整合不同的网上账户。该项目和集团 VIP 俱乐部、平安万里通客户忠诚度积分计划等项目的落地，实现了“一人一户一站式服务”的目标，这一目标也贯穿了中国平安的发展历程。

在信息系统层面，平安科技自主研发成功了新一代 E 化寿险业务系统 ELIS；平安寿险升级“E 行销系统”，从而将软件和电子商务网站融为一体，使其在营销上的优势得到保障；平安人寿正式推广电子保单业务，是国内首家对传统渠道客户提供电子保单服务的保险企业，并推出了新科技 MIT 移动展业服务，大幅提升客户体验；平安银行则是国内首家对国际领先核心银行系统——甲骨文 Oracle FCR 进行本土化实施的银行，达到了行业领先水平。

2011 年，中国平安启动的新项目工程“万佛朝宗”计划，要求充分利用最先进的现代科技，打通天地线，按照个人客户、团体客户两大类，完成前台、中台、后台的大集中，实现“一个客户、一个账户、多个产品、一站式服务”。

这一阶段的主题是“科技引领综合金融”，中国平安深化 IT 技术的使用，以提升其营销能力，同时以“围绕客户需求”的企业文化为起点，进一步融合互联网思维，推出新的产品服务。中国平安持续推动综合金融战略，围绕“一个客户、一个账户、多项服务、多个产品、一站式服务”这一理念，专注于提升客户的金融消费服务体验，利用互联网升级综合金融模式，将线下的金融客户迁徙到线上，搭建完善多个线上平台，通过交叉销售实现客户横向迁徙。

3. 拥抱互联网(2012—2015 年)：“互联网＋金融”平台化布局

在第三阶段，中国平安开始聚焦“互联网＋金融”的发展模式，不再局限于内部的综合金融，转而面向全行业寻求合作，意在打造强大的互联网金融平台。这一阶段是中国平安从营销式主导的商业模式，向以客户为中心的模式转变。

2012 年，中国平安将其服务理念奉为新的品牌口号——“专业，让生活更简单”，将科技创新作为发展动力，以科技驱动金融创新，积极推动创新业务模式探索。2014 年，围绕“医、食、住、行、玩”这五大主流消费需求，注重用户体验，平安集团从“管理财富、管理健康和管理生活”切入，开始对互联网金融业务全面布局。管理层确定“平安战车”管理 4—2—3—1 阵型，即 4 个“后卫”：集团投管中心、集团资金和内控中心、集团品牌、投资者关系；2 个“中场”：“前卫”是数科、科技、金科，“中卫”是集团企划、人事；3＋1 个“前锋”：保险、银行、投资以及交易所、支付、好车等非传统业务

2012 年陆金所成立，推出首个个人创新投融资服务“稳盈—安 e 贷”。陆金所属于封闭性质的个人客户线上金融资产交易平台，也是这一阶段的典型互联网金融平台之一。而后在 2015 年，陆金所所运营的“个人对个人”(peer-to-peer，P2P）业务由集团整合成一个统一的“平安普惠金融”业务集群，升级成为面向外部的开放式金融资产交易平台。

回到2013年，“不一样的平安银行”是当时平安银行提出的新品牌定位，其目标是建立差异化竞争优势，围绕“专业化、集约化、综合金融和互联网金融”进行商业模式的创新。年内平安银行上线了信用卡智能微信服务平台。2014年又上线推出创新网络银行子品牌——橙子银行，该银行是主要依托互联网提供服务的全新数字化金融服务平台。

2013年，中国平安正式成立“平安好车”电子商务平台，作为平安集团在“财务、汽车和医疗健康”三大门户战略中的重要一环，该平台旨在利用最先进的科技，围绕客户生活需求，打造完整的汽车消费生态圈。

2015年，“平安好医生”上线。“平安好医生”的定位是“移动医生”，面向普通互联网用户提供实时健康咨询和管理等相关医疗健康服务。

这一阶段是中国平安从营销模式转型至“以客户为中心”模式的过渡期，也是“线上到线下”（Online-to-Offline，O2O）综合服务平台建设的探索期。中国平安全力推动核心金融业务与互联网金融业务的并重、协同发展，2015年已初步形成“互联网＋综合金融”的创新模式。这一时期互联网技术逐渐发展成熟，应用范围逐步扩张，国内各行业都在探索“互联网＋”的商业模式，中国平安在对业务场景的不断探索中，将科技引领的理念和从需求出发的互联网思维进一步渗入各级子公司的经营思维。

4. 智能化重启（2016年以后）：“金融＋”“科技＋”双战略驱动

“互联网＋综合金融”模式在经营中初步展现出良好的绩效，中国平安全面表示将开启3.0时代。2016年，中国平安首次提出“1—2—2—4”战略，“1”是指致力于成为“国际领先的个人金融生活服务提供商”；前一个“2”指两种模式：“综合金融＋互联网”“互联网＋金融与非金融”；后一个“2”是聚焦大金融资产和大医疗健康；“4”代表四大模块：保险、银行、资产管理、互联网金融。在此战略引导下打造钩子、主账户、基建、移动、平台5大核心工程。2017年，进一步变更为深度聚焦金融科技与医疗科技两大领域，利用人工智能、大数据、生物识别、云技术、区块链等关键核心技术基础，搭建金融与医疗科技生态圈，依赖技术进步提升传统业务竞争力，并在此基础上对外输出创新技术，以成为世界领先的金融科技公司为发展目标。

这一时期，更多的科技产品服务问世。2016年，前交所自主设计开发的票据交易系统正式上线运行，打造出全国性票据互联网交易平台、实现纸质票据和电子票据全流程电子化交易。同年,前海征信与平安科技共同推出的“氧分子平台”数据服务平台全新升级上线,所有验证、黑名单、反欺诈和信用相关数据引用均可在该平台上一站式完成。平安人寿推出“安e赔”服务,平安财富E100项目成功落地,平安科技大数据产品“平安脸谱”正式上线。中国平安向公众首发健康云“随身病历”,平安健康云与平安养老险合作推出“医院一账通”平台。平安系的各子公司科技成果推陈出新、百花齐放。整个集团上下的科技创新已成常态。

这期间,中国平安主推的三项核心项目是陆金所、“金融一账通”和“医保一账通”,这三个项目的建设目标都是开放式综合服务平台,延续“一站式服务”的理念。在不断地探索迭代之后,2018年,中国平安宣布旗下三家科技公司——平安好医生、平安医保科技和金融壹账通分别顺利完成定向私募融资,得到外部资本的认可。

2018年,平安科技建立了美国研究院,作为平安集团的创新技术研究机构,其科研任务覆盖战略设计中金融、医疗、汽车、房产和智慧城市五大生态圈。该研究院院长拥有清华大学计算机科学技术和卡内基·梅隆大学(Carnegie Mellon University)机器人学双博士学位,并拥有NEC美国实验室和谷歌公司的研究经历。对科技人才的大力投入也展现了中国平安对最新技术领域的重视。

这一阶段,中国平安已经能够将“互联网+综合金融”阶段积累的经验作为下一步转型的优势,进行新的商业模式探索,从“医、食、住、行、玩”拔高至五大生态圈,即金融服务生态圈、医疗健康生态圈、汽车服务生态圈、房产服务生态圈和智慧城市生态圈的部署。2019年年中报告所规划的下一步探索方向是“金融+生态”,并在未来让科技业务贡献更多利润。中国平安以科技创新为切入,利用云计算、大数据等创新科技手段,为用户提供智能化服务和极致化体验。

早期中国平安以十年为界,管理层制定五年计划,十年交替之际提出新的重大战略方向。然而,随着数字技术的迅速发展,商业模式的不断变革,中国平安的战略部署变动周期逐渐缩短,各业务线灵活调整,长期以来保持着良好的业绩增长和竞争优势。截至2019年,中国平安在科技方面的累计投入超过500亿元,规划中表示未来会把超过1%的收入持续投入科技研发。中国平安集团旗下在国内已拥有22个一级子公司,从单一的保险业务发展至今,中国平安的商业模式在不断创新变革。这变革的背后,与自身对科技的应用,数字化转型的深化密不可分。

四、基于扎根理论的案例变革机制分析

本章借助扎根理论研究方法对平安集团数字化驱动的商业模式变革开展程序化扎根分析，进而建构出其数字化驱动的商业模式变革机理，为中国企业采用数字化转型策略进行商业模式变革提供启示。

（一）原始资料收集整理

为提高资料收集的可信度和有效程度，本文采用三角测量法，全面细致地展开一手资料获取和二手资料的收集，同时注意满足开放性抽样原则，不对原始数据进行限定，在能力范围内尽可能地寻找有价值的研究材料，尽可能多地收集数据。

（1）一手资料收集

① 参与式观察，笔者于 2019 年 5 月至 2019 年 11 月在中国平安集团的全资子公司平安科技有限公司进行了长期实习，直接参与跟进部分项目，对集团内网部分战略培训资料进行回忆整理；② 半开放式访谈，对平安科技有限公司的 5 名正式员工进行开放式访谈，职级跨度从产品专家至一线产品经理。访谈工作在 2019 年 10 月内先后进行了整理访谈稿、撰写备忘录的环节。

（2）二手资料收集

为了保证研究结果的真实性、有效性，资料收集注重来源的可靠性。故二手资料来源主要有：① 平安集团官方网站报道的有关数字化转型、商业模式变化的新闻通告；② 平安集团的财报、《财富》等杂志披露的相关资料和信息；③ 平安集团高管关于数字化战略的公开访谈稿。

基于第三章中对平安集团数字化转型发展历程的梳理，按照时间顺序分析整理所收集到的相关资料，并对资料进行初步的提炼、筛选。整理出官网刊登和媒体刊载访谈稿 21 篇，2013—2019 年度报告，2013—2019 年官网新闻 160 余篇。选取其中 16 篇官网访谈稿、3 篇董事长新年致辞、2018 年和 2019 年报告和 2013—2018 年官网新闻进行编码，其余资料用于理论饱和检验。

（二）原始资料编码分析

Glaser 认为，与研究题目相关的一切材料都可作为数据[4]。但是数据性质、解释力度和与研究主题的关联度存在差异，除此以外，数据效度还受到研究者对数据的识别、记录与使用能力的影响。

编码(coding)是指对原始资料进行初步分解,将实际现象进行抽象概念化,进而将概念进行再次抽象归纳并最终综合为理论范畴的分析方式[141]。

本文采取的是 Strauss 和 Corbin 的程序化扎根理论,其分析方式为:Open coding(开放式编码)、Axial coding(主轴式编码)和 Selective coding(选择性编码),又译开放式登录(一级编码),主线、关联式登录(二级编码),核心式登录(三级编码)[142];或开放式编码、关联式编码和选择式编码[143]。其中选择性编码的意义与 Glaser 的经典扎根理论版本不同:经典扎根理论是提炼核心范畴的过程,程序化扎根理论需要建立范畴相互之间、范畴与概念之间的关联来建构实质性理论。本文依据程序化扎根理论对平安集团相关资料进行扎根分析。

在编码过程中,要进行理论采样。理论采样是指按照研究目的和研究设计的理论指导抽取能够为研究问题提供最大信息量的研究对象[4,9]。为了形成理论,研究者需要同时进行数据收集、编码和分析,进而决定下一步所需收集的数据。正在形成的实质或形式理论控制着这个数据收集过程[144]。

1. *开放式编码*

开放式编码是整个编码的第一阶段,此阶段的工作是打散所收集和整理的原始资料,重新赋予资料抽象的概念,再重新组合所获得新的概念。编码分析中要求研究者避免先入为主的既有个人观点,用概念的形式重新对原始资料进行表述,在抽象概念的命名上,既可以借用已有文献理论中的概念,或使用研究对象的原始表述,也可以由笔者自行命名。这一阶段的编码方式分为逐行编码和逐句编码,考虑到语义的完整和原始资料的属性,本文以逐句编码的方式为主,对于比重较低的表格数据进行逐行编码。

通过对原始资料进行反复仔细阅读,对其中出现的与本文研究主题相关的“数字化转型”和“商业模式变革”的表述进行标签化处理,形成“本土概念”。在赋予标签的过程中,力求做到忠于原始资料,反复推敲表述和事件深层次的含义,整个编码过程都尽量保持全面和客观。本土概念以 a * 的形式进行标记,a 是给原始分析资料添加的本土标签,a * 表示本土标签,*(数字)表示标签的次序,例如“a002 打造综合金融服务集团”表示原始资料中的第二个标签/本土概念是“打造综合金融服务集团”。第一步扎根分析结果共得到 540 个本土概念,后经反复比较和讨论,对于出现频次低,而且与主题关联性较低的概念予以剔除,最后得到 a001 创新是企业基因、a002 打造综合金融战略、a003 开放的姿态面向多元市场等 500 个本土概念。部分编码概念示例见表 4.1。

表 4.1　开放式编码概念提炼示例

本土概念	原始资料
a001 创新是企业基因	平安以改革试验者的身份，……在创新中求发展……科技创新就融入其发展因子……
a002 打造综合金融服务集团	任汇川表示，……旨在依托平安金融全牌照的优势，打造一个综合金融服务集团……
a003 开放的姿态面向多元市场	平安……成功落地了陆金所控股、金融壹账通、壹钱包等多个金融创新平台……
a004 开放的姿态拥抱未来	这个时代，要求我们以“开放、共享、连接”的新姿态拥抱未来……
a005 内部战略协同	陈心颖：我们内部做了很多工作……通过账户管理打通来提供服务……
a006 综合金融需要外部支持	我们的综合金融＋，需要更多的内部协同及外部支持……
a007 开放的用户思维	开放是一种胸襟，是对多元市场更深刻的尊重和包容。我们的综合金融＋，需要更多的内部协同及外部支持，我们的互联网＋，需要更加开放的用户思维……
a008 构筑创新服务模式开放平台	我们整体的发展目标是做一个最大的开放理财信息服务平台，这个平台要继续发展得很好，有两块一定要做好……
a009 形成开放的意识	这都要求我们以更加开放的意识……
a010 建立包容的心态	开放是一种胸襟，是对多元市场更深刻的尊重和包容。……这都要求我们以更加开放的意识、包容的心态，……服务于社会的方方面面……

在本体概念标签完成后，对收集到的标签进行进一步的概括和术语化，形成本文的核心概念，以 A＊作为序号进行表示，如核心概念“A038 科技水平领先”是对相似的 a102 多个科技创新领域领先、a326 科技能力提升、a465 互联网功能领先和 a499 企业 AI 技术逐渐成熟这 4 个本土概念进行归纳命名，这一阶段对 500 个本土概念进行归纳提炼和反复考察得到 65 个核心概念，见表 4.2。完整结果见正文后《附录 A　完整开放式编码核心概念统计表》。

表 4.2 开放式编码核心概念统计表

核 心 概 念	本 土 概 念
A001 集团支持创新	a001 创新是企业基因
	a075 在创新中求发展
	a426 产品服务创新
	a432 业务模式创新
A002 综合金融战略	a002 打造综合金融服务集团
	a048 建成个人金融生活服务提供商
	a245 综合金融经营模式理念
	a387 确立互联网金融战略
A003 开放的姿态	a003 开放的姿态面向多元市场
	a004 开放的姿态拥抱未来
	a009 形成开放的意识
	a010 建立包容的心态
	a029 开放实现互联互通
	a421 借鉴行业经验
A004 集团内部协同	a005 内部战略协同
	a013 注重协同合作
	a348 协同效应
	a514 战略的制定统一
A005 谋求全价值链合作	a006 综合金融需要外部支持
	a016 谋求广泛领域合作
	a017 谋求多渠道合作
	a018 谋求行业合作

续　表

核心概念	本土概念
A005 谋求全价值链合作	a031 建立共享精神
	a036 探索跨界合作
	a170 连接产业链各利益方
	a177 与高校进行科研合作
	a350 建立联合商务拓展
	a443 分享外部成长性
	a472 与外部科技公司合作
A006 客户需求导向	a007 开放的用户思维
	a033 满足客户全方位需求
	a101 深度理解客户需求
	a179 针对业务痛点
	a196 研究消费者行为
	a292 坚持以客户为中心的理念
	a316 构建客户全生命周期模型
	a317 全方位考察客户需求
	a319 挖掘客户价值
	a362 建立互联网思维
	a365 引入一切以服务客户为核心的理念
	a390 围绕客户需求
	a425 迎合互联网主流需求
	a467 从客户需求出发创新
	a491 提供满足用户需求的金融服务

2. 主轴式编码

通过不断反复比较开放式编码产生的本土概念，将指涉同一现象的概念聚拢成为同一组高一层级的概念。这种同一层次较高也较抽象的概念被称为范畴(category)。主轴式编码由程序化扎根理论引入，在该阶段是指通过典范矩阵将范畴与副范畴及概念连接起来，从而丰富范畴和重组资料及概念的过程。初步标签化的信息虽然具体，但理论化程度低。主轴式编码的目的是梳理各本土概念及其之间的关系，反复思考和分析本土概念之间关联，整合出更高抽象层次的范畴。需要注意的是，本阶段的工作只是发展主要范畴，并不是要把核心范畴进行关联以构建一个全面的理论架构。

主轴式编码阶段，其重点在于，在前述步骤的基础上，发现和建立所获得的概念之间可能存在的联系，从而建立各部分间的有机关联。在主轴式编码过程中，可使用典范分析模型(paradigm model)进行操作，即以"因果条件(causal condition)—现象(phenomenon)—情景/脉络(context)—中介条件(intervening condition)—行动/互动策略(action/interaction)—结果(consequence)"的操作过程。典范模型可进一步简化为"条件—行动/互动—结果"的操作过程[142]。除了典范模型，本文也借助了关系网进行范畴的归纳，发现和建立概念类属之间的相互关系。

例如主范畴 AAA07 外部环境，由 AA08 技术环境，AA21 经济环境和 AA22 政策环境组成。通过对平安集团的主轴式编码，共得到 AA01 企业文化、AA02 战略制定等 23 个副范畴以及 AAA01 关键资源、AAA02 战略执行等 9 个主范畴，如表 4.3 所示。

表 4.3 主轴式编码过程与结果

<table>
<tr><th>核心概念</th><th>副范畴</th><th>主范畴</th></tr>
<tr><td>A016 整合内外资源</td><td rowspan="4">AA10 资源优势</td><td rowspan="4">AAA01 关键资源</td></tr>
<tr><td>A024 重视人才培训</td></tr>
<tr><td>A038 科技水平领先</td></tr>
<tr><td>A054 企业资源优势</td></tr>
<tr><td>A002 综合金融战略</td><td rowspan="2">AA02 战略制定</td><td rowspan="2">AAA02 战略执行</td></tr>
<tr><td>A029 金融+科技复合战略</td></tr>
</table>

续　表

核心概念	副范畴	主范畴
A044 确定金融+生态战略	AA02 战略制定	AAA02 战略执行
A055 战略前瞻		
A037 持续推进科技转型	AA19 战略调整	
A039 持续战略变革		
A053 战略执行		
A062 业务调整灵活		
A005 谋求全价值链合作	AA04 外部合作	AAA03 伙伴关系
A051 重视信息安全	AA17 隔绝机制	
A006 客户需求导向	AA05 需求导向	AAA04 价值主张
A008 抓住社会需求痛点		
A012 寻找业务切入点		
A013 提升产品和服务品质	AA09 价值内容	
A018 创造客户价值		
A019 搭建丰富的业务场景		
A033 注重客户体验		
A048 提供全方位产品服务		
A058 优化业务流程		
A047 客户细分	AA16 客户细分	
A007 建立开放服务平台	AA06 网络形态	AAA05 价值网络
A017 构建产业生态圈		
A027 拓展业务领域		
A028 扩大市场范围		
A031 新旧业务共同发展		
A045 多渠道运营	AA15 渠道管理	
A014 业务定位明确	AA23 业务定位	

续 表

核心概念	副范畴	主范畴
A009 科技引领业务变革	AA07 科技赋能	AAA06 科技引领
A035 科技提升管理水平		
A036 科技服务公益项目		
A042 科技强化风控能力		
A043 科技增强营销能力		
A049 科技提升获客能力		
A057 科技支持产品设计		
A060 科技服务客户关系维护		
A061 科技服务渠道管理		
A063 科技产品服务盈利		
A010 科技发展迅速	AA08 技术环境	AAA07 外部环境
A011 外部经济发展	AA21 经济环境	
A015 产业模式变革		
A022 政策支持新业态发展	AA22 政策环境	
A052 注重业务合规		
A021 建立品牌形象	AA11 品牌建设	AAA08 价值实现
A032 价值导向	AA14 成本架构	
A041 成本导向		
A056 关注商业风险	AA18 风险管控	
A059 重视风险管控		
A064 探索创新商业模式	AA20 收入模式	

续　表

核　心　概　念	副　范　畴	主　范　畴
A001 集团支持创新	AA01 企业文化	AAA09 内部环境
A003 开放的姿态		
A023 保持竞争意识		
A050 内部项目竞争		
A004 集团内部协同	AA03 内部协同	
A026 内部业务互补		
A020 把握时代变革机遇	AA12 内部驱动	
A025 企业规模扩大		
A030 深化科技应用		
A040 强化科技投入		
A046 跟随国家战略		
A034 完善企业治理	AA13 企业治理	
A065 流程化管理		

随后进一步对这 9 个主范畴进行层次分析，对其中一些存在争议的范畴进行重点分析、归纳聚敛。基于研究者在第二章有关于数字化转型和商业模式变革的文献综述的基本认识，本文扎根分析所得到的每个主范畴命名来源有 9 个。

① 关键资源源于企业自身的资源优势，具体包括其人才、技术、资金和数据等方面的资源积累以及对外部资源的整合；

② 战略执行是企业灵活制定战略并执行的能力，包括战略制定和战略调整两个副范畴；

③ 伙伴关系指的是企业的外部合作方式，包括外部合作和隔绝机制，隔绝机制是指企业保护其数据资源以防止外部合作对象复制其竞争优势；

④ 价值主张是指企业为客户提供何种价值以及为何种客户提供价值，在本案例扎根分析中侧重于顾客价值的创造，涵盖需求导向、价值内容、客户细分三个副范畴；

⑤ 价值网络是指企业的业务生态形态和企业价值网的渠道通路，建立了商品价值的传递路径，包括网络形态和渠道管理；

⑥ 科技引领由科技赋能组成，本文中平安集团的科技赋能涉及其商业运营的诸多能力；

⑦ 外部环境包括技术环境、经济环境和政策环境，主要指外部经济社会发展对企业决策的影响；

⑧ 价值实现区别于价值主张，强调企业为自身运营创造的价值，更侧重企业价值的创造，由品牌建设、成本架构、收入模式和风险管控四个副范畴组成，本文的成本架构是指企业经营过程中的价值导向和成本导向；

⑨ 内部环境强调的是企业内部的科学管理，包含企业文化、内部协同、内部驱动和企业治理，本文的内部协同指集团内部子公司之间的业务互补和策略统一。

3. 选择性编码

选择性编码作为扎根分析的最后阶段，其工作是根据已获得的主副范畴内容和概念，进一步深入分析并得到研究样本的核心范畴，在此基础上为了得到创新的理论或概念模型，需要研究者不断探索各范畴间的逻辑关系。核心范畴即是最终抽象出的理论概念，文章后续的分析中围绕此核心概念，将扎根编码分析所获得的副范畴、各级编码结果等进行抽象归纳，并总结研究案例演化的特点和逻辑脉络。最后，反复印证和对比核心范畴的结果与原始资料，查漏补缺，避免编码结果发生缺漏。

根据开放式编码、主轴式编码及其相关分析，本文将研究的核心问题范畴化为“数字化转型策略下的商业模式变革”核心范畴，该核心范畴是中国平安集团在探索数字化转型和商业模式变革上的综合反映，其“故事线”可概括为：中国平安集团在外部环境包括技术环境、经济环境和政策环境变动的背景下，持续探索数字化转型。通过顶层战略执行，建立伙伴关系，优化内部运营和投入关键资源推动数字化策略的执行，通过互联网、大数据、人工智能等新兴技术手段实现科技赋能业务，推动以客户需求为中心的互联网思维，建立产业生态圈，提供一站式、全方位的产品服务，最终实现整个集团各所属公司的商业模式在价值主张、价值网络和价值实现的变革。

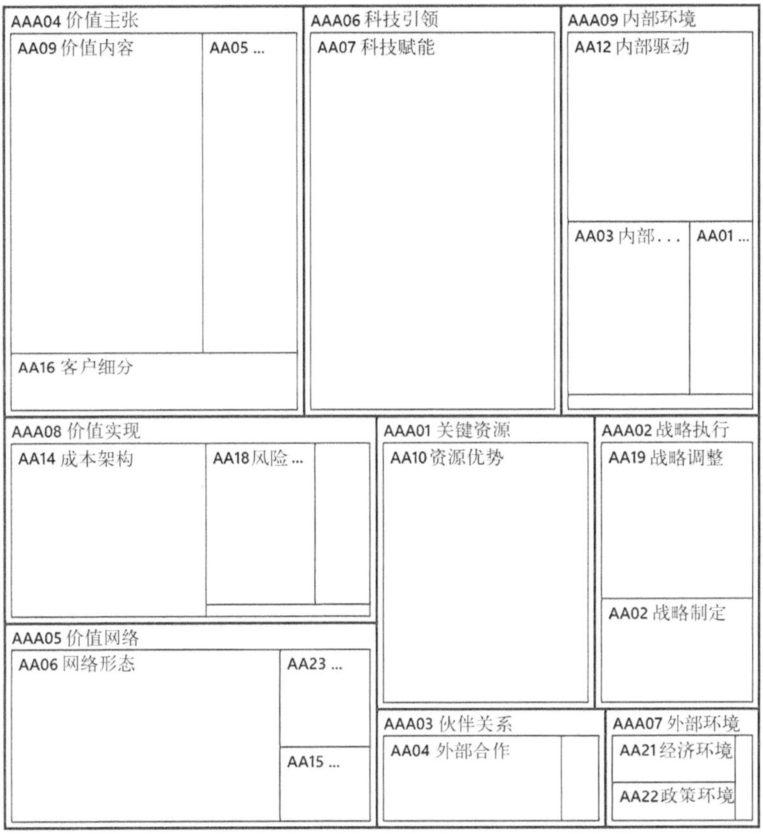

图 4.1　按编码参考点数比较层次分析图

由层次分析图 4.1 可知，其中价值主张主范畴面积最大，代表该主范畴编码参考点最多，即原始资料中相关内容最多，伙伴关系和外部环境面积最小，编码参考点较少，其余范畴编码参考点较为平均。回顾分析原始材料后确认其原因是新闻稿、访谈稿着重以参与方第一人称叙述，访谈双方的关注点倾向于聚焦企业的行动和结果，对外部环境描述频次较低。值得注意的是，三个流派的扎根理论均不考虑编码时原始文本的出现频次，而且伙伴关系主范畴的编码来源为 25 个文档，参考点数量为 80 个，能够得到资料和逻辑支撑，故伙伴关系这一主范畴并不属于欠发展情况。再结合对剩余材料的全面回顾，发现不再出现新范畴，故认为编码达到理论饱和。

（三）理论阐释与模型建构

首先基于所得到的 9 个主范畴进行单词相似性聚类分析，聚类分析是

Nvivo11 提供的一种探索性技术，可用于通过对不同节点（如本文的 AAA01 关键资源和 AAA02 战略执行）共享的原始资料相似词进行分组来可视化项目的分析方式。聚类分析图可以轻松地展示范畴的异同，图中彼此靠近的节点比相距较远节点在内容上更具有相关性，根据共享单词的出现频率，具有较高相似度的源节点显示为一个聚类，具有较低相似度节点会分开显示。本文主范畴的聚类分析见图 4.2。通过聚类分析可判断主范畴之间的相关性，辅助研究者分析主范畴之间的关系，比如，AAA07 外部环境在聚类分析图中显现出离群效应，表示其原始文本的内容与其他主范畴相关性最低，考虑对其进行独立的逻辑分析；AAA04 价值主张和 AAA06 科技引领两个主范畴的相关性强，在逻辑分析时需着重考虑两者间的关联。

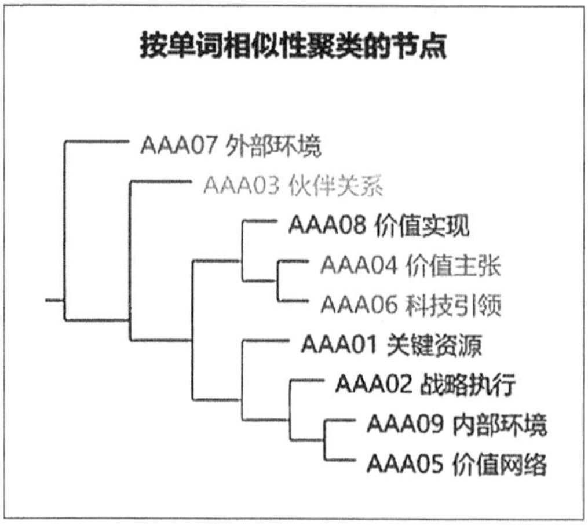

图 4.2 主范畴聚类分析结果图

更进一步地，导出主范畴之间的相关系数表，见表 4.4。本文使用的是 NVivo11 的"单词相似性"指标来计算每对主范畴之间的相似性指数，计算指标为 Pearson 相关系数，取值在−1 到 1 之间，+1 表示正向相关性最大，−1 表示负向相关性最大，0 表示无线性相关关系。在社会科学中，相关因素可能会带来更大的贡献，因此相关性可能很高。系数的选取并不存在标准，通常以 0.8 作为是否强相关的分界线。如上述提及的 AAA07 外部环境，其与其他各主范畴的 Pearson 相关系数均小于 0.8，表示该主范畴选取的原始资料与其他主范畴涵盖的原始资料的共享词汇最少，因此相关度较低。而 AAA04 价值主张和 AAA06 科技引领的相关系数值为 0.883 08，相关度较高。

表 4.4　主范畴 Pearson 相关系数表

	AAA01 关键资源	AAA02 战略执行	AAA03 伙伴关系	AAA04 价值主张	AAA05 价值网络	AAA06 科技引领	AAA07 外部环境	AAA08 价值实现	AAA09 内部环境
AAA01									
AAA02	0.714 67								
AAA03	0.695 14	0.573 66							
AAA04	0.755 94	0.737 61	0.705 96						
AAA05	0.750 51	0.865 09	0.688 23	0.864 35					
AAA06	0.783 88	0.777 11	0.652 56	0.883 08	0.837 86				
AAA07	0.589 28	0.669 12	0.538 29	0.548 00	0.643 18	0.580 84			
AAA08	0.699 52	0.698 69	0.633 53	0.840 86	0.781 63	0.868 67	0.558 14		
AAA09	0.819 54	0.858 43	0.701 06	0.829 93	0.885 01	0.819 96	0.745 67	0.777 96	

1. 主范畴的形成过程与逻辑

本文的主范畴形成首先建立在副范畴产生次序的基础上，进行逻辑归纳。得到初步结果之后，进一步对属性相对复杂的副范畴的内涵进行反复分析、归纳，再对主范畴和副范畴之间的逻辑关系进行调整，最终得到了 AAA01 关键资源、AAA02 战略执行等 9 个主范畴。按照主范畴的提炼次序，每个主范畴的形成过程与逻辑如下。

（1）关键资源主范畴的形成过程与逻辑

战略管理理论中经典的资源观强调企业需要具备有价值的（valuable）、稀有的（rare）、难以模仿的（inimitable）、不可替代的（non-substitutable）资源。观察平安集团实施数字化转型策略到商业模式变革的过程，平安集团自身具备良好的资金流支撑，同时重视员工的数字化技能培训和高水平科技人才的引进，因此积累了丰富的大数据、人工智能等数字技术的商业经验。通过这些资源优势广泛开展新项目和新业务的探索，其带来业务量的扩大又为企业进一步积累大量有价值的用户数据，通过上述数字技术对更多、更丰富的用户数据充分进行价值挖掘，又提升了营销效果，形成良性循环，从而不断积累“数字经济”时代的资源优势（图 4.3）。

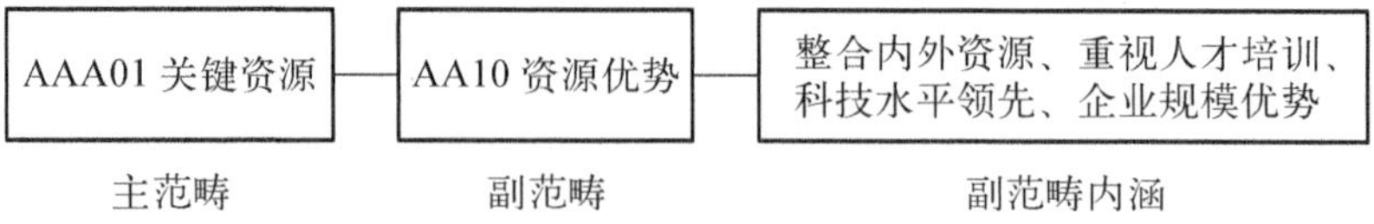

图 4.3　关键资源的形成过程

(2) 战略执行主范畴的形成过程与逻辑

战略执行一方面是战略制定，在原始资料的搜集和编码过程中，可以发现平安集团的董事长对于数字化战略的实施十分有前瞻性，高层领导者具备创业精神，保持高度的竞争敏感性，在外部环境的快速变动下抓住发展机遇，不断调整集团战略定位，具有高决策频度的特点。另一方面是在战略重新制定后，依靠随着外部环境变动和内部业务运营状况进行灵活的战略调整，并且整个集团能坚定地持续推进数字化转型。结合聚类分析中战略执行主范畴和内部环境主范畴的相关性大的特征，可以认为相较于外部环境变化，内部环境对战略执行具有更直接的影响作用(图 4.4)。

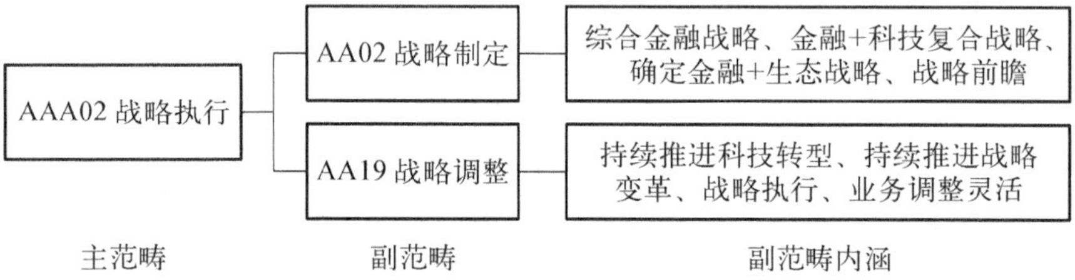

图 4.4　战略执行的形成过程

(3) 伙伴关系主范畴的形成过程与逻辑

不同业务线的子公司通过外部合作联合产业链各端企业，推广金融科技业务模式，共同建立市场、参与市场竞争，形成规模效应，降低子公司探索性业务的外部交易成本和内部组织成本，增强了企业在市场上的竞争力。同时建立严格数据隔绝机制，维护集团关键的数据资源优势，在各类科技产品服务合作中进行明确的研发边界界定(图 4.5)。

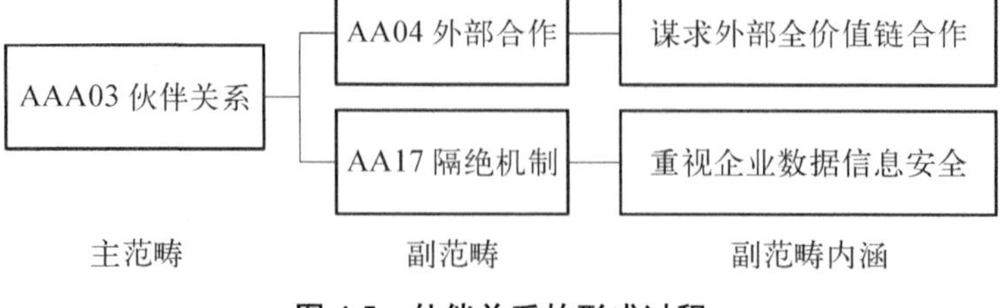

图 4.5　伙伴关系的形成过程

(4) 价值主张主范畴的形成过程与逻辑

价值主张和科技引领两个主范畴相关性最大。价值主张主要回答的问题是为谁提供产品服务以及提供怎样的产品服务。企业的价值主张是与客户沟通的桥梁。需求导向是为了回答为客户提供何种产品服务;价值内容是回答为客户提供什么形态的产品服务;客户细分就是为谁提供,这也回应了价值主张与科技引领的相关性问题(图 4.6)。科技引领经过客户细分,提升风险管控能力之后,开始向客户提供基于科技服务的价值内容,满足对科技产品服务的需求导向,进而影响平安集团的整个价值主张。本文的价值主张不仅是顾客的价值获取,同时涵盖企业方的价值创造。价值主张的变动直接影响商业模式的变动,因此该主范畴占据最多的编码参考点数量,也从侧面证明价值主张在商业模式中的重要地位。

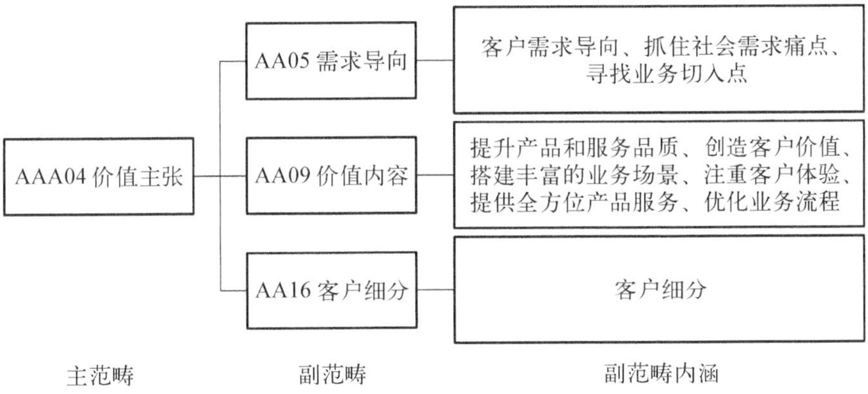

图 4.6 价值主张的形成过程

(5) 价值网络主范畴的形成过程与逻辑

本文的价值网络是指企业进行价值传递的机制,最简单的产业链或者价值链即指供应方将商品价值传递到顾客。价值网络的命名旨在表示其复杂性,众多利益相关企业参与的价值链或产业链相互链接构成产业生态,于企业而言则是它的价值网络。首先通过明确的业务定位,找到企业在价值网络中的位置、链主或者是平台化的中介,链主对应于平安集团聚焦的大医疗和大金融生态圈,平安集团在其业务生态网络中的价值链具备主导权,开放服务平台对应于传统金融业务的扩展,以及新金融科技业务的定位;然后通过多渠道的运营,保证网络中价值的高效传递。价值网络的形态直接影响到企业商业模式的形态(图 4.7)。

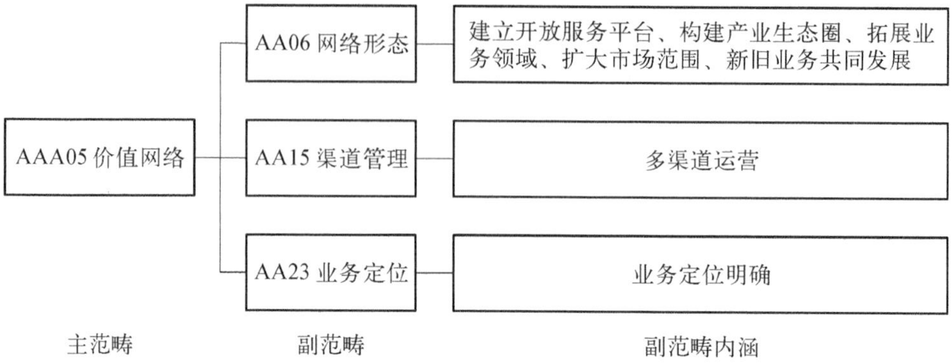

图 4.7　价值网络的形成过程

(6) 科技引领主范畴的形成过程与逻辑

就数字化转型策略驱动而言,最直观的就是科技引领的内容。集团通过顶层战略设计推行数字化转型,转型目的即通过科技引领商业模式的创新、变革。执行层面则是科技成果赋能商业模式的各构成要素,科技手段的引入,传统业务流程逻辑产生变化,业务形态和产品服务首先发生改变,运营效率提升,产品服务品质提高,企业价值和顾客价值均得到实现,同时新的科技手段引入强化客户关系的维系能力以及营销能力。此外,在企业管理中运用自研的技术产品,不仅提高了员工办事效率,还能积累用户数据和项目经验(图 4.8)。因此科技引领是核心范畴数字化转型策略下的商业模式变革中最核心的部分。

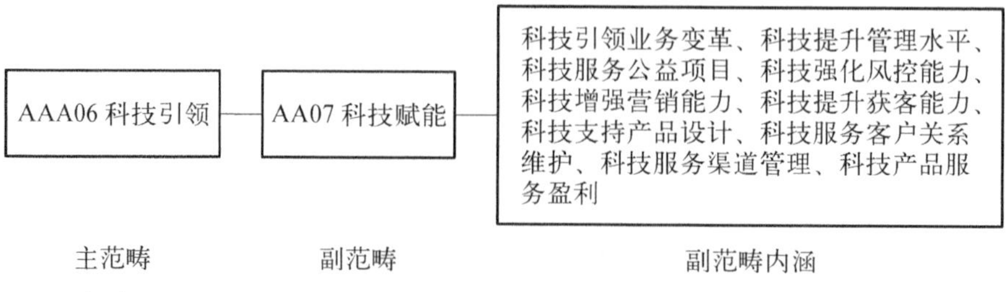

图 4.8　科技引领的形成过程

(7) 外部环境主范畴的形成过程与逻辑

从聚类分析的结果来看,外部环境,外部环境与其他主范畴的 Pearson 系数值均小于 0.7,小于其他范畴间的 Pearson 系数值,显现离群效应,即原始文本与其他主范畴相关性较低,分析其副范畴内容,有外部环境、经济环境和政策环境组成，在范畴划分中以静态的方式呈现，因此基于逻辑分析，将外部环境视为外因。外部环境变化对传统金融业务的影响是显著的，互联网技术的快速发展普及之后，企业与顾客之间的信息差大幅减少，投资收益更为透明。客户对金融服务的要求向更便宜、更便捷、更高效转移。技术环境的变化带来了完善的互联网基础设施。经济环境的变化尤其是国内经济持续发展，消费者手中积累了更多财富，相应也产生了更多的理财需求，而早期传统银行、信贷行业维持商业模式一成不变，势必将大量新个人用户推向了兴起的互联网企业。此外，还有国家政策对互联网金融、普惠金融的扶持，也在驱动金融企业布局相关业务（图 4.9）。

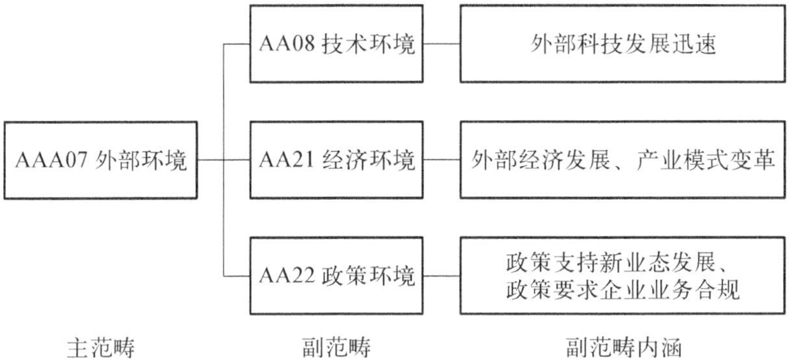

图 4.9　外部环境的形成过程

（8）价值实现主范畴的形成过程与逻辑

价值实现也是商业模式的重要内容，本文提炼的价值实现主范畴是归于企业侧，这一部分价值的实现是通过企业方的感知实现的（图 4.10）。中国平安的品牌建设已从固有的保险公司印象，新增了一个科技的标签，由于业务定位和客户细分，平安面向个人用户的高科技产品并不多见，但是多个人工智能领域的奖项，通过科技手段参与国家扶贫号召等都逐渐重塑中国平安是一个金融科技企业的消费者认知。最为主要的是风险管控，风险管控是中国平安集团抑或是保险业乃至金融业共同的企业价值实现，传统业务通过理论模型对商业风险的评估进行金融活动，而新兴的金融科技创新业务就是为了进一步提升风险管控的能力，大数据建立用户画像，人工智能识别人证欺诈，区块链建立信用数据库等技术服务产品都属于此范畴。成本架构方面则是指通过数字化转型，实现了降低成本，增加效率的经营价值。此外，新的科技手段提升了产品服务的市场竞争力，接触数据分析推动交叉销售拉高了客户对于企业的价值。收入模式则是指

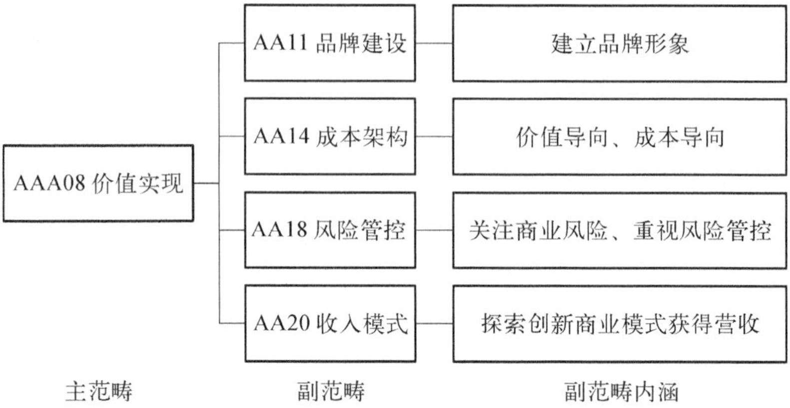

图 4.10　价值实现的形成过程

通过科技成果转化，探索创新商业模式，如互联网医疗领域等，实现了新科技业务营收。综合而言，价值实现是指平安集团通过科技应用实现的新价值内容。

(9) 内部环境主范畴的形成过程与逻辑

从聚类分析结果来看，内部环境与其他各主范畴 Pearson 系数值均大于 0.7，大于 0.8 则显现强相关，其中相关性最大的是内部环境与价值网络，达到 0.88，说明经过对编码资料的回顾与逻辑分析，过强的相关性表明编码原始资料的语言表述接近，一并确定 AA03 内部协同与价值网络主范畴的关联性更大。因为其中不论是商业模式的创新变革，还是数字化转型策略的执行，都需要集团内部各子企业作为主体参与实施。内部环境包括具有创业精神的企业文化，集团支持创新和内部项目竞争，除了外部环境变动驱动的被动式变革，也会存在内部驱动进行主动式变革，集团主动抓住外部变革的商业机会进行新业务布局，大量投入激励科技业务的探索，并深化科技在各领域的应用，有效进行数字化转型的价值传递。通过内部协同联合开发符合业务需求的科技产品服务，利用已有科技力量推动业务互补，譬如客户迁徙和交叉销售，都创造了新的客户价值。此外，完善的企业治理体系也有助于保障跨部门、跨子公司之间的协同合作，提升企业价值(图 4.11)。

2. 理论模型建构

综合前文对平安集团案例的编码分析，本文得到平安集团数字化转型策略下的商业模式变革的路径；通过进一步梳理各主范畴之间的形成过程和逻辑，本文得到了中国平安集团数字化驱动的商业模式变革机理模型(图 4.12)。

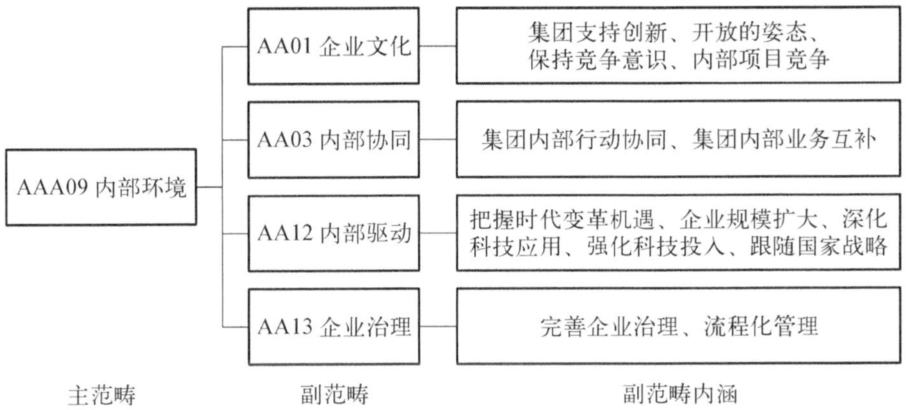

图 4.11 内部环境的形成过程

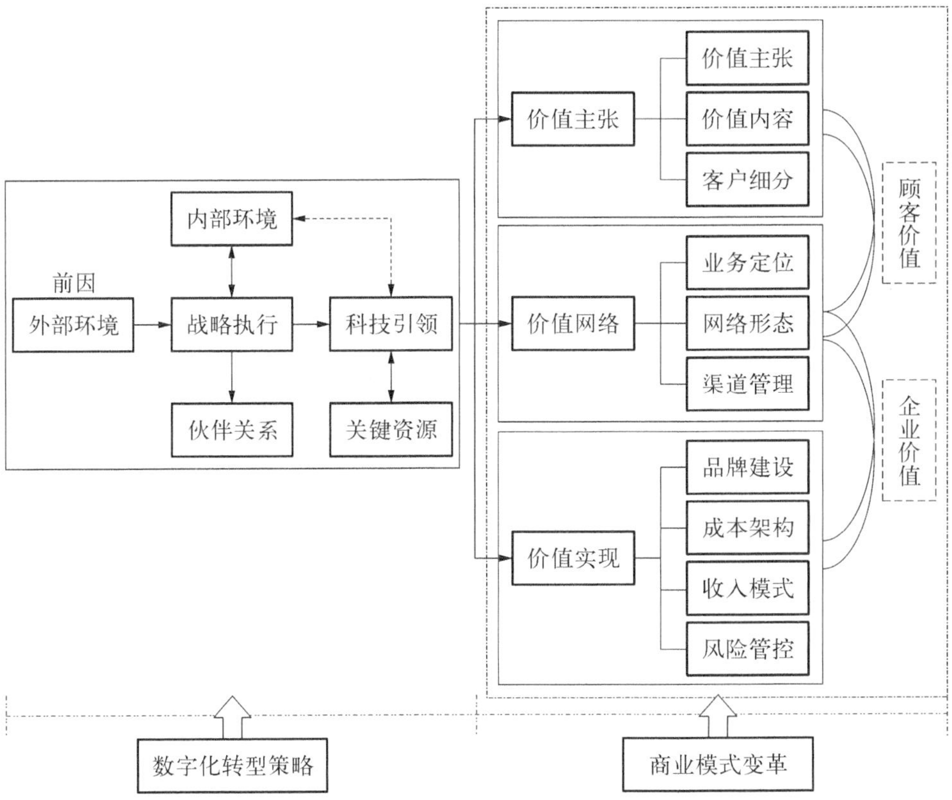

图 4.12 数字化驱动的商业模式变革机理模型

通过上图的理论模型可以看出，中国平安集团数字化驱动商业模式变革的实现机理分为了两部分，其中前半部分是数字化转型策略，后半部分是商业模式变革。具体而言，在数字化转型策略驱动的进程中，集团所处的外部环境和企业的内部环境共同驱动集团的战略执行，其中外部环境作为前因，主要受政策、经济和技术三大环境影响；而战略执行包括战略制定和战略调整，二者都由集团高层进行设计，数字化战略的执行直接影响到企业的伙伴关系建设和具体的科技引领，科技引领是战略层提出的设计，在执行层表现为科技赋能。科技引领一方面需要企业资金、人才和技术等资源的支撑，另一方面通过科技赋能的方式又为企业积累了数字人才、数据资源等关键资源。企业的内部环境则是较为复杂的范畴，它由企业文化和企业治理以及集团内部协同和内部驱动组成。数字化战略执行在受内部环境的企业文化，如积极创新和竞争，以及企业扩张的内部驱动影响的同时，也在巩固数字经济时代的企业文化，或者说扁平化、矩阵管理等的互联网企业文化，并且要求集团内部企业间完成协同合作，落实数字化转型。此外，科技赋能和内部环境也有相辅相成的作用，科技引领企业内部治理效率提升，集团内部协同能确保科技引领得到商业成果。这样整个由外部环境、内部环境、战略执行、科技引领、伙伴关系和关键资源有机联结而成的数字化转型策略将作为一个整体驱动商业模式变革。

在价值创造的视角内，平安集团的商业模式变革首先体现在价值主张、价值网络和价值实现的内涵正向变化。包括以顾客价值为代表的价值主张和价值内容变化，提供了范围更大的和更高品质的产品服务，市场上也进行了新的客户细分。其次是企业价值为代表的价值实现，包括中国平安的品牌建设，从综合金融转向金融＋科技，数字化转型最直接的体现是降低成本和增加效率，二者即集团成本架构的内容，提供新的科技产品服务在收入模式上也得以体现。此外，有一个相对独立于其他行业的价值实现——风险管控，金融科技的核心竞争力就是提高对金融资产的风险管控能力，金融企业通过科技赋能提升风险管控能力，能通过技术手段对部分（疑似）诈骗行为进行更精准的评估，降低经营风险，进而提升金融企业价值，同时也能一定程度上提升顾客价值。最后，平安集团的价值网络联结着顾客价值和企业价值，包括整个集团的业务定位和商业生态圈的网络形态以及维持网络形态所需的线上和线下渠道管理。所以，价值主张、价值网络和价值实现的丰富内涵和对应产生的商业成果组成了平安集团的商业模式变革。

因此，中国平安集团数字化驱动商业模式变革的实现机理可归纳为“战略设计—技术创新—商业模式变革”的模型，即平安集团内外部环境驱动集团的数字化战略执行，该战略围绕科技引领作为行动指南，通过科技赋能作用于集团的商业模式在价值主张、价值网络和价值实现三个维度的变革。

（四）结论

本章的研究探索了数字化转型战略如何在金融集团企业发挥作用并在其主要商业模式变革中表现出来。本章采用商业模式的概念作为理论基础，通过中国平安集团进行单案例纵向研究，采取扎根理论建构方法对中国平安集团官方访谈、新闻和企业年报等原始资料编码建构模型和进一步的横向案例与文献的对比，从战略性业务层次研究金融集团的数字化转型。最后阐明了中国平安作为我国大型民营金融集团企业，其数字化转型作用于商业模式变革的本质，主要结论归纳如下五点。

第一，本文得到了平安集团数字化转型驱动商业模式变革的模型，具体可总结为“战略设计—技术创新—商业模式变革”。包括了外部环境、内部环境、关键资源、战略执行、伙伴关系、科技引领、价值主张、价值网络和价值实现九个范畴。具体的驱动机理为外部环境、内部环境、关键资源、伙伴关系、战略执行和科技引领共同组成数字化转型战略的内涵，影响商业模式中价值主张、价值网络和价值实现的三个维度。数字化转型策略介于战略顶层和运营中层，首先，企业的高层应当具有良好的战略制定和调整能力；其次，通过内外部的协同合作推动顶层战略的执行；再次，资源禀赋作为科技引领的保障条件；然后，科技引领上承顶层战略，下启商业模式变革；最后，商业模式变革反映在价值创造中价值主张、价值实现和价值网络三个维度。

第二，数字化转型战略的执行具有动态性特点，因为数字技术快速迭代的特性，需要企业具备良好的动态能力和战略制定者灵活的策略设计。对于集团企业而言，自上而下设计战略愿景时，在数字化策略实施中还需重视自下而上的敏捷性。数字化转型策略从属于企业顶层战略，以技术创新的方式引领产品创新、渠道变革等业务层次的演化。数字化转型策略的执行中，外部环境和内部环境作为顶层战略执行的动因，战略执行推动伙伴关系的构建和科技引领的方向，同时反作用于内部环境，关键资源优势支撑科技引领持续推进，反过来科技引领也能进一步扩大关键资源优势，这一优势主要体现在数据资源的积累。

第三，商业模式变革具有渐进式和变革式的双元性特点。互联网技术应用早期，商业模式主要进行渐进式探索，在线上业务的探索布局中不断演化，后续大数据、人工智能等技术的成熟，原有的数据积累放大了最初的变化，以及与社会需求相互动态作用，带来商业模式的变革式调整。

第四，数字化转型战略和商业模式变革在价值创造范式内具有要素一致性的特点，数字化战略转型和商业模式变革通过技术创新进行关联。特定前提下，如本文所研究案例，商业模式变革既可视为数字化转型战略的直接结果，也可以作为数字化转型战略的前因，影响其因果关系的是企业价值创造中企业侧的价值获取。

最后，从本质上讲，数字化驱动商业模式变革就是企业遵循数字化逻辑来为利益相关者创造和传递价值，并且主要侧重于构建新的价值网络，重新确定企业的价值获取和对顾客的价值主张。价值主张、价值网络和价值实现的变革是数字化转型策略驱动的结果。其中价值主张归属于顾客价值，价值实现归属于企业价值，两者通过价值网络发生关联。借助聚类分析也发现，科技引领与价值主张和价值实现的相关性强，战略执行与价值网络相关性更强。本文认为数字化转型策略中科技引领对价值主张和价值实现的影响更显著。

五、理论模型适用性的验证

为了验证理论模型的适用性，本章在前述研究的基础上引入相关文献研究和同类集团企业的对比分析，并进一步结合具有代表性的国际金融集团——花旗集团的数字化商业模式变革的案例对比研究，在实践指导意义上对本章理论模型的适用性进行验证。

（一）基于文献研究的理论模型的适用性验证

本文已通过扎根理论建构概括为“战略设计—技术创新—商业模式变革”的模型，将该模型与同类扎根分析文献进行比较，吉峰、牟宇鹏针对传统企业互联网化转型的影响因素[145]，扎根构建了一个“环境—资源/能力—模式—转型”模型，该模型中，环境变化、企业资源、动态能力、企业家精神这四个主范畴对传统企业互联网化转型存在显著影响。同样针对传统制造型企业互联网转型，何地和郭燕青的转型机理模型分为情境颠覆、动态转型能力和制度设计三个维度[146]，该模型认为动态转型能力是核心驱动力，组织架构变革和战略逻辑转变为数字化转型提供支撑。本文的研究结果认为，企业外部环境的变化，包括政策、经济和技术环境变化是企业采用数字化转型策略的前因，与同类企业数字化转型的外部因素相同。主要差异在于同类文献中关于动态能力的表达，本文是以一个动态视角对案例进行扎根分析，动态能力渗透在整个数字化转型过程中，包括战略的灵活制定，内部子企业的业务灵活调整等范畴都已得到体现，而动态能力的表述过于抽象，不利于探索数字化转型的内在机理，故本文更强调战略执行、内部环境和科技引领三个主要范畴间的动态互补构成数字化转型策略，通过该策略设计借助技术创新实现科技引领商业模式变革。

首先，顶层战略设计方面，Rogers 认为战略思维的根本变化是数字化转型的主要驱动力[17]。Casadesus-Masanell 和 Ricart 的研究认为商业模式是企业战略的直接执行结果[119]。张璐等指出战略导向与动态能力交互作用驱动了企业商业模式变革[113]。本文的研究结论强调战略执行是整个数字化转型核心驱动力，对于集团企业而言，需要一个明确的战略愿景，自上而下地引导子企业的商业模式探索方向，在此基础上，因集团企业大部分都处于领军地位，与竞争对手的业务性质不完全相同，数字化战略执行需要灵活地进行调整。在战略设计之后动态能力的交互作用体现在内部环境，诸如企业文化、子企业业务协同的因素上。本文更进一步提出了战略执行、内部环境和科技引领的三角互补效用，战略执行确定了科技赋能的方向，科技赋能的成果反哺企业内部的治理体系和保持创新和竞争的企业文化，企业内部环境的变动再支持数字化战略有效执行，形成良性循环。

其次，对于技术创新，周辉等认为技术创新是商业模式构建的起点[112]。Westerman 表示技术无法为企业直接带来价值，技术的价值来自技术创造的不同的业务方式[147]。但不能忽视金融科技通过专门服务对金融业价值链产生影响[127]。本文的研究认为，战略执行是商业模式变革的起点，技术创新一方面可以视为外部技术环境发展带来的前因，与经济、政策等外因共同作用于集团高层的战略设计；另一方面，技术创新的价值则需要通过战略设计进行指定，即如何运用科技创新及用科技创新赋能什么环节。而这些技术创新的价值将会在变革的商业模式中得以体现。因此本章模型认为技术创新是金融集团企业联通数字化转型战略设计到商业模式变革的一个桥梁。

最后，企业的目标是实现商业模式变革。Hamel 和 Prahalad 认为商业模式变革主要以价值创造的变革为表现形式，核心竞争力可以通过三个标准定义：能够运用到多种不同的市场、能被消费者认可、难以被竞争者所复制[101]。Fine 表示组织的最终核心竞争力是“供应链设计”，是指选择价值链上哪些能力在内部进行投资和开发,以及由供应商为发展进行分配[134]。第二章文献综述也梳理了商业模式丰富的构成要素,具有代表性的包括价值主张、收入来源/盈利模式、价值获取等。本文最后建构的模型中将商业模式变革的维度分成价值主张、价值实现和价值网络,三个维度的出处皆有理论文献依据,也可进一步归纳为顾客价值和企业价值。从本文的研究来看,金融集团的价值主张包括了细分市场、价值主张和价值内容,侧重于为顾客需求端创造价值,价值实现则主要是品牌建设、收入模式和成本架构等企业供给端的价值创造,两端的价值通过价值网络中的业务定位、网络形态等产生联结和传递。区别于原磊提出的商业模式"3—4—8"构成体系[83],本文没有强调"伙伴价值"这一概念,只提出了顾客价值和企业价值。对于伙伴价值,建立伙伴合作关系归属于数字化转型策略的伙伴关系范畴,以校企合作为代表;而与政府、供应链上下游的企业商务合作,则可以视为顾客价值的实现。本文的模型基于企业动态演化的视角,认为数字化转型策略驱动商业模式变革的结果在于商业模式的三个维度:价值主张、价值实现和价值网络的演化、创新和变革。

通过文献回顾分析,本文所建构的模型具有理论合理性,与同类主题文献相比并未出现重要范畴的遗漏,所建构模型的内涵处于数字化转型和商业模式的研究领域中,且有所创新。但本文在此基础上,建构了金融企业这一特定研究对象的数字化转型驱动商业模式变革的机理模型,明确了"战略设计—技术创新—商业模式变革"的驱动路径,并揭示了该模型包含的外部环境、内部环境、战略执行、科技引领、伙伴关系、关键资源等的相互关系,以及商业模式变革在价值主张、价值网络和价值实现三个维度的作用机制。以上是本文在理论创新上的主要贡献。

(二)佐证案例:花旗集团的数字化转型

以花旗集团为例,验证前章所建构理论模型的适用性。花旗集团是全球规模最大的、业务门类最齐全的全能金融服务集团之一。花旗集团由花旗公司和旅行者集团合并而来,其中花旗公司是花旗银行转为银行控股公司的产物,花旗公司在美国分业管理的法律限制下就能够提供银行、证券和投融资等多元的金融服务。在金融业数字化转型道路上,花旗银行将自己定位为金融科技创新的领导者。花旗银行的核心竞争力是创新,通过战略转型,花旗银行不仅进行了自我升级,而且还领导了整个银行业的转型。花旗银行旨在将自己从金融科技的受害者转变为革命者。

1. 数字化转型策略驱动

外部环境上，在2008年美国金融危机之后，花旗集团被迫合并和重组。危机过后，它立即提出了“回归创新”战略。这是花旗集团最显著的数字化转型前因。

战略执行上，花旗集团具备清晰的顶层战略设计以及灵活的战略调整。2014年，花旗集团首席执行官（Chief Executive Officer，CEO）Michael Corbat在世界移动通信大会上提到花旗的数字化战略[148]，2015年创建“移动优先”（mobile first）的战略对花旗金融科技（Citi FinTech）进行重组工作，目标是转变为“以智能手机为中心的商业模式”，努力在其所有客户服务（包括借贷和投资）范围内创建和改善移动优先功能[149]，并在2018年进一步升级为“AI优先”的新战略，通过AI技术实现降低服务成本，更好地参与用户交互和与其他金融科技和互联网企业竞争三个主要目的[150]。

与战略执行相匹配的，在内部环境上，花旗集团制定了完备的自上而下的创新驱动体系推进数字化转型。首先，花旗银行一直以创新作为企业文化，创新被视为花旗银行的核心竞争力。其次，在企业治理上，数字化战略制定后，花旗集团成立了全球创新委员会，由各个业务领域、国家地区和关键部门的高级领导人组成。该小组由CEO，首席信息官（Chief Information Officer，CIO）和首席技术官（Chief Technology Officer，CTO）共同管理，专注于对创新项目进行优先级排序和管理。得益于清晰的治理结构，各业务领域在创新上实现了良好的协同，花旗银行采用“分散式”方法来应对互联网金融和金融科技的影响。花旗集团的每个部门都可以制定自己的战略和预算，以应对金融科技的挑战[151]。内部驱动的协同效应的成功案例包括花旗创投孵化的独角兽企业HighRadius，该企业又与花旗库务和贸易解决方案（TTS）合作，以应收账款现金申请流程为初创公司提供创新解决方案的审查。此外，还有D10X项目，D10X从银行内部员工那里汲取灵感，鼓励内部创新：鼓励花旗内部员工提出创新想法，允许员工作为“联合创始人”建立内部初创企业，在花旗的技术和资金支持下，快速安全可靠地开发学习、尝试和验证创新的想法。

然后是伙伴关系上，花旗集团一直广泛寻求建立数字合作伙伴关系，利用数字化方式，不断深化、拓展现有业务，建立新的销售渠道。例如，通过与América Móvil的合作，该银行开发了一个移动支付平台Transfer in Mexico。2019年重新设计的App推动墨西哥市场两位数的用户增长和历史上最高的应用程序商店评分，而在亚洲数字合作伙伴关系和生态系统方面继续保持领先地位。此外，在技术创新上除了花旗集团的风险投资，花旗还通过创新实验室与外部参与者(例如大学)合作。比如 CUPID 计划组织顶级大学的学生参与了整个花旗的创新活动，CUPID 的学生可以参与花旗业务各个方面的创新活动，同时可以帮助创建最先进的解决方案。

在关键资源里花旗集团有三个代表性禀赋：① 资金投入，花旗在全球范围内进行风险资本股权投资，例如金融科技、大数据、机器学习、网络安全和电子商务。花旗创投确立了五大领域集中投资：金融服务与技术、数据分析与机器学习、电商与支付、安全与企业 IT，以及客户体验和营销。② 技术人才，花旗集团建立了花旗金融科技(Citi FinTech)，该企业由来自各领域的人才和来自传统银行各个部门的经验丰富的行业专家组成。具体来说，该企业招募了花旗集团各个部门以及亚马逊和贝宝(PayPal)等技术公司的人才。③ 用户数据，一方面，花旗集团通过数据挖掘技术处理客户产生的结构化和非结构化数据，形成更精准的用户画像；另一方面，花旗银行通过整合来自各个内部部门的数据以及来自外部社交媒体和电子商务企业的社交数据，为其零售业务建立了一个大数据分析平台，涉及大量客户数量和不同类型的业务。

最后是科技引领，花旗银行的数字化战略有七个创新方向：数据货币化、大数据、移动互联网、安全和身份验证、信息技术、下一代银行以及金融服务。在输出业务方面，花旗创投专注于投资培育有潜力颠覆和转型金融服务业的初创企业，通过花旗创新实验室开展业务试点和落地。花旗还拥有遍布全球的实验室网络，专门研究特定领域，例如资本市场或消费者业务，推动整个业务的创新。花旗创新实验室(Citi Innovation Labs)遍及美国、爱尔兰、以色列、新加坡以及英国，为客户开拓和测试具有破坏性的新解决方案。在内部数字化改造方面，D10X 项目则充当内部孵化模型，宗旨是长期为客户发现更优秀的解决方案，员工可以借此提出他们认为可以帮助花旗集团的想法。Proxymity 就是通过 D10X 构思和开发的面向公司股东的新型数字代理投票平台。通过使用核心算法简化中介机构之间的信息流，可以最大限度地提高当前股东大会投票生态系统的准确性和透明度，通过将发行人与投资者直接联系来消除效率低下的问题[152]。

花旗集团的数字化转型策略部分在外部环境、战略执行、内部环境、伙伴关系、关键资源和科技引领几个主范畴的内涵上都具备理论解读的适用性。

2. 商业模式变革

花旗集团通过数字化转型策略驱动自身商业模式变革体现在三个方面。

（1）价值主张

一切以客户为中心，向客户提供最优质的体验。例如个人客户通过Citibank Express，可以办理几乎所有原有传统营业网点的业务。通过业界领先的功能，不断优化的移动体验以及与领先的数字和社交平台的市场优先合作伙伴关系，花旗银行极大提高了客户参与度，更高的客户满意度和新客户增长数。2018年全球消费者银行的移动用户群增长了26%[153]。在机构客户方面，花旗集团升级了功能，以完全专注于为客户提供解决方案，而不是产品。花旗集团的库务和贸易解决方案业务（Treasury and Trade Solutions）提供了业界功能最全，功能最强大的数字平台，工具和分析套件。

（2）价值实现

花旗集团的系统及服务要求具备全球通用性。跨国业务是花旗集团企业价值，也是花旗集团在金融领域保持竞争优势的一个重大体现。借助全世界遍布的营业机构，花旗为跨国企业客户提供一站式解决方案。在全球范围内，客户可以利用CitiDirect Be Mobile在任何地点完成移动支付。

（3）价值网络

花旗集团并没有太多金融业务之外的延伸业务生态，但花旗银行积极与电子商务平台等互联网企业合作，实现数据信息共享的互惠互利，并促进金融和电子商务服务的集成，弥补了花旗集团在互联网金融方面的弱点。而在AI技术的快速发展下，由花旗创投、创新实验室和DX10等项目引领的金融科技业务也逐渐投入花旗集团的价值网络中，完善花旗集团的价值网形态。

3. 佐证案例小结

基于本文所建构的“战略设计—技术创新—商业模式变革”模型视角为花旗集团的数字化转型归纳故事线：花旗集团在最初外部经济危机的冲击下，集团内部为了企业生存，决定围绕数字化战略进行设计，以此作为总纲领进行商业模式变革，建立创新实验室、花旗创投等创新组织架构，搭建了新的伙伴关系。花旗金融科技为引进大量科技人才提供了关键资源，技术创新始终围绕金融科技展开，商业模式变革上，利用金融科技进行赋能，建立移动银行等功能业务、降低服务成本、建立全面的数字化产品合作网络，实现了在价值主张、价值实现和价值网络方面的变革。对于花旗集团代表性的创新孵化器，这一类具备自下而上特性的内部孵化项目，其作用机理是围绕战略设计建立该类项目，项目得到科技引领成果，成果作用于企业内部环境包括子公司协同、企业创新文化和企业治理效率，内部环境优化又正反馈于战略设计和科技引领，形成良性闭环。因此在这一代表性国际集团数字化转型案例的机理解释上，本文所建构模型也具备适用性。

（三）其他同类型案例对模型的支持

通过进一步扩大本文所建构的理论模式适用性范围，引入对其他同类集团企业重要的官方资料进行横向对比，观察是否能够支持该模型。目的是归纳出一条具备共性的“战略设计—技术创新—商业模式变革”金融集团数字化转型故事线。

首先是战略设计上，中国境内与平安集团一样都具备全金融牌照的另外三个大型集团企业中信集团[154]、招商局集团[155]和光大集团[156]都制定了相应的数字化转型战略，以数字化战略统领企业数字化转型。而战略执行需要强大的领导力，招商局集团的数字化转型重心在内部环境的统筹，而在内部环境中最具代表性的是新加坡星展集团[157]和荷兰 ING 银行[158]的敏捷转型组织，重点实现工作方式、组织结构和绩效模型的全面敏捷转型。外部伙伴关系的建立上以中信集团为代表，其与腾讯公司签署人工智能等领域合作战略协议，依托外部力量向数字化转型。

其次是科技引领的技术创新内容，银行数字化过程可分为三个连续阶段[159]：第一个阶段涉及开发新的渠道和产品，第二个阶段指适应技术基础架构，最后一个阶段需要进行深刻的组织变革以实现数字环境中的战略定位。产品、服务和业务流程的数字化使颠覆性参与者能够提供传统竞争对手所提供的相同价值，甚至可以增加其价值，而无须重现传统价值链[160]。

最后是商业模式变革的三个维度，在价值主张上，北美的四家大型银行使用数字技术时，重点放在客户体验上，强调简单、易用、方便和快速，旨在通过创新的数字解决方案实现效率和成本节省[127]。光大集团也提出向客户中心转变，星展银行提出要利用信息丰富性为客户创造新价值。对于价值实现，基本都围绕降低成本、提升效率、提升竞争优势和塑造品牌价值展开。北美四家大型银行通过提供增强的数字功能，在便利性、简洁性和敏捷性方面改善员工工作场所的体验。据分析，英国的开放式银行业务每年可产生 180 亿英镑的利润，每年可为消费者节省 287 英镑，占年收入的 2.5%[161]。此外，在价值网络方面，中信集团、光大集团都要通过建设生态圈推动价值网络变革。北美的四家大型银行的价值网络聚焦数字平台，将平台作为各种用途的金融超级市场。

对比中还发现同类企业案例的几个重要差异。第一，不同金融企业的数字化转型驱动商业模式变革都具备时代性和地域性。比如新行业发展下行的可能性，地缘政治问题，贸易和货币摩擦等，像在拉脱维亚和波罗的海地区，很少有人准备使用金融科技，大多数人仍然忠于传统银行[128]。地域环境即本文理论模型中的外部环境。第二，在传统金融业和金融科技的组织文化中，高层管理人员的战略眼光不同，缺乏合适的人才，会影响企业的关键资源支持，这使得传统金融业难以进行转型。此外，虽然国际银行的转型经验比国内各大银行领先，但是金融科技的发展全球差距不大，或者说在全球化的竞合发展中，先进的金融科技应用门槛并不高。阿里巴巴公司的蚂蚁金服、腾讯公司的财付通等互联网巨头的金融业务也是海外金融机构重点研究的对象。因此，实施数字化转型过程中重要的是审时度势，因地制宜。换言之，在本文所建构模型中，数字化转型策略驱动商业模式变革的核心影响要素是战略执行和科技引领。

总的来说，金融集团的数字化转型需要结合企业所处的内外部环境和内部的资源结构，在数字化转型战略规划上制定清晰明确的科技赋能路径，在商业模式变革中创造最大的企业价值和顾客价值。

六、研究启示、不足与展望

（一）研究启示

金融企业实施数字化转型战略的本质是为了明确企业在新经济常态下的发展方向，保证自身的竞争优势。本文在对平安集团数字化驱动商业模式变革机理建构和横向对比国际金融集团企业经验启示的基础上，进一步为中国大型金融集团公司提升与完善数字化转型策略驱动商业模式变革提出了 7 条对策建议。

1. 战略执行：数字化驱动商业模式变革的方针

首先，战略执行强调企业灵活进行合适的、可扩展的愿景设计。企业战略的合适与否源于战略制定者对外部环境，包括经济、政策和技术环境变化的研判。在中国经济新常态的背景下，宏观经济增长带动了财富增长、金融消费和理财需求增长，金融企业需要抓住互联网金融或者消费者金融，又或者称为普惠金融的发展，寻找金融的“下沉市场”和“长尾市场”，拓展业务范围，抓住我国社会主要矛盾，填补金融市场发展的“不平衡、不充分”。而互联网、人工智能、5G 通信技术的快速迭代，提高了人们对于“美好生活需要”的阈值，因此数字化驱动是金融企业商业模式设计的一个重要指导方针，企业应一方面借助应用数字化成果保持主营业务优势，另一方面通过业务延展建立企业自己的生态，通过数字技术打通关联业务的“数据孤岛”。金融企业需要在战略设计的时候明确数字化的应用深度和广度。

其次，强调自上而下坚定战略执行，尽管愿景灵活延展，但依旧围绕科技引领的主脉络持续推进数字化，在集团愿景的指引下，子公司的战略也进行数字化思考并调整，持续推动实施，保证了愿景的脉络清晰，避免决策调整带来的发展方向混乱。坚定推进数字化战略不意味着放弃灵活性，准确把握业务发展情况进行敏捷式的策略调整是为了更坚定地推动科技引领，维持企业的竞争优势。商业模式在业务策略层面的调整始终围绕顶层战略中数字化转型的设计。

2. 科技赋能：数字化驱动商业模式变革的核心

科技赋能是数字化转型驱动商业模式变革的核心，在战略执行总体层面设计为科技引领，具体到业务层和职能层后则是在各业务模块实现科技赋能。科技引领业务变革是最主要的行动，数字化技术的深化应用对外提供更丰富、更全面的产品服务，对内实现业务逻辑优化、提高管理效率。传统金融业务借助数字化改造可以实现差异化和定制化服务并优化业务流程取得竞争优势。非传统金融业务方面，不应忽视企业和政府客户的数字化转型需求，在集团具备优势的商业生态中探索数字产品服务的推出模式。内部管理中对譬如员工培训平台、统一办公系统等科技产品的应用，不仅能提高内部运营效率，还能不断完善产品设计，当产品逻辑历经迭代优化后，甚至可以向外部输出。

总的来说，科技引领是连接数字化转型和商业模式变革的最重要桥梁，要科学地设计科技、金融和生态的三角关系，从而做到科技引领集团内各子公司的商业模式变革，探索创新的商业价值。企业科技赋能作用于商业模式变革价值主张、价值网络和价值实现的各维度，完成数字化的驱动作用。同时不能忽视科技赋能对企业内部运营的改造，数字化改造同样可以视为新价值主张的探索经验积累。

3. 协同合作：数字化驱动商业模式变革的关键

协同合作是落实战略执行和科技赋能的关键。一方面是内部合作，首先是内部的纵向协同，基于统一的集团企业文化建立创新、竞争等相关机制，驱动各子公司积极探索科技赋能的可行性。需要注意的是，对于非传统金融业务板块，尤其是发展程度在业内领先的人工智能、金融科技业务领域，对新商业模式的探索多于对传统商业模式的改造，因此需要业务层自下而上协同，鼓励子公司在生态圈内进行自主性探索，论证可行性之后再编入业务层战略。其次是内部的横向协同，强调子公司之间的业务互补，又聚焦用户数据的连通，深挖各业务板块积累的大量用户数据潜力，通过便捷精准的数字营销技术，延伸用户的产品服务使用生命周期，提升单个用户的商业价值。

另一方面是外部合作，通过与供应链各端的外部企业建立合作关系，结成联盟，建立产业生态圈。以市场需求为导向，以客户需求为中心，通过数字技术将个人客户、供应商、高等院校、政府部门、金融机构服务商等外部合作伙伴联结成一个完整的网链结构。企业通过供应链网络结构的设计，实现数字化转型成果的价值转化。此外还需要注意在合作中建立完善的隔绝机制，技术合作确定研发边界，保护企业数据安全。

4. 资源禀赋：数字化驱动商业模式变革的保障

确保数字化驱动商业模式变革有序推进，需要为企业的关键资源提供保障。除了有形企业战略资源中的资金投入，科技人才以及无形的数字技术知识和企业的数据资产也尤为重要。外部引入科技人才能有效积累企业的数字技术知识，企业需要建立符合互联网科技公司人才的配套机制，保障稳定的资金流投入，降低科技人才的流失率。除了高级科技人才的引入，还需要为老员工制定配套的数字化技能培训方案，提升员工的业务能力。企业需要通过资金投入，外部引入科技人才，同时加强培训提升原有业务员工的数字技能素养，有效促进企业知识的转化。

最重要的还包括数字经济时代的财富——大量的用户数据。单纯的数据并不能创造价值，通过上述人才的引进和培训，各业务板块能有效利用集团在生态圈内的数据资产，进行深度学习建模训练、大数据金融用户画像等。而且数据、技术和业务三者形成良性闭环、相互促进、不断优化，数据资源禀赋优势不断放大。

5. 价值主张：商业模式变革的数字化目标

价值主张的变革是数字化转型的主要目标，最直观的是非金融业务的价值主张，即价值内容中提供金融科技等非传统金融领域的数字化产品服务。这一目标还体现在需求导向和客户细分的互联网思维转变，即以人为本、以客户需求为中心。这就回答了企业为谁提供产品服务的问题。不同于传统的以客户为中心的服务理念，创新的保险企业文化以客户尤其是已建立了双方交易合约的客户为中心。而互联网时代，消费者在消费品市场已养成先体验后消费的概念，此时提到的以客户需求为中心其内涵需要放宽至尚未对产品服务付费的(线上)用户，通过抓住这些潜在客户的需求痛点，有针对性地优化价值内容，提升产品服务品质,促进个人用户的付费转化。对于客户细分中面向企业和面向政府的价值内容,通过反复沟通进行客户需求调查,向外部合作客户传递数字产品服务的能力边界,协助客户建立合理的成果预期。

6. 价值实现:商业模式变革的数字化成果

价值主张侧重于强调顾客侧的价值,价值实现则强调企业侧价值实现的成果。最基本的经营价值来自优化企业成本架构,实现降低成本、提升效率。通过价值主张的转变,扩大的市场和业务领域以及新输出的产品服务将反馈至企业收入模型,使企业获得直接盈利。价值实现还需要强调品牌建设,人工智能、区块链、5G、智慧城市等数字技术是经济新常态发展的重要“风口”,企业的数字技术实力将会为企业品牌带来更多关注,进而实现新的价值。对于金融企业而言,金融科技带来风险管控能力的提升是重要的价值实现,风控能力直接影响保险、银行和投资等传统金融业务,更精准地评估商业风险能取得更高价值的商业合约,同时能减少不良合约、异常数据诈骗等带来的损失,在金融科技的产品服务中,AI 风控为技术、数据处理也都提供了重要支撑。

对大型金融集团企业而言,其企业侧的数字化价值实现可以通过向外输出形成新的价值主张。集团内部员工具备顾客价值和企业价值的二元性,在内部开发投入使用的产品系统服务,借助大量员工的内部测试使用不断迭代,最终可包装其商业价值对外开放,促进数字化商业模式的价值实现。

7. 价值网络:商业模式变革的数字化架构

价值网络是数字化策略驱动企业商业模式变革的根本架构。通过合理的价值网络形态设计和多渠道管理,企业有效地连接顾客价值和企业价值。金融集团的价值网络早已不再单一聚焦其旗下的传统金融产业,集团高层需要针对集团的产业异质性,聚焦优势产业搭建关联紧密的商业生态圈,生态圈内各价值创造端通过数字技术进行有机关联。价值网络架构的关键点在于开放和闭环的取舍,需要企业自身业务发展阶段。一方面搭建开放服务平台的“轻资产”商业模式,作为价值链链主融入价值网,需要过硬的技术支撑和品牌认可,该模式容易被竞争对手复制,进而失去竞争优势。而另一方面,封闭的一体化产品服务体系拥有更高的议价权,可以有效促进各项业务相互连通,通过业务互补进一步提高客户价值,但不仅需要企业的资源基础,也取决于企业拥有的用户数量。价值网络的架构设计并没有严格的范式,企业生态的竞合需要考虑企业自身业务的可延展性,通过大数据和云平台等技术支撑更精确地刻画用户需求,完成从用户到不同业务板块的匹配。

（二）研究不足

本文以平安集团作为研究对象，收集了大量的一手和二手数据，利用程序化扎根理论的研究方法，完成了平安集团数字化转型驱动商业模式变革机理的理论模型建构，总结了具有一定理论和实践价值的研究结论，但限于笔者的学术素养等原因，研究仍存在一些不足和局限。

首先，资料收集仍然不够全面。本文收集了有关平安集团的官方新闻报道、年报，以及对内部员工进行访谈，但仍可进一步完善相关发展演变的资料。本文采取了单案例扎根理论建构。虽然本文选取了 3 家同类企业案例作为横向对比，但获取的资料较少，对理论模型的辅助作用有限。

其次，资料收集仍不够深入。本文采访的平安集团内部员工职级高度有限，对平安集团的业务涉及、发展规模等的了解具有一定局限性，对理论模型的构建可能会产生影响。

最后，笔者的思维方式和理论素养的局限性在一定程度上也会对研究结果产生影响。

（三）研究展望

本文研究主题在未来可以从以下几个研究方向再深入展开。

第一，从单案例扩展到多案例研究，深入收集同类型金融集团企业进行多案例扎根理论构建，增强本研究理论模型的可复制性。

第二，跟踪后续的平安集团数字化驱动商业模式变革过程，进一步深化本文研究框架和研究方法，由此再广泛收集资料深入分析数字化驱动商业模式变革的机理，检验本研究结论的稳健性。

第三，本文最后所得为实质理论模型，通过积累更丰富的理论基础，在现有研究的基础上发展为形式理论模型，进而为整个金融行业依托数字化转型策略驱动商业模式变革提供更多的理论支撑和实践启示。

参考文献

[1] SHKODINA I, DERID I, ZELENKO O. Digital transformation of global banking: challenges and prospects[J]. Financial And Credit Activity: Problems Of Theory And Practice, 2019, 3(30): 45 - 51.

[2] Eisenhardt K M. Building theories from case study research[J]. Academy of Management Review, 1989, 14(4): 532 - 550.

[3] 李平，曹仰锋，徐淑英.案例研究方法：理论与范例——凯瑟琳·艾森哈特论文集[J].管理案例研究与评论，2012(5): 405.

[4] GLASER B G, STRAUSS A L, STRUTZEL E. The discovery of grounded theory; strategies for qualitative research[J]. Nursing Research, 1968, 17(4): 364.

[5] CORBIN J, STRAUSS A. Basics of qualitative research [M]. Sage Publications, Inc, 2007.

[6] CHARMAZ K. Constructionism and the grounded theory method[J]. Handbook of Constructionist Research, 2008, 11(3): 397 - 412.

[7] SUDDABY R. From the editors: What grounded theory is not [J]. Academy of Management Journal, 2006, 49(4): 633 - 642.

[8] GLASER B G. Basics of grounded theory analysis: Emergence vs forcing[M]. Sociology press, 1992.

[9] GLASER B G. Doing grounded theory: Issues and discussions[M]. Sociology Press, 1998.

[10] SUTTON R I. The process of organizational death: disbanding and reconnecting[J]. Administrative Science Quarterly, 1987, 32(4): 542 - 569.

[11] 腾讯研究院，工业和信息化部电子科学技术情报研究所.腾讯研究院 & 工信部：数字经济白皮书[R/OL]. [2017 - 03 - 8]. http://www.199it.com/archives/570493.html.

[12] TEUBNER R A. Information systems strategy[J]. Business & Information Systems Engineering, 2013, 5(4): 243 - 57.

[13] MITHAS S, TAFTI A, MITCHELL W. How a firm's competitive environment and digital strategic posture influence digital business strategy[J]. Mis Quart, 2013, 37(2): 511 - 536.

[14] WANG Y, KUNG L, BYRD T A. Big data analytics: Understanding its capabilities and potential benefits for healthcare organizations[J]. Technological Forecasting and Social Change, 2018, 126(1): 3 - 13.

[15] ROSS J W, SEBASTIAN I M, BEATH C M. How to develop a great digital strategy [J]. Mit Sloan Management Review, 2017, 58(2): 7 - 9.

[16] BERMAN S, MARSHALL A. The next digital transformation: from an individual - centered to an everyone - to - everyone economy[J]. Strategy & Leadership, 2014, 42(5): 9 - 17.

[17] ROGERS D L. The digital transformation playbook: rethink your business for the digital age[M]. New York: Columbia University Press, 2016.

[18] MATT C, HESS T, BENLIAN A. Digital transformation strategies[J]. Business & Information Systems Engineering, 2015, 57(5): 339 - 343.

[19] BHARADWAJ A, EL SAWY O A, PAVLOU P A, et al. Digital business strategy: toward a next generation of insights[J]. Mis Quart, 2013, 37(2): 471 - 482.

[20] LUCAS JR H C, AGARWAL R, CLEMONS E K, et al. Impactful research on transformational information technology: an opportunity to inform new audiences[J]. Mis Quart, 2013, 37(2): 371 - 382.
[21] FITZGERALD M, KRUSCHWITZ N, BONNET D, et al. Embracing digital technology: A new strategic imperative[J]. MIT sloan management review, 2014, 55(2): 1.
[22] WESTERMAN G, BONNET D, MCAFEE A. Leading digital: turning technology into business transformation[M]. Boston: Harvard Business Press, 2014.
[23] HENRIETTE E, FEKI M, BOUGHZALA I. The shape of digital transformation: a systematic literature review[J]. MCIS 2015 Proceedings, 2015, 431 - 443.
[24] PICCININI E, GREGORY R W, KOLBE L M. Changes in the producer-consumer relationship-towards digital transformation[J]. Changes, 2015, 3(4): 1634 - 1648.
[25] SCHUCHMANN D, SEUFERT S. Corporate learning in times of digital transformation: a conceptual framework and service portfolio for the learning function in banking organisations[J]. International Journal of Advanced Corporate Learning (IJAC), 2015, 8(1): 31 - 39.
[26] CHANIAS S, HESS T. Understanding digital transformation strategy formation: insights from europe's automotive industry[R]. Proceedings of the PACIS, 2016.
[27] HESS T, MATT C, BENLIAN A, et al. Options for formulating a digital transformation strategy[J]. Mis Quarterly Executive, 2016, 15(2): 123 - 139.
[28] SEBASTIAN I M, ROSS J W, BEATH C, et al. How big old companies navigate digital transformation[J]. Mis Quarterly Executive, 2017, 16(3): 197 - 213.
[29] MORAKANYANE R, GRACE A A, O'REILLY P. Conceptualizing digital transformation in business organizations: a systematic review of literature[C] 30th Bled eConference: Digital Transformation — From Connecting Things to Transforming Our Lives, 2017.
[30] 游文丽,王彤.对我国企业信息化管理现状的思考[J].商业研究,2003(2): 24 - 26.
[31] 张玲玲,林健.信息技术与企业战略、业务流程及组织结构整合的关系模型研究[J].系统工程,2002(2): 63 - 68.
[32] 温池洪.信息化对企业竞争能力的影响机理与信息化战略选择[D].长春: 吉林大学,2010.
[33] 邱均平,刘焕成.ERP: 中国企业信息化的发展方向[J].情报科学,2001(10): 1009 - 1014.
[34] 丁亚见,吴满琳.基于 ERP 的企业数字化管理平台构建的研究[J].商场现代化,2007(5): 30 - 31.
[35] 闫海洲.要素投入、技术外溢与信息化的生产率效应[J].上海经济研究,2012,24(4): 74 - 82+104.
[36] 汪淼军,张维迎,周黎安.信息技术、组织变革与生产绩效——关于企业信息化阶段性互补机制的实证研究[J].经济研究,2006(1): 65 - 77.
[37] 陈劲,杨文池,于飞.数字化转型中的生态协同创新战略——基于华为企业业务集团

(EBG)中国区的战略研讨[J]. 清华管理评论,2019(6): 22-26.
[38] 麦肯锡中国电子简报.中国的数字化转型[EB/OL]. [2014-07-28]. https://www.mckinsey.com.cn/%e4%b8%ad%e5%9b%bd%e7%9a%84%e6%95%b0%e5%ad%97%e5%8c%96%e8%bd%ac%e5%9e%8b/.
[39] 中华人民共和国国家互联网信息办公室.马化腾: 亟待用“互联网+”推动新一轮产业变革[EB/OL]. [2015-06-16]. http://www.cac.gov.cn/2015-06/16/c_1115634361.htm?from=singlemessage.
[40] 国务院发展研究中心,戴尔(中国)有限公司.传统产业数字化转型的模式和路径[R].北京: 国务院发展研究中心,2018.
[41] 武连峰.IDC 中国副总裁: 数字化转型的 4 大价值[EB/OL]. [2019-12-04]. https://36kr.com/p/5272187.
[42] WESTERMAN G, BONNET D. Revamping your business through digital transformation[J]. Mit Sloan Management Review, 2015, 56(3): 10-13.
[43] 臧树伟,胡左浩.动态能力视角下的企业转型研究: 从市场驱动到驱动市场[J].科学学与科学技术管理,2017,38(12): 84-96.
[44] YEOW A, SOH C, HANSEN R. Aligning with new digital strategy: a dynamic capabilities approach[J]. The Journal of Strategic Information Systems, 2018, 27(1): 43-58.
[45] SCUOTTO V, SANTORO G, BRESCIANI S, et al. Shifting intra- and inter-organizational innovation processes towards digital business: an empirical analysis of SMEs[J]. Creativity and Innovation Management, 2017, 26(3): 247-255.
[46] KULATILAKA N, VENKATRAMAN N. Strategic options in the digital era[J]. Business Strategy Review, 2001, 12(4): 7-15.
[47] KANE G C, PALMER D, PHILLIPS A N, et al. Strategy, not technology, drives digital transformation: becoming a digitally mature enterprise[R]. MIT Sloan Management Review and Deloitte University Press, 2015, (14): 1-25.
[48] BHARADWAJ A, EL SAWY O A, PAVLOU P A, et al. Visions and voices on emerging challenges in digital business strategy[J]. Mis Quart, 2013, 37(2): 633-634.
[49] BENNIS W. Leadership in a digital world: embracing transparency and adaptive capacity[J]. Mis Quart, 2013, 37(2): 635-636.
[50] 麦肯锡咨询公司.全球数字化银行战略分析[J].新金融,2019(3): 4-9.
[51] 陆岷峰,虞鹏飞.互联网金融背景下商业银行“大数据”战略研究——基于互联网金融在商业银行转型升级中的运用[J].经济与管理,2015,29(3): 31-38.
[52] 侯世英,宋良荣.金融科技背景下中小银行转型研究: 背景、战略布局与建议[J].当代经济管理,2019,41(5): 85-91.
[53] 谢治春,赵兴庐,刘媛.金融科技发展与商业银行的数字化战略转型[J].中国软科学,2018(8): 184-192.
[54] 霍联宏.“以客户需求为导向”的保险公司转型与创新研究[J].金融论坛,2016,21(1): 32-39.

[55] 苗力.保险企业数字化战略转型路径研究[J].保险研究，2019(4)：57－65.
[56] 赵洪瑞，李克文，王芬芬.商业银行战略转型的理论、路径与实证研究[J].金融监管研究，2019(5)：47－69.
[57] BELLMAN R, CLARK C E, MALCOLM D G, et al. On the construction of a multi-stage, multi-person business game[J]. Operations Research, 1957, 5(4): 469－503.
[58] JONES G M. Educators, electrons, and business models: aproblem in synthesis[J]. The Accounting Review, 1960, 35(4): 619.
[59] TIMMERS P. Business models for electronic markets[J]. Electronic Markets, 1998, 8(2): 3－8.
[60] MAHADEVAN B. Business models for internet-based e-commerce: an anatomy[J]. California management review, 2000, 42(4): 55－69.
[61] Rappa M. Managing the digital enterprise: business models on the web[EB/OL]. [2001－03－07]. http://digitalenterprise.org/models/models.html.
[62] STEWART D W, ZHAO Q. Internet marketing, business models, and public policy[J]. Journal of Public Policy & Marketing, 2000, 19(2): 287－296.
[63] ZOTT C, AMIT R, MASSA L. The business model: recent developments and future research[J]. Journal of Management, 2011, 37(4): 1019－1042.
[64] TEECE D J. Business models, business strategy and innovation[J]. Long Range Planning, 2010, 43(2－3): 172－194.
[65] SLYWOTZKY A J, MORRISON D J, ANDELMAN B. The profit zone: how strategic business design will lead you to tomorrow's profits paperback[M]. New York: Crown Business, 2002.
[66] PICKEN J C, DESS G G. Right strategy — wrong problem[J]. Organizational Dynamics, 1998, 27(1): 35－49.
[67] BOULTON R E, LIBERT B D, SAMEK S M. A business model for the new economy[J]. Journal of Business Strategy, 2000, 21(4): 29－35.
[68] AMIT R, ZOTT C. Value creation in e-business[J]. Strategic management journal, 2001, 22(6－7): 493－520.
[69] DUBOSSON-TORBAY M, OSTERWALDER A, PIGNEUR Y. E-business model design, classification, and measurements[J]. Thunderbird International Business Review, 2002, 44(1): 5－23.
[70] AFUAH A, TUCCI C. Internet Business Models and Strategies: Text and Cases[M/OL]. [2001－01－01]. https://www.researchgate.net/publication/215915163_Internet_Business_Models_and_Strategies_Text_and_Cases.
[71] SHAFER S M, SMITH H J, LINDER J C. The power of business models[J]. Business horizons, 2005, 48(3): 199－207.
[72] OSTERWALDER A, PIGNEUR Y, TUCCI C L. Clarifying business models: origins, present, and future of the concept[J]. Communications of the association for Information Systems, 2005, 16(1): 1.

[73] CHESBROUGH H W. Why companies should have open business models[J]. MIT Sloan management review, 2007, 48(2): 22.
[74] OSTERWALDER A, PIGNEUR Y. Business model generation: a handbook for visionaries, game changers, and challengers[M]. New York: John Wiley & Sons, 2010.
[75] MORRIS M H, SHIROKOVA G, SHATALOV A. The business model and firm performance: the case of russian food service ventures[J]. Journal of Small Business Management, 2013, 51(1): 46 - 65.
[76] MALHOTRA Y. Knowledge management and business model innovation[M]. Hershey: IGI Global, 2001.
[77] 秦志华,王永海.商业模式的企业价值测评功能与内容结构[J].中国人民大学学报,2013(3): 70 - 79.
[78] WIRTZ B W, PISTOIA A, ULLRICH S, et al. Business models: origin, development and future research perspectives[J]. Long Range Planning, 2016, 49(1): 36 - 54.
[79] MORRIS M, SCHINDEHUTTE M, ALLEN J. The entrepreneur's business model: toward a unified perspective[J]. J Bus Res, 2005, 58(6): 726 - 735.
[80] ALT R, ZIMMERMANN H-D. Preface: introduction to special section-business models [J]. Electronic Markets, 2001, 11(1): 3 - 9.
[81] WEILL P, VITALE M R. Place to space: migrating to ebusiness models[M]. Harvard Business School Press Books, 2001: 1.
[82] CHESBROUGH H, ROSENBLOOM R S. The role of the business model in capturing value from innovation: evidence from Xerox Corporation's technology spin-off companies [J]. Industrial and Corporate Change, 2002, 11(3): 529 - 555.
[83] 原磊.商业模式体系重构[J].中国工业经济,2007(6): 70 - 79.
[84] 荆浩,贾建锋.中小企业动态商业模式创新——基于创业板立思辰的案例研究[J].科学学与科学技术管理,2011,32(1)67 - 72.
[85] 李红,吕本富,申爱华.SNS 网站竞争生存及商业模式创新的关键因素实证研究[J].管理评论,2012,24(8): 79 - 87.
[86] 魏江,刘洋,应瑛.商业模式内涵与研究框架建构[J].科研管理,2012,33(5): 107 - 114.
[87] 项国鹏,周鹏杰.商业模式对零售企业绩效的影响——基于顾客价值创造视角的分析[J].广东商学院学报,2013(1): 25 - 33.
[88] BOONS F, LÜDEKE-FREUND F. Business models for sustainable innovation: state-of-the-art and steps towards a research agenda[J]. Journal of Cleaner Production, 2013, 45: 9 - 19.
[89] 罗峰.企业孵化器商业模式价值创造分析[J].管理世界,2014(8): 180 - 181.
[90] 吴瑶,葛殊.科技企业孵化器商业模式体系构建与要素评价[J].科学学与科学技术管理,2014,35(4): 163 - 70.
[91] BOCKEN N M P, SHORT S W, RANA P, et al. A literature and practice review to develop sustainable business model archetypes[J]. Journal of Cleaner Production, 2014, 65: 42 - 56.

[92] BADEN-FULLER C, HAEFLIGER S. Business models and technological innovation [J]. Long range Planning, 2013, 46(6): 419 - 426.
[93] BJÖRKDAHL J. Technology cross-fertilization and the business model: the case of integrating ICTs in mechanical engineering products[J]. Research Policy, 2009, 38(9): 1468 - 1477.
[94] HIENERTH C, KEINZ P, LETTL C. Exploring the nature and implementation process of user-centric business models[J]. Long Range Planning, 2011, 44(5 - 6): 344 - 374.
[95] COMES S, BERNIKER L. Business model innovation[M]. From strategy to execution. Springer. 2008: 65 - 86.
[96] JOHNSON M W, CHRISTENSEN C M, KAGERMANN H. Reinventing your business model[J]. Harvard Business Review, 2008, 87(12): 52 - 60.
[97] AMIT R, ZOTT C. Business model innovation: creating value in times of change[J]. Social Science Electronic Publishing, 2010, 23(23): 108 - 121.
[98] BJÖRKDAHL J, HOLMÉN M. Business model innovation — the challenges ahead[J]. International Journal of Product Development, 2013, 18(3 - 4): 213 - 225.
[99] SPIETH P, SCHNEIDER S. Business model innovativeness: designing a formative measure for business model innovation[J]. Journal of business Economics, 2016, 86 (6): 671 - 696.
[100] SMITH K. Climate change and radical energy innovation: the policy issues [M]. Working Papers on Innovation Studies, 2009.
[101] HAMEL G, PRAHALAD C K. Competing for the future [J]. Harvard business review, 1994, 72(4): 122 - 128.
[102] 王雪冬,董大海.商业模式创新概念研究述评与展望[J].外国经济与管理,2013,35(11): 9.
[103] 夏清华.商业模式的要素构成与创新[J].学习与实践,2013(11): 52 - 60.
[104] CASADESUS-MASANELL R, TARZIJAN J. When one business model isn't enough [J]. Harvard Business Review, 2012, 90(1): 1.
[105] MARKIDES C, CHARITOU C D. Competing with dual business models: A contingency approach[J]. Academy of Management Perspectives, 2004, 18(3): 22 - 36.
[106] MARKIDES C C. Business model innovation: what can the ambidexterity literature teach us? [J]. Academy of Management Perspectives, 2013, 27(4): 313 - 323.
[107] BOCK A J, GEORGE G. The business model in practice and its implications for entrepreneurship research[J]. European Business Review, 2011, 35(1): 83 - 111.
[108] DOZ Y L, KOSONEN M. Embedding strategic agility a leadership agenda for accelerating business model renewal [J]. Long Range Planning, 2010, 43 (2 - 3): 370 - 382.
[109] MCGRATH R G. Business models: a discovery driven approach [J]. Long Range Planning, 2010, 43(2): 247 - 261.

[110] SOSNA M, TREVINYO-RODRIGUEZ R N, VELAMURI S R. Business model innovation through trial-and-error learning the naturhouse case [J]. Long Range Planning, 2010, 43(2-3): 383-407.
[111] DEMIL B, LECOCQ X. Business model evolution: in search of dynamic consistency [J]. Long range planning, 2010, 43(2-3): 227-246.
[112] 周辉,李亭亭,郭本海.战略性新兴产业中核心企业商业模式评价实证研究[J].科技进步与对策,2013,30(22): 127-132.
[113] 张璐,周琪,苏敬勤,等.基于战略导向与动态能力的商业模式创新演化路径研究——以蒙草生态为例[J].管理学报,2018,15(11): 1581-1590+1620.
[114] AREVUO M. Leading the revolution[J]. Long Range Planning, 2001, 34(4): 513-515.
[115] ANDREWS K R, DAVID D K. The concept of corporate strategy [M]. Irwin Homewood, IL, 1987.
[116] PORTER M E. Competitive strategy: Techniques for analyzing industries and competitors[M]. Simon and Schuster, 2008.
[117] ANSOFF H. The concept of corporate strategy[M]. Homewood, IL: Irwin, 1987.
[118] CHANDLER A D. Strategy and structure: Chapters in the history of the industrial enterprise[M]. Cambridge: MIT Press, 1990.
[119] CASADESUS-MASANELL R, RICART J E. From strategy to business models and onto tactics[J]. Long Range Planning, 2010, 43(2-3): 195-215.
[120] DEMIL B, LECOCQ X, RICART J E, et al. Introduction to the sej special issue on business models: business models within the domain of strategic entrepreneurship[J]. Strategic Entrepreneurship Journal, 2015, 9(1): 1-11.
[121] MASSA L, TUCCI C L, AFUAH A. A critical assessment of business model research [J]. Academy of Management Annals, 2017, 11(1): 73-104.
[122] PRIEM R L. A consumer perspective on value creation[J]. Academy of Management Review, 2007, 32(1): 219-235.
[123] TANTALO C, PRIEM R L. Value creation through stakeholder synergy[J]. Strategic Management Journal, 2016, 37(2): 314-329.
[124] CHESBROUGH H, ROSENBLOOM R S. The role of the business model in capturing value from innovation: evidence from Xerox Corporation's technology spin-off companies[J]. Industrial and corporate change, 2002, 11(3): 529-555.
[125] LEPAK D P, SMITH K G, TAYLOR M S. Value creation and value capture: A multilevel perspective[J]. Academy of management review, 2007, 32(1): 180-194.
[126] PwC. Blurred lines: How FinTech is shaping financial services[EB/OL]. [2016-03-01]. https://www.pwc.com/gx/en/industries/financial-services/fintech-survey/blurred-lines.html.
[127] PRAMANIK H S, KIRTANIA M, PANI A K. Essence of digital transformation — manifestations at large financial institutions from North America[J]. Future Generation Computer Systems, 2019, 95(3): 23-43.
[128] VASILJEVA T, LUKANOVA K. Commercial banks and FINTECH companies in the

digital transformation: Challenges for the future[J]. Journal of Business Management, 2016, (11): 25 - 33.

[129] NAMBISAN S. Digital entrepreneurship: toward a digital technology perspective of entrepreneurship[J]. Entrepreneurship Theory and Practice, 2018, 41(6): 1029 - 1055.

[130] BERMAN S J. Digital transformation: opportunities to create new business models[J]. Strategy & Leadership, 2012, 40(2): 16 - 24.

[131] 王毅.浅析：我国企业技术创新能力的数字化战略[EB/OL]. [2020 - 03 - 06]. http://www.100ec.cn/home/detail--6547723.html.

[132] PORTER M E, HEPPELMANN J E. How smart, connected products are transforming competition[J]. Harvard business review, 2014, 92(11): 64 - 88.

[133] 阳双梅,孙锐.论技术创新与商业模式创新的关系[J].科学学研究,2013,31(10): 1572 - 1580.

[134] FINE C H. Clockspeed-based strategies for supply chain design1[J]. Production and Operations Management, 2009, 9(3): 213 - 221.

[135] 钱锡红,杨永福,徐万里.企业网络位置、吸收能力与创新绩效——一个交互效应模型[J].管理世界,2010(5): 118 - 129.

[136] FINE C H, WHITNEY D E. Is the make-buy decision process a core competence? [D]. Boston: Massachusetts Institute of Technology, 2002.

[137] PAGANI M. Digital Business strategy and value creation: framing the dynamic cycle of control points[J]. Mis Quart, 2013, 37(2): 617 - 632.

[138] 杨炎.国际对比视角下我国数字经济发展战略探索[J].科技管理研究,2019(19): 33 - 42.

[139] 肖旭,戚聿东.产业数字化转型的价值维度与理论逻辑[J].改革,2019(8): 61 - 70.

[140] 孙岩,聂媛媛,暴榕淋,等."互联网+"战略转型对企业价值的影响研究——以九安医疗为例[J].管理案例研究与评论,2017,10(5): 467 - 477.

[141] STRAUSS A L. Qualitative analysis for social scientists[M]. Cambridge: Cambridge University Press, 1987.

[142] 陈向明.质的研究方法与社会科学研究[M].北京：教育科学出版社,2000.

[143] 孙晓娥.扎根理论在深度访谈研究中的实例探析[J].西安交通大学学报(社会科学版), 2011(6): 87 - 92.

[144] GLASER B. STRAUSS. The discovery of grounded theory: strategies for qualitative research[M]. London: Wiedenfeld and Nicholson, 1967.

[145] 吉峰,牟宇鹏.基于扎根理论的传统企业互联网化转型影响因素研究[J].湖南社会科学,2016(6): 141 - 146.

[146] 何地,郭燕青.传统制造型企业互联网转型的驱动机理——基于扎根理论的探索[J].企业经济,2018,37(9): 13 - 19.

[147] WESTERMAN G. Your company doesn't need a digital strategy[J]. MIT Sloan Management Review, 2018, 59(3): 1 - 5.

[148] CORBAT M. CEO Michael Corbat's keynote at the Mobile World Congress[R]. Citi

GPS, 2018.

[149] MACHEEL, T. Citi Launches FinTech unit to lead Mobile-First 'revolution'[J]. American Banker, 2015, 180(161): 26 - 31.

[150] RAMNEEK G. AI-driven applications in banking[R]. Citi GPS, 2018.

[151] Citi: Managing Innovation[EB/OL]. [2018 - 01 - 09]. https://www.gfmag.com/magazine/january-2018/citibank-managing-innovation.

[152] Citi and Computershare Collaborate to Launch Innovative Digital Platform for Proxy Voting[EB/OL]. [2018 - 06 - 28]. https://www.businesswire.com/news/home/20180628005883/en/Citi-Computershare-Collaborate-Launch-Innovative-Digital-Platform.

[153] Citi. 2019 Annual Report[EB/OL]. [2020 - 06 - 1]. https://www.citigroup.com/rcs/citigpa/storage/public/ar19_en.pdf?ieNocache=325.

[154] 中信集团与腾讯签署战略协议推进人工智能等领域合作[EB/OL]. [2018 - 01 - 19]. https://www.group.citic/html/2018/News_0119/1895.html.

[155] 招商局集团.数字变革、双核驱动、全面转型、力促实效——招商局集团 2019 年度数字化工作会议在深圳召开[EB/OL]. [2019 - 11 - 11]. https://www.cmhk.com/main/a/2019/k11/a39165_40051.shtml.

[156] 凤凰网广东.李晓鹏:从 SBU 到 E - SBU 金融机构的数字化、生态化转型[EB/OL]. [2019 - 06 - 12]. http://gd.ifeng.com/a/20190612/7495072_0.shtml.

[157] SIA S K, SOH C, WEILL P. How DBS Bank pursued a digital business strategy[J]. Mis Quarterly Executive, 2016, 15(2): 105 - 121.

[158] Martin, Calnan, Alon, et al. ING's agile transformation — teaching an elephant to race:[J]. Journal of Creating Value, 2019, 5(2): 190 - 209.

[159] CUESTA C, RUESTA M, TUESTA D, et al. The digital transformation of the banking industry[J]. BBVA Research Digital Watch, 2015, 12(3): 99 - 101.

[160] GHOSE R, TIAN Y, DAVE S, et al. Global Perspectives & Solutions[R]. Citi GPS, 2016.

[161] FAITH R, MARK C. Open Banking could be worth £18bn a year to UK consumers and SMEs-report[R]. Manifesto Growth Architects, 2019.

附录 A 完整开放式编码核心概念统计表

核心概念	本土概念
A001 集团支持创新	a001 创新是企业基因
	a075 在创新中求发展
	a426 产品服务创新
	a432 业务模式创新
A002 综合金融战略	a002 打造综合金融服务集团
	a048 建成个人金融生活服务提供商
	a245 综合金融经营模式理念
	a387 确立互联网金融战略
A003 开放的姿态	a003 开放的姿态面向多元市场
	a004 开放的姿态拥抱未来
	a009 形成开放的意识
	a010 建立包容的心态
	a029 开放实现互联互通
	a421 借鉴行业经验
A004 集团内部协同	a005 内部战略协同
	a013 注重协同合作
	a348 协同效应
	a514 战略的制定统一
A005 谋求全价值链合作	a006 综合金融需要外部支持
	a016 谋求广泛领域合作

续 表

核 心 概 念	本 土 概 念
A005 谋求全价值链合作	a017 谋求多渠道合作
	a018 谋求行业合作
	a031 建立共享精神
	a036 探索跨界合作
	a170 连接产业链各利益方
	a177 与高校进行科研合作
	a350 建立联合商务拓展
	a443 分享外部成长性
	a472 与外部科技公司合作
A006 客户需求导向	a007 开放的用户思维
	a033 满足客户全方位需求
	a101 深度理解客户需求
	a179 针对业务痛点
	a196 研究消费者行为
	a292 坚持以客户为中心的理念
	a316 构建客户全生命周期模型
	a317 全方位考察客户需求
	a319 挖掘客户价值
	a362 建立互联网思维
	a365 引入一切以服务客户为核心的理念
	a390 围绕客户需求
	a425 迎合互联网主流需求

续　表

核心概念	本土概念
A006 客户需求导向	a467 从客户需求出发创新
	a491 提供满足用户需求的金融服务
A007 建立开放服务平台	a008 构筑创新服务模式开放平台
	a118 建立金融全产业链科技服务平台
	a124 搭建在线流量平台
	a130 建立区块链应用平台
	a149 建立金融科技服务平台
	a176 建立医疗一体化平台
	a224 搭建互联网服务平台
	a231 持续打造科技平台
	a259 建设业务开放平台
	a288 建搭协同服务平台
	a342 打造开放式互联网金融平台
	a409 搭建跨境交易平台
	a464 开放平台市场化运营
A008 抓住社会需求痛点	a011 深切理解社会痛点
	a080 企业转型结合社会效益
	a082 战略制定结合社会责任
	a139 投资服务新兴实体经济
	a159 积极应对社会需求
	a217 关注行业痛点
	a330 商业模式影响社会

续　表

核　心　概　念	本　土　概　念
A009 科技引领业务变革	a012 科技改变业务模式
	a081 科技改造传统金融业务
	a084 坚持科技引领
	a108 金融科技创新支撑核心金融业务
	a241 业务场景应用科技
	a255 开放平台反哺金融主业
	a280 科技驱动
	a289 科技业务介入产业链各环节
	a300 科技驱动业务创新
	a305 推进业务转型
	a389 科技支持业务发展
	a398 互联网金融影响金融业
	a435 互联网技术升级综合金融
	a444 拓宽金融主业场景
	a451 互联网改变金融业
	a453 互联网改变保险业
	a473 金融和科技产业融合
	a476 科技成为金融生态新基因
	a478 科技推动金融行业转型
	a492 科技与业务场景融合
	a493 科技支持核心金融业务
	a505 科技推动金融服务转型
	a520 科技渗入传统金融

续 表

核心概念	本土概念
A010 科技发展迅速	a014 现代科技快速发展
	a459 互联网基础建设完备
A011 外部经济发展	a015 市场经济全球化
	a043 经济进入新常态
	a079 中国经济发展
	a256 国际贸易关系带来挑战
	a258 中国经济向高质量转型
	a345 市场趋势变化
	a537 外部环境驱动科技转型
A012 寻找业务切入点	a019 社交化切入
	a020 专业化切入
	a021 场景化切入
	a277 深挖业务场景
	a281 完善行业生态
	a381 选择产品的能力
	a449 金融服务嵌入生活场景
A013 提升产品和服务品质	a022 提供智慧化产品
	a147 降低服务门槛
	a156 提升服务品质
	a168 提升服务软实力
	a172 持续改进产品服务
	a436 完善线上平台
	a454 互联网改善服务

续 表

核心概念	本土概念
A014 业务定位明确	a083 明确愿景
	a244 创新科技聚焦金融和医疗健康
	a352 坚持价值主张
	a355 明确的产品服务消费业务方向
	a358 明确的产品定位
	a391 互联网金融商业模式定位是中介
	a393 互联网金融是普惠金融
	a402 聚焦金融和医疗健康
	a404 选择商业竞争对手
	a437 实现互联网金融业务目标
	a458 设定发展目标
	a462 明确产品设计
	a511 聚焦主业
	a519 选择适合的业务
	a521 核心业务是金融＋科技
A015 产业模式变革	a024 产业模式变为开放的互动系统
	a025 产业模式变为网状的互动系统
	a383 互联网金融降低融资成本
	a403 科技将颠覆金融业旧模式
	a406 传统金融机构迫切发展互联网金融
	a412 互联网金融社交化业态
	a413 专业化发展趋势

续　表

核　心　概　念	本　土　概　念
A015 产业模式变革	a414 场景化是下一阶段努力方向
	a433 传统行业与互联网结合更紧密
	a474 监管推动行业转型
A016 整合内外资源	a027 深度整合公司资源
	a028 深度整合全产业链资源
	a030 形成连接意识
	a035 形成生态链意识
	a220 整合数据技术服务资源
A017 构建产业生态圈	a032 构建生态系统
	a117 打造五大生态圈
	a128 生态圈平台
	a218 建立金融科技联盟
	a222 实现闭环生态
	a327 打造开放性生态圈
A018 创造客户价值	a034 为客户创造最大价值
A019 搭建丰富的业务场景	a038 搭建丰富场景
	a104 业务场景、服务交易与金融产品结合
	a105 打造场景＋客户＋服务生态闭环
	a189 丰富的应用场景
A020 把握时代变革机遇	a039 把握新科技的变革
	a040 融入时代
	a044 新环境是挑战

续 表

核 心 概 念	本 土 概 念
A020 把握时代变革机遇	a045 新环境是机遇
	a049 迈入 3.0 时代
	a052 与时俱进
	a076 企业发展与社会发展紧密相关
	a099 科技变革改变消费行为
	a154 抓住行业发展契机
	a192 绿色金融概念发展
	a194 金融业务支持产业转型
	a214 1.0 传统科技
	a215 2.0 移动互联
	a216 3.0 人工智能
	a313 把握新政策机遇
	a369 行业发展处于短暂调整期
	a370 行业商业模式不断优化
	a371 互联网金融发展空间大
	a384 存在金融跨业交易机会
	a407 预判未来金融业趋势
	a408 存在混业经营机会
	a411 预判互联网金融发展方向
	a460 行业发展迅速
	a461 互联网金融规模庞大

续　表

核　心　概　念	本　土　概　念
A021 建立品牌形象	a041 融入用户认同
	a092 秉承影响力投资理念
	a210 全系统文化推广
	a291 统一的品牌
	a340 提升品牌影响力
	a374 品牌影响业务量
A022 政策支持新业态发展	a042 国家建立互联网＋战略
	a138 国家推动供给侧结构性改革
	a140 政府重视普惠金融
	a372 政策鼓励互联网金融创新
A023 保持竞争意识	a046 保持高度危机感
	a047 保持高度紧迫感
	a457 行业激烈竞争
A024 重视人才培训	a050 建立平安金融培训学院
	a051 转化知识为价值
	a056 培训适应企业发展
	a057 培训提供人才保障
	a058 建立检验员工培训标准
	a059 投入资源进行培训
	a060 构建完善的基础设施
	a061 构建科技培训平台
	a062 注重在职教育

续 表

核心概念	本土概念
A024 重视人才培训	a063 培训是核心竞争力
	a064 培训促进个人提升
	a065 培训匹配战略目标
	a066 坚持培训宗旨
	a067 提升员工跨界能力
	a069 提升员工跨位能力
	a071 需要新时代人才
	a073 培训手段推陈出新
	a074 建立人才评价三维地图
	a088 注重员工培训
	a208 新兴技术培训
	a209 多层级培训计划
	a504 具备科技人才
	a533 人才流动是转型的原动力
	a540 大企业平台对人才有吸引力
A025 企业规模扩大	a054 公司取得发展
	a055 公司员工增加
	a489 建立多板块业务模式
	a495 面临人力成本压力挑战
	a496 面临门店扩张压力
A026 内部业务互补	a068 推动交叉销售
	a121 作为线上入口

续　表

核　心　概　念	本　土　概　念
A026 内部业务互补	a203 联通线上线下服务
	a206 打通关联性数据
	a249 客户迁徙
	a266 客户交叉渗透
	a274 客户价值提升
	a308 加强内部合作
	a346 以财富管理为入口
	a349 业务整合
	a353 整合多账户信息
	a360 互联网业务成为流量入口
	a364 客户迁徙源于交叉销售实践
	a512 2B2C 商业模式相辅相成
	a517 业务间互补
A027 拓展业务领域	a070 业务领域扩张
	a089 积极开拓金融科技业务
	a119 技术＋业务双赋能
	a136 服务模块化
	a143 发展供应链金融业务
	a175 保险业务参与就医流程
	a188 将科技应用到环境监测
	a328 持续投入数据业务
	a447 布局保险主业相关业务
	a471 切入新兴市场

续 表

核心概念	本土概念
A028 扩大市场范围	a077 推动金融下乡
	a123 探索海外市场
	a145 金融服务范围扩张
	a146 提高金融服务覆盖率
	a223 业务范围大
	a232 扩大目标客户群
	a448 产业链纵向延伸
	a490 业务模式覆盖全金融行业
A029 金融+科技复合战略	a078 金融+科技战略驱动
	a293 科技+产品+策略驱动
	a324 科技+业务策略驱动
A030 深化科技应用	a072 利用新兴科技
	a234 深化科技应用
	a236 持续应用技术
	a254 提升数据化经营水平
	a477 新技术广泛应用
A031 新旧业务共同发展	a085 核心金融与互联网金融共同发展
	a137 金融支持实体经济发展
	a142 各业务多元形式发展
	a201 构建线上业务核心能力
	a230 分业经营
	a260 科技业务发展迅速

续 表

核 心 概 念	本 土 概 念
A031 新旧业务共同发展	a262 夯实金融主业
	a363 互联网业务与传统金融业务不可分割
	a401 金融产品具备不可替代性
	a429 互联网综合金融并重发展
	a501 集团支持医保科技业务
	a538 传统公司和科技公司存在区别
A032 价值导向	a086 坚持专业创造价值
	a112 增强竞争力
	a298 打造差异化竞争力
	a354 商业模式难以复制
	a378 重视服务专业性
	a445 支付是不可或缺的底层功能
	a455 提供差异化服务
	a456 客户服务提供竞争优势
	a483 技术产品部署灵活
	a510 科技是核心竞争力
	a536 内部需求驱动科技转型
A033 注重客户体验	a087 注重客户体验
	a106 提升用户体验
	a202 重视客户满意度
	a265 优化消费体验
	a271 完善线上体验

续 表

核 心 概 念	本 土 概 念
A033 注重客户体验	a272 打造贴近用户的服务场景
	a359 提升用户便利
	a469 提升客户满意度
	a498 面临地域性客户体验平均化挑战
A034 完善企业治理	a090 具备完善的公司管治体系
	a247 国际化治理标准
	a419 制度化流程管理
A035 科技提升管理水平	a091 AI 提高 ESG 管理水平
	a198 利用科技加强员工管理
	a205 智慧招聘
	a207 智能培训
	a213 提升企业员工管理
	a237 差异化培训
	a238 员工管理全面自动化改革
	a296 科技推动管理转型
	a422 科学分工
A036 科技服务公益项目	a093 启动“三村工程”智慧扶贫
	a094 实施产业扶贫
	a095 推出全产业链保险
	a096 低息农业科技贷款
	a097 实施健康扶贫工程
	a098 实施智慧教育扶贫

续　表

核心概念	本土概念
A036 科技服务公益项目	a211 线上公益平台
	a239 提供升级医疗服务
	a341 影响力投资
A037 持续推进科技转型	a100 持续推进科技转型
	a116 着力发展科技
	a235 提升科技业务占比
	a240 推动机构线上化
	a251 平安银行持续推进零售转型
	a286 实现数字化转型
	a396 具备转型条件
	a397 具备转型能力
	a418 系统性布局
	a428 一账通推进智能化战略
	a430 深化互联网+转型
	a534 转型一直在进行
	a539 科技占公司比重大
A038 科技水平领先	a102 多个科技创新领域达到领先水平
	a326 科技能力提升
	a465 互联网功能领先
	a499 企业 AI 技术逐渐成熟
A039 持续战略变革	a103 战略持续变革
	a171 坚持战略指导

续 表

核 心 概 念	本 土 概 念
A039 持续战略变革	a229 科技生态金融协同
	a250 向高价值业务转型
	a253 集团重视可持续发展
	a325 互联网金融采用平台化战略
	a394 商业模式向“轻”转型
A040 强化科技投入	a107 长期投入科技创新
	a275 强化科技投入
	a282 重视自主研发
	a301 引进先进技术
	a376 加速平台建设
	a377 加速系统开发
	a379 重视新科技运用
	a487 持续加强科技创新
A041 成本导向	a109 提升效率
	a110 降低成本
	a221 优化资源调配
	a339 通过电子化业务节能减排
	a494 成本管控
A042 科技强化风控能力	A042 科技强化风控能力
	a111 强化风控
	a114 AI 风控
	a230 推动风控管理技术应用

续　表

核　心　概　念	本　土　概　念
A042 科技强化风控能力	a482 研发风险评价模型
	a502 提升风险管理能力
A043 科技增强营销能力	A043 科技增强营销能力
	a113 AI 营销
	a212 提升销售支持
	a382 线上营销经营能力
	a427 互联网营销
	a509 精准营销
A044 确定金融+生态战略	a115 提出金融+生态战略
A045 多渠道运营	a120 自建医疗团队
	a144 线上线下渠道结合
	a269 持续优化渠道
	a290 多渠道分销网络
	a295 建设互联网渠道
	a307 线上多渠道推送
	a395 线上流量和线下专业配合
	a470 提供互联网领域保险产品
A046 跟随国家战略	a122 布局"一带一路"沿线业务
	a141 发展普惠金融
	a153 响应国家政策
	a257 紧跟国家战略

续 表

核 心 概 念	本 土 概 念
A047 客户细分	a126 面向用户
	a127 面向企业
	a129 面向政府
	a267 以个人客户为中心
	a268 个人用户是增长内部驱动力
	a273 高效经营互联网用户
	a315 专注于中产阶层客户
A048 提供全方位产品服务	a125 覆盖用户生命全周期场景
	a204 提供全方位产品服务
	a248 提供互联网产品服务
	a270 聚焦一站式服务
	a284 提供全体系解决方案
	a285 提供全流程解决方案
	a297 完善服务体系
	a299 打造服务闭环
	a321 构建全流程服务体系
	a322 构建全场景服务体系
	a337 提供多种产品服务
	a475 产业扶贫闭环
	a484 智能引擎降低客户融资成本
	a522 提供一体化解决方案

续　表

核　心　概　念	本　土　概　念
A049 科技提升获客能力	a131 利用生态圈获客
	a294 利用科技开拓客户
	a306 升级获客模式
	a318 提升获客质量
	a320 提高客户留存
	a361 利用大数据推动客户迁徙
	a481 科技拓宽业务来源
	a508 智能账户获客
A050 内部项目竞争	A050 内部项目竞争
	a439 内部优胜劣汰
	a515 绩效导向
A051 重视信息安全	a132 重视信息安全
	a133 技术满足信息安全规范
A052 注重业务合规	a134 注重人工智能伦理
	a135 科技转型以人为本
	a261 业务合规
	a333 保护用户数据隐私
	a334 科技伦理审核变得重要
	a335 遵循科技伦理要求
	a336 建立 AI 治理框架
	a338 规范商业合作行为
	a416 政策限制
	a452 金融业受到监管

续 表

核心概念	本土概念
A053 战略执行	a357 自下而上和自上而下融合
	a367 自上而下
	a438 传统业务坚定执行既定方针
	a503 科技发展保障战略执行
A054 企业资源优势	a151 发挥企业资源优势
	a167 集合大量用户数据
	a169 互联网用户数增加
	a190 整合大量知识数据
	a246 本土化优势
	a283 行业经验与新兴科技结合
	a287 积累数据资源
	a302 挖掘数据价值
	a323 依托行业经验
	a343 丰富的互联网金融领域经验
	a375 业务量影响数据
	a392 大数据是技术能力
	a417 互联网金融行业发展要求高
	a434 积累大量线下资源
	a446 实力雄厚
	a513 发挥数据价值
A055 战略前瞻	a152 布局战略产业
	a178 加大战略产业资源投入

续　表

核心概念	本土概念
A055 战略前瞻	a193 投资科技创新行业领域
	a227 孵化创新科技公司
	a228 业务布局全球领先
	a263 布局科技创新领域
	a410 早期布局跨境业务
	a431 互联网金融战略长期部署
	a450 互联网业务布局早
A056 关注商业风险	a157 居民健康风险凸显
	a160 降低新型风险对企业的影响
	a161 评估健康议题风险
	a163 老龄化对保险业影响较小
	a180 气候变化带来不可控因素
	a181 气候变化影响保险业经营
	a182 应对风险
	a183 研究气候风险
	a185 评估自然灾害的商业风险
	a187 气候变化影响投资决策
	a331 评估社会风险
	a344 政策方向不明朗
A057 科技支持产品设计	a158 利用数据科技优势研发产品
	a162 通过预测模型进行费用评估
	a399 利用科技进行定价

续　表

核心概念	本土概念
A058 优化业务流程	a166 优化业务流程
	a219 提升业务能力
	a440 优化结构
	a480 业务流程智能化改造
A059 重视风险管控	a184 建立风险管理系统
	a191 提升风险防范意识
	a278 风险管控
	a329 融入 ESG 管理
	a373 风控能力影响互联网金融成功
	a375 品牌业务风控是一个循环
	a380 数据量影响风控能力
	a386 两端风险匹配
	a463 平台需要了解风险
	a497 风控水平迎来革命
A060 科技服务客户关系维护	a197 利用新技术与投资者沟通
	a199 科技成果用于客户经营
A061 科技服务渠道管理	a148 科技服务渠道创新
	a200 科技成果用于渠道管理
	a304 网店智能化建设
A062 业务调整灵活	a314 灵活调整业务产品策略
	a366 调整业务布局
	a415 调整业务模式
	a445 机制灵活

续　表

核心概念	本土概念
A063 科技产品服务盈利	a225 科技业务带来盈利
	a276 对外输出创新产品服务
	a310 经营科技业务
	a311 科技业务收入增长
	a479 加快科技成果转化
	a485 全流程信息化管理系统
A064 探索创新商业模式	a226 持续探索创新商业模式
	a233 强化科技产品成果应用
	a264 开拓创新生态服务
	a356 持续探索新业务
	a385 互联网金融业务模式
	a405 合办互联网保险公司
	a424 调研互联网金融消费
	a466 探索新媒体业务
	a468 开创新业务服务模式
	a535 持续探索新技术的业务价值
A065 流程化管理	a242 供应商流程化管理
	a243 采购流程管理
	a420 流程化改革

第二篇

区块链金融公司商业模式演化研究

王一伟

一、导论

（一）研究背景与问题提出

1. 研究背景

区块链技术已广泛运用于经济社会的多个领域之中，特别是在金融领域，直接从信用的角度重构了金融框架。在支付结算领域，区块链技术的应用使得交易可以在无第三方中介的支持下直接开展，实现了全球资本的低成本转移，并且依靠可追溯性提供更好的监管效力。为顺应支付方式逐渐线上和虚拟化的趋势，瑞波（Ripple）、OKLink、支点链等在跨境支付和票据等方面发力，打造顺畅的支付平台。在供应链金融领域，区块链技术对于贸易真实性、自动结算、多级信用流转等方面提供充足改造力，中企云链、平安银行SAS、共赢链、秒钛坊等纷纷从不同的着力点设计不同的方案。在供应链金融领域，数据上链形成的共享数据库相较于传统的数据库而言更加透明可信，减少了风控成本，同时依靠智能合约的自动化结算减少了操作风险，操作环节更加规范化。在保险领域，智能合约的公正和自动化增强了相互之间的信任，数据上链也提高了公司之间的协作效率。

在相互保险的趋势下，蚂蚁金服的"相互宝"互助项目等借助区块链技术在增强用户信任和服务监管方面迈出了一大步。在征信领域，区块链技术在帮助构造独立、可信赖第三方信息平台的同时，也解决了信息孤岛、隐私保障、数据零散等问题。公信宝另辟蹊径探索个人数据价值，构建了可信数据共享平台。区块链技术被认为是21世纪初最重大的技术创新之一，能够促进互联网向更高价值的层次转变，极有可能引发一场世界层面的技术变革。随着技术的发展，区块链技术除了与金融结合得更加密切外，也扩展到了万物互联、大数据应用等其他领域。

近几年，多个经济体陆续出台相关政策，从国家层面上支持与规范区块链技术的应用。欧盟委员会在2016年将发展数字货币、创建"单一数字市场"作为政治优先事项，英国在2016年年初就发布了区块链白皮书，爱沙尼亚已将区块链技术应用到了国家的税收、商业注册等系统中，美国在国家福利、安全和医疗方面试点区块链的潜力，加拿大央行在货币及资产管理上研究区块链的应用。中国在2016年《"十三五"国家信息化规划》中首次将区块链技术列为新技术，并对其应用作了未来规划，这一事件标志着我国开始推动区块链技术和应用发展。在2017年的1月份，国务院发布《关于创新管理优化服务培育壮大经济发展新动能加快新旧动能接续转化的意见》，要求各高校院所创新学科设置，在AI、大数据等先进技术领域构建新的教学模式，并与传统领域结合，形成新的研究网络。2017年1月29日，中国人民银行(PBoC)旗下开设从事数字货币的技术和应用可能的研究机构——数字货币研究所。2019年1月，国家互联网信息办公室《区块链信息服务管理规定》为区块链信息服务提供了法律依据。总体而言，国家鼓励区块链技术的创新研究和应用，并鼓励与其他领域先进技术融合发展，来解决社会信用缺失、成本高、效率低的问题。国家这一态度为区块链金融公司的创立和发展提供了政策支持。

2. 问题提出

虽然目前区块链已经从"1.0"的数字货币阶段过渡到"3.0"价值服务阶段，但其发展和落地过程中如何实现预期的商业价值，如何与现有商业市场融合，如何面对监管和风险等，都需要深入研究。因此，本文从区块链技术的发展历程方面，提出以下几个问题：① 区块链技术在金融领域应用的历史演化过程如何？② 推进区块链技术在金融领域的应用的动力如何？③ 区块链技术在金融领域应用发展的内在机制是什么？④ 未来推进区块链技术在金融领域应用的措施有哪些？

（二）研究内容与研究意义

1. 研究内容

本文首先通过对国内外有关区块链及其技术应用研究概况的综述，分析区块链技术的历史演化进程；其次，在了解区块链发展背景的前提下，以典型项目为例进行扎根理论分析，对区块链在各领域的发展过程进行探索性研究；再次，提炼总结项目发展模式，分析归纳出区块链技术在应用时的机制和规律，构建出模型和理论；最后，为未来区块链企业的发展和政府制定相关发展政策提出建议。

2. 研究意义

本文对于全面了解区块链技术发展历程和应用模式具有重要意义，通过梳理技术发展和应用的历史，对总体技术环境的演化进行归纳总结，形成一套完整的历史发展框架，有助于对未来发展进行判断；通过对初创企业商业模式演化的扎根理论分析，得到企业发展壮大过程中起关键作用的演化因素，对于当下正处于扩张状态的区块链初创企业具有借鉴意义；结合企业与技术之间的相互影响关系，对于已有企业未来发展方向的规划也具有实践指导意义。从整体而言，研究区块链金融公司的发展演化过程，能够提供正确及时的分析和预测框架，对政府做好相关发展政策亦具有指导价值。

（三）研究方法与技术路线

1. 研究方法

（1）文献分析法。首先，通过大量阅读、参考和分析区块链技术相关国内外文献，从研究现状中总结已有成就和不足，确定研究主题；其次，梳理区块链技术及其应用发展的历程，界定区块链技术发展的不同阶段，形成基本的演化框架；最后，结合官网、档案、图表资料等二手数据，梳理各领域典型公司商业模式演化过程，为扎根理论的研究提供基础。

（2）扎根理论方法。扎根理论作为定性研究的典型方法，在对研究对象的表现上不加个人情感的总结提炼，从而发掘新的概念和理论。这种方法不依赖于已有理论，且更适合对于研究案例的深入挖掘，在时间维度上有更好的适应性。通过各领域典型项目的一手数据资料和二手文献资料搜集了解企业利用区块链技术的发展过程。借助多种来源的数据资料互相补充和印证内容的完整性、正确性和可信度。然后通过扎根理论的研究方法来理清企业和项目的发展脉络，得出各个项目中区块链技术发展的过程。最后结合多案例的比较分析，得出区块链技术发展的动力和机制，形成理论框架。

2. 技术路线

本文的技术路线如图 1.1 所示。首先，明确研究问题，即对区块链金融公司商业模式的历史、演化过程和内在机制学界缺乏系统整理和认识。其次，对目前已有的国内外相关文献进行收集整理，对论文所涉及的区块链技术应用、新技术商业化以及商业模式演化机制进行梳理和研究，打好文章的研究基础。然后，对区块链技术发展历程和区块链金融公司的一手和二手资料进行收集整理，结合技术的发展历史分析各公司的商业模式演化历程。在资料收集充分后，通过扎根理论对归集整合的资料依次通过开放式译码、主轴式译码来编译识别，通过构建“因果条件—现象—脉络—中介条件—行动/互动策略—结果”的典范模型来识别主范畴，使所有资料形成若干证据链，再通过选择性编码形成整合与精炼结

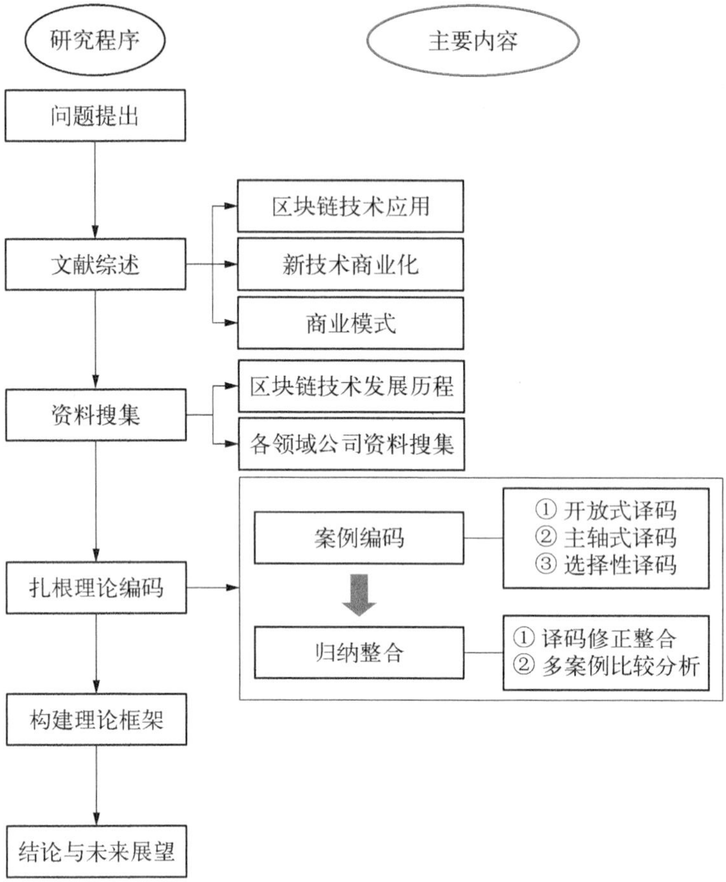

图 1.1 技术路线

论。在完成多个案例的扎根理论分析后,进行多案例比较分析,通过各主范畴和影响因素之间的关系重构得到清楚的逻辑体系,总结出区块链技术在金融领域应用过程中的机制与规律,在此基础上构建结论并撰写报告。最后,分析了本文的不足并展望未来的研究方向。

二、文献综述

(一)区块链技术及其应用的相关研究

1. 区块链技术

区块链技术发明于 2008 年,通过署名为中本聪(Satoshi Nakamoto)的用户论文《比特币：一种点对点电子现金系统》来阐释和设立，该文首次发表在密码学邮件列表内[1]。但关于确切的区块链含义，目前学界和行业内尚没有达成共识。一般来说，狭义的区块链是指，根据发生的时间前后将形成的区块以首尾相接的直链的方式组合成的一种数据结构，在这一结构上进行密码学加密，以此确定无法修改和无法伪造的去中心化共享总账，达到存储有序、可证伪、难以篡改数据的目的。从广义上来讲，区块链是依靠加密后的直链区块数据类型来储存信息、通过分布式节点多方维护、使用密码学技术保证传输和访问、使用智能合约来自动化操作数据的全新数据存储与运行的技术体系，代表了一种去中心化的记录技术。

2. 区块链技术特性的研究

在区块链技术特性方面，Yermack[2]提出了区块链技术在公司治理中利益平衡和相对公平中产生的效果。由于区块链的可追溯性，任何交易和持股情况都完全透明，股东和投资者都可以降低交易成本，并且减少内幕交易发生的可能。Kshetri[3]则对比了云服务与区块链服务的区别，她认为从安全性和隐私等各方面来考虑，区块链技术将会优于目前已有的任何集中式的云服务数据中心。

王焯和汪川[4]认为区块链可以在没有信用中介的情况下，完成点对点交易并更新账簿，有助于优化交易流程、提高速度和减少费用等。

关莉莉[5]基于对区块链去中心化、安全高效和不可篡改特性的研究，提出作为信用锚定应用于社交平台、智能合约、银行系统的设想。

Kshetri[6]考虑了在供应链管理中区块链技术的应用，结合阿里巴巴等案例解释了区块链在质量、可靠性、安全性方面的优点，并强调了区块链技术对物联网的重要作用。

3. 区块链技术在金融领域中应用的研究

张苑[7]认为区块链技术有可能演变为移动手机之后的第五次革新，有可能重塑人类经济社会发展形态，并有助于金融行业建立共享共赢的生态体系。

Ying 等[8]结合案例探讨了电子商务平台与区块链技术的结合，并强调了数字货币在一定范围内取代已有法币的优势。Hawlitschek 等[9]结合目前中国流行的共享经济，探讨了基于区块链的信任系统在共享经济中可能存在的巨大潜力，并对未来基于区块链的共享平台提出了建议，即利用区块链去中心化的特点增强共享经济的管控机制。

林晓轩[10]认为，区块链技术将来可能应用于票据支付、支付清结算、股权交易等多个领域，能够增加互联网在价值传递的效率。王硕[11]分析了区块链技术中的现状与创新趋势，认为国际金融界是想要借助区块链来构建更加扁平的全球清算体系。李政道和任晓聪[12]则相信区块链技术可以通过建立金融黑白名单改变现代金融征信体系，降低金融风险与金融诈骗风险。张波[13]对区块链在国外金融、通信、医疗、股票、物联网等领域的应用现状进行研究，指出了区块链所具有的四个独有优势，分别是成本低、安全性高、公开透明和强拓展能力，这四个优势能够颠覆未来的商业模式，其对于金融业务流程的优化、信用风险管理的启示是：通过区块链降低信任风险、优化业务流程、驱动新商业模式的诞生。巩春海[14]认为，区块链技术在供应链金融方面的商业化能够一定程度上缓解中小企业融资难的问题，更好地促进社会的发展。

（二）区块链技术商业模式研究的可视化计量分析

1. 分析数据和工具

本文利用 Citespace 文献计量分析的可视化工具探讨了区块链技术商业模式研究的热点领域。数据源于 CNKI，通过预先查阅文献得知，区块链主流研究从 2016 年才开始。我们使用 CNKI 的具体操作是：进入 CNKI 期刊文献检索的主界面，设置检索起止时间为“2015—2019”年（通过预先检索确定文献的时间范围），同时将研究领域限制在区块链、金融、互联网等相关领域。以“区块链技术商业模式”为“篇名”进行精确搜索，共得到 1 058 条记录。通过阅读文献标题、摘要和所在期刊删除研究目标不符、研究内容无关等非相关文献，同时删去与主题有关但非原创性的文章（如简讯等），共得到 957 条有关文献。然后以“Refworks”格式导出带有可供 Citespace 处理的文献记录，并处理为 Citespace Ⅴ可识别的格式对研究领域内文献关键词的共现分析。在分析时，因为时间间隔较短，设置时间切片 Slice=1，聚类词源为 Title、Keywords，节点类型为关键词，词频为前 50 的文献，生成关键词共现知识图谱（图 2.1），节点半径越大表示出现频次越高。

2. 关键词共现分析

关键词作者在发表论文时，在文章摘要后自我提炼的文章中心内容和相关部分，内容的精炼和高度总结，关键词共现分析可以体现出某特定领域的研究热点和研究前沿。

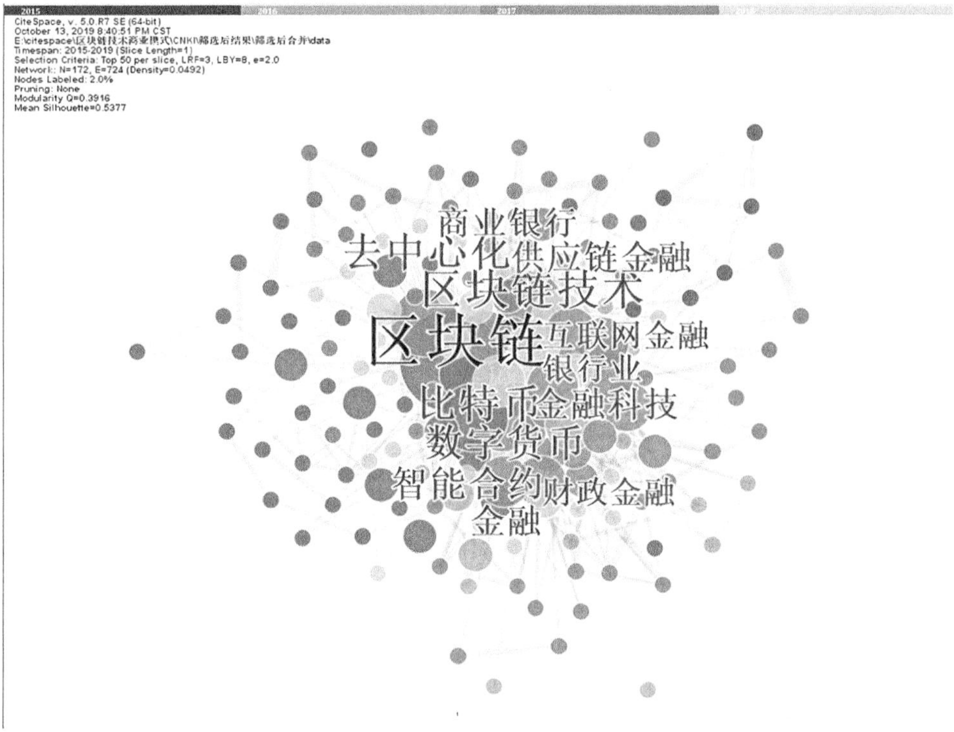

图 2.1　关键词共现网络图

出现频次超过 30 的关键词及其对应频次如表 2.1 所示。

表 2.1　主要研究热点

关　键　词	频　次	关　键　词	频　次
区块链	746	金融	47
区块链技术	117	金融科技	45
去中心化	87	供应链金融	41
比特币	84	商业银行	40
数字货币	73	银行业	31
智能合约	52		

从图 2.1 和表 2.1 来看，关键词结果中与“区块链”相关的占据最突出的前两个位置，频次超出其他关键词一个数量级。“去中心化”“比特币”“数字货币”等区块链直接包含的关键词出现频次位居其后，反映了学者们在讨论区块链时，大多数会同时讨论区块链本身的特点（去中心化）和基本应用（比特币、数字货币）。智能合约这一关键词的出现反映了学界对于区块链的讨论发展到的区块链 2.0。“金融”“金融科技”“供应链金融”等金融业相关词汇和“商业银行”“银行业”相关词汇位居其后，表明金融这一领域是区块链技术首先应用和受到关注的领域，其中又以银行这种涉及支付清结算、信用评价、资本保障的领域为首，这一现象与区块链本身的货币功能和信用建立是分不开的。

3. 聚类分析

对所选文献进行聚类分析，采用 LLR 算法进行聚类名称的提取，得到如图 2.2 所示的 7 大类。由于该领域研究起步晚，目前技术的发展仍然深深根植于区块链技术，导致该领域的研究有大量重叠，但仍可以就此分析目前该领域大致的研究范围。

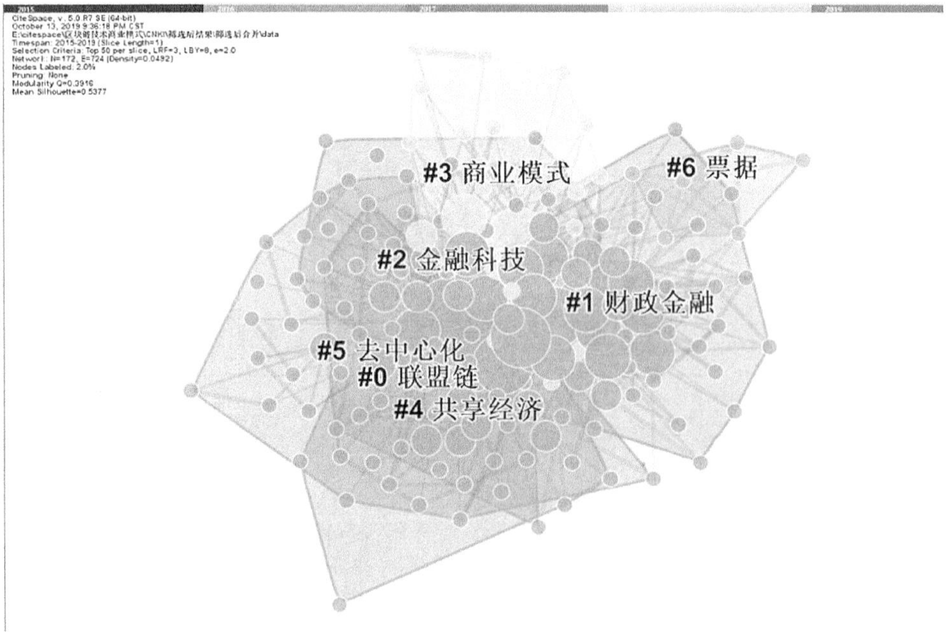

图 2.2　聚类分析图

结合上图并回溯关键文献，围绕“区块链技术商业模式”进行的相关研究可以概括为以下几个方面：① 关于区块链本身技术和结构的研究，侧重于“去中心化”的纯技术讨论和“联盟链”的技术升级。“去中心化”的研究主要是国内该领域最先发表的著作，这类文献主要通过介绍区块链技术的各种功能，将这一观念引入学界，同时对区块链未来的应用领域进行展望。“联盟链”方面的研究除了介绍区块链的基础外，对联盟链这种升级的组成方式进行主要探讨，同时也考虑了如何符合中国监管的问题，对区块链技术的研究更加符合应用场景。② 关于其在金融领域的研究，侧重于“财政金融”“金融科技”和“票据”方面，主要是结合区块链本身的支付功能和信用建立功能，在金融领域的清结算系统、审计系统、信用评级系统等方面进行讨论。③ 关于金融领域的研究，“共享经济”的讨论则侧重区块链本身需要大量用户自主加入、自主维护的特点，针对目前正在流行的共享理念进行分析，包括机构之间的“数据孤岛”打破、个人和机构之间的信息不对等消除和个人之间的陌生人信用建立等。④ 关于更普遍的区块链应用领域，则统一归纳为“商业模式”类，这类文献主要讨论区块链与各行各业的结合，包括邮政系统、电信系统、知识产权、新闻媒体、智能制造、轨道交通、跨境电商等。

（三）新技术商业化的相关研究

(1) 新技术商业化的含义

国家科委课题组[15]的研究将新技术商业化划分为两部分：发明的产生和发明推向市场。这两个过程萌发于新想法或新创意，然后通过一系列的研究、完善、流程化、工业生产和市场应用的一系列完整活动形成可以商业化的产品，这一过程就是新技术商业化。新技术商业化要面临管理、技术、市场等一系列的问题，需要极高的协作能力，整体来看是在利润追求下形成的涉及技术与金融的综合行为。

陈国宏和王吓忠[16]认为，新技术商业化是首先通过各种方法获取技术，然后通过一系列的技术消化、融合、实验，最终实现创新和商业化的过程。这一观点扩大了技术传播的研究范围，通过与成熟的技术扩散理论相联系，扩大了计算新技术商业化的影响程度和广度。

刘常勇和段樵[17]认为，新技术商业化是技术创新的一个环节，能够突破政治、经济和文化等多种因素的制约，将具有生命力的新技术与创新的产品构想通过可以落地的商业行为变现，为公司和市场创造机会和利益。

(2) 新技术商业化过程研究

学界对于新技术商业化过程的研究通常会根据研究特点将这一过程划分为不同阶段。眭振南[18]侧重于科研成果的商业化，从这个角度讲新技术商业化过程分为实验室、产品化和商品化三个阶段；陈通等[19]从高新技术商业化实例分析的角度，指出高新技术商业化是技术创新周期的延伸，并将这个过程按照特点划分为技术转移、技术再创新和技术扩散三个阶段。聂祖荣[20]则认为，前期试验、创意落地与探索、初步生产与市场检验、大范围推广是技术商业化过程的主要阶段。Vijay K. Jolly[21]提出了多阶段衔接过程的概念，认为技术商业化的每个子过程都是新技术进行技术增值的过程。Wonica[22]通过生命周期层、技术发展层、制造发展层分析新技术商业化过程。夏光华[23]将新技术商业化过程按照供给和需求的不同导向分为两种路径，并从政府和企业的不同主导作用分析了新技术商业化模式的具体内涵。

(3) 新技术商业化途径研究

针对新技术的商业化途径，学界根据不同的技术特点有不同的研究侧重。

James P. Andrew 和 Harold L. Sirkin[24]认为，企业倾向于选择自身熟悉的商业化路径，并将其划分为一体化、整合式和许可经营三种类型。龙镇辉、杨华波[25]针对科技成果商业化困难的问题，提出了将其证券化、发行虚拟股份的商业化路径。熊则见等[26]则分析了商业化进程中的参与者，认为政府和企业是两种不同的驱动方式，都可以主导部分新技术商业化的路径。

(4) 新技术市场开发研究

Gary S. Lynn 等[27]认为，新技术的市场开发过程无法使用传统的试产规划理论，需要一个新的指导框架。张礼超和王军[28]认为，新技术市场开发的过程中面临着申请、管理、体制、人才四方面的障碍，只有建立一体化的协同推进机制、构建专业化队伍和健全投资体系等才能保证这一过程的顺利进行。王翔等[29]认为，新技术市场化的成功必须依赖与之相适应的商业模式，并根据这一条件设计了价值的"定位—创造与保持—获取"的系统设计思想，从探索商业模式的角度提供了新技术市场开发的建议。

(5) 新技术商业化影响因素研究

新技术商业化的过程中受很多因素的影响，不同学者从不同角度进行了分析。Olayan Hamad B.[30]从市场、技术、法律、经济与竞争技术共五个角度进行探究。Munir 等[31]认为客户对新产品的态度是其商业化进程中一个重要因素，只有通过负责任地介绍新技术的特性和提供更多的保障，才能说服客户采用新的产品。黄长征[32]从不确定性和非标决策的角度，提出了五个研究商业化影响因素的视角，分别是估值、技术生态、技术创新、商业模式、知识产权保护，通过不同视角的多方面观察，能够更好地判断新技术商业化的过程是否可靠。邸卿[33]

认为影响新技术商业化过程的因素可以分为三个方面：技术、市场和环境。其中技术层面包括技术优越性和技术壁垒，市场层面包括市场大小和潜在需求，环境层面包括企业环境、政策环境等。段利民等[34]通过实证分析，讨论了技术和市场因素，还分析了企业和企业家能力对商业化程度的影响，认为这一因素也起到了部分正向作用。黄鲁成等[35]则着重分析了外部环境的影响强弱，认为政治环境和技术环境也给其商业化带来重要影响。

（四）商业模式及其演化的相关研究

（1）商业模式的含义

商业模式理论由美国经济学家熊彼特于 1939 年开创。熊彼特认为，价格和产出的竞争并不是竞争中最重要的因素，由新的商业、技术和商业模式引发的竞争则更为重要。目前，学术界对商业模式的研究已经较为丰富，但仍未形成统一且含义明确的商业模式概念及界定，从不同研究视角发展出了不同的理念和研究体系。

Rappa[36]认为，商业模式描述一个公司在价值链中如何定位自己，从而获取收益，是一个公司的运行方法。钱志新[37]则认为，商业模式是公司实现自身价值的途径，他将商业模式比喻成一个黑匣子，左侧输入资源，右侧输出价值，成功的商业模式关键在于用有限的资源实现价值最大化。王波、彭亚利[38]认为，企业为了赚取利益而设计并依赖的运营机制就是商业模式。罗氓等和周思伟[39]认为，商业模式是改进企业组织架构以及制度体系的方法，在明确外部边界条件、内部可调用资源以及企业能力的基础上，通过联合企业本身、投资者、供应商、客户等相关者的权益而赚取利益。

（2）商业模式创建的研究

Nenonen 等[40]认为，创建商业模式时需要同时考虑内部因素和外部因素，即除了技术商业化之外，还需要将上游供应商和下游用户纳入考虑范围。Zott 等[41]则设想了两种商业模式创建的道路，分别从系统动力体系结构和价值创造来源两方面来考虑。谢尚国[42]认为，要深刻分析互联网时代的模式转变，形成自身的同心多元化产品体系，以客户体验为导向，才能创建符合时代要求的商业模式。Gronum[43]则强调新颖对于商业模式的重要作用，认为这是企业商业模式成功的直接影响因素。

（3）商业模式的分类研究

王志玮等[44]从低端市场、新兴市场和混合市场三个层面对商业模式进行了分类，从客户、产品、基础设施、财务能力四个方面总结了三种不同类型破坏性商业模式创新的典型特征。蒋理[45]从技术创新的角度分析了互联网企业商业模式的分类，分为依靠移动互联网的 C2C 模式、基于金融服务和电子商务的流量变现模式、基于大数据等新兴技术的技术服务模式。王园森等[46]将商业模式分为整合型、合作型和交易支持型三种，并强调三种商业模式在一定条件下可以相互转化融合，共同向前发展。罗倩等[47]进一步细化了商业模式分类，将其按照企业特点、环境因素、市场贡献等因素细分为龙头型、贫瘠型等多种类型，并根据不同类型进行了分析和建议。

(4) 商业模式的影响因素研究

Morris 等[48]从是否匹配企业特性的角度，将影响因素分为内外两部分匹配度，认为任何一种匹配度过高都会对商业模式的整体效果有不利影响，企业良好运行的前提是在两者之间寻求均衡。秦志华等[49]提出了用于评估商业模式优劣的五个方面，分别是企业目标、目标客户、伙伴价值、产品价值和企业价值五个方面。郭韬等[50]采用系统动力学模型，分析了制度环境、市场定位、经营过程和利润模式对企业绩效的影响，证明了制度环境将会通过影响商业模式中的不同因素来影响企业绩效，企业需要重视对于制度的适应和利用能力。刘峥等[51]构建了基于电商的商业模式评价体系，通过分析得出了盈利潜力、核心技术、分销策略、合作模式、市场价格等重要影响因素，并对影响因素的强弱进行了排序和评价。

(5) 商业模式演化研究

纪雪洪等[52]从创业企业商业模式调整过程方面进行探究，发现创始团队的商业模式认知直接推动了企业商业模式的演化。通过变革式和渐进式两种主要的演化路径，商业模式在不断实践、认知、修正、实施中演化。张敬伟等[53]从拼凑视角分析了商业模式图式演化机制，认为商业模式的演化是企业内外部多种资源拼凑下的结果，通过心理和行动机制的发展和扩大，最终实现了商业模式图式的演化。张新香等[54]从互联网企业商业模式演化中构建了价值从定义到实现再到创造的演化过程，并发现其与企业的创业期、发展期和成熟期相吻合。刘志迎等[55]研究了商业模式的迭代循环创新理念，通过案例研究的方式发现了商业模式演化中价值发现到价值创造的循环递进模式，并讨论了在这一模式中包含的价值主张、资源整合、产品创造、营销模式和盈利模式五大要素。

三、区块链金融公司商业模式演化历程

（一）区块链1.0时代：货币阶段(2008—2011年)

1. 发展历程

北京时间2008年11月1日凌晨2时10分，化名为Satoshi Nakamoto(中本聪)的神秘人物(或组织)在metzdowd.com网站的密码学邮件列表中发表了《比特币：一种点对点的电子现金系统》这一白皮书简介及正文链接。他运用了成熟的非对称加密技术、SHA256算法、时间戳服务器概念、工作量证明(Proof-of-Work，PoW)共识机制以及Ralph C. Merkle提出的默克尔树(Merkle tree)数据结构，并在网络中引入了合理设计的经济激励和惩罚措施，以及SPV简化支付验证概念，提出了一种能够在无须可信中介方参与的情况下，有效防止双重支付的电子支付系统。

在此之后，北京时间2009年1月4日，中本聪制作了比特币世界的第一个区块——“创世区块”，中本聪同时发布了比特币的客户端，并负责了之后的运营维护，直到2010年底全权交给其他开发者后隐退。

随着关注度的提升和技术的发展，比特币的一些技术细节也引来了一系列的争议，持有不同意见的人也为区块链技术作出了自己的贡献。2011年5月，Jed McCaleb运用了不同于比特币的一套系统(最初由Ryan Fugger于2004年提出)，开发了瑞波数字货币系统，这种分布式账本系统较比特币更加中心化，但也因此会受到银行的欢迎。2011年7月11日，bitcointalk论坛上名为“Quantum Mechanic”的用户首次提出了权益证明(Proof of Stake，PoS)共识机制，从此，PoW和PoS之间孰优孰劣的争论便逐渐兴起，而相隔一年之后，名为sunny king的人物首次在点点币当中运用了PoS共识机制。

2011年底，使用全新scrypt算法的莱特币(Litecoin)，因为公平公正地挖矿迅速得到了数字货币社区的认同，数字货币社区内也因此有了“比特金、莱特银”的说法。

2. 实际应用

比特币已经成为互联网上的现金，是一种全新的数字支付系统，货币和支付构成了它第一个也是最显著的应用。2010年的5月18日，Laszlo Hanyecz在比特币论坛BitcoinTalk上用一万个比特币购买了两个比萨，这是世界上第一笔比特币交易支付。比特币首次实现了其以支付功能为核心的商业应用模式。

Ripple Labs 使用区块链技术来改进银行业生态,Ripple 的支付网络可以直接进行跨国转账和交易,绕过了传统的中心化第三方平台。Ripple 通过建立这样的支付网络来收取少量管理费,实现了第一个由公司主导的区块链商业应用模式。

随着时代的发展,目前已有五万多家商户接受比特币作为一种支付手段(如 Overstock、新蛋和戴尔电脑,详见 https://bitpay.com/)。相对于信用卡支付 2%以上的手续费和跨国转账一周左右的到账时间,比特币支付仅收取 1%的交易手续费,并且支持全球直接支付且即时到账。BitPay 和 Coin Base 等专注比特币移动支付的公司也提供了移动结账解决方案,为比特币支付系统整合到现有的商户支付网络提供了可能。PayPal 最初作为一种创新支付手段服务于传统金融市场,但是它现在已经成为在监管体制内的一个正规企业,能够收集并且确认客户的个人资料。面对比特币这种新生事物,PayPal 也正在逐渐接纳吸收,旗下的移动支付供应商 Braintree 也自 2014 年开始面向用户提供比特币支付 Airbnb 和 Uber 的服务,将比特币融入自己的商业模式中。

总的来说,区块链 1.0 时代是理念和技术基础形成的时代,主要实现了支付手段的去中心化,构建了基于区块链的新型货币体系,创新了价值存储的方式。

(二) 区块链 2.0 时代:合约阶段(2012—2016 年)

区块链 2.0 时代是将区块链技术宏观应用的时代,将应用对象由货币扩展到了多种资产,实现更大范围内的去中心化。

1. 发展历程

2012 年,社区提交的区块链技术方案开始逐渐增多。CryptoNote 技术方案的出现带动了隐私技术的产生和发展,为以后用户隐私保护机制的发展提供了技术基础。

2013 年,Colored Coins 技术将标记功能运用于区块链技术,将标记和第三方持有的数字资产或实物资产相绑定,并由此建立了权证交易的基础。在这个时期,也出现了一些之后被称为“二代币”的区块链项目及白皮书。在众多创新中,Daniel Larimer 首次提出了委托权益证明(DPOS)共识机制,为区块链的发展提供了新的方向。

2013 年年末,Vitalik Buterin 撰写了以太坊白皮书初稿。在 2014 年 1 月份,以太坊项目正式对外公布,借鉴了染色币、Mastercoin、智能合约、比特币 SPV、默克尔树、帕特里夏树(Patricia tree)等技术,提出了一种智能合约和去中心化应用平台。白皮书中首次提出了DAO(去中心化自治组织)概念,将系统维护和规则制定的权力交给用户,这对于商业模式中的用户生态建设起到了至关重要的作用,以太坊也因此获得了大量支持。

2015年9月15日,联盟链项目R3CEV正式成立,初始成员包括摩根大通以及高盛在内的九大投资银行,这也开启了无币区块链的序幕。

2. 实际应用

区块链技术的去中心化交易账本功能可以实现传统金融中的开户、转账、核对等功能,并且具有丰富的扩展性。中本聪在构建比特币系统时,就已经设计了第三方托管交易、债券合约、多签名交易等交易体系。除此之外,大部分金融交易过程区块链都可以完成。例如:比特币交易所Kraken已和银行合作,提供合规的比特币金融服务。BTCjam建立了一个基于区块链的去中心化P2P借贷网站,为全球的用户提供数字货币的借贷服务,建立了与区块链1.0时代仅靠交易支撑相比完全不同的商业模式。TERA交易所推出第一个符合美国监管的比特币交易所,能够让机构和个人投资者直接通过在线交易平台购买比特币合约。一些企业还提供包括商用比特币价格指数,如TERA比特币价格指数,被用来作为交易USD/XBT的合约的指标。Buttercoin交易所为客户提供大批量比特币交易服务,同时和Wedbush证券公司有业务合作,这家证券公司是第一批研究和接受比特币的证券分析机构。

区块链技术发展到智能合约阶段,可以用于任何资产注册、存储和交易,包括现实中的有形资产和信誉、股票数据等无形资产。使用区块链编码的资产通过智能合约成为智能资产,智能资产通过区块链控制所有权,通过智能合约在现行法律的范围内自动进行操作。在区块链上第一个智能资产实例就是彩色币。某些比特币被“染色”或称为“标记”的方式,能够通过比特币交易时备注字段以对应某一种特定资产来发行。这个有点像给某人一张1美元的纸币,但是通过在上面标注文字作为一张借据使用。通过这种方式,这些特定的比特币能够代表某些资产,然后安全地在区块链上交易。

结合智能合约,Dapp(Decentralized application,去中心化应用)开始得到开发和应用,出现了很多对标中心化项目的Dapp项目。Dapp利用了区块链2.0阶段的信用优势,开始在各个领域形成独有的商业模式:比如对标Uber的LaZooz,在于更灵活地分享车内剩余空间,建立更加“公平共享”的奖励机制;Bitmessage则对标传统运营商的短信服务,为私人和广播提供更加安全的通信业务；Storj 对标 Dropbox，提供去中心化的文件云存储服务，更加私密安全的同时也降低了存储费用。

（三）区块链 3.0 时代：价值服务阶段（2017 年至今）

区块链 3.0 时代是区块链技术应用到人类活动每个领域的时代，作为一种技术为各种组织和个人间的交互提供更好的解决方案。

1. 发展历程

2017 年，BM（Daniel Larimer）发布 EOS 的白皮书，他认为以太坊的性能不足以承载高质量的 Dapp，因此他希望打造一个全新的高性能区块链平台，以承载大量 Dapp 的交易需求。与比特币和以太坊不同的是，EOS 更注重于性能，而相对弱化了去中心化属性。区块链技术由此开始重视基于技术的价值创造，进入价值服务阶段。

在 2017 年 3 月份，另一大联盟链项目企业以太坊联盟（Ethereum，EEA）正式成立，到了 7 月份，已有超过 150 家企业和机构加入了这一联盟，其中包括微软、摩根大通、DTCC、万事达卡、思科等巨头。这一联盟链摆脱了完全依靠数字货币运营的基础，直接将区块链技术服务于企业项目。

2018 年 10 月 11 日，区块链协议公司 Blockstream 主导开发的 Liquid 网络正式上线，首批参与 Liquid 的成员涵盖了全球知名交易所、OTC 服务商等数字货币行业内的 23 家公司。这也是 Blockstream 提出的强同盟（Strong Federations）技术解决方案的首个应用，其运用了锚定侧链技术、保密交易隐私技术以及多重签名技术，可实现交易所之间更强大的交互。

联盟链方面的代表——超级账本（Hyperledger），已参与该联盟的组织超过了 270 家，总共涉及的代码达到了 360 万行，除了 Fabric 和 Sawtooth 之外，超级账本还增加了 Burrow、Indy、Iroha 这几个子项目。此外，超级账本于 2018 年 10 月 1 日与另一个联盟链企业以太坊联盟（EEA）建立了合作伙伴关系。

2. 实际应用

Namecoin 作为第一批将区块链技术运用于非货币领域的应用之一，形成了在网络领域的商业模式。它能够用于限制过度的网络审查，为言论自由提供更好的环境。它是一种可以用于检验 DNS（Domain Name System，域名管理系统）注册的区块链应用，用于替代 DNS 系统，无法被任何政府或者公司控制。去中心化 DNS 意味着任何顶级域名将不会被任何人控制，它们通过点对点网络来共享一张 DNS 查询表。只要有任何志愿者运行了去中心化 DNS 服务器软件，那么在这个系统中注册的域名就可以被访问，而政府无法通过强制力来影响这个精心设计和运营的全球性点对点顶级域名系统。这样的好处是，它能够让全世界的任何人不受限制和审查，自由地在互联网上发布信息。Namecoin 通过这样一种功能实现了广泛应用，通过币价拉升和前期的挖矿来产生收益，形成了自己的商业模式。

One Name 和 BitID 则以区块链技术为基础提供数字身份服务，它们能够让网站确认用户的数字身份。去中心化数字身份验证服务利用了每个比特币用户都有一个比特币钱包的优势，即每个用户都拥有一个唯一的比特币地址。这个可以提高网站响应速度，并且增强了匿名性和安全性。除此之外，它也能够促进电子商务，因为用户使用比特币地址登录能够直接下单付费购买。它们通过改善网上购物模式来吸引用户，通过用户下单来实现收益，建立了基于区块链的电商商业模式。

公信链则建设了一条为全球数据经济服务的基础链，旨在打造可信数据的价值网络。公信链针对可信数据的流通过程，设计了一套基于区块链的存储、运算、交易的商业模式，为千万亿级的数据经济市场提供共享、共治、透明、安全的底层服务。在公信链基础上建设的点对点数据交易所，为企业提供了与传统中心化数据交易完全不同的数据价值传递体系，基于区块链技术，数据交易双方可以直接进行点对点的数据交易和交换，拥有不缓存数据、保护隐私和数据版权、遏制造假等优势。公信链通过提供数据服务和数据价值匹配来赚取服务收益，实现了基于数据价值的商业模式。

四、案例介绍及扎根理论分析

（一）案例的选取

为了能够完整考虑区块链金融公司的商业模式，本研究采用选取典型案例作为样本的方式，针对支付、保险、征信和供应链金融等四个金融领域筛选样本。所选择的样本符合以下几个条件：① 样本必须是区块链技术商业应用子领域的先驱者或重要推动者；② 样本资料和数据来源充分，基本能够梳理出商业模式发展历程，并且可以通过多维、多来源数据进行互相验证；③ 个案资料能够体现与区块链结合的新商业模式的形成过程；④ 个案数量选取直到理论达到饱和为止。按照以上标准，本研究最终挑选了 6 个区块链金融公司案例样本，具体情况见表 4.1。

表 4.1 案例样本基本情况

项目类型	公 司 名 称	重点项目	项 目 特 点
区块链+支付	瑞波	Ripple	先发优势、跨国小额支付
	OKLink Fintech Limited	OKLink	跨国 B2B 服务
区块链+保险	蚂蚁金服	相互宝	区块链—保险领域最成功项目
区块链+征信	杭州存信数据科技有限公司	公信宝	个人数据价值挖掘
区块链+供应链金融	平安银行	平安银行 SAS	与国家数据库直连
	秒钛科技	秒钛坊	对接 B2B 电商平台和资金端

根据研究目的，本研究对单个案例采用扎根理论的研究方法，然后通过多案例比较研究，得到区块链金融公司商业模式形成过程的主要因素。对于单案例扎根理论研究，第一步是充分收集影响最大、数据来源最丰富的案例资料，并对其进行详尽的扎根理论分析，得到初步的框架和结论，由此确定下一个案例需要收集资料的重点和范围。根据这一初步框架，对后续案例有重点地进行资料收集，在此基础上完善、补充和修正研究结论，多次重复后达到理论的饱和[56]。根据这一要求，首先进行的案例分析将对整个扎根理论研究过程具有关键意义，需要拥有更加完整和丰富的数据资料，并且对于整个区块链金融公司商业模式演化过程具有指导意义，能够最大程度上代表其他样本。对于区块链来说，支付功能是其最先发展也是目前最具影响力的功能，多个案例都或多或少涉及区块链货币的支付手段；而 Ripple 公司作为支付领域最先发展也是目前最大的公司，具有更加完整的资料和更明显的发展特点，所以本研究选择 Ripple 公司作为第一个案例进行分析。在此分析的基础上，为了完善区块链金融公司的其他职能，对于其他领域的各个案例依次进行扎根理论分析，逐步完善结论。

（二）Ripple 项目介绍及分析

1. Ripple 发展历程

瑞波支付公司(RipplePay)于 2004 年由瑞安・富格(Ryan Fugger)一手创办，该公司创立之初的愿景就是建立一个取代银行金融体系的点对点支付网络。

Ripple 支付清算系统由瑞波币实验室建立，它的前身是 OpenCoins 公司，其创始团队具有多年的区块链领域研发经验。目前，Ripple 已总共推出了 xCurrent、xRapid 和 xVia 三款产品，各自应用于不同的跨境支付场景。其中，xCurrent 的定位是区块链版的 SWIFT，专注于服务银行间跨境汇款；xRapid 的定位是区块链版的西联汇款，专注于服务跨境企业之间的小额支付；xVia 的定位是未来世界的通用货币。Ripple 发展历程如表 4.2 所示。

表 4.2 Ripple 发展历程

时 间	事 件
2004 年	Ryan Fugger 创办 RipplePay，最初构想是建立点对点支付网络，可视作瑞波的早期版本
2011 年	Jed McCaleb 和 Chris Larsen 加入 Ripple。专注于银行客户，直击跨国转账业务痛点，同时将区块链概念引入 Ripple，在原有网络基础上，增加网关系统，让配备网关的银行成为节点
2012 年	Jed McCaleb 和 Chris Larsen 从 Ryan Fugger 手里接过 Ripple 社区控制权，发行 XRP 作为桥梁货币，以解决流动性问题
2013 年 9 月	Ripple 代码开源，正式推出新版本以及瑞波币 XRP
2014 年	Ripple Labs 发布白皮书，阐述其共识算法
2014 年 7 月	Ripple 推出新网页客户端 Ripple Trade，用区块链技术实现 C2C 价值传输
2015 年 10 月	Ripple 初次发布 InterLedger 协议
2015 年 10 月	Ripple 完成 2 800 万美元的 A 轮融资
2015 年 12 月	Ripple 宣布将停止运营 Ripple Trade，着重开发企业级跨境支付方案
2016 年初	Ripple 宣布与 SBI 控股公司合资成立 SBI Ripple Asia 公司，提供 Ripple 在日本、中国大陆与台湾、韩国和东盟的分布式网络解决方案
2016 年 7 月	Ripple 宣布其共识账本为银行引入多重签名功能，解决因 SWIFT 漏洞导致的银行被盗问题
2016 年 8 月	Ripple 建立“全球支付指导小组”(GPSG)，以规范行业标准和流程
2016 年 9 月	Ripple 完成了 5 500 万美元的 B 轮投资

续 表

时 间	事 件
2017 年 8 月	Ripple 证实了进军中国的计划
2018 年 2 月	Ripple 与沙特阿拉伯金管局(SAMA)签署合作协议,启动区块链试点项目
2018 年 3 月	Ripple 加入 Hyperledger 联盟
2018 年 4 月	Ripple 与 FairFX、RationalFX、Exchange4Free、UniPAY、MoneyMatch 达成合作,将使用 xVia 来支持付款
2018 年 5 月	MercuryFX 和 Cuallix 等金融机构和支付提供商参与试行 xRapid,试行报告称,通过该平台交易能节约 40%～70%的交易成本,交易速度从 2～3 天提升到"两分钟多"
2018 年 8 月	三家加密货币交易所(Bittrex、Bitso、Coins.Ph)与 Ripple 达成合作,将与 xRapid 支付服务平台进行交易

2. Ripple 商业模式分析

Ripple 构建了一个包含多个节点的点到点支付网络,不同于现代跨行支付的特点是,它能够像发送信息一样实现全球资金流动,并且手续费低廉,为支付领域提供了新的活力。

瑞波通过瑞波网络连接银行和支付提供商,为全球发送和接收资金提供一种无摩擦的体验。这样就能做到快速、准确和便宜。其连接方式如图 4.1 所示。

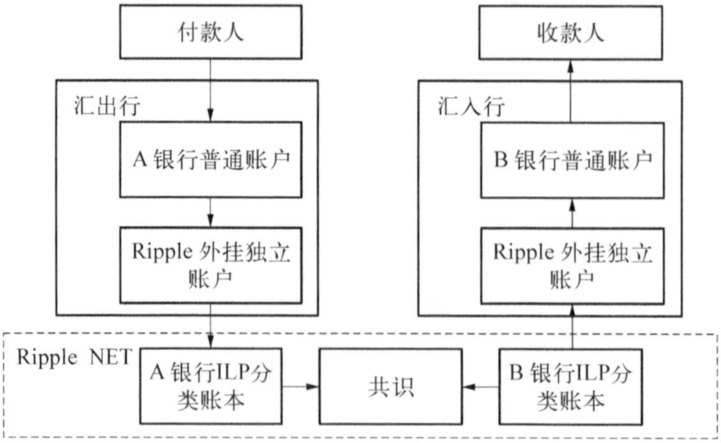

图 4.1 Ripple 商业模式

瑞波网络的参与者分为网络用户和网络会员，网络用户包括公司债券、中小企业、小银行、付款提供商；另外，网络会员包括大银行、付款提供商。瑞波网络在设计时，既考虑了只应用网关的无币场景，也考虑了需要信用背书的有币场景。在外汇相对稳定的国家之间或大机构之间，Ripple 公司更推荐使用无币系统瑞波网络。在外汇不稳定，波动比较大的国家之间或小微银行之间，Ripple 公司更推荐使用瑞波币 XRP。

Ripple 的工作原理是：通过 XRP 的中介作用，用户 A 可以将任何其他资产或货币兑换为可以在系统中流转的 XRP；然后通过网络将 XRP 发送给世界任何一个角落的用户 B；用户 B 可以将收到的 XRP 通过当地的兑换网络兑换成所需的任意货币或其他虚拟货币；如果不愿意兑换为 XRP，Ripple 还提供了网关模式，即用户 A 将资金存放在 B 信任的任意网关，通过网关将资金传递给 B。

在这种多情况的支付场景设计下，瑞波公司既可以通过提供支付服务来赚取服务收入，也可以通过发放和燃烧 XRP 手续费的方式获得收入，维持这种商业模式的稳定运行。

3. Ripple 项目的扎根理论分析

(1) 开放式译码

在扎根理论中，开放式译码是对原始资料的直接归纳，对搜集来的大量原始数据进行初步的定义现象，在定义现象的基础上合并总结同类现象，实现现象的概念化。得到一系列概念后，通过对相似概念的归纳总结，对概念进行范畴化。在整个原始语句处理的过程中，要求不能设定预先假设，更不能对假设进行逻辑推演，要求完全根据收集到的原始数据进行总结概括，持有足够开放的态度对待整个编码过程。在资料收集过程中就要适时进行编码分析，对后续收集的资料与已完成资料不断进行比较，一方面验证资料的准确性，另一方面补充新的现象、概念和范畴，并重复这一过程，直到新收集的资料无法提供新概念，即表明理论达到饱和。在整个编码过程中，范畴是开放式译码部分的结论，对于概念的总结和主轴式译码的开始具有重要作用，因此范畴是这一部分研究的重点。

对 Ripple 的开放式译码如表 4.3 与表 4.4 所示。

表 4.3 Ripple 开放式译码：概念化（举例）

原始语句	定义现象	概念化
瑞波公司于 2004 年成立，成立之初叫作瑞波支付，定位于建立一个能够取代银行金融系统的点对点支付网络，改善现有跨国支付成本高、低效的痛点	现有跨国支付成本高、低效的痛点	市场痛点
Ripple 前身为 OpenCoins，团队在区块链领域具有多年研发经验	团队有丰富经验	团队实力
从 Ripple 的产品和业务布局来看，Ripple 公司定位和策略明确。该公司背后的核心思想是建立一个能够取代银行金融体系的点对点支付网络	取代银行金融系统的点对点支付网络	解决跨境支付
Ripple 通过区块链的公共账本技术，把各机构之间的业务网络衔接起来，能够促进信息同步，提高全球金融结算效率，并降低总体结算成本	Ripple 创建区块链公共账本技术改善市场	公共账本技术改善市场
与比特币旨在解决货币本身的问题（如央行超发导致货币贬值、跨境汇款成本高昂等）有所不同，Ripple 支付协议解决的更多是法币与数字货币、法币与法币之间流通的问题	Ripple 市场定位解决币与币之间的流动问题	产品定位支付结算
首先利用 xCurrent 将众多银行和金融机构纳入 Ripple Net 中来，通过分布式公共账本技术解决跨境支付业务的部分问题，提升各类货币之间的互操作性	xCurrent 解决跨境支付操作性问题	改善支付过程
之后通过引入 XRP 的 xRapid 解决流动性问题，进一步降低结算成本	引入 xRapid 解决流动性问题	改善支付过程

表 4.4 Ripple 开放式译码：范畴化

范畴化	概念化
市场痛点	市场痛点
产品定位	解决跨境支付、公共账本技术改善市场、产品定位支付结算
团队实力	团队实力

续　表

范畴化	概　念　化
用户体验	提升用户体验
市场前景	市场前景
初步落地	初步落地市场
区块链技术	区块链技术支持，改善支付过程，技术升级
管理创新	管理者引入
投资支持	得到种子投资、获得第一轮风险投资、加密货币获得投资
品牌效应	公司关注品牌效应、产品重命名
初步探索	XRP 推出与应用
产品合规	符合网关监管、符合“银行保密法”
平台创建	创建结算平台
运营管理	粉丝活跃度高、论坛管理
价值实现	跨境支付实现、市场拓展
战略转型	公司战略转型
商业布局	开启商业化进程

(2) 主轴式译码

通过上一步骤的译码，本文对 Ripple 的原始数据进行了分析归纳，得出了 17 个范畴。在这些范畴的基础上，扎根理论需要不断重复资料收集和编码整理的过程，使原始资料逐步完善，使范畴趋向于饱和，当附加的资料无法总结出新范畴的时候，则证明这一过程的理论构建已经达到饱和。在主轴式译码阶段，以选开放式译码为基础，通过“因果条件—现象—脉络—中介条件—行动/互动策略—结果”这一典范模型总结出能够统领其他范畴和概念的主范畴，用主范畴将范畴和概念归类并连接在一起。典范模型中各条目的含义如表 4.5 所示。

表 4.5　典范模型各条目含义

因果条件	致使某个事件(主范畴)产生或发展的条件、事故、事情	现象	针对核心地位的观念、事件、事故、事情,会有一组行动或互动来管理、处置,或会有一组行动发生
脉　络	该主范畴性质的具体维度指标,它是行动或互动策略之所以发生的一组特殊条件	中介条件	一种结构性条件,它会在某一特定脉络之中,针对某一现象而采取有助益的或抑止的行动或互动上的策略
行动互动策略	针对某一现象在其可见、特殊的一组条件下所采取的管理、处理及执行的策略	结果	行动及互动结果

典范模型是扎根理论研究中的一个有效的分析手段,通过典范模型的梳理,能够更好地发掘范畴之间的联系,并拓展范畴的意义。本文采用典范模型来梳理范畴和概念之间的主次关系,并得到若干主范畴。在构建典范模型的过程中,各部分都是在开放式编码过程中得到的范畴和概念,经过分类和梳理,结合对原始数据的理解,得出主范畴。本案例通过典范模型总结出市场环境、团队作用、区块链技术、产品价值四个主范畴。各主范畴包含的范畴及概念如表 4.6 所示。主范畴典范模型如图 4.2—图 4.5 所示。

表 4.6　Ripple 各主范畴包含的范畴和概念

主　范　畴	市场环境	团队作用	区块链技术	产品价值
因果条件	市场痛点	团队实力 市场痛点	团队实力 市场痛点	市场痛点
现象	产品定位 初步落地	初步探索 产品定位	XRP 推出与应用 产品定位	产品定位 初步探索
脉络	用户体验	管理创新	技术升级	用户体验
中介条件	品牌效应	投资支持	区块链技术	品牌效应
行动/互动策略	商业布局	战略转型 商业布局 运营管理	改善支付过程	平台创建 产品合规
结果	市场拓展 价值实现	价值实现	价值实现	价值实现

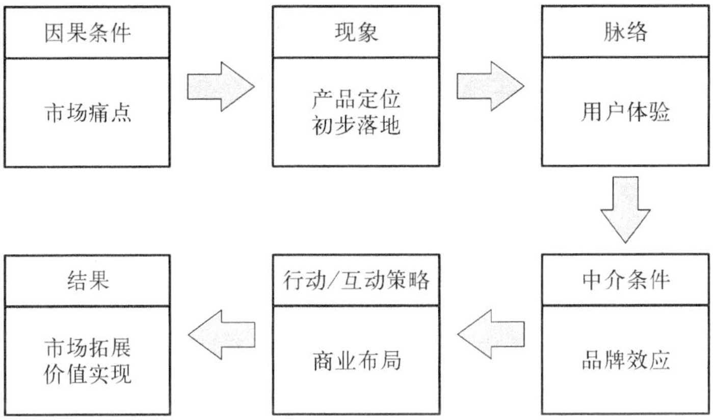

图 4.2　主范畴市场环境的典范模型

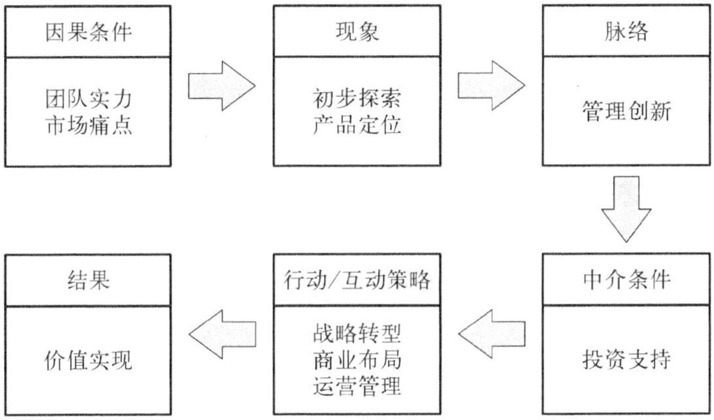

图 4.3　主范畴团队作用的典范模型

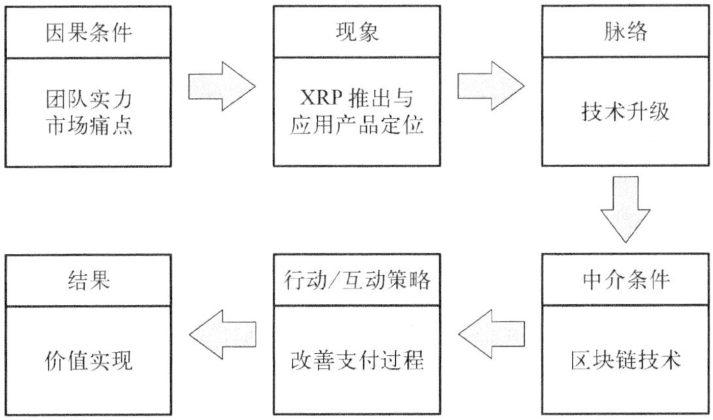

图 4.4　主范畴区块链技术的典范模型

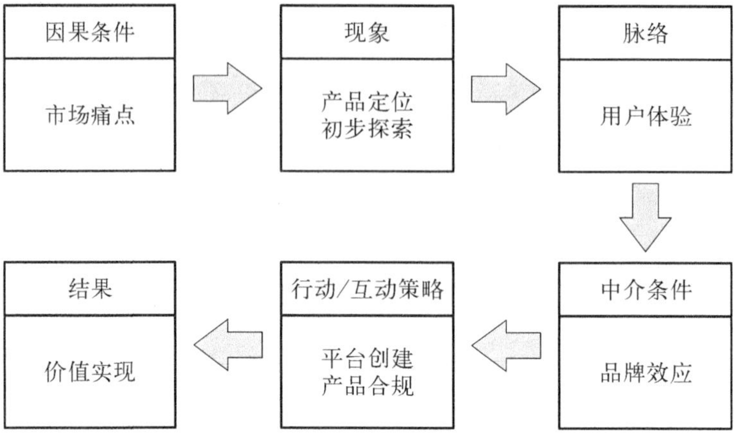

图 4.5 主范畴产品价值的典范模型

(3) 选择性译码

通过上一步的主轴式译码，本案例共得到市场环境、团队作用、区块链技术、产品价值四个主范畴。由这四个主范畴来联系其他范畴，并得出最后的故事线。本案例按照主范畴可以展开的故事线是：Ripple 创始公司具有雄厚的团队实力，在创立之初即根据市场痛点确定产品定位，并及时通过初步探索实现市场拓展。在这个过程中，一方面注重产品本身的品牌效应和合规处理，一方面注重用户体验与运营管理，对于公司也强调管理创新和战略转型，并不断寻求投资支持。在区块链技术的支持和优化下，改善了支付过程，实现了跨境支付与产品价值。

(三) OKLink 项目介绍及分析

1. OKLink 发展历程

OKLink 是一个面向全球的比特币钱包和支付平台，提供比特币和莱特币钱包服务、保险柜、商家工具、开放平台等。其通过链接全球中小型金融参与者，以 OKLink blockchain 网络发行的数字货币 OK Dollar(价值与美元等同)作为转账中介，借助区块链技术来增强支付过程中的便捷性、可控性及安全性。该网络已经有全世界几百个合作企业加入。

平台致力于成为民间金融的支付宝＋Uber，通过区块链技术和数字货币作为中介，服务于转账客户和跨国转账企业。首先，通过这样一个体系，转账的双方将一个无须信任基础的去中心化平台连接了起来，降低了信用成本。其次，因为节点数量多、网络范围大，各国公司和银行之间的资金可以实现对冲，从而降低了手续费。最后，通过与各国家和地方的正规汇款公司合作，能够更大程度上避免跨国汇款导致的法律问题。OKLink 发展历程如表 4.7 所示。

表 4.7　OKLink 发展历程

时　间	事　　件
2014 年 11 月	OKLink 上线，主打国外跨国转账业务，主要客户是全球中小型金融领域参与者。为此，OKLink 还发行了与美元严格挂钩的 OK Dollar
2016 年 4 月 17 日	OKLink 更换了全新 logo，一方面体现连接、可靠、全球的特征，另一方面也是科技创新、人本情怀的一个外在标志
2016 年 8 月	OKLink 和两家银行及数个外汇公司进行合作，将网络拓展至以东南亚为主的 30 多个国家。同时，平台也已经持有了加拿大和中国香港的货币服务牌照
2016 年 11 月	OKLink 目前已覆盖东南亚、日本、韩国等数十个国家，每月交易额达到几百万美元。主要参与方为银行、汇款公司、互联网金融支付平台等
2016 年 12 月	OKLink 为首次加入并且汇款额不超过 10 万美元的汇款机构减免手续费，累计减免 1 亿美元汇款流水手续费
2017 年 1 月	OKLink 近日也成功加入了菲律宾领先的支付平台 Ayannah，并于 2017 年 1 月 20 日签署了合作协议
2017 年 1 月	OKLink 现已在越南开放，OKLink 基于区块链打造的全球金融汇款网络则可以实现支付即清算的实时结算，使得当地法定货币和比特币即时结算的国际汇款能够实现
2018 年 4 月	OKLink 新加入了合作伙伴金融科技公司 Bluepan
2019 年 5 月 17 日	已完成全资子公司 OKLink Fintech Limited 注册，并计划于近期和美国信托公司 PrimeTrust 联合推出合规稳定币 USDK。同时，前进控股集团董事局主席任煜男出任 OKLink 首席执行官
2019 年 6 月 2 日	前进控股集团(香港交易所代码：1499)正式发布公告：旗下 OKLink Fintech Limited(OKLink)已与 Prime Trust，LLC(Prime Trust)于日前签订相关协议，共同推出 USDK 业务；OKLink.com 网站正式启动运营
2019 年 6 月 3 日	合规稳定币 USDK 今日正式登录全球领先的数字资产交易平台 OKEx

续 表

时　间	事　　件
2019 年 6 月 25 日	OKLink 团队自主研发的 OKLink - BTC 区块链浏览器今日正式上线
2019 年 7 月 17 日	OKLink 官方消息指出，OKLink - BTC 浏览器产品完成第一次更新升级，将全力打造全币种区块链浏览器
2019 年 8 月 1 日	OKLink 公布 USDK 最新资金审计报告，截至报告期 7 月 31 日，OKLink 的 Prime Trust 专项账户中储备金金额为 28 600 072 美元，与 USDK 的实际发行量比例为 1 : 1

2. OKLink 商业模式分析

OKLink 则聚焦解决中小金融机构的小额跨境汇款问题。希望通过区块链技术解决各金融参与者跨国金融服务成本高、操作不便利等问题。其商业模式如图 4.6 所示。

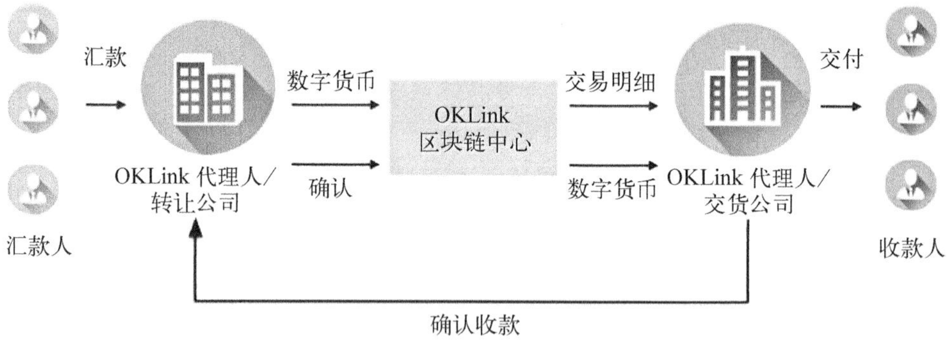

图 4.6　OKLink 商业模式

OKLink 通过分布式账本技术直接连通网络中的收汇款账户，让两者直接点对点进行交易，通过压缩流程的方式为客户节省手续费用，而 OKLink 只赚取汇率 0.5%的服务费，整体上极大地降低了中小额跨境汇款的成本。此外，通过区块链技术，OKLink 网络中的账户能够实现交易信息的立即同步，借记和贷记同时完成，可以在 10 分钟之内完成跨国交易的所有汇款过程，极大地提高了交易的速度和质量。通过为客户节省手续费和提供高质量的服务，OKLink 在这一细分领域开拓了市场，并且有足够收益维持这一商业模式的运行。

3. OKLink 项目的扎根理论分析

(1) 开放式译码

OKLink 开放式译码如表 4.8 与表 4.9 所示。

表 4.8　OKLink 开放式译码：概念化(举例)

原　始　语　句	定义现象	概念化
传统的国际外汇结算系统存在着诸多不便。一般来说，转账分为银行转账和国际汇款公司转账两种方式，但都存在着效率低、成本高的问题。银行间外汇的清算机构为一个数层网络……清算系统 SWFIT 储存了银行之间的资金结算关系，指出了信息流的路径，但此种汇款途径的手续费是昂贵的。而小额国际外汇转账公司体量有限，缺少统一的信用中介体系在其中起到对冲清算作用的存在，因此转账成本也偏高	传统国际外汇结算效率低、成本高	市场痛点
传统跨境汇款业务因为结算系统复杂，造成了支付成本高昂、结算时间慢等痛点，据不完全统计，全球每年 7 000 亿美元海外汇款支付的成本高达近 700 亿美元，而汇款到账通常需要等待 2～4 天		
OKLink 是由世界领先的技术专家、金融专家、风控专家等组成的顶级团队，据刘成奇介绍，其成员包括：中国知名的数字资产交易平台 OKCoin 币行网创始人徐明星、首席技术官孙忠英、首席风险官 Tim Byun 等，其中首席风险官曾就职于美联储 15 年，在反洗钱部门有 6 年的工作经验	专业的技术团队	团队实力
OKLink 隶属于 OKCoin 币行旗下，后者是国内最大的比特币交易平台，其旗下还有基于区块链的互助平台“八方互助”，八方互助已有 50 万个会员	良好的交易平台支持	团队背景

表 4.9　OKLink 开放式译码：范畴化

范 畴 化	概　念　化
市场痛点	市场痛点
团队实力	团队实力、团队背景
坚持原则	坚持原则
产品定位	产品定位

续 表

范畴化	概念化
技术解决方案	解决传统模式的问题
区块链技术	区块链技术服务监管、多重签名技术、快速结算
技术升级	区块链技术升级
互惠让利	互惠让利
便捷操作	货币流动性、钱包易用性
商家福利	商家工具、商家优惠
稳定币服务	稳定币服务
产品合规	合规与透明、交易公开、按期审计
开放平台	开放平台
多方合作	多国家合作、交易平台合作、多领域合作
价值实现	领域内获奖
服务网络	全球覆盖

（2）主轴式译码

本案例通过典范模型得到团队作用、区块链技术、产品价值三个主范畴，各主范畴包含的范畴和概念如表 4.10 所示。各主范畴的典范模型如图 4.6—图 4.8 所示。

表 4.10　OKLink 各主范畴包含的范畴和概念

主范畴	团队作用	区块链技术	产品价值
因果条件	团队背景 团队实力 市场痛点	团队实力 市场痛点	市场痛点
现象	产品定位	产品定位 技术解决方案	产品定位
脉络	坚持原则 互惠让利	技术升级	互惠让利 产品合规

续　表

主　范　畴	团队作用	区块链技术	产品价值
中介条件	多方合作	区块链技术	商家福利
行动/互动策略	开放平台	稳定币服务 便捷操作	便捷操作 开放平台
结果	服务网络 价值实现	服务网络 价值实现	服务网络 价值实现

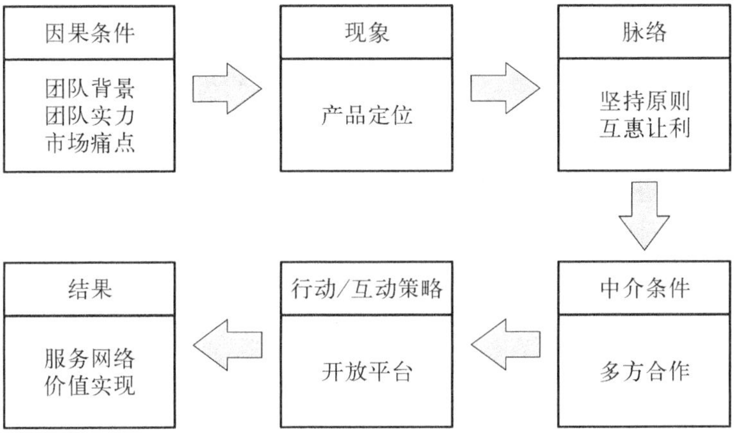

图 4.6　主范畴团队作用的典范模型

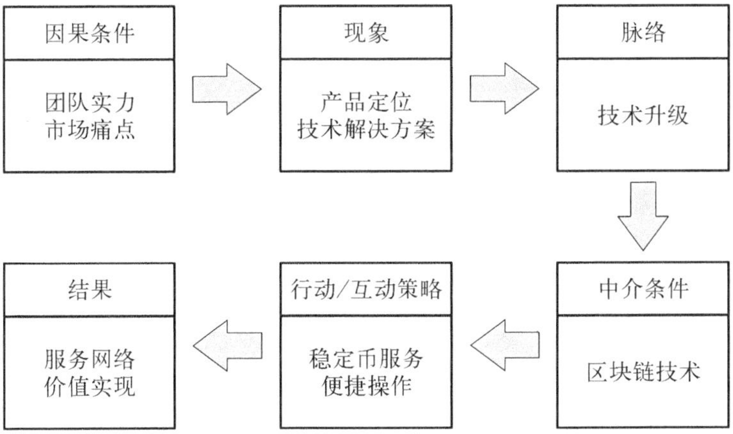

图 4.7　主范畴区块链技术的典范模型

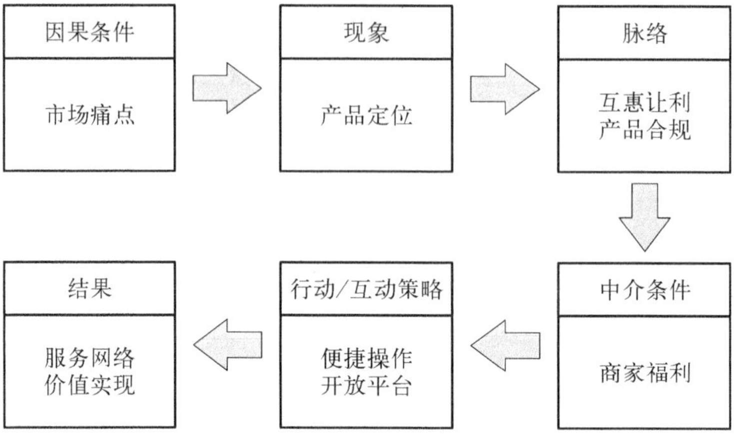

图 4.8 主范畴产品价值的典范模型

(3) 选择性译码

通过对范畴的主轴式译码，本案例共得到团队作用、区块链技术、产品价值三个主范畴。通过联系其他范畴得出最后的故事线。本案例按照主范畴可以展开的故事线是：OKLink 公司具有雄厚的团队实力，根据市场痛点确定产品定位，并通过对合作方和消费者的互惠让利来进入市场。因为市场的要求，OKLink 坚持技术服务和公开透明的原则，通过产品合规来保证产品质量，并通过区块链技术支持和商家福利作为手段，实现了稳定币服务、便捷操作和开放平台，在寻求多方合作的支持下，实现了产品价值，并将服务网络拓展到全球。

（四）相互宝项目介绍及分析

1. 相互宝发展历程

相互保起初是蚂蚁金服与信美相互合作推出的一款团体重疾险，于 2018 年 10 月正式推出，仅一个多月参与人数就已超过两千万。11 月 27 日，信美人寿发布公告称，因监管部门指出该产品涉嫌使用未经备案的保险条款和费率，要求不能再用“相互保大病互助计划”的形式销售相互保互助保险。之后，信美人寿退出合作，蚂蚁金服响应监管要求，以“相互宝”为名重新修改上线，自此成为一款纯粹的互联网互助计划，芝麻分 650 以上的蚂蚁会员就能够加入“相互宝”计划中，获得涵盖 100 种大病的保障。当参与该计划的群体中，有人患病需获得经济支持时，其他成员共同分担费用。参与互助计划的成员，如果要申请互助金，需要完成一系列资料提交、审核、公示流程，然后才能获得互助金。相互宝“出险”

之后相应的赔付信息会上传至区块链,保证了所有赔付案例能受到广泛监督,避免造假。相互宝发展历程如表 4.11 所示。

表 4.11　相互宝发展历程

时　间	事　　件
2018 年 10 月	2018 年 10 月 16 日,蚂蚁保险、信美人寿相互保险社联手面向蚂蚁会员推出了一款互联网互助产品“相互保”
2018 年 10 月	2018 年 10 月 25 日,参与用户破千万
2018 年 11 月	2018 年 11 月 27 日中午 12 点,支付宝公告称,由于监管部门称该项目涉嫌违规,原“相互保”产品将变为网络互助计划“相互宝”,不再具有保险产品属性;运营主体变为由蚂蚁金服独立运营的网络互助计划
2018 年 12 月	2018 年 12 月 7 日,相互宝完成首例互助
2019 年 1 月	相互宝可以为配偶加入
2019 年 2 月	2019 年 2 月 28 日,相互宝设立了“赔审团”审议机制
2019 年 3 月	2019 年 3 月 20 日,相互宝成员突破 4 000 万
2019 年 3 月	2019 年 3 月 22 日,相互宝加入门槛优化调整正式生效,原要求芝麻分 650 分及以上变更为准入门槛综合化评估
2019 年 5 月	2019 年 5 月 8 日,上线“老年版相互宝”,为 60～70 岁的老年人单独设立互助社群

2. 相互宝商业模式分析

“相互宝”是一个针对重疾市场的互联网大病互助计划。互助计划的含义是,由所有参与者为突发意外的个体共同分担风险,使得个体获得保障。相互宝的具体保障模式如图 4.9 所示。

“相互宝”不同于传统保险产品,在区块链技术的支持下,“相互宝”具有明显的独特运营方式。

(1) 不可篡改性

相互宝在信息处理过程中,借助区块链技术实现了数据上链,既保证了信息公开透明,也保证了信息不会被任何人篡改,所有历史记录完整可靠。区块链技术的使用也方便了监管和审核,为相互宝的发展提供了坚实基础。

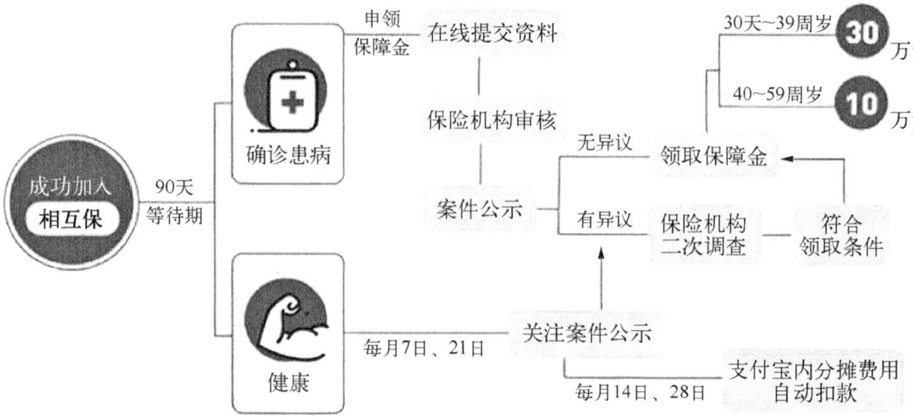

图 4.9　相互宝保障模式

(2) 去中心化

相互宝的运营模式也体现了区块链去中心化的特点。与传统保险企业先集中收费后逐个分摊的运营模式不同，在整个互助过程中先公布需求金额，后收钱分摊，实现了互助圈中各个成员之间的互相信任，不仅降低了费用，也提高了整个社群的良性发展。

(3) 匿名性

在互助过程中，除了需要帮助的个体公布受助信息外，其他参与者仅能看到分摊金额、受助人数等总体数据，无法查看其他成员的具体信息。这一匿名的特点在信任的基础上最大程度保护了个人隐私，降低了参与者顾虑。

在整个过程中，蚂蚁金服官方收取 8%的管理费，除此之外也在不断扩大参与人群和探索新的盈利模式，背靠阿里巴巴的大集团背景和充足的用户基础，这一商业模式有足够强的生命力。

3. 相互宝项目的单案例分析

(1) 开放式译码

相互宝开放式译码如表 4.12、表 4.13 所示。

表 4.12　相互宝开放式译码：概念化(举例)

原始语句	定义现象	概念化
尹铭……是蚂蚁金服副总裁，支付宝保险事业群的总裁，也是相互宝的幕后掌舵者。他带领一支 50 人团队打造的相互宝，正在唤醒亿万国民的商业保险意识	蚂蚁金服高管带队	团队实力

续　表

原　始　语　句	定义现象	概念化
对于一般人而言，传统保险门槛普遍较高，每年动辄数千上万的投入费用，且年龄越大投入越高，短时间内基本难以看到收效，而这一互助计划的出现完美地解决了传统保险的痛点，产品一出就受到了众人追捧	解决传统保险市场痛点	市场痛点
我们也预想到会受到很多的挑战，但这些挑战其实也是在不断提高、完善风控系统。相互宝风控负责人景南介绍称，线下环节复杂是保险行业过去难以被互联网技术改造的痛点，相互宝则希望通过科技将线下的东西数字化，从而推动整个保险行业互联网化的速度	解决环节复杂的痛点	
2018 年 10 月 16 日，蚂蚁保险、信美人寿相互保险社联手面向蚂蚁会员推出了一款互联网互助产品"相互保"	与信美人寿相互保险社合作	保险机构合作
蚂蚁金服副总裁尹铭今天在接受媒体采访时表示，8%管理费目前还无法覆盖全部成本。相互宝不考虑盈利，但会通过技术手段降低成本，争取实现盈亏平衡	追求盈亏平衡，永不考虑盈利	坚持初心
如果未来借助技术使平台运营及案例审核成本降下来，管理费是否能给相互宝带来盈利？尹铭团长给出了否定的回答：运营及调查成本降低了，我们就降手续费率		

表 4.13　相互宝开放式译码：范畴化

范　畴　化	概　念　化
团队实力	团队实力
市场痛点	市场痛点
产品定位	产品定位
坚持初心	坚持初心
多方合作	保险机构合作、芝麻信用支持、正规保障
品牌基础	品牌效应、流量支持
专利基础	专利基础
区块链技术	联盟链设置、信息共享、降低成本

续 表

范 畴 化	概 念 化
低门槛	门槛较低
项目转型	项目转型
权益保护	权益保护
公正评判	专业审查、赔审团机制
用户福利	分摊保障，降低费用
公开透明	案例公开、信息上链、运作上链
用户保障优化	用户保障优化
服务优化	增值服务、优化门槛
项目推广	项目推广
用户扩展	用户激增、用户扩展
价值实现	价值实现

(2) 主轴式译码

本案例通过典范模型得到用户服务、团队作用、区块链技术、产品价值四个主范畴，各主范畴包含的范畴和概念如表 4.14 所示。各主范畴的典范模型如图 4.10—图 4.13 所示。

表 4.14 相互宝各主范畴包含的范畴和概念

	用户服务	团队作用	区块链技术	产品价值
因果条件	团队实力 市场痛点 品牌基础	团队实力 市场痛点	团队实力 市场痛点	市场痛点 品牌基础
现象	产品定位 低门槛	产品定位	产品定位	产品定位
脉络	用户保障优化	坚持初心	专利基础	公正评判 公开透明

续 表

	用户服务	团队作用	区块链技术	产品价值
中介条件	服务优化	多方合作	区块链技术	服务优化
行动/互动策略	权益保护 用户福利	项目转型	信息上链 运作上链	项目转型 项目推广
结果	用户拓展	价值实现	价值实现	用户拓展 价值实现

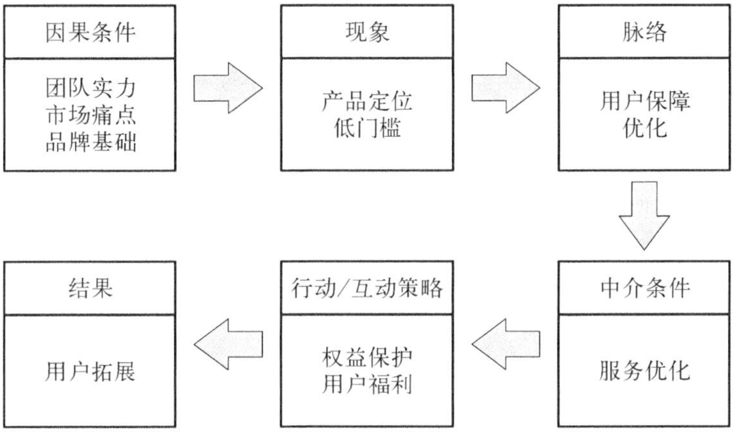

图 4.10 主范畴用户服务的典范模型

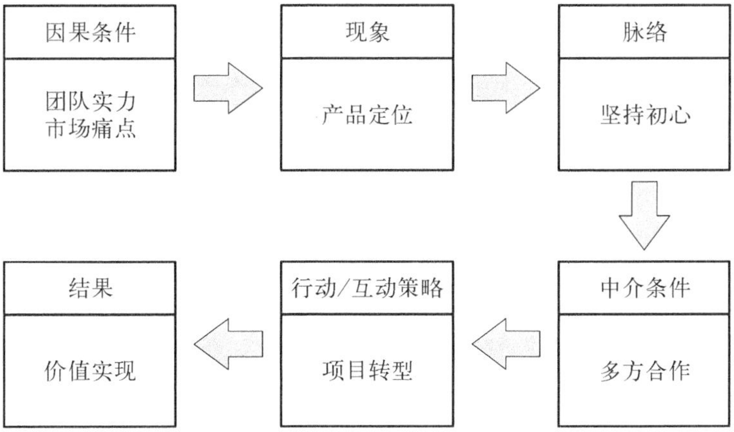

图 4.11 主范畴团队作用的典范模型

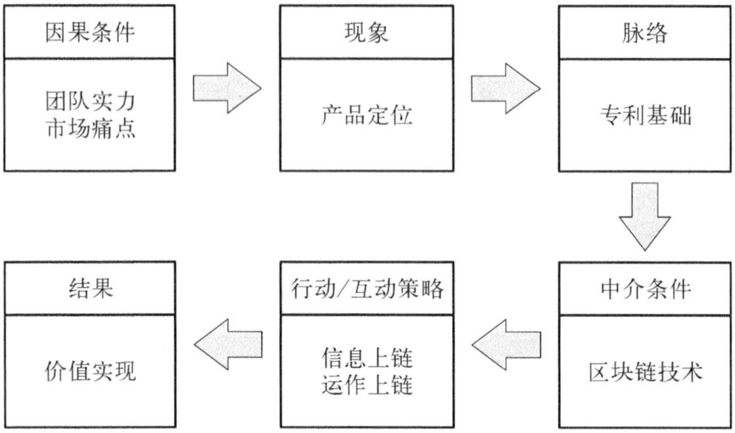

图 4.12　主范畴区块链技术的典范模型

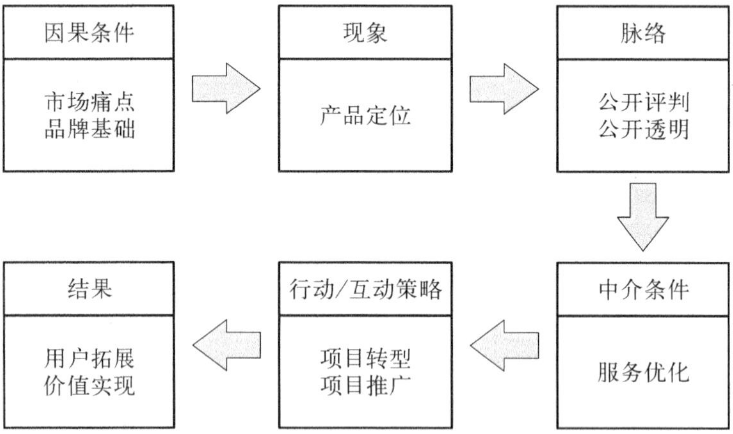

图 4.13　主范畴产品价值的典范模型

(3) 选择性译码

通过上一步的主轴式译码,本案例得到用户服务、团队作用、区块链技术、产品价值四个主范畴和市场痛点、产品定位、团队实力等 19 个次范畴。本案例按照主范畴可以形成的故事线是：相互宝团队针对保险行业门槛高、流程复杂的特点,利用自身的流量优势和品牌基础,选择优秀的团队开发相互宝互联网互助计划,以用户服务为脉络,坚持非营利的初心来优化服务。在产品运营阶段,通过设置公正的评判体系和用户权益保障,结合区块链技术,达到公开透明的运营效果,并结合蚂蚁信用等多方合作,达到了用户的快速拓展,实现了产品价值。

（五）公信宝项目介绍及分析

1. 公信宝发展历程

公信宝团队打造了一条基于 Graphene 底层架构的公有链 GXChain（公信链），以 DPoS 作为共识机制，试图实现每秒十万次交易吞吐量，满足商用场景高并发、高吞吐需求。

面向 C 端用户，公信宝团队基于 GXChain 创建了 Dapp 布洛克城。布洛克城是 GXChain 推出的区块链虚拟城市，可以在用户授权的情况下，采集用户淘宝、京东、学信网、公积金、社保、信用卡账单等个人数据，并由用户自由选择通过 IPFS 存证并将哈希值索引上链。用户在布洛克城拥有自己的数字身份 G－ID。从长远来看，用户可基于身份 ID 自行选择将个人链上数据向 GXChain 上其他 Dapp 开放授权，享受到更多的基于信用的服务。截至 2019 年 7 月，布洛克城总人口已达到 233 万。

面向 B 端用户，公信宝团队基于 GXChain 开发了点对点数据交易平台。交易平台支持双向匿名交易，主要面向有征信交易需求的 B 端用户，包括网络贷款、汽车金融、消费金融、银行等企事业单位，同时也积极拓展在政府、保险、医疗、物流等垂直领域的数据交换。交易平台已于 2017 年 9 月 24 日正式商业化（表 4.15）。

表 4.15 公信宝发展历程

时 间	事 件
2016 年 8 月	项目成立
2016 年 10 月	数据采集模块 Metrix 1.0 产品发布
2017 年 2 月	GXChain 白皮书发布
2017 年 6 月	GXChain 和去中心化数据交易所 DES 1.0 版本上线
2017 年 6 月	GXC（原名 GXS）在云币网开始交易
2017 年 8 月	主链代码开源
2017 年 9 月	去中心化数据交易所 DES 1.0 正式商业化
2017 年 10 月	GXChain 的手机钱包 1.0 发布
2017 年 11 月	白皮书 2.0，主打“CBD”生态，GXChain 定位下一代大数据公链
2018 年 1 月	GXChain 首款面向个人的 Dapp 布洛克城上线，24 小时用户突破 10 万

续 表

时 间	事 件
2018 年 3 月	布洛克城突破 100 万区块链用户
2018 年 5 月	基于 GXChain 的存储+存证服务 BaaS - Storage 上线
2018 年 6 月	去中心化数据交易所升级 DES,服务全国百家互金企业
2018 年 7 月	布洛克城突破 200 万区块链用户
2018 年 8 月	智能合约 2.0 测试网络发布,支持 WebAssembly
2018 年 9 月	GXChain 主链账户地址突破 100 万

2. 公信宝商业模式分析

公信宝在区块链技术上,围绕数据价值设计了由布洛克城(C 端)、点对点数据交易所(B 端)、开发者(D 端)构成的商业模式。公信宝提供平台给开发者,由开发者为布洛克城和公信宝的基础架构提供应用支撑,这些应用在为开发者提供利润的同时也在源源不断产生数据,经由用户授权,数百万的用户数据可以导入点对点的数据交易所,用户可以在保护隐私的前提下用自己的数据来产生收益,商家也更加方便地获得了真实可信的数据信息。如图 4.14 所示。

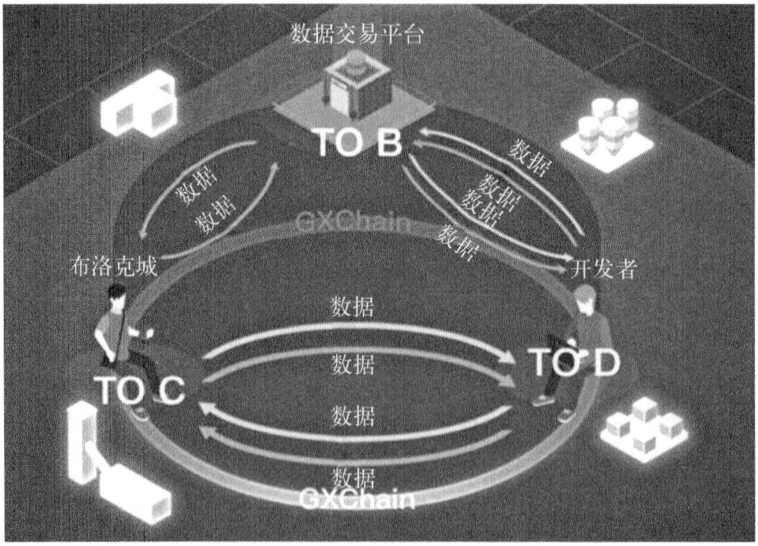

图 4.14 公信宝商业模式

整个数字资产经济体的运作，必然会带动公信宝代币的价值提升，团队因此获得收入维持整体商业模式的持续运作。除此之外，在B端点对点数据交易所运营过程中，每一笔数据交易，公信宝会抽佣10%，这也是一笔可观的收入，这一收入采用的为古典互联网的商业模式。

3. 公信宝项目的单案例分析

(1) 开放式译码

公信宝开放式译码如表4.16和表4.17所示。

表4.16　公信宝开放式译码：概念化(举例)

原始语句	定义现象	概念化
整个世界都在数据化，整个世界的数据都在联网化，但随着数据经济向纵深处发展和演化，数据经济也面临着几大挑战。其一，是数据所有权的挑战……其二，是数据处理和交换中的泄露问题……其三，数据的真伪和质量问题……其四，数据激励问题	数据经济发展面临多重挑战	市场痛点
大数据时代已经来临，随着5G、AI、IOT等技术的逐步成熟，人类社会产生、获得和处理数据的量级和能力将迎来全新的跃升，数据经济也会来到一个全新的发展阶段。通过对数据的合理应用，我们对世界的认知水平、对需求的响应速度、对商业和社会活动的规划能力以及人与人的协作效率都将提升到一个新的高度。 整个世界都在数据化，整个世界的数据都在联网化，但随着数据经济向纵深方向发展和演化，数据经济面临着数据所有权、数据处理和交换中的泄露问题、数据的真伪和质量、数据激励问题。 解决数据经济面临的困境，我们需要一个透明、去中心、高效、能达成共识的数据基础服务和网络	大数据时代来临，数据经济面临诸多问题	市场痛点
黄敏强，创始人、CEO，香港财经学院MBA、山东科技大学计算机学士、前汉鼎宇佑(股票代码300300)CTO、前汉鼎宇佑金融服务公司总经理、前浙大网新互联网副总经理。在数据交换、互联网金融、区块链领域工作和研究十余年，从2012开始研究数字货币和区块链，参与并发起多个区块链项目，同时也是超级马拉松、越野跑、山地自行车等耐力运动爱好者。 涂国君，联合创始人、副总裁(Vice President，VP)，湖南大学计算机学士，先后在3家上市IT公司担任高管职务。创建过多家科技公司，拥有超过21年互联网、支付、信息安全、大健康等行业的从业经验，区块链深度研究者	创始人在数据交换和区块链、信息安全等行业有多年工作经验	创始人经验
在公信宝之前，黄敏强做过小型的软件公司，也给政府、企业提供过服务	创始人丰富的软件开发经历	

表 4.17　公信宝开放式译码：范畴化

范 畴 化	概　念　化
市场环境	市场痛点、缺乏竞争、技术条件
团队实力	创始人经验、团队实力、创业热情
企业精神	价值认同、坚持初心
资金支持	融资、机构投资、资金收入
产品创新	业务痛点、产品开发、数据交易所建立
社区开发	社区开发
多方合作	机构合作、联盟合作、政府合作
产品定位	强调隐私和版权、注重公平
业务升级	业务升级
区块链技术	架构稳定、双共识机制
生态维护	数据促进应用开发、建立基金会
社区共治	节点治理、社区提案、社区监督
服务创新	用户数据服务、商家数据服务
用户激励	用户激励
用户拓展	用户拓展
营销策略	营销策略
价值实现	引领变革、实现承诺

(2) 主轴式译码

本案例通过典范模型得到社区运营、团队作用、区块链技术、产品价值四个主范畴，各主范畴包含的范畴和概念如表 4.18 所示。各主范畴的典范模型如图 4.15—图 4.18 所示。

表 4.18　公信宝各主范畴包含的范畴和概念

主 范 畴	社区运营	团队作用	区块链技术	产品价值
因果条件	市场环境 团队实力	市场环境 团队实力	市场痛点 技术条件 团队实力	市场环境
现象	产品定位 社区开发	产品定位	产品定位	产品定位
脉络	坚持初心	企业精神	产品创新	产品创新 服务创新
中介条件	多方合作	多方合作 资金支持	区块链技术	营销策略 用户激励
行动/互动策略	社区共治 生态维护	社区共治 业务升级	业务升级	业务升级
结果	用户拓展 价值实现	用户拓展 价值实现	价值实现	用户拓展 价值实现

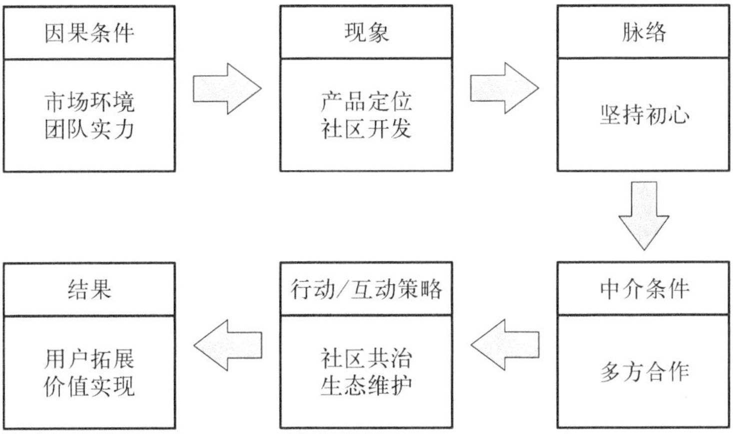

图 4.15　主范畴社区运营的典范模型

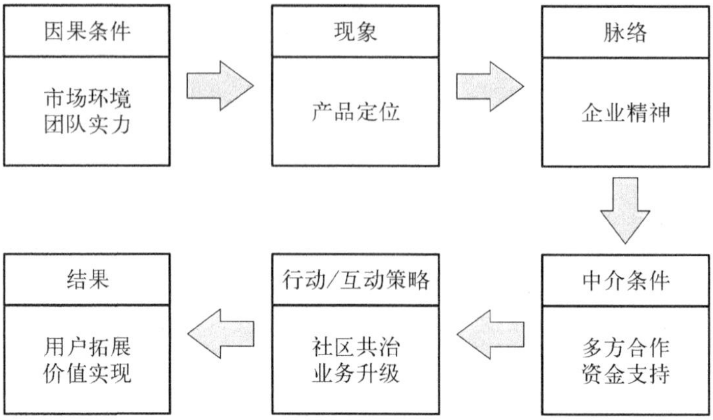

图 4.16　主范畴团队作用的典范模型

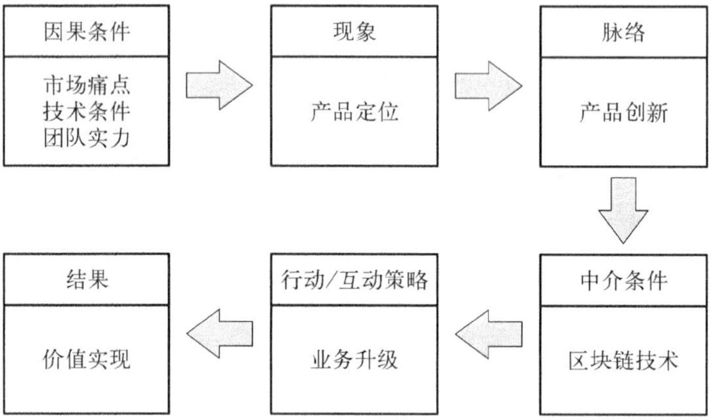

图 4.17　主范畴区块链技术的典范模型

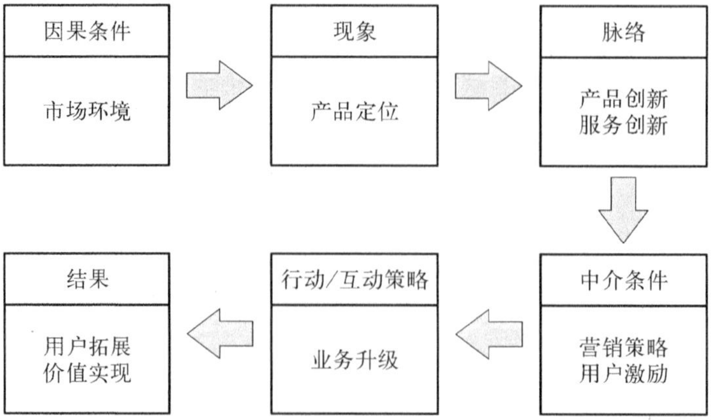

图 4.18　主范畴产品价值的典范模型

(3) 选择性译码

通过对范畴的主轴式译码，本案例共得到社区运营、团队作用、区块链技术、产品价值四个主范畴和市场环境、产品定位、团队实力等17个次范畴。本案例按照主范畴可以形成的故事线是：公信宝在区块链技术条件成熟时介入市场，定位在保护隐私的同时提供数据服务，致力于解决数据领域市场痛点。在产品运营过程中，注重社区运营和社区共治，利用区块链技术，不断进行产品和服务创新，实现业务升级、提高产品质量。在多方合作和资金支持下，结合合理的营销策略和用户激励手段，达到了用户拓展的目的，实现了产品价值。

(六) 平安银行SAS项目介绍及分析

1. 平安银行SAS发展历程

平安银行供应链应收账款服务平台(Supply-Chain Account receivable Service,SAS)平台是为处于供应链上游的中小企业打造的一款应收账款管理平台。通过供应链中核心企业对各级供应商付款责任的确认，由SAS平台来实现应收账款的自动转让，或由供应链内部转到银行以获取融资支持，从而降低供应链内部的信用成本，提高资金活力。

SAS平台基于联盟链架构，目前已经在合作的核心企业及其供应商、银行、其他资金端部署节点，并与中登网(中国人民银行征信中心下属的动产融资统一登记公示系统)直连，同步进行应收账款的质押、转让登记。

平安银行SAS平台基于区块链技术架构首先解决了供应链金融中资金供给方最关心的问题——贸易真实性。在中小企业发起融资需求时，合同发票等贸易产生的原始文件须上传至SAS平台上，在国家税务总局发票库等数据库中核实并登记上链，以作为核实贸易背景的依据。区块链在此起到的作用是解决了债权层层转移时信息记录的真实性以及防止篡改的问题，降低了融资放贷的风控成本。

并且，SAS账单本质上可以理解为基于区块链签发的可信债权凭证，通过高效流转的区块链资产交易系统，完成凭证的快速、安全转移，将信用逐级传导。从而加速上游中小企业的应收账款变现，在核心企业信用支持下实现低成本的便捷融资。平安银行SAS发展历程如表4.19所示。

2. 平安银行SAS商业模式分析

SAS平台主要针对特定核心企业供应链内上游中小微企业(可拓展至多级供应商)，提供线上应收账款转让及管理服务平台。依靠信用良好且处于供应链

表 4.19　平安银行 SAS 发展历程

时　间	事　　件
2014 年	平安银行搭建“商业保理云”平台，远程为商业保理公司提供卖方账户管理、应收账款管理、融资管理、商票管理、还款处理、买方自动对账、统计分析、预警管理、信息查询及支付结算等功能服务，实现对商业保理行业的系统性占有
2017 年	平安银行在保理云平台基础上上线“平安易贝”，针对特定供应链内供销企业提供应收资产管理及交易，大力发展应收账款融资
2017 年 12 月	“平安易贝”更名为“供应链应收账款服务(SAS)平台”
2018 年 1 月 8 日	平安银行与章鱼云商签订 SAS 业务合作
2018 年 8 月 30 日	平安银行 SAS 与深圳市中小企业信用融资担保集团联合，共同为深圳生产制造业的供应链提供融资保障
2018 年 11 月 21 日	平安银行行长助理、执行董事姚贵平透露，平安银行正在运用区块链技术审查公司业务背景的真实性和可靠性，力求在一定风险程度上扩大服务范围

中核心位置的企业对供应商的付款义务进行核实，其他供应商在平台上自主支付款项给上一级供应商，或转让给银行等机构获取融资。通过这种方式可以提高资金周转效率，各方享受更加便捷的应收账款金融服务。其商业模式如图 4.19 所示。

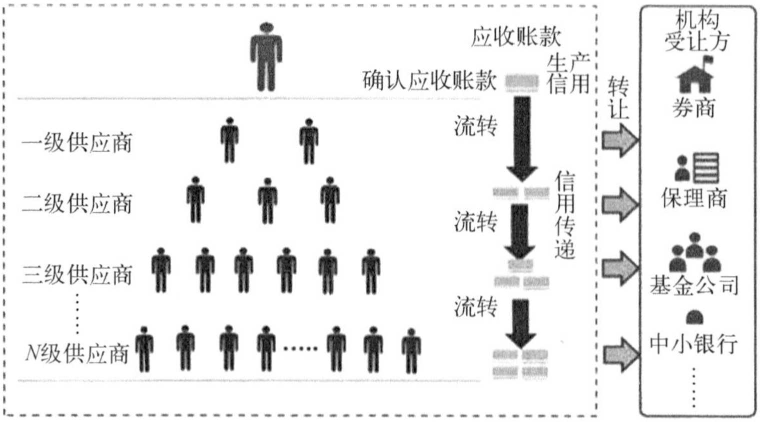

图 4.19　平安银行 SAS 商业模式

平安银行SAS平台利用区块链技术实现收付款的精准溯源，通过与中国人民银行中登网直连，避免了供应链中企业应收账款重复抵押。同时，通过拓展外部资源，实现了应收账款资产的快速变现与流转，能高效缓解应收账款融资难的痛点，并降低风险。

3. 平安银行SAS项目的单案例分析

（1）开放式译码

平安银行SAS开放式译码如表4.20和表4.21所示。

表4.20　平安银行SAS开放式译码：概念化（举例）

原始语句	定义现象	概念化
当前，中小企业资金需求和银行能为其提供的贷款之间存在巨大落差，前者融资难问题仍将持续。雪上加霜的是，在世界经济复苏节奏放缓、贸易摩擦频繁和国内经济下行压力大环境下，多个行业产能过剩、供大于求问题更加凸显。受此影响，赊销贸易盛行，中小企业应收账款规模不断增大，账期拉长，资金周转更加困难。《供应链金融市场前瞻与投资战略规划分析报告》显示，全国企业应收账款已达二十万亿元左右。可见，如果能妥善处理信用风险，供应链应收账款融资市场将有很大的发展潜力	经济环境下行	市场环境
一直以来，应收账款融资的债权转让、确权以及还款都存在着巨大的操作风险和信用风险，这也极大影响了供应链金融下应收账款融资市场的发展壮大	应收账款融资风险	
传统保理业务中，交易各参与方都处于破碎的贸易环节，信息无法共享并传递，导致深层次的供应商融资需求无法得到满足，也成为中小微企业融资难的主要原因之一	信用传递问题	
平安银行在供应链金融领域拥有独特的服务优势，拥有专业的营销、风险及平台管理团队	服务优势	团队优势
SAS平台利用平安银行在全国的网点优势，提供"一家做全国"的标准化服务，实现一家分行对全国供应商的服务覆盖，特定专营团队与核心企业及供应商对接，确保服务标准全国统一，业务分理优质高效	网点优势	
综合金融是……通过"综合金融＋互联网"和"互联网＋综合金融"两个模式，整合客户和产业链上下游，向客户提供"一条龙"、多样化的金融服务	特色经营战略	战略设计

续　表

原　始　语　句	定义现象	概念化
SAS平台是为特定供应链内核心企业上游的中小企业提供线上应收账款转让及管理的平台	为中小企业服务	产品定位
“我们对SAS平台的定义是‘多方协同，共同服务实体经济、助力中小微企业，构建应收账款智融生态圈’。”平安银行交易银行事业部产品总监卓冰介绍	应收账款智融生态圈	

表 4.21　平安银行 SAS 开放式译码：范畴化

范畴化	概　念　化
市场环境	市场环境
团队实力	团队经验、团队优势
产品定位	产品定位
初步探索	初步探索
战略设计	战略设计
平台中立	平台中立
技术布局	节点布局、技术备案
区块链技术	信息可靠、机构互信
安全策略	安全策略
共赢方案	缓解客户压力、提高供应商保障、为投资者提供稳定收益、平台受益
多方合作	多方合作
扩大合作	扩大合作
价值实现	业务拓展、改善商业信用环境、规模扩大、效率提高

(2) 主轴式译码

本案例通过典范模型得到团队作用、区块链技术、产品价值三个主范畴，各主范畴包含的范畴和概念如表 4.22 所示。各主范畴的典范模型如图 4.20—图 4.22 所示。

表 4.22　平安银行 SAS 各主范畴包含的范畴和概念

主　范　畴	团队作用	区块链技术	产品价值
因果条件	市场环境 团队实力	市场环境 团队实力	市场环境
现象	产品定位 初步探索	产品定位	产品定位 初步探索
脉络	战略设计	技术布局	平台中立
中介条件	多方合作	区块链技术	安全策略
行动/互动策略	共赢方案 扩大合作	共赢方案	扩大合作
结果	价值实现	价值实现	价值实现

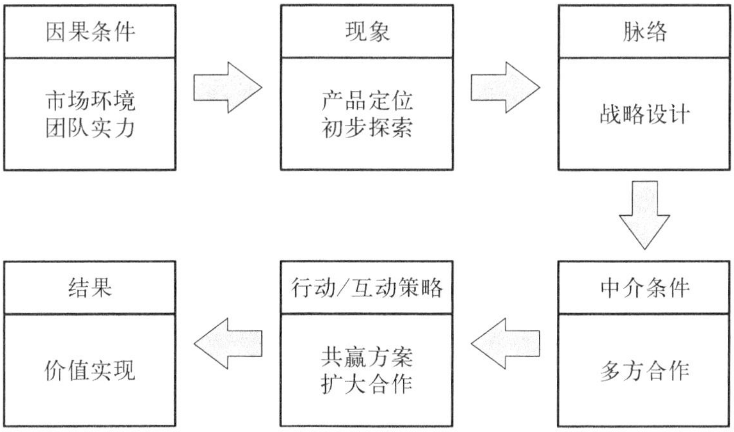

图 4.20　主范畴团队作用的典范模型

（3）选择性译码

通过上一步的主轴式译码，本案例共归纳出团队作用、区块链技术、产品价值三个主范畴和市场环境、产品定位、团队实力等 13 个次范畴。本案例根据主范畴可以形成的故事线是：平安银行在供应链金融方面有很深的积淀，结合团队和公司的实力，在识别应收账款市场痛点的前提下设计产品，并在早期上线初步探索市场。在团队的战略布局下，用节点和技术布局来为区块链技术的应用

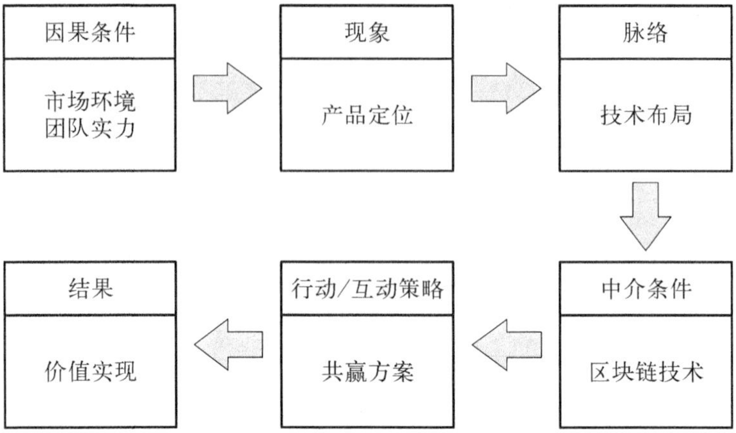

图 4.21　主范畴区块链技术的典范模型

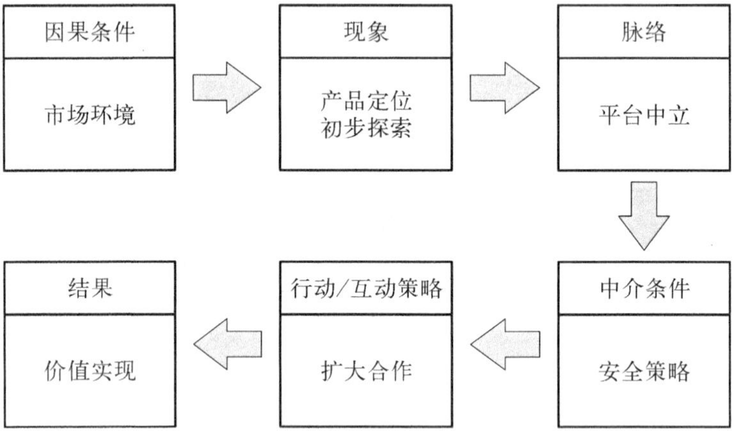

图 4.22　主范畴产品价值的典范模型

打下基础,并保持平台中立来提高可信度。结合区块链技术优势和银行本身的安全策略为产品发展保驾护航,并借此寻求多方合作,设计共赢方案,实现产品价值。

(七)秒钛坊项目介绍及分析

1. 秒钛坊发展历程

秒钛科技是一家以区块链产品及技术驱动的金融科技企业,旗下“秒钛坊”平台是一个专为供应链金融行业中小型参与者设计的分布式金融网络。在赋能产业平台和金融服务机构的同时,以区块链为基础搭建可信网络,让金融更高效地服务产业，让产业平台更好地融入优质体验的金融服务以服务其中小企业客户。秒钛科技构建基于面向未来供应链金融形态下的金融科技架构，由全网唯一的数字身份 SecID、可溯源智能电子资产 Smart Asset、基于区块链的信贷风险数据分析协作溯源系统、可信数据源、分布式的信用网络 5 大部分组成。秒钛坊发展历程如表 4.23 所示。

表 4.23　秒钛坊发展历程

时　间	事　　件
2017 年 1 月 5 日	广州秒钛科技有限公司在广州成立，是一家以区块链产品及技术驱动的金融科技企业，旗下“秒钛坊”平台是一个专为供应链金融行业中小型参与者设计的分布式金融网络
2017 年 12 月 11 日	秒钛科技完成了天使轮融资，投资方为分布式资本与万向区块链投资基金。公司创始人兼 CEO 徐国杰表示，该笔融资主要用于区块链技术和产品的研发
2017 年 12 月	秒钛坊的测试网络已经上线，5 个机构节点在试运行，网络已完成供应链金融交易额超过 1 亿元
2018 年 3 月	秒钛坊主链上线，有近 20 个机构加入作为节点开展业务
2018 年 8 月 30 日	秒钛科技完成新一轮数千万元 Pre－A 轮融资，本轮资方为银河系创投和七牛云
2018 年 12 月	服务中小企业 500 余家，开展贷款规模超 2 亿元，坏账率低于 0.5%
2019 年 11 月 6 日	秒钛坊正式宣布将历时 3 年打造并在多个行业成功落地的供应链金融区块链智能合约(GitHub)项目开源，成为国内首个应用于供应链金融的区块链开源项目

2. 秒钛坊商业模式分析

秒钛坊是专为供应链中小型参与者设计的分布式金融网络。网络一端连接供应链管理系统、ERP、B2B 电商平台、物联网服务商等沉淀了中小企业经营数据的产业平台；同时另一端连接银行、保理公司、融资租赁公司、小贷公司、互联网金融等金融服务平台。通过和多家 B2B 电商平台、企业、金融机构及保险公司合作，为中小企业设计供应链融资方案，企业可同时向多个金融机构便捷地申请融资，并且为用户提供简单易用的工作台来管理应收款、应付款及账单。同时也为用户提供贷中和贷后管理工具，帮助用户对风险实时管理。

秒钛坊的商业模式本身具有延续性,“不是为了区块链而区块链”,而是为了解决行业问题,同时设置的积分模式也是基于场景的。这种商业模式与传统业务联系紧密,有可靠的应用前景。

3. 秒钛坊项目的单案例分析

(1) 开放式译码

秒钛坊开放式译码如表 4.24、表 4.25 所示。

表 4.24 秒钛坊开放式译码:概念化(举例)

原始语句	定义现象	概念化
秒钛坊团队来自高盛、汇丰、拉卡拉、安永会计师事务所、广发银行、民贷天下等金融和互联网金融企业。公司创始人兼 CEO 徐国杰于英国曼彻斯特大学获硕士学位,曾任职于高盛(伦敦)、汇丰等国际金融机构从事金融量化分析及算法交易,回国后任互金平台民贷天下副总裁。联合创始人兼首席运营官(Chief Operating Officer,COO)叶伟华曾任拉卡拉互联网金服风控总监、平安银行和广发银行资深风控专家,擅长以数据驱动的企业及个人风险管理	团队实力	团队实力
秒钛科技期望能通过技术手段搭建共赢的供应链金融网络生态,帮助产业互联网及金融机构之间建立和不断增强信任,降低由于缺乏信任的交易摩擦,提高效率,降低成本,让市场逐步趋向“完全市场”	搭建共赢金融网络生态	企业愿景
秒钛坊创始人兼 CEO 徐国杰:秒钛科技希望用区块链的思维改善这个生产关系,除区块链不可以篡改增加造假成本的作用外,我们认为最大的作用就是大家在这个链条里面能达成共识,能有一个大家认同的机制,也有认同的标准,也要让大家更多协作起来,当然这个同时也要保护每个主体的隐私	用共识改善生产关系	
截至 2017 年年底,秒钛坊的测试网络已经上线,5 个机构节点在试运行,网络已完成供应链金融交易额超过 1 亿元	部分网络初步运营	初步探索
秒钛坊网络参与者有中小微企业(SME)、金融服务机构、产业平台(包括 ERP、供应链管理系统、财务管理系统、仓库管理系统等企业管理系统)、数据提供方、数据分析服务商、电子法律服务商、征信信息服务商、资产交易及资产证券化机构、政府监管机构、不良资产管理机构等,没有单个主体可在网络拥有特权,各方基于平台标准及共识机制进行可信交易	参与者各方平等	信用制度基础

续　表

原　始　语　句	定义现象	概念化
基于区块链不可篡改和可追溯的特性，一旦上链之后，可实时记录企业录入数据的结果＋过程。系统可以根据行为分析，判断数据的可信度，比如"如果某企业在短时间内录入或修改大量信息，可能就会削弱可信度"	企业行为分析	信用制度基础

表 4.25　秒钛坊开放式译码：范畴化

范畴化	概　念　化
市场背景	市场背景
团队实力	团队实力
企业愿景	企业愿景
初步探索	初步探索
区块链技术	信用制度基础、信用激励机制、隐私保护、多方协作系统、可扩展性
产品定位	产品定位
技术布局	技术布局
风控机制	自动风控、风控工具设计
寻求合作	机构合作、资金合作
适配能力	配置灵活、场景融入、使用便捷
业务布局	业务布局
产品优势	获客优势、资金成本优势
技术开源	技术开源
数据共享	数据共享
服务保障	服务保障
融资支持	融资支持
价值实现	价值实现

(2) 主轴式译码

本案例通过典范模型得到团队作用、区块链技术、产品价值三个主范畴,各主范畴包含的范畴和概念如表 4.26 所示。各主范畴的典范模型如图 4.23—图 4.25 所示。

表 4.26 秒钛坊各主范畴包含的范畴和概念

主范畴	团队作用	区块链技术	产品价值
因果条件	市场背景 团队实力	市场背景 团队实力	市场背景
现象	产品定位 初步探索	产品定位 初步探索	产品定位 初步探索
脉络	企业愿景	技术布局	适配能力
中介条件	寻求合作 融资支持	区块链技术	风控机制
行动/互动策略	业务布局	技术开源	服务保障 数据共享
结果	产品优势 价值实现	产品优势 价值实现	产品优势 价值实现

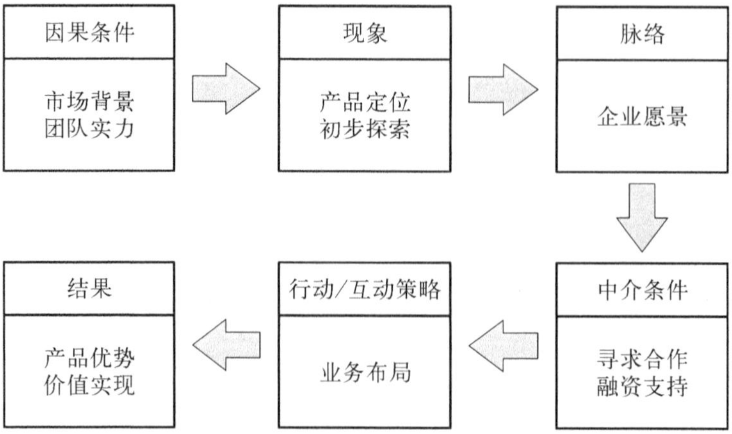

图 4.23 主范畴团队作用的典范模型

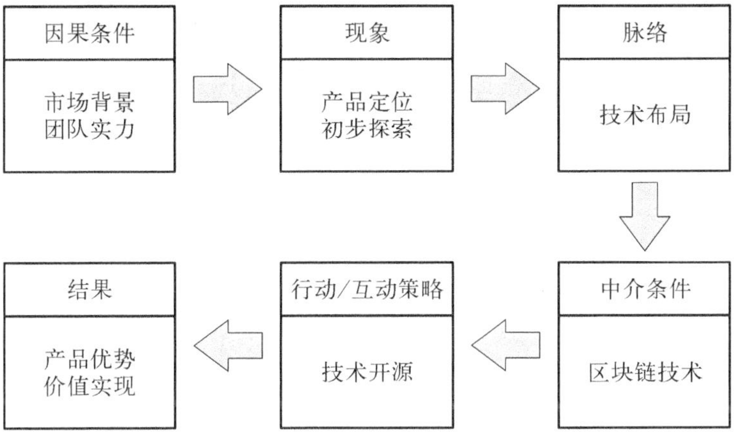

图 4.24　主范畴区块链技术的典范模型

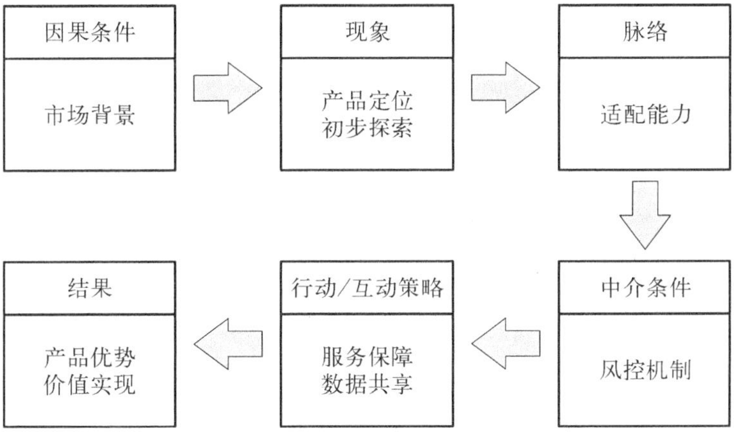

图 4.25　主范畴产品价值的典范模型

(3) 选择性译码

通过上一步的主轴式译码，本案例共归纳出团队作用、区块链技术、产品价值三个主范畴和市场环境、产品定位、团队实力等 17 个次范畴。本案例根据主范畴可以形成的故事线是：秒钛坊在创立之初就具有雄厚的团队实力，在认清市场背景后，将产品定位于中小型企业的供应链金融服务，并积极设置机构节点进行初步探索。在创建共赢生态和改善生产关系的企业愿景下，积极进行技术布局，重点提升产品的适配能力。为了实现这些目标，团队寻求多方合作和融资支持，在技术上通过区块链技术建立信用、隐私、协作等机制，并设计完善的风控机制来保证产品的正常运行。根据市场要求和发展需求，秒钛坊积极应对，规划业务布局,对合约代码进行开源获取市场信任,通过服务保障和数据共享为各个参与方提供持续的产品价值。通过这一系列的行动,使得产品获得了用户、资金等优势,拓展了服务规模,实现了产品价值。

五、理论建立

(一) 多案例分析

通过对6个案例的单案例扎根分析发现,六个重点区块链金融公司商业模式演化的主范畴存在相同点和不同点。其中,共同的主范畴包括团队作用、区块链技术和产品价值。此外Ripple项目的主范畴也包括市场环境,相互宝项目的主范畴还涉及用户服务,公信宝项目的主范畴还有社区运营。

1. 区块链金融公司商业模式演化关键因素相似性分析

(1) 团队作用

区块链金融公司都是近些年来新创的公司,在快速发展到成为领域内标杆公司的过程中,团队作用必不可少。在多个案例分析中,团队作用体现在公司发展的各个方面:在团队建设初期,团队背景和团队实力奠定了一个公司的起点,创始团队所具有的高学历和复合或高质量的工作经历是公司得以立足和发展的关键。在产品设计方面,团队实力首先体现在清晰可行的产品定位,如Ripple直接定位支付清结算市场、相互宝定位互联网互助计划等,这是团队基于市场研判和自身实力的科学设计。在公司运营阶段,团队作用体现为保持企业初心、进行战略布局和对外寻求合作,如OKLink坚持稳定币合规透明的原则服务监管,公信宝坚持数据个人管理的价值等,在此基础上管理团队寻求风投、金融机构、传统企业支持,为商业模式的形成提供助力。在行动策略阶段,采取项目转型、业务升级、设计共赢方案等手段,回应市场变化和用户需求,借此实现合作的扩展,以得到更大的发展空间。在团队作用的全过程影响下,产品获得优势,市场规模扩大,用户数量增长,实现了企业和产品的价值。

(2) 区块链技术

区块链技术是区块链金融公司商业模式的核心竞争力,这主要体现在将区块链的特点融合在公司发展和产品研发的各个环节中。在公司创立之初,区块链技术背景是团队实力的重要组成因素,团队中除了商界和金融界精英外,数据、计算机或区块链领域的人才都是不可或缺的。在产品定位阶段,如何将区块链技术的优势体现在产品当中,是公司产品能够拥有市场的关键,用区块链技术解决已有的商业痛点或结合原有技术创新商业模式等都是区块链公司热衷选择的方面。主要用到的区块链的特点有：去中心化减少信任成本、信息上链提高监管效率、全球联网减少交易摩擦等，这些优势的运用为产品拓展市场和实现价值提供了坚实保证。

（3）产品价值

区块链金融公司在从零开始拓展市场的过程中，主打产品是其披荆斩棘的武器，对其反复打磨优化也是他们商业模式演化过程中的重中之重。产品价值首先脱胎于对市场痛点的洞察，如 Ripple 和 OKLink 对交易摩擦的认识、相互宝对保险领域信息不对等和保费高的认识、公信宝对个人信息价值的认识等，对市场痛点的准确认识保证了产品定位的准确，为产品实现价值做好了铺垫。在产品价值实现的过程中，有一些是始终如一的宗旨，比如对于区块链＋支付领域，降低交易费用的关键就是给交易双方提供足够的让利，并在交易摩擦的各个方面予以优化，所以注重体验、让利和合规就成了这类公司商业模式的主要脉络；对于区块链＋保险领域，减少信息不对等是创新的关键，所以相互宝在数据公开、信息上链等方面一以贯之。在产品拥有内核和价值支撑后，根据市场要求来优化服务、设定营销策略、完善保障机制等，这些举措让产品以更好的姿态适应市场，最终被市场接纳，实现产品价值。

2. 区块链金融公司商业模式演化关键因素差异性分析

对于六个案例商业模式演化的扎根结果研究中，除了存在共性外，案例之间也存在一些差异。

（1）市场环境

市场环境对于各种类型的区块链金融公司商业模式演化都有影响，但对于最先进入市场的公司而言，市场环境的影响则贯穿始终。在 Ripple 公司的发展历程中，市场环境的影响非常明显。早在 2004 年 Ripple 公司就确立了公司发展目标，但受限于区块链技术还不成熟、市场还不明朗，直到 2011 年才引入区块链技术来建立网关系统。在区块链技术应用初期，只有支付功能是比较完善且容易落地的功能，Ripple 公司受限于这样的市场环境，专注于银行间支付清结算的实现。结合区块链去中心化的特点，跨国支付不再需要建立有公信力的银行网络，支付的速度可以大大提高。对于一个新产品，提升用户体验是扩展市场的关键，通过不断提升用户体验，让支付发起者能够更快地进入新市场，稳固产品的地位。因为市场中还并没有可竞争的产品，且 Ripple 公司注重品牌的建立，使得公司的品牌优势迅速建立，在此之上寻求各大银行和机构的支持来扩展布局，主动将市场拓展到多个国家，牢牢占据先发优势，实现产品价值。

(2) 用户服务

相对于其他项目只将用户服务作为产品价值的一部分而言，相互宝则将其体现在商业模式演化的整个过程之中。一方面这是因为相互宝依托的支付宝平台决定了比其他类型区块链金融项目多得多的用户市场；另一方面，相互宝定位的大病互助计划是以个人为单位，只有参与用户越多才越能体现其互助价值。在产品定位方面，借助芝麻信用的个人商业信用体系，相互宝设计了非常低的门槛，在上线之初就尽可能大地划定了服务人群。在产品的迭代过程中，注重用户保障的优化，通过升级保障机制、优化健康告知等方式更好地保障用户的利益。通过增值服务来留住客户，通过门槛优化来纳入老人等更多人群。在服务人数扩展的同时，针对服务升级中的不稳定因素提供适时的用户权益保护，将客户服务放在第一位。通过这一系列的服务行为，达到了目前规模大幅扩张的结果。

(3) 社区运营

与其他区块链金融公司相比，公信宝项目的特点更强调对单个用户的价值进行深挖，每个用户可提供的数据会因服务质量而剧烈变化，所以社区运营是公信宝商业模式中独特的一方面。区块链＋支付类公司只要提供好用户的需求反馈和保障网络稳定即可顺畅运营，保险、供应链金融等也只需要公司本身设计完善好服务规则，但公信宝商业模式中用户对个人隐私的主导决定了用户在商业模式中具有极大的话语权，公信宝官方也积极做好社区维护，最终达到了社区参与开发、社区共治等独特效果。

(二) 区块链金融公司商业模式演化模型与路径

本文通过对 Ripple、OKLink、相互宝、公信宝、平安银行 SAS、秒钛坊共 6 个区块链金融公司商业模式演化进行扎根理论分析，得出了 6 个公司商业模式演化的关键因素。在这一基础上，通过多案例比较的方式对案例之间的异同点进行分析，最终得出了区块链金融公司商业模式演化的关键因素，即所选公司共有的主范畴。多案例的异同点总结如图 5.1 所示。

案例整体以成功的区块链金融公司为标杆进行商业模式演化异同点分析，强调演化过程中需重点关注的因素。不难看出，6 个样本案例的演化最终都聚焦在图中核心的 3 个因素：团队作用、区块链技术、产品价值。在外部环境的刺激下，区块链金融公司商业模式演化的入口是团队对演化进程的推动（团队作用），演化的过程是技术的支持和升级（区块链技术），演化的出口（产品价值）是

图 5.1　多案例异同点总结

实现产品的价值。除此之外，各案例演化因素的差异主要体现在所处市场环境和产品定位的不同上。

在得到区块链金融公司演化路径图的过程中，首先结合前文的异同点分析和各案例已经形成的三级编码，从整体上回顾各商业模式的演化过程，整合各案例在不同阶段起到重要作用的范畴和概念，并统一内化为关键机制，归属于外部环境、团队作用、区块链技术和产品价值的各个主范畴下。再结合不同范畴相互之间的隐含关系，通过反复分析比较各因素所涉及的含义和所处的阶段，判断其处于演化的哪个步骤中，用整体和局部相结合的分析方式梳理不同部分的逻辑关系，构建出区块链金融公司商业模式演化路径图，如图 5.2 所示。

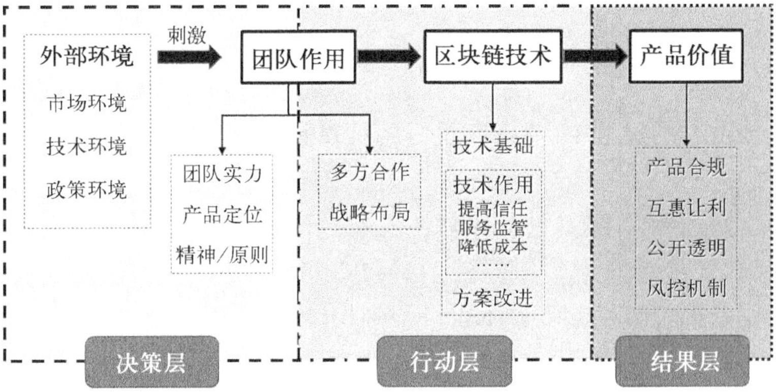

图 5.2　区块链金融公司商业模式演化路径图

图 5.2 大致描述了区块链金融公司商业模式演化过程中的主要因素，该路径图分为 3 个层级，分别为决策层、行动层和结果层。3 个层级之间有各自的具体内容，层级之间也有较为明确的传导机制。决策层包含了商业模式演化初期，

在外部环境的刺激下团队的组成和企业精神、产品定位的建立，体现在区块链金融公司方面，相对于传统公司而言，他们更加侧重于前期对全球化的布局，领导人的团队作用对于企业如何利用区块链优势也起着重要作用；行动层的含义是，在团队作用的指引下，团队从多个方面推进商业模式演化的进行，且区块链从技术层面对演化提供支持，相对于传统公司而言，区块链金融公司更加侧重区块链的特点和金融领域的结合，比如降低信任成本、提高交易速度等；结果层是在行动层的作用下，以产品价值为导向的商业模式设计和演化，这是商业模式价值的体现和归宿。相对于传统公司而言，区块链金融公司也更注重和金融领域结合，强调公开透明、服务监管以及风控机制。

六、讨论与展望

（一）研究结果及启发

通过对区块链在金融领域应用的演化历史、推进动力、内在机制等的分析，我们发现，在历史演化过程中，区块链技术的应用经历了货币阶段、合约阶段和价值服务阶段，并且在每个阶段都催生了不同类型的公司，其与金融的结合越来越深。

对于推进动力和内在机制，从本文的研究模型可以看出，区块链金融公司在不断升级演化中应该特别关注团队建设、技术研发，以及注重产品的内在价值。一般来说，在初期应该注重具有高学历和复合或高质量工作经历人才的聚合，团队中除了商界和金融界精英外，数据、计算机或区块链领域的人才都是不可或缺的。

在升级演化的过程中，要将区块链的特点融合在公司发展和产品研发的各个环节中，用去中心化减少信任成本，通过完善信息链提高监管效率，在全球联网中减少交易摩擦，用区块链技术解决已有的商业痛点或结合原有技术创新商业模式，用区块链优势为产品最终的拓展市场和实现价值提供坚实保证。区块链和金融结合的过程中面临着不少政策和法律问题，除了需要公司本身对于环境有足够的适应能力之外，政府和监管机构也需要及时关注技术和市场趋势的发展，同步改善政策和监管手段来引导区块链金融公司的良性发展，为有利于社会的发展方向扫清障碍。

实现产品价值是区块链金融公司商业模式演化的目的。通过对市场痛点的洞察、准确进行产品定位，始终贯穿“注重体验、让利、合规、减少信息不对等”的宗旨；通过减少交易费用给交易双方提供丰富的让利，并在交易摩擦的各个方面予以优化，在产品拥有内核和价值支撑后，根据市场要求优化服务、设定营销策略、完善保障机制等，这些举措让产品以更好的姿态适应市场，最终被市场接纳、实现产品价值。

通过研究，可以推测未来区块链技术在金融领域应用的措施有 3 个方面。

1. 国家对公司和市场进行规范，并引导区块链技术有序介入金融领域更核心的部分

区块链金融公司受制于目前法律法规的缺陷和不规范，仍然在探索中前行，但即使这样也已表现出了足够的生长力。未来国家的引导和推动是区块链技术在金融领域应用的主要措施之一。

2. 行业间自发和有组织的联合、信息共享

区块链技术应用越广泛，其作用也越强。结合行业内和行业间的数据，能够更好地消弭信息的不对称，提高信用并降低交易成本，这对于区块链技术的应用将有巨大的推动作用。

3. 数据信息上链存储规范化，普及化

对于越来越多的网络数据，保护数据的真实性、溯源性将会越来越重要。区块链技术在金融领域的数据存储和防伪溯源功能是数据方案的重要解决措施，存储能力和标准在达到业界内外共识后将会起到重要作用。

（二）研究局限与展望

（1）由于扎根理论分析过程中多次反复修改，耗时较长，本文仅选取了区块链与金融相结合的 4 个领域中的代表案例，对于日新月异的区块链行业来说案例较少，今后可以补充更多的企业案例。

（2）由于区块链金融公司往往成立不久，所用资料和数据的时限较传统行业短，得出的结论仍需经过时间的检验，在以后研究中可以逐渐补充更多数据，对已有结论进行补充完善。

（3）本文只对商业模式演化过程中的关键因素进行了分析，这些关键因素又受其他哪些因素的影响，可以作为以后的研究方向。

参考文献

[1] NAKAMOTO S. Bitcoin: a peer-to-peer electronic cash system[EB/OL]. [2009-03-01]. https://www.researchgate.net/publication/228640975_Bitcoin_A_Peer-to-Peer_

Electronic_Cash_System.
[2] YERMACK D. Corporate Governance and Blockchains[J]. Review of Finance，2017，21(1)：7－31.
[3] KSHETRI N. Blockchain's roles in strengthening cybersecurity and protecting privacy [J]. Telecommunications Policy，2017，41(10)：1027－1038.
[4] 王焯，汪川.区块链技术：内涵、应用及其对金融业的重塑[J].新金融，2016(10)：57－62.
[5] 关莉莉.基于区块链技术的信用应用设想[J].信息与电脑(理论版)，2016(6)：168－169.
[6] KSHETRI N. 1 Blockchain' s roles in meeting key supply chain management objectives [J]. International Journal of Information Management，2018，39：80－89.
[7] 张苑.区块链技术对我国金融业发展的影响研究[J].国际金融，2016(5)：41－45.
[8] YING W，JIA S，DU W. Digital enablement of blockchain：Evidence from HNA group [J]. International Journal of Information Management，2018，39：1－4.
[9] HAWLITSCHEK F，NOTHEISEN B，TEUBNER T. The limits of trust-free systems：a literature review on blockchain technology and trust in the sharing economy[J]. Electronic Commerce Research & Applications，2018，29：50－63.
[10] 林晓轩.区块链技术在金融业的应用[J].中国金融，2016(8)：17－18.
[11] 王硕.区块链技术在金融领域的研究现状及创新趋势分析[J].上海金融，2016，(2)：26－29.
[12] 李政道，任晓聪.区块链对互联网金融的影响探析及未来展望[J].技术经济与管理研究，2016(10)：75－78.
[13] 张波.国外区块链技术的运用情况及相关启示[J].金融科技时代，2016，249(5)：31－34.
[14] 巩春海.区块链在供应链金融的运用[J].商场现代化，2019，886(1)：102－103.
[15] 国家科委课题组.科技成果转化的问题与对策[M].北京：中国经济出版社，1994.
[16] 陈国宏，王吓忠.技术创新、技术扩散与技术进步关系新论[J].科学学研究，1995，13(4)：68－73.
[17] 刘常勇，段樵.创业投资评估决策程序[J].中外科技政策与管理，1996(12)：64－74.
[18] 眭振南.科研成果转化评估[M].上海：上海财经大学出版社，1998.
[19] 陈通，田红波.高新技术的企业化、市场化和产业化深化——高新技术产业化路径的实证研究[J].科技管理研究，2002，22(3)：2－4.
[20] 聂祖荣.高校成果转化模式[J].中国高校科技，2002(11)：32－35.
[21] JOLLY V K.新技术的商业化——从创意到市场[M].张作义，周羽，王革华，等，译.北京：清华大学出版社，2001.
[22] WONICA，D. Marketing requirements for high tech start-up & small businesses[D]. Carbondale：Southern Illinois University，2007.
[23] 夏光华.我国高新技术的商业化过程研究[J].科技管理研究，2018，38(18)：79－83.
[24] JAMES P A，HAROLD L S. From innovation to revenue generation[J]. Harvard Business Review，2004(2)：65.
[25] 龙镇辉，杨华波.科技成果商业化运作模式研究[J].科技管理研究，2014，34(13)：136－140.
[26] 熊则见，杨敏，赵雯.高技术产品研发关键成功因素的文献计量分析[J].科研管理，2011，

32(10)：36－45.
[27] LYNN G S，MORONE J G，PAULSON A. Emerging technologies in emerging markets：challenges for new product professionals[J]. Engineering Management Journal (EMJ)，2015，8(3)：23－29.
[28] 张礼超，王军.高校专利技术市场化运营的障碍与策略[J].中国发明与专利，2016(11)：10－13.
[29] 王翔，李东，张晓玲.新技术市场化商业模式设计——基于结构与情景视角[J].科技进步与对策，2013，30(15)：1－8.
[30] OLAYAN H B. Technology transfer in developing nations[J]. Research Technology Management，1999，42(3)：43－48.
[31] MUNIR K A，PHILLIPS N. The concept of industry and the case of radical technological change[J]. Journal of High Technology Management Research，2002，13(2)：279－297.
[32] 黄长征.从表象到本质：研究"新技术的商业化"的五个视角[J].五邑大学学报(社会科学版)，2019，21(4)：65－68＋92.
[33] 邸卿.新兴技术商业化及其影响因素[J].商业现代化，2010(7)：6－7.
[34] 段利民，杜跃平，孟蕾.新兴技术商业化绩效影响因素实证研究[J].科学学研究，2012，30(9)：1354－1362.
[35] 黄鲁成，王冀.新兴技术商业化成功的环境影响因素实证研究[J].科技进步与对策，2011，28(1)：1－6.
[36] RAPPA M. Business Models on the Web：Managing the Digital Enterprise[EB/OL]. [2001－01－01]. https://www.researchgate.net/publication/245591644_Business_Models_on_the_Web_Managing_the_Digital_Enterprise
[37] 钱志新.新商业模式[M].南京：南京大学出版社，2008.
[38] 王波，彭亚利.再造商业模式[J].IT 经理世界，2002(7)：88－89.
[39] 罗珉，曾涛，周思伟.企业商业模式创新：基于租金理论的解释[J].中国工业经济，2005(7)：73－81.
[40] NENONEN S，STORBACKA K. Business Model Design：Conceptualizing Net worled Value Co-creation[J]. International Journal of Quality and Service Sciences，2010，2(1)：43－59.
[41] ZOTT C，AMIT R. Business model design：an activity system perspective[J]. Long Range Planning，2010，43(2－3)：216－226.
[42] 谢尚国.如何突破困境，创建新的商业模式[J].中国眼镜科技杂志，2016(23)：21.
[43] GRONUM S. SME performance：the role of networking，innovation breadth，and business model design[D]. St Lucia：The University of Queensland，2015.
[44] 王志玮，蔡贞秀.基于破坏性创新的商业模式分类与特征研究[C].第七届软科学国际研讨会论文集中国卷(下)，2012.
[45] 蒋理.互联网＋分享经济商业模式研究[J].中国管理信息化，2019，22(9)：136－140.
[46] 王园森，刘芹.数字化背景下企业商业模式类型研究[J].济宁学院学报，2018，39(3)：74－78.

[47] 罗倩，蔡玫.我国战略新兴产业的商业模式类型分布特征、成型原因与构建路径研究[J].经济问题探索，2015(1)：55 - 61.

[48] MORRIS M, MINET S. The entrepreneur's business model: toward a unified perspective[J]. Journal of Business Research, 2005, 58: 726 - 735.

[49] 秦志华，王永海.商业模式的企业价值测评功能与内容结构[J].中国人民大学学报，2013，(3)：70 - 79.

[50] 郭韬，丁小洲，任雪娇.制度环境、商业模式与创新绩效的关系研究——基于系统动力学的仿真分析[J].管理评论，2019，31(9)：193 - 206.

[51] 刘峥，余明阳，陈思静，等.中小型生鲜电商企业商业模式创新及评价体系研究[J].科技管理研究，2019，39(11)：107 - 112.

[52] 纪雪洪，张思敏，赵红.创业企业商业模式调整机制研究：直接动因、调整过程与主要模式[J].南开管理评论，2019，22(5)：49 - 63+89.

[53] 张敬伟，杜鑫，田志凯，等.新企业商业模式图式的演化过程与机制——拼凑视角下的案例研究[J].管理评论，2019，31(6)：213 - 224.

[54] 张新香，胡立君.商业模式动态演化机制：基于互联网业的多案例内容分析[J].科研管理，2018，39(3)：110 - 121.

[55] 刘志迎，曹淑平，武琳，等.互联网企业商业模式循环迭代创新的演化机制——基于单案例的探索性研究[J].管理案例研究与评论，2019，12(4)：335 - 348.

[56] YIN X R. Canonical correlation analysis based on information theory[J]. Journal of Multivariate Analysis, 2004, 91(2): 161 - 176.

附录 B　编码过程

表 B.1　Ripple 开放式译码：概念化

原　始　语　句	定义现象	概念化
瑞波公司 2004 年成立，成立之初叫作瑞波支付，定位于建立一个能够取代银行金融系统体系的点对点支付网络，改善现有跨国支付成本高、低效的痛点	现有跨国支付成本高、低效的痛点	市场痛点
Ripple 前身为 OpenCoins，团队在区块链领域具有多年研发经验	团队有丰富经验	团队实力
从 Ripple 的产品和业务布局来看，公司定位和策略明确。该公司背后的核心思想是建立一个能够取代银行金融体系的点对点支付网络	取代银行金融系统体系的点对点支付网络	解决跨境支付
Ripple 通过区块链的公共账本技术，把各机构之间的业务网络衔接起来，能够促进信息同步，提高全球金融结算效率，并降低总体结算成本	Ripple 创建区块链公共账本技术改善市场	公共账本技术改善市场
与比特币旨在解决货币本身的问题（如央行超发导致货币贬值、跨境汇款成本高昂等）有所不同，Ripple 支付协议解决的更多是法币与数字货币、法币与法币之间流通的问题	Ripple 市场定位解决币与币之间的流动问题	产品定位支付结算
首先利用 xCurrent 将众多银行和金融机构纳入 Ripple Net 中来，通过分布式公共账本技术解决跨境支付业务的部分问题提升各类货币之间的互操作性	xCurrent 解决跨境支付操作性问题	改善支付过程
之后通过引入 XRP 的 xRapid 解决流动性问题，进一步降低结算成本	引入 xRapid 解决流动性问题	
推出 xVia 这一标准化应用程序界面解决方案，让 xCurent 和 xRapid 的用户体验更加直观，让这些支付发起者更快地进入新市场，降低运营成本，提升支付速度和端对端可视度	提升用户体验	提升用户体验
三大主营产品（xCurrent、xRapid、xVia）已小规模落地市场	三大主营产品落地市场	初步落地市场
目前有超 100 家银行和金融机构采纳 xCurrent 软件系统，整个网络还有待进一步扩张，且存在不同银行发行的信用凭证流动性不足的问题，故引入 XRP 提升	市场有待扩张	市场前景

续 表

原始语句	定义现象	概念化
在2011年年初，比特币获得了许多市场关注，并开始引起瑞波币关注者的好奇	瑞波币得到关注	改善产品架构与理念
在某种程度上，比特币在瑞波币的失败下取得了成功，建立了一个似乎比瑞波币架构优越的点对点支付网络。早在2011年5月，比特币先驱杰德·麦卡勒布便加入了瑞波币，可能就是为了解决瑞波币的这些缺陷	麦卡勒解决瑞波币缺陷	
2012年，麦卡勒布聘请了克里斯·拉森，拉森现在仍然担任执行主席，网站描述他为瑞波币联合创始人。这标志着OpenCoin时代的开始，这是2012年和2015年之间的三次名称变化中的第一次	拉森加入公司，OpenCoin时代开始	管理者引入
拉森是E-Loan的前任董事长兼首席执行官，E-Loan是他于1996年创立的公司，然后在1999年科网最火的时候上市，之后在2005年卖给Banco Popular	拉森创立E-Loan	
拉森创立Prosper Marketplace，一个点对点贷款平台，之后于2012年加入了Ripple	拉森创立Prosper Marketplace	
2012年10月，Kraken交易所(2011年推出)的创始人兼首席执行官杰西·鲍威尔和麦卡勒布的密友，参加了Ripple的第一轮种子投资，总投资额约为20万美元	Ripple第一轮种子投资，投资总额20万美元	得到种子投资
显然在“创始人都搞不清楚他们创立了什么之前”进行投资。2013年4月，OpenCoin从Google Ventures、Andreessen Horowitz、IDG Capital Partners、FF Angel、Lightspeed Venture Partners、Bitcoin Opportunity Fund和Vast Ventures获得了150万美元的资金。这是其后多次风险投资的第一轮，其中包括了一些世界上最有名的风险投资公司	OpenCoin获得第一轮150万美元的风险投资	获得第一轮风险投资
在2016年9月，Ripple向日本领先的网上零售股票经纪公司SBI Holdings(8473 JP)筹集了5 500万美元。SBI收购了Ripple 10.5%的股份。正如我们在《承受着加密货币市场风险及收益的上市公司》一文中所提到的，这是SBI在加密货币方面投资的一部分	SBI收购了Ripple 10.5%的股份	加密货币获得投资
2012年年底，OpenCoin反对瑞波通信公司(Ripple Communications)使用“Ripple Card”这个名字，瑞波通信公司将瑞波币支付网络推出的日期写早了。这说明公司文化变化的开始，其更愿意用法律手段保护公司，并将策略转变为更多地关注瑞波的品牌效应	OpenCoin反对瑞波通信公司使用“Ripple Card”	公司关注品牌效应

续　表

原始语句	定义现象	概念化
2013 年 9 月，OpenCoin 重新命名为 Ripple Labs	OpenCoin 重新命名为 Ripple Labs	产品重命名
Ripple 于 2013 年 1 月推出了 XRP	推出 XRP	XRP 推出与应用
与比特币一样，瑞波币系统建立在加密签名公开区块链上，因此不需要最初的信任网关或网关设计	XRP 不需要网关	
瑞波币可以直接由用户发送给用户，没有网关或交易对手风险，这是 Ripple 网络上所有货币（包括美元）的使用方法	XRP 无风险	
2014 年 2 月，瑞波币实现了在 2014 年 8 月装载的"余额冻结"功能。这使即便在没有有效签名的情况下，瑞波币网关也可以冻结甚至没收用户的加密货币。据说这样做的动机是使网关符合监管要求，例如在法院命令要求没收资金的情况下。网关的默认设置是启用冻结功能，但网关若通过使用"不结"（NoFreeze）功能来禁用此选项，便可以取消冻结或没收加密货币的功能	瑞波币装载了"余额冻结"功能符合网关监管	符合网关监管
2015 年 5 月，美国监管机构认为 Ripple Labs 以未经授权的方式出售 XRP 违反了《银行保密法》，并向其罚款 70 万美元。瑞波同意采取补救措施，其中主要补救措施总结如下：Ripple Labs 必须在 FinCEN 注册。如果 Ripple 发行更多的 XRP，那么这些收款人必须注册他们的账户信息并向瑞波提交身份证明文件。Ripple 必须遵守反洗钱法规，并指定合规执行官。Ripple 必须经过外部审计。Ripple 必须向监管机构提供数据或工具，以便分析瑞波币交易和资金流动	瑞波采取系列补救措施来符合《银行保密法》	符合"银行保密法"
SBI 和 Ripple 成立了一家合资企业 SBI Ripple Asia，SBI 拥有 60%股权，Ripple 拥有 40%股权。公司希望利用 Ripple 的"分布式金融技术"创建一个结算平台	利用"分布式金融技术"创建结算平台	创建结算平台
XRP 官方 Twitter 发送推文的频率较高，几乎每日发文，且粉丝的点赞人数一般都上千	推文频率高，粉丝点赞多	粉丝活跃度高
Ripple 还开通了自己的官方论坛，主要是在论坛上发布技术相关的答疑帖子，目前该官方论坛上共有 11 193 个会员	官方论坛发布帖子且有很多会员	论坛管理
Ripple 的产品体系规划相对成熟，为银行、支付服务提供商及企业客户等提供了针对跨境支付业务的不同解决方案，理论上能够解决部分行业痛点，解决跨境支付的效率和成本问题	Ripple 理论解决痛点	跨境支付实现
试点结果也显示可将跨境支付耗时从几天减少至几分钟，且实现 40%～70%的费用折扣	Ripple 试验结果解决痛点	

续　表

原　始　语　句	定义现象	概念化
Ripple从2013年正式创立，已历经5年。其中，前两年(2013—2015年年末)拟全心打造一个高效廉价的点对点价值传输网络	Ripple打造点对点价值传输网络	技术升级
从2016年开始专注于为银行建立基础设施并着重使用InterLedger协议。从链接C端个人用户到链接B端银行账本，由此Ripple经历了一次战略调整	使用InterLedger协议，C端个人用户到B端银行账本	公司战略转型
此后很快Ripple就吸引了各大资本青睐，并与来自英国、日本、韩国等的多家银行、金融机构及研究机构达成合作，还建立了全球支付指导小组(GPSG)，正式开启商业化进程	Ripple获得投资，开启商业化进程	开启商业化进程
2017年年底—2018年，Ripple公司专注于市场拓展，加速推进相关产品的应用落地，也收效颇丰。2017年8月，Ripple证实了进军中国的计划	市场拓展至中国	市场拓展，产品落地
2018年2月，Ripple与沙特阿拉伯金管局(SAMA)签署合作协议，启动区块链试点项目	市场拓展至沙特阿拉伯	
2018年5月，MercuryFX和Cuallix等金融机构和支付提供商参与试行xRapid，试行报告称，通过该平台交易能节约40%～70%的交易成本，交易速度从2～3天提升到“两分钟多”；2018年8月，三家加密货币交易所(Bittrex、Bitso、Coins. Ph)与Ripple达成合作，将与xRapid支付服务平台进行交易	xRapid合作多家金融机构与交易所	

表B.2　OKLink开放式译码：概念化

原　始　语　句	定义现象	概念化
传统的国际外汇结算系统存在着诸多不便。一般来说，转账分为银行转账和国际汇款公司转账两种方式，但都存在着效率低，成本高的问题。银行间外汇的清算机构为一个数层网络……清算系统SWFIT储存了银行之间的资金结算关系，指出了信息流的路径，但此种汇款途径的手续费是昂贵的。而小额国际外汇转账公司体量有限，缺少统一的信用中介体系在其中起到对冲清算作用，因此转账成本也偏高	传统国际外汇结算效率低、成本高	市场痛点

续 表

原始语句	定义现象	概念化
传统跨境汇款业务因为结算系统复杂，造成了支付成本高昂、结算时间慢等痛点。据不完全统计，全球每年 7 000 亿美元海外汇款支付的成本高达近 700 亿美元，而汇款到账通常需要等待 2～4 天	传统国际外汇结算效率低、成本高	市场痛点
OKLink 是由世界领先的技术专家、金融专家、风控专家等组成了顶级的团队，据刘成奇介绍，其成员包括：中国知名的数字资产交易平台 OKCoin 币行网创始人徐明星、首席技术官孙忠英，首席风险官 Tim Byun 等，其中首席风险官曾就职于美联储 15 年，在反洗钱部门有 6 年的工作经验	专业的技术团队	团队实力
OKLink 隶属于 OKCoin 币行旗下，后者是国内最大的比特币交易平台，其旗下还有基于区块链的互助平台“八方互助”，八方互助已有 50 万名会员	良好的交易平台支持	团队背景
平台致力于成为民间金融的支付宝＋Uber，一端连接转账用户，另一端连接国际转账公司，以区块链和数字美元为基础。有效降低了外汇转账的成本	平台致力于方便小额跨国转账	产品定位
OKLink 的成立理念就是为了降低跨国小额转账的成本，让转账变得更加方便。用区块链建立了信息流和资金流的对等网络，让和美元汇率 1∶1 的代币 Ok dollar 在区块链网络上能够低成本快速流通		
从原理上来说，OKLink 有一条自己的区块链，在此区块链发行数字美元，和实体美元是一比一的对应关系。当用户从银行充钱到 OKLink 的账户下时，实际上是存在了 OKLink 和信托合作的账户里，随后，OKLink 选择本地和汇款当地的汇款和出款公司，将当地的汇款公司的和用户汇款等价的数字货币 Ok dollar 汇到对方的出款公司。对方的出款公司再汇入用户的账户里。OKLink 根据双方账上的 Ok dollar 负责统一的对冲和清算	用区块链技术连接银行和外汇公司	区块链技术连接商业服务
OKLink 的区块链是一个基于比特币区块链技术的联盟链，通过发行数字货币 Ok dollar 作为传输结算介质，主要面向各国持牌的支付和汇款公司提供 to B 的服务，加入 OKLink 网络的金融机构可以向联盟中成员实现点对点的货币支付和兑换	使用联盟链提供商业支付服务	
区块链金融网络 OKLink 就是利用区块链技术的不可篡改、可追溯特性，构建监管部门所需要的、包含众多手段的监管工具箱，以利于实施精准、及时和更多维度的监管	用区块链技术服务监管	区块链技术服务监管

续 表

原始语句	定义现象	概念化
OKLink 网络中汇款业务和收款业务被区分开，使 OKLink 的合作伙伴只需专注于本地业务，同时享受 OKLink 网络提供的在全球合作伙伴的汇款/收款服务。OKLink 让合作伙伴很简单就能加入网络，很容易地开展业务	降低全球合作伙伴的合作难度	互惠让利
OKLink 也为合作伙伴提供极大的商业优势，西联汇款公司通常对 200 美元汇款收取 15%的手续费，附加 30 美元汇费，Transferwise 也要收取 2.5%的手续费，而 OKLink 手续费仅为 0.5%，因此 OKLink 合作伙伴至少多 2%的利润空间	为合作伙伴提供更多利润	
银行不需要去相信哪个节点或者机构，只需要相信区块链技术就可以了。传统跨境支付模式中，并不是只有银行才能加入 SWIFT，或者说加入 SWIFT 并不经济	解决传统模式中的信任问题	解决传统模式的问题
OKLink 使用区块链技术让汇款公司和收款公司直接进行支付、结算，省掉了所有的中间环节费用。包括 OKLink 和收款公司的所有费用，整个网络只在中间汇率基础上收取不超过 0.5%的费用，绝无其他隐藏费用，并且保证收款人能收到约定的金额	缩短汇款中间环节，节省汇费	
OKLink 设计了一个类似支付宝的机制，由下游收款机构先兑付给收款人，再通过多重签名的技术，获得来自上游汇款机构汇出的资金，从而避免了交易对手风险	使用多重签名技术避免风险	多重签名技术
OKLink 还采用了区块链的 2/3 签名交易机制，结算时需要收款方、汇款方或者 OKLink 中的两方进行签名确认，以避免伪造交易	采用 2/3 签名交易机制防止伪造交易	
OKLink 的保险柜是 on chain 钱包，支持多重签名技术，并且客户可以根据自己需求选择多少（1/2/3）把私钥，OKLink 服务器不控制用户的私钥，无法私自动用客户的资产	私钥升级保障安全	区块链技术升级
OKLink 网络应用数字货币为介质进行跨境价值传输，利用区块链技术"交易及结算"的特质完成快速传输，十分钟之内完成包括支付、汇率换算、结算在内的所有汇款过程	用数字货币快速结算	快速结算
OKLink 合作方可以对其涉及的交易公开查询，所有交易可溯源。OKLink 区块链技术确保交易不可伪造、篡改	交易公开可溯源	交易公开

续　表

原　始　语　句	定义现象	概念化
传统跨境支付模式中，银行为了保持流动性，需要在银行账户中持有多个国家的货币，这种账户被称为“往来账户”。由于汇款行难以预知代理行具体何时会确认自己的转账信息，不得不在往来账户中持有一定量的外币。而基于区块链的跨境支付模式，银行只需要使用数字货币	更好的货币流动性	货币流动性
OKLink 做了在线钱包，基本跟 paypal、支付宝等类似，注重易用性，比如可以用手机号、email 来做“收发地址”。我们还给拥有大量币的专业用户做了保险柜，采用多重签名的 on chain 钱包，平台没法控制这些比特币	通过在线钱包提高易用性	钱包易用性
我们还提供各种商家工具，如支付网关、支付按钮、购物车等，使商家可以很容易接入比特币支付	提供工具获得商家支持	商家工具
2016 年年底，OKLink 为首次加入并且汇款额不超过 10 万美金的汇款机构减免手续费，累计减免 1 亿美元汇款流水手续费	为首次加入的机构提供优惠	商家优惠
2019 年 6 月 2 日，前进控股集团正式发布公告：旗下 OKLink Fintech Limited（OKLink）已与 Prime Trust，LLC（Prime Trust）于日前签订相关协议，共同推出 USDK 业务。USDK 是基于区块链和信托牌照的稳定币，是由 OKLink 和 Prime Trust 联合推出的 ERC－20 数字资产，在以太坊区块链上运营，以 1 美元发行及赎回，并以 Prime Trust 所持有的资产按 1∶1 基准提供担保	推出 USDK 稳定币服务	稳定币服务
从机制设计上看，USDK 将重点解决稳定币的信用问题。主打合规和透明，解决稳定币信用缺失的痛点，这是 USDK 或将一举打破当前市场格局的核心竞争力	USDK 主打合规和透明，解决信用问题	
OKLink CEO 任煜男称，我们知道稳定币当前的痛点在哪里，所以包括合规运行、透明审计等都是我们的核心竞争力。就像我们决定进入区块链这个赛道时一样，我们希望区块链带来的是一个信任的世界，我们也将一如既往地坚持原则	坚持原则	坚持原则
OK 战略副总裁徐坤表示：毫无疑问，合规与透明将是解决当前稳定币用户痛点的重中之重。在持牌信托机构和上市公司的双重保障下，托管资金与铸造的稳定币严格按照 1∶1 比例锚定，并定期由审计机构审计，这种方式与直接打包一个资金池的方式相比，显然更加透明可信，也更容易得到用户的信任	合规与透明	合规与透明

续 表

原 始 语 句	定义现象	概念化
OKLink客户端源码全部开源； OKLink提供openid、支付api支持开发各种应用和全球同行共同开发应用，促进比特币生态的健康发展	技术开放，共同发展	开放平台
2019年，美国东部时间8月1日，OKLink公布USDK最新资金审计报告：截至7月31日，OKLink的Prime Trust专项账户中储备金金额为28 600 072美元，与USDK的实际发行量比例为1∶1	按期发布审计报告	按期审计
OKLink近日也成功加入了菲律宾领先的支付平台，并于2017年1月20日签署了合作协议，Ayannah的加入让到菲律宾的收款更方便快捷。基于OKLink汇款网络，不少公司都可以在菲律宾实现银行转账、现金收款和移动钱包等业务(单笔不超过US $10 000)，OKLink的合作伙伴可快速转账到菲律宾27家银行中的任何一个账户，包括VietinBAnk、Agribank、Vietcombank and BIDV等	与菲律宾支付平台合作	国家合作
2018年4月，OKLink又新加入了合作伙伴金融科技公司Bluepan，2015年5月以来，Bluepan公司已累计成功完成4 000多万美元韩国汇款。OKLink与Bluepan的强强联手将提供其他汇款公司无法提供的绝对优势，OKLink的100多位合作伙伴可以直接用韩元向任何韩国银行账户汇款	与韩国公司合作	
2019年5月17日，香港主板上市公司前进控股集团发布消息称，已完成全资子公司OKLink Fintech Limited注册，并计划于近期和美国信托公司Prime Trust联合推出合规稳定币USDK。同时，前进控股集团董事局主席任煜男出任OKLink首席执行官	与美国公司合作	
2019年6月3日，OKLink与美国信托公司Prime Trust联合推出的合规稳定币USDK，今日正式登录全球领先的数字资产交易平台OKEx	与其他交易平台合作	交易平台合作
OKLink的合作方有多种形态。如：比特币和区块链企业：Coinplug；传统大型汇款机构：Cebuana Lhuillier；新兴电子钱包：Doku；等等	多种合作方	多领域合作
OKLink打破了传统金融机构需要大量资本支持业务发展的限制，在2016年新加坡举办的“全球支付峰会”上，获得“最佳汇款突破奖”	获得“最佳汇款突破奖”	领域内获奖
OKLink则聚焦全球中小金融机构的小额跨境汇款问题，2016年上线以来，迅速拓展了全球范围内数百家合作方，覆盖数十个国家和地区的跨境支付业务	覆盖全球数十个国家和地区	全球覆盖

表 B.3 相互宝开放式译码：概念化

原 始 语 句	定义现象	概念化
尹铭……是蚂蚁金服副总裁，支付宝保险事业群的总裁，也是相互宝的幕后掌舵者。他带领一支 50 人团队打造的相互宝，正在唤醒亿万国民的商业保险意识	蚂蚁金服高管带队	团队实力
对于一般人而言，传统保险门槛普遍较高，每年动辄数千上万的投入费用，且年龄越大投入越高，短时间内基本难以看到收效，而这一互助计划的出现完美地解决了传统保险的痛点，产品一出就受到了众人追捧	传统保险市场痛点	市场痛点
“我们也预想到会受到很多的挑战，但这些挑战其实也是在不断提高、完善风控系统。”相互宝风控负责人景南介绍称。线下环节复杂是保险行业过去难以被互联网技术改造的痛点，相互宝则希望通过科技将线下的东西数字化，从而推动整个保险行业互联网化的速度	解决环节复杂的痛点	
2018 年 10 月 16 日，蚂蚁保险、信美人寿相互保险社联手面向蚂蚁会员推出了一款互联网互助产品“相互保”	与信美人寿相互保险社合作	保险机构合作
“相互保”是由支付宝与信美相互共同推出的大病互助计划：芝麻分达到 650 分及以上的部分蚂蚁会员（分批开放中），年龄在 30～59 周岁之间，且符合相应健康条件，均可加入该大病互助计划	相互保定位大病互助计划	产品定位
蚂蚁金服副总裁尹铭今天在接受媒体采访时表示，8％管理费目前还无法覆盖全部成本。相互宝不考虑盈利，但会通过技术手段降低成本，争取实现盈亏平衡	追求盈亏平衡，永不考虑盈利	坚持初心
如果未来借助技术使平台运营及案例审核成本降下来，管理费是否能给相互宝带来盈利？尹铭团长给出了否定的回答：运营及调查成本降低了，我们就降手续费率		
9 月 13 日，全球顶尖品牌公司铂慧发布了 2018 中国最受欢迎品牌榜单，支付宝占据榜首，成为最受欢迎的品牌。用户积累不断扩大支付宝影响力，成为值得用户信赖的大品牌。支付宝的品牌和整个蚂蚁金服生态圈都能为相互宝撑腰	支付宝口碑好、品牌公信力高	品牌效应
2018 年阿里财报透露最新数据显示支付宝国内今年年度活跃用户超 7 亿，而且蚂蚁金服官方数据显示支付宝小程序数量已达 2 万以上，累计用户数量达到 3 亿以上，DAU 更是达到 1.2 亿以上，支付宝流量资源还在不断增长	支付宝流量资源赋能	流量支持

续 表

原始语句	定义现象	概念化
联合支付宝发起相互保的信美相互也是正经的挂牌寿险公司，有足够偿付能力。背后有正规保险公司兜底的相互保，同时也在中国银行保险监督管理委员会（简称"保监会"）有产品备案，接受保监会的监管	业内正规保障提升品牌公信力	正规保障
相互保入保规则里面就有一条是芝麻分要达到650分及以上，将低信用用户拒之门外，保障参保人的利益。每月两次的公示更是提高透明度，让大家知晓钱款去向，打造一个高信用的互助产品	芝麻信用加持	芝麻信用支持
蚂蚁区块链是蚂蚁金服开发的一条联盟链、非公有链，面向企业级用户，个人用户无法直接查看区块链中的信息。若要查看，须以支付宝企业级账户注册登录。不过相互保还做不到完全的去中心化（还是由支付宝这个中心来制定规则）	联盟链尝试去中心化	联盟链设置
阿里在区块链技术上早有布局。在2016年，蚂蚁金服在支付宝爱心捐赠平台上线区块链公益筹款项目"听障儿童重获新声"，利用区块链不可篡改的特性，让每一笔善款可被全程追踪，成功帮助10名儿童重获新声。如今阿里在区块链专利数量上排名也是全球第一	技术布局，专利支持	专利基础
阿里在相互保上利用区块链去除中心化和记录不可篡改的特性，解决信息不对称和信任问题……让更多人参与到相互保中	区块链技术解决信任问题	信息共享
所有赔案的相关证据、资金流向通过区块链上的公证处、司法鉴定中心、电子证书中心、法院等全节点见证，除不可篡改外，也具有法律效力。由参与相互保的用户组成的陪审团，根据上面这些证据进行审核，比较公正透明	区块链技术维护信息公正透明	
"相互保"是由中心化机构发行，结合了区块链技术的一款保险产品，通过引入区块链技术……保证了参保人信息及交易的真实性，降低了核保成本，简单赔付率可达90%。同时，结合区块链之后，该款产品的运营成本也将得到大幅降低	区块链技术降低核保成本	降低成本
相互保参与门槛低，只要芝麻分650分及以上，18周岁以上、未满59周岁，身体健康状况符合健康告知要求，部分蚂蚁会员可以免费加入，加入的成员还可以添加30天以上未成年子女，加入后可获得100种大病保障，并且40岁以下可享30万元保额，40岁及以上可享10万元保额	参与门槛低	门槛较低

续　表

原　始　语　句	定义现象	概念化
上线一天加入成员人数即达百万，三天达 330 万，截至 10 月 25 日 12 点，共有 1 088 万用户参加	初期用户数量几何级增长	用户激增
2018 年 11 月 27 日中午 12 点，支付宝公告称，由于监管部门约谈并指出涉嫌违规，原“相互保”产品将变为网络互助计划“相互宝”，不再具有保险产品属性；运营主体由保险公司信美人寿相互保险社和蚂蚁金服变为由蚂蚁金服独立运营的网络互助计划	按照监管要求改为网络互助计划	项目转型
每名用户在 2019 年期间的总分摊金额不超过 188 元，如有多出部分全部由蚂蚁金服承担	分摊金额封顶	分摊保障
新“相互宝”收取的管理费将从原来的 10%下降到 8%	管理费下降	降低费用
未来如果“相互宝”的参与人数低于 330 万，计划也不会立刻解散，我们会继续为用户提供一年的大病保障。在 2018 年 12 月 31 日之前加入“相互宝”的用户，不管是从“相互保”升级过来，还是新加入，在 2019 年 1 月 31 日之前涉及的费用分摊都将由蚂蚁金服承担，用户无须出钱	保障用户互助时效	权益保护
相互宝的每一个互助案件，都会由专业的调查机构进行严格的实地调查。调查内容包括申请人疾病和就医情况、申请人既往就医纪录，确保用户符合相互宝《健康要求》和互助条件 相互宝会对互助案件进行复审、终审。审核人员均具备医学背景，对于疑难案件，我们也会聘请医学专家对案件进行判断	专业的调查机构和审核团队	专业审查
2018 年 12 月 7 日，相互宝完成首例互助……被救助成员将获 30 万互助金(2018 年 12 月 10 日)	公开互助细节，提高公信度	案例公开
2019 年 4 月 24 日消息：相互宝今日宣布计划升级互助规则：将用户“连续服药超 30 天”，调整为“因病遵医嘱需连续服药超 30 天”；调整对甲状腺癌、前列腺癌中较为轻度的两小项癌症的互助方案，以后相互宝成员假设不幸患上了这两项轻度癌症，可以得到相互宝的 5 万元互助金，并且可继续留在相互宝内	升级互助规则	用户保障优化
5 月 1 日，支付宝对相互宝进行了又一次升级……此次调整，主要集中在健康告知方面。① 明确了“连续服药”的定义……② 删除了对既往保险情况的问询……③ 增加例外事项……升级之后的条款，对所有人都适用，不管是旧的投保人，还是新的投保人，都会按照新的条款来	放宽健康告知	用户保障优化

续 表

原始语句	定义现象	概念化
12月7日讯,据新浪科技消息,蚂蚁金服公布网络互助计划“相互宝”首例互助案例,一名来自上海的5岁女童获得30万元的大病互助金,对于所有参与者来说,每人平均分摊0.03元。 除案件详情外,为确保信息公开透明,公示还出具了医疗诊断证明、出院小结、手术记录等信息,并对资料进行了区块链存证	用区块链存证案件细节	信息上链
2019年1月18日,相互宝可以为配偶加入	扩大互助范围	增值服务
2019年5月8日,支付宝上线“老年版相互宝”,是针对60～70岁老人单独的防癌互助社群		
尹铭表示,“相互宝”跟保险公司的开放合作不是简单的流量合作,而是要共同推进民众保障教育的普及,共同开发定制化、多元化的升级保障产品,为用户和保险行业都带来更大价值。在此基础上,“相互宝”将欢迎所有保险公司的合作	定制化服务	
2018年12月27日,已经加入相互宝的朋友可以推荐自己身边的亲朋好友加入互助计划,只要亲朋好友符合加入条件,推荐成功后,还可以获得一个代表小小心意的红包	推荐活动提升热度	项目推广
2019年1月30日,相互宝春节活动,分享最高可得888元大红包;2019年2月12日,相互宝开工活动,分享可得相互宝分摊红包	红包活动提高推荐热度	
2月16日消息,近日,支付宝网络互助计划“相互宝”公示了互助金结算余额的使用规则。其采用区块链技术,强化相互宝运作的透明度,保障救助信息、资金流向等资料不可篡改,并且具有法律效力。除此之外,相互宝对救助申请、平台规则等内容一律采取公示制度,接受成员监督,进一步保障了运作公开透明	区块链技术确保互助金结算公正透明	运作上链
2019年2月28日,相互宝设立了赔审团审议机制,让广大成员参与进来,处理那些存在异议的案件,把决定权交给大家。大家在申请互助金时,如对初步审核结论存在异议,且符合赔审团申请条件,就可以申请赔审团审议	设立赔审团确保审核结论公平合理	赔审团机制
2019年3月22日,相互宝加入门槛优化调整正式生效,原要求芝麻分650分及以上变更为准入门槛综合化评估,就是以芝麻分作为重要的信用基础指标,同时结合更多维度进行综合准入评估。也就是说除芝麻分外,范围还会包括支付宝履约情况、历史理赔信息等维度	优化调整加入门槛	优化门槛

续 表

原始语句	定义现象	概念化
相互保依然会给传统保险业带来剧烈的冲击,可以说区块链的降维打击已经到来。相信随着科技金融的继续进步,以及相应法律法规的完善,在未来必然会诞生基于公链的保险产品。届时,区块链技术也必将给社会带来革命性的变化	区块链未来将给保险业带来革命性变化	技术革命
根据"中新经纬"的报道,(2019年)8月9日,支付宝上的大病互助计划"相互宝"宣布,存量成员数超过8 000万名,相当于整个德国的人口,相当于排进世界各国人口前20名,已经成为全球最大互助保障平台	用户数量庞大	用户扩展
按照相互宝公布的数据显示,截至11月上旬,已有近1亿名成员加入相互宝,累计为9 870名重病成员提供帮助,发放15.87亿元互助金	产品帮助人数近万	价值实现

表 B.4 公信宝开放式译码:概念化

原始语句	定义现象	概念化
整个世界都在数据化,整个世界的数据都在联网化,但随着数据经济向纵深处发展和演化,数据经济也面临着几大挑战。其一,是数据所有权的挑战……其二,是数据处理和交换中的泄露问题……其三,数据的真伪和质量问题……其四,数据激励问题	数据经济发展面临多重挑战	市场痛点
大数据时代已经来临,随着5G、AI、IOT等技术的逐步成熟,人类社会产生、获得和处理数据的量级和能力将迎来全新的跃升,数据经济也会来到一个全新的发展阶段。通过对数据的合理应用,我们对世界的认知水平、对需求的响应速度、对商业和社会活动的规划能力及人与人的协作效率都将提升到一个新的高度。 解决数据经济面临的困境,我们需要一个透明、去中心、高效、能达成共识的数据基础服务和网络	大数据时代来临,数据经济面临诸多问题	
目前区块链世界做基础公链的很多,但是提供可信数据的基础公链的知名项目较少,公信宝(GXC)竞争压力较小。目前区块链行业基础公链竞争激烈,公信宝要面对比如EOS、Zilliqa、星云链等基础公链的竞争,但公信宝又有其特色——提供可信数据的基础公链使其能够自带流量,这有利于生态的建设,这是其他基础公链所不具备的	区块链中数据服务公链较少,竞争压力小	缺少竞争

续 表

原 始 语 句	定义现象	概念化
黄敏强，创始人、CEO，香港财经学院 MBA、山东科技大学计算机学士、前汉鼎宇佑（股票代码 300300）CTO、前汉鼎宇佑金融服务公司总经理、前浙大网新互联网副总经理。在数据交换、互联网金融、区块链领域工作和研究十余年，从 2012 开始研究数字货币和区块链，参与并发起多个区块链项目，同时也是超级马拉松、越野跑、山地自行车等耐力运动爱好者。 涂国君，联合创始人、VP，湖南大学计算机学士，先后在 3 家上市 IT 公司担任高管职务。创建过多家科技公司，拥有超过 21 年互联网、支付、信息安全、大健康等行业的从业经验，区块链深度研究者	创始人在数据交换和区块链、信息安全等行业有多年工作经验	创始人经验
在公信宝之前，黄敏强做过小型软件公司，也给政府、企业提供过服务	创始人丰富的软件开发经历	
公信宝诞生于 2016 年，这一年他周围的人开始大量讨论区块链，技术也开始萌芽，以太坊已经成功启动，区块链已经不是一个纯币圈的小环境。黄敏强认为创业的土壤已经具备，此时去做事情失败的概率会很小，2016 年之前也可以做公信宝这件事，但这会很难熬	区块链技术的萌芽和环境的发展	技术条件
王成任 CTO，是国内顶尖数据技术专家、前 51 信用卡架构师，曾任职于国内著名互联网公司如阜博通、51 信用卡、大树网络并快速成为核心人物、主导角色。 许潇鹏任运营总监，有 6 年市场营销经验，历任浙江广电集团、思美传媒、网易市场负责人，负责过大量产品和各种行业的品牌传播和市场活动，对互联网营销、品牌策略经验丰富。 吴立宇任产品经理，是原网易高级产品经理，曾先后在同花顺、微贷网等公司负责产品设计工作。深耕互联网金融行业，在 C 端和 B 端产品上均有丰富的产品经验。 蓝昊翔、张俊杰、朱礼廷、徐磊任区块链开发工程师，均有丰富的数据开发经验。 尧俊任服务端工程师，是资深 java 工程师，前大树网络核心开发工程师，拥有丰富的互联网开发经验，对于大数据采集、分析、挖掘有相当丰富的经验	创始团队实力雄厚、搭配合理	团队实力
挖链网：最感动你的部分是什么？ 黄敏强：我的创业伙伴们不管市场好坏，他们都是早早到公司，很晚才下班。他们非常信任我，跟着我一起把我想做的事情一步步实现，一步步推进，单纯这一点就足够让我感动。我觉得自己运气很好，找到的早期员工、中层、合伙人都非常优秀，在能力、为人各方面都没有问题，也非常团结	创业团队的团结与相互信任	

续　表

原　始　语　句	定义现象	概念化
挖链网：你现在的成就感源自哪里？ 黄敏强：公信宝是我们很想做的事情，在它很小的时候，大家满腔热血地投入，冒了很大的风险去创业，然后它逐渐落地，逐渐成长，更多人认可它的价值，并且相信我们的理念，而且还愿意督促我们。这毫无疑问是一种成就感，做成一件事情比赚很多钱更有意思	团队的创业热情；对价值的认可	创业热情；价值认同
哔哔第六问：公信宝一方面要利用数据产生经济价值，一方面也要保护好用户某些数据的隐私，这两者之间该如何协调？公信宝关于数据的规则又是怎样制定的？ 黄敏强：并不冲突。公信宝早在 2016 年创业时就确定了这个“公民的信用数据由公民自己的管理”方向。2017 年 6 月 1 日国家出台了相关的法规，英国有 GDPR 以及美国 facebook 事件的爆发等都证明了这个大方向绝对是没有错的	坚持“公民信用数据自己管理”的大方向	坚持初心
挖链网：创业做公信宝这两年压力大吗？ 黄敏强：刚开始创业的时候，融资很困难，当然压力大。几个合伙人跑到杭州跟着我创业，差点把房子抵押、卖掉去创业	克服融资困难	融资
融资成功后，我们专注于产品开发……压力逐渐缓解，但是工作强度比创业前要大很多	专注产品开发	产品开发
融资成功后，我们专注于……用户增长和社区开发，压力逐渐缓解，但是工作强度比创业前要大很多	专注社区开发	社区开发
公信宝合作机构众多，包括中国银联、中国联通等众多知名机构	合作机构众多	机构合作
公信宝为现有各地的互联网金融协会建立单独的数据交换联盟，让协会内的成员共享交易金融履约数据，目前全国网络贷款、消费入金和线下小额贷款公司为 3 万多家，互联网金融协会联盟 100 多个	和互联网金融协会联盟合作	联盟合作
2017 年 5 月 15 日，公信宝获得由真格基金、天使投资人李笑来联合投资的千万级别天使轮投资。此外，公信宝团队在此之前曾获得比特币社区近 3 000 个比特币的支持（价值约 3 600 万元人民币）	获得多家机构投资	机构投资
公信宝投资机构众多，包括知名投资机构雄岸基金、真格基金和硬币资本等	投资机构众多	

续 表

原始语句	定义现象	概念化
目前数据交易领域存在的问题及业务痛点：① 数据沉淀问题……② 不注重个人隐私保护的问题……③ 数据新鲜度不足和造假问题	数据交易领域的业务痛点	业务痛点
中心化的数据市场存在以下弊端：① 数据所有权不明确……② 数据采集者没有合理激励……③ 使用场景的缺乏……④ 现实问题	中心数据市场的痛点	
建立网络爬虫产品，以免费服务快速拓展互联网金融企业客户，并将企业客户纳入“公信宝数据交易所联盟成员”中，共享数据交易的红利。该产品开发已于 2016 年 10 月 8 日完成	免费服务快速扩展客户	营销策略
2017 年 9 月，去中心化数据交易所 DES 1.0 正式商业化，公信宝数据交易所是一个通用的去中心化数据交易平台，是基于公信链 GXChain 开发的首个大型商业应用，公信宝数据交易所具有不缓存沉淀数据、保护个人隐私、保护数据版权、有效遏制造假以及支持双向匿名交易等特点	建立数据交易所服务	数据交易所建立
产品特点：不缓存沉淀交易数据、注重个人隐私保护、数据版权认证、数字资产所有权认证、双向匿名设计……	产品注重隐私和版权	强调隐私和版权
产品特点：不缓存沉淀交易数据……信用贡献证明机制(PoCS)：体量悬殊的联盟成员可平等交换数据	产品注重公平	注重公平
公信宝数据交易所不仅用于贷款和消费金融企业的数据交换和交易，还适用于所有行业的企业和政府数据交换。2016 年 11 月初，公信宝获得浙江省大数据中心领导称赞，称希望公信宝大力促进数据交易所模式的研发，并寄望于将相关部门的数据交换模式放置于公信宝共享数据交易所中或共同运营一条政府专属联盟链	拓展其他相关政府部门、企业	政府合作
本项目自 2016 年正式成立以来，经历了快速发展，已经从创立之初一个基于区块链的去中心化数据交易所(已于 2017 年正式上线且商用)，进化成一个服务着数百万用户和开发者的基础链，从服务于一个具体数据业务场景进化到服务于全球数据经济	从数据交易所进化成为基础链	业务升级
GXChain 就是这样一条面向未来的数据经济基础链，基于区块链的分布式特性、密码学等技术手段和通证设计，为数据经济的发展提供了全新的区块链解决思路，引领了数据服务的变革	发展数据经济，引领数据服务变革	引领变革

续　表

原　始　语　句	定义现象	概念化
公链的开发最初是为了去中心化交易所业务，其采用的架构是在业内有高性能之称的石墨烯架构，这个架构造就出很多市值靠前的项目，如 EOS、BTS、Steem 等	基础链采用高性能石墨烯架构	架构稳定
GXChain 基于 Graphene 的底层架构，以 DPoS(Delegated Proof of Stake)和 PoCS(Proof of Credit Share)两种不同的共识机制来实现区块链的记账与数据的交换。支持每秒上十万次交易的吞吐量，满足商用场景中高并发、高吞吐的需求	采用两种共识机制满足商用需求	双共识机制
挖链网：市场上公链有很多，你怎么看现在的公链市场以及公信宝在其中的差异化？ 黄敏强：我认为公链光靠一些技术协议是不够的，开发者还是做不出丰富的东西。有些应用还是需要数据才能做得出来。公信宝的 GXChain 主打的就是数据，让个人的数据搬到链上，保护个人隐私，给用户数据的所有权，这样用户就愿意把数据放到链上去。用智能合约能够调动更多丰富的资源，做出的应用就更加理解用户，也可以做出更丰富的应用	数据上链帮助应用开发	数据促进应用开发
挖链网：我看到 GXChain 3.0 白皮书中，加入了节点治理机制。 黄敏强：公信宝原本做的是去中心化数据交易所。GXChain 3.0 要从原先的中心化治理变成社区治理，听取更多社区的声音，由社区发出建议，提出治理的方案。接触社区之后，让社区力量给你作贡献，社区的人给你做推广，就算公司不参与治理，项目依然能正常地运营下去，这就真正成功了。如果受制于公司的经营，项目肯定无法长久。那有什么激励让大家来维护这个社区呢？节点收益和矿工费	节点治理保证社区化运营和维护	节点治理
2018 年 12 月 19 日，国产公链“三驾马车”之一的公信宝 GXChain 中首批 21 个公信节点诞生。自 11 月 6 日官方开启竞选以来，吸引了圈内众多知名机构参与，包括分布式资本、LinkVC、巴比特旗下“时戳资本”，知名区块链安全验证服务商 CertiK 和慢雾区、火币矿池、知名社区 EOS LAOMAO、引力矿池、美国哈佛肯尼迪政府学院区块链与数字货币协会、美国石溪大学区块链实验室等	多方机构参与节点治理	

续 表

原　始　语　句	定义现象	概念化
面向C端用户，公信宝团队基于GXChain创建了Dapp布洛克城。布洛克城是GXChain推出的区块链虚拟城市，可以在用户授权的情况下，采集用户淘宝、京东、学信网、公积金、社保、信用卡账单等个人数据，并由用户自由选择通过IPFS存证并将哈希值索引上链。用户在布洛克城拥有自己的数字身份G-ID。长远来看，用户可基于身份ID自行选择将个人链上数据向GXChain上其他Dapp开放授权，享受到更多的基于信用的服务	开发面向用户的数据服务	用户数据服务
目前来看，用户在布洛克城上传数据，能获得一定奖励，是其成为布洛克城用户的主要动力	激励用户上传数据	用户激励
面向B端用户，公信宝团队基于GXChain开发了点对点数据交易平台。交易平台支持双向匿名交易，主要面向有征信交易需求的B端用户，包括网络贷款、汽车金融、消费金融、银行等企事业单位，同时也积极拓展在政府、保险、医疗、物流等垂直领域的数据交换。交易平台已于2017年9月24日正式商业化，截至2017年12月底，数据交易量已超过2 000万笔	开发面向商家的数据交易平台	商家数据服务
GXChain基金会于2017年11月在新加坡正式成立，全称为GXChain foundation LTD.，旨在通过科学、合理、有效的治理机制推动并维系基金会及GXChain生态的建设和健康发展，为GXC持币者提供合适的保护和平等权利，构建GXC持币者、社区、节点、dApps开发者等不同角色之间的高效沟通渠道	建立基金会，保证基础链的生态建设和健康发展	建立基金会
公信宝社区充分发挥自治的理念，成立了独立的第三方核心治理社区GCAC，并且发起了“尽快结束节点的保护阶段，开启公信节点”提案，社区就是否希望由官方账户达成投票率展开了激烈讨论。最终的提案正式会议中，排名前30名的BP参与投票表决，有效票20票，18票为YES，2票为NO。提案顺利通过	社区提案推动运营	社区提案
GXChain基金会每年将向社区披露GXChain的开发情况、运营情况、GXC的使用情况等，并将引入第三方审计机构，监督项目的财务运作，审计报告将在年度信息披露中公告	社区参与监督	社区监督

续　表

原　始　语　句	定义现象	概念化
随着公信链的发展，建立在其上的应用越来越多。公信宝发布的基于公信链（公信宝区块链 GXChain）的应用——布洛克城，目前已经有实名注册用户 1 718 231 位（截至 2018 年 6 月 28 日 6 点 10 分）。任何个人、机构都可以通过用户授权来购买数据和进行应用开发。以这些数据用户为基础，目前已上线 5 款基于公信链的 Dapp，分别是余币宝、币得、预言家、万利马、LendChain，还有即将上线的 Lucia。	公信链用户活跃，应用丰富	用户拓展
公信宝粉丝数较多，活跃度较高，推文频繁	粉丝数较多，社区活跃	用户拓展
因为每家公司都有自己的黑名单、客户的贷款记录、用户的还款记录和违约记录，把这些数据交换共享可以产生很大的商业价值。 由于我们在技术上无法沉淀数据，无法在交换过程中解密并获取数据，而且通过公信宝公链帮他们结账，造假次数多了之后会被剔除联盟，最后涉及的所有个人隐私数据交换必须要得到本人同意。基于这三个特性，我们已经服务了很多客户。这块业务我们收取 10%的抽佣	数据交换服务提供收入	资金收入
我们在 2016 年公司创业的时候，开发了一个产品叫智能数据的采集组件。这个技术输出主要是提供给互联网金融机构。因为每个金融机构都会有贷款 App，比如手机贷、拍拍贷、宜人贷等应用。个人用户要去贷款就要把自己的数据授权给他。授权过程中如何去采集这些数据并且给到相应的金融机构，这个技术服务一直是公信宝在输出的，每用一次这个服务都需要给我们付费，我们收取的是技术服务费。 只有个人用户要贷款时才会用到这个技术。所以说，只有用户去使用这个工具，然后金融机构才拿到他的数据去评估是否给他贷款。每调一次，我们收一块钱，我们大概每年能够被调用 2 千万～3 千万次。每年我们能收到两千多万元的技术服务费	智能数据采集服务提供收入	
GXChain 团队在两年间根据路线图逐一兑现了自己的承诺，完成了底层基础链、去中心化数据交易所、布洛克城等众多产品和服务于开发者的数据组件。未来，GXChain 也将继续专注于服务数据经济发展的创新与实践，为人类未来千万亿级的数据经济市场提供共享、共治、透明、安全的底层服务，成为人类全民数字化时代的公共设施	完成承诺，继续创造价值	实现承诺

表 B.5　平安银行 SAS 开放式译码：概念化

原　始　语　句	定义现象	概念化
当前,中小企业资金需求和银行能为其提供的贷款之间存在巨大落差,前者融资难问题仍将持续。雪上加霜的是,受世界经济复苏节奏放缓、贸易摩擦频繁和国内经济下行压力大环境影响,多个行业产能过剩、供大于求问题更加凸显。在此背景下,赊销贸易盛行,中小企业应收账款规模上升,账期拉长,资金周转更加困难。前瞻产业研究院发布的《供应链金融市场前瞻与投资战略规划分析报告》显示,全国企业应收账款规模已达 20 万亿元左右。可见,如果能妥善处理信用风险,供应链应收账款融资市场将有很大的发展潜力	经济环境下行	市场环境
一直以来,应收账款融资的债权转让、确权以及还款都存在着巨大的操作风险和信用风险,这也极大影响了供应链金融下应收账款融资市场的发展壮大	应收账款融资风险	
传统保理业务中,交易各参与方都处于破碎的贸易环节,信息无法共享并传递,导致深层次的供应商融资需求无法得到满足,也成为中小微企业融资难的主要原因之一	信用传递问题	
作为国内最早开始发展供应链金融的银行,平安银行在业务模式上已经历了 3 次迭代和转型,在供应链应收账款领域做了许多有益尝试,也积累了丰富的可行经验	团队经验	团队经验
平安银行在供应链金融领域拥有独特的服务优势,拥有专业的营销、风险及平台管理团队	服务优势	团队优势
SAS 平台利用平安银行在全国的网点优势,提供"一家做全国"的标准化服务,实现一家分行对全国供应商的服务覆盖,特定的专营团队与核心企业及供应商对接,确保服务标准全国统一,业务分理优质高效	网点优势	
综合金融是平安银行特色经营战略之一,通过"综合金融＋互联网"和"互联网＋综合金融"两个模式,整合客户和产业链上下游资源,向客户提供一站式、多样化的金融服务	特色经营战略	战略设计
SAS 平台是为特定供应链内核心企业上游的中小企业提供线上应收账款转让及管理的平台	为中小企业服务	产品定位
"我们对 SAS 平台的定义是'多方协同,共同服务实体经济、助力中小微企业,构建应收账款智融生态圈'。"平安银行交易银行事业部产品总监卓冰介绍	应收账款智融生态圈	

续　表

原　始　语　句	定义现象	概念化
平安银行早在 2014 年就搭建了“商业保理云”平台，为参与供应链金融业务的商业保理公司提供应收账款管理、融资管理和还款处理等功能服务。2017 年平安银行在保理云平台基础上上线“平安易贝”，为特定供应链内供销企业提供应收账款管理、交易，年底，“平安易贝”更名为“供应链应收账款服务平台”(SAS)	早期搭建平台和探索服务	初步探索
平安银行的品牌加上云平台市场高认可度，作为中立的资产交易平台，相较任意交易参与方提供的平台，更容易被市场接受，资产交易公信力高	平台中立	平台中立
SAS 平台基于联盟链架构，目前已经在合作的核心企业及其供应商、银行、其他资金端部署节点	核心企业部署节点	节点布局
2019 年 10 月 18 日，国家互联网信息办公室在官网发布了境内区块链信息服务备案清单(第二批)，共 309 个境内区块链信息服务名称及备案项目编号，也涉及多家上市公司……平安银行的 SAS 区块链平台、区块链投票表决获得备案	平台备案	技术备案
平安银行 SAS 平台基于区块链技术架构解决了供应链金融中资金供给方最关心的问题——贸易真实性。在中小企业发起融资需求时，合同发票等贸易产生的原始文件须上传至 SAS 平台上，在国家税务总局发票库等数据库中核实并登记上链，以作为核实贸易背景的依据。区块链在此起到的作用是解决了债权层层转移时的信息真实记录、防篡改的问题，降低了融资放贷的风控成本	真实可信、防止篡改	信息可靠
SAS 账单本质上可以理解为是基于区块链签发的可信债权凭证，通过高效流转的区块链资产交易系统，完成凭证的快速、安全转移，将信用逐级传导。从而加速上游中小企业的应收账款变现，在核心企业信用支持下实现低成本的便捷融资	信用有效传递	机构互信
SAS 平台各参与方在交易过程中均建立了独立的分布式账本，互相验证保障核心企业的信用有效传递		
SAS 平台资金提供方在受让应收账款时，可依托超级账本中记载的交易信息流追溯到关联的核心企业，再次强化了信用背书	信用背书	

续 表

原　始　语　句	定义现象	概念化
SAS平台机构受让方在受让应收账款时，可依托超级账本中记载的交易信息流追溯关联的核心企业。通过核心企业信用背书，整合供应商碎片化融资需求，规范了资产的标准化处理，解决了应收账款转让融资时机构受让方的风险隐患，实现了对上游供应商的一网打尽	信用背书	机构互信
独创运用成熟的区块链技术场景，防止数据被篡改，并将业务信息分布存储，完美保障信息安全，进一步提高资产公信力	资产公信力高	
平台上核心企业签发应收账款SAS账单时即同意供应商将应收账款进行转让、融资，这对核心企业到期按时还款具有较强约束力，降低了信用违约风险	降低信用风险	
运用银行独有的电子证书认证、数据隔离、通信加密等银行系统安全策略，构建360°无死角的风险防范体系。通过schema区分，保障客户用户信息独立、安全	银行系统安全策略	安全策略
在SAS平台上，具有优质商业信用的核心企业对到期的付款责任进行确认，各级供应商可将确认后的应收账款转让给上一级供应商以抵偿债务，或转让给银行等机构受让方获取融资，从而盘活存量应收资产，获取融资额度，加速资金周转，缩短业务周期	应收账款处理效率提高	效率提高
SAS平台作为国内领先的在线保理服务系统，融资操作全流程线上化，无须奔赴网点，实现足不出户完成提款	操作方便	
平台上核心企业在线确认并发布应收账款信息，对核心企业按期付款具有较强的约束力，不仅解决了供应商应收账款收款不确定性问题，也使核心企业采购阳光化，减少权力寻租现象，构建供应链上下游企业互信互惠、协同发展生态环境，有效改善我国商业信用环境	改善商业信用环境	改善商业信用环境
对核心客户：① 零成本、零投入，获得分润。不需要额外投入，就可以获得超额利润。② 有利于企业快速发展。通过该平台，解决供应商资金需求，缓解了核心客户的支付压力，有利于核心客户发展壮大，推动产业升级。③ 优化报表。企业采用赊销结算，不需开立商票，增加付息负债	缓解客户压力	缓解客户压力
对供应商：① 获得融资。由于有核心客户背书，可以相对容易获得融资，且有助于降低融资成本。② 加快资金周转，降低应收账款占款。③ 收款有保障。由于核心客户承诺到期无条件支付，强化了核心客户的付款意愿，到期收款有保障	提高供应商保障	提高供应商保障

续 表

原始语句	定义现象	概念化
对机构投资者(受让方/出资方)：① 获取优质资产。② 获得稳定的收益。投资者既可以持有资产到期，也可以用 Pre-ABS的方式，后期打包成 ABS，循环投入，获取稳定收益	为投资者提供稳定收益	为投资者提供稳定收益
平安银行不仅提供融资双方对接的平台服务，自身也是重要的放贷资金来源	平台提供放贷资金	平台受益
对平安银行：① 轻资产、创收平台。平安银行提供 SAS 平台，不提供兜底和刚兑，通过收取平台手续费获得收益。② 获客、增结算。SAS 平台增加了获客渠道，为挖掘核心客户需求、增加资金结算和存款沉淀，奠定了基础	平台创收	
SAS 平台搭载了基于区块链技术的超级账本全流程信息记录和交互功能，并与中登网直连，自动实现应收账款质押、转让登记	与国家系统合作	多方合作
全国唯一一个与中登网专线直连对接的平台，实现自动转让登记，防止重复融资，最大程度保障核心企业权益		
2018 年 8 月 30 日，平安银行 SAS 平台联手深圳市中小企业信用融资担保集团，为深圳生产制造业提供供应链融资支持。目前，已有两家深圳中型核心企业首批获益，其供应链内多家供应商共获得了 8 000 万元融资额，之后还会有 40 余家深圳企业及其供应链内企业将得到总额近 20 亿元融资支持	与信用担保机构合作	
2018 年 1 月 8 日平安银行与章鱼云商签订 SAS 业务合作	与金融科技平台合作	
“通过 SAS 平台与信用担保机构的联合，我们适当放宽了对核心企业的资质要求，让更多企业可以从中获益”，平安银行贸易金融业务的相关人士介绍道。借助此次合作，该银行将服务的核心企业从原有的主体评级 AA+及以上企业，扩大到主体评级在 BBB 及以上的优质中小型核心企业，使得更多企业有机会获得融资，更体现了供应链金融服务的普惠特性	企业合作范围扩大	扩大合作
2018 年 SAS 平台业务累计交易量突破 100 亿元，已为 111 家核心企业及其上游中小微企业提供金融服务支持	业务快速发展	业务拓展

续 表

原始语句	定义现象	概念化
平安-SAS共赢链1～30号资产支持专项计划于2018年12月6日通过深交所的审核，取得无异议函，储架额度100亿元	未来发展计划	规模扩大
平安-SAS共赢链1号资产支持专项计划，已经于2018年12月25日设立，规模不大，总规模9 650万元。核心企业是中建五局	资产支持专项计划	

表B.6 秒钛坊开放式译码：概念化

原始语句	定义现象	概念化
随着产业互联网发展，促进了线上“N+N”模式，这是当前供应链金融的发展趋势，它逐渐颠覆以供应链核心企业为纽带“1+N”融资模式，通过搭建平台的方式，整合供应链环节的所有参与方，为其提供多维度的配套金融服务，供应链各方的订单、运单、收单、融资、仓储物流、结算等交易行为都通过线上处理。产业平台在“N+N”模式是渠道和组织者的角色，让金融服务渗透中小微企业运营中，真正渗透到产业中的毛细血管	市场趋势	市场背景
无论是商业银行还是核心企业，都希望供应链金融服务向产业链终端延伸，但传统严重依赖核心企业主体信用的业务模式下，核心企业由于过度承担信用风险而缺乏动力，金融机构在没有核心企业支撑的业务形态下缺乏有效且可验证的信息、成本足够低的风险识别和控制手段，加上业务运营成本高，技术开发成本高等问题，让金融机构一直无法广泛开展供应链金融业务	市场痛点	
秒钛坊团队来自高盛、汇丰、拉卡拉、安永会计师事务所、广发银行、民贷天下等金融和互联网金融企业。公司创始人兼CEO徐国杰于英国曼彻斯特大学获硕士学位、曾任职于高盛(伦敦)、汇丰等国际金融机构，从事金融量化分析及算法交易，回国后任互金平台民贷天下副总裁。联合创始人兼COO叶伟华曾任拉卡拉互联网金服风控总监，平安银行和广发银行资深风控专家，擅长以数据驱动的企业及个人风险管理	团队实力	团队实力

续　表

原　始　语　句	定义现象	概念化
秒钛科技期望能通过技术手段搭建共赢的供应链金融网络生态，帮助产业互联网及金融机构之间建立和不断增强信任，降低由于缺乏信任的交易摩擦，提高效率，降低成本，让市场逐步趋向“完全市场”	搭建共赢金融网络生态	企业愿景
秒钛坊创始人兼 CEO 徐国杰：秒钛科技希望用区块链的思维改善这个生产关系，除区块链不可以篡改、增加造假成本的作用外，我们认为最大的作用就是大家在这个链条里面能达成共识，能有一个大家认同的机制，有认同的标准，也要让大家更多协作起来，当然这个同时也要保护每个主体的隐私	用共识改善生产关系	
截至 2017 年年底，秒钛坊的测试网络已经上线，5 个机构节点在试运行，网络已完成供应链金融交易额超过 1 亿元	部分网络初步运营	初步探索
秒钛坊网络参与者有中小微企业（SME）、金融服务机构、产业平台（包括 ERP、供应链管理系统、财务管理系统、仓库管理系统等企业管理系统）、数据提供方、数据分析服务商、电子法律服务商、征信信息服务商、资产交易及资产证券化机构、政府监管机构、不良资产管理机构等，没有单个主体可在网络拥有特权，各方基于平台标准及共识机制进行可信交易	参与者各方平等	信用制度基础
基于区块链不可篡改和可追溯的特性，一旦上链之后，可实时记录企业录入数据的结果与过程。系统可以根据行为分析，判断数据的可信度，比如“如果某企业在短时间内录入或修改大量信息，可能就会削弱可信度”	企业行为分析	
由秒钛坊推出的基于区块链的信用积分 SETC。用户通过履约、对网络贡献数据、建立及验证关系等方式获取 SETC，还可质押 SETC 对上下游进行背书，一旦后者违约，质押的 SETC 就会自动划分到损失方；若正常履约，背书企业会获得额外的 SETC 作为奖励，其 Peer Score 会上升，以表示其上下游履约情况持续提高。另外，质押 SETC 也会根据质押比例得到平台分成，以获得持续激励。这可以提高上链之前数据的可信度	SETC 信用积分制度提供激励	信用激励机制
秒钛坊在区块链上为每一个网络参与者建立全局唯一的身份 SecID，将中小微企业在网络上的履约表现、上下游关系、业务运营数据等记录并关联到 SecID，并由此构建用户画像评分。信用优质并有良好运营数据表现的中小企业将更容易获得新的业务及金融支持。相反，网络中的失信行为也会被放大，记录会立刻同步到链上所有机构	用区块链技术放大信用的奖惩机制	

续 表

原 始 语 句	定义现象	概念化
秒钛坊对接的 B2B 平台会将数据分析过程、定价计算方法、用户画像逻辑、风控规则、评分卡等作为附件加密存储在链上。想要调用数据的资金方需获得 B2B 平台或中小企业用户授权的私钥才能解密。资金方解密链上存储的附件，将其与约定的风控标准进行校验，按照风控分析方法进行验证，为 B2B 平台提供的资产增信，整个过程中还保护了企业数据隐私	区块链技术保护企业隐私	隐私保护
秒钛坊平台基于区块链技术，搭建包括资金方、B2B 电商平台和第三方服务商在内的多方协作系统，将中小企业融资方的相关运营数据标准化提供给资金方	区块链技术搭建多方协作系统	多方协作系统
秒钛坊通过对接供应链管理公司、B2B 电商平台来获取供应链物流信息，进行特定产业场景的信贷风控数据分析	对接 B2B 电商平台和资金端	
秒钛坊作为供应链金融服务平台，不依赖核心企业提供信用背书，直接面向中小企业进行供应链融资服务。由于脱离了核心企业担保，为中小企业放款的风险较大，故而其对接的资金方一般为融资租赁公司、P2P、小贷公司等中小规模金融企业	针对中小企业	产品定位
另外，其区块链系统还部署了数字身份、可溯源的电子资产等功能模块	区块链系统可扩展性	可扩展性
公司创始人兼 CEO 徐国杰表示，虽然平台起始阶段以联盟链的升级为公链形式搭建，下一阶段连接更多产业平台及金融机构，生态逐步形成之后，将结合共识机制等底层技术升级为公链方式运营	下阶段升级公链	技术布局
借助秒钛坊提供的去中心化信用评级机制信贷风险数据分析模型，一定程度上能够减少资金端风控审核成本，使中小企业融资更加便利	去中心化信用评级机制降低风控成本	自动风控
“秒钛坊”中的每个借款主体在链上都有唯一身份识别号，其授信、贷款行为以及其关联应收账款和订单信息会被登记到区块链上，“秒钛坊”的风险规则引擎会实时自动检测并及时预警	动态检测重复融资和多头借贷	
根据用户金融产品配置、数据源及行业风险组件，每笔贷款进件都会自动生成完整的风控报告及审批建议。支持打印版本的报告还满足风控和合规要求，让用户告别手动整理风控报告的日子	自动生成的风控报告	

续　表

原　始　语　句	定义现象	概念化
“秒钛坊”配备了数据源标准接口、完整的数据采集及清洗流程、数据指标定义工具，且将可配置的风险指标无缝嵌入到行业风险组件、规则引擎、资产评分、电子合同及文件中，以驱动决策和业务流程	提供多种风控工具	风控工具设计
秒钛坊提供信贷风险数据分析模型，具体包含数据分析、额度计算、定价计算、用户画像、风控规则、审批工作流等，以便快速匹配到条件合适的资金方	为合作方提供信贷风控数据分析协作系统	
为物流、汽配等各个不同行业设计了基于其行业特点的风险分析组件，适配多样的供应链场景应用	定制风控组件	
风险分析组件可支持企业/行业量身定制开发，更贴合实际需求，更准确识别风险		
对接行业数据源，并根据交易结构及业务特征采集数据并分析风险指标		
秒钛坊与认证机构 CFC、壹签宝、法大大等可提供企业身份验证服务的机构连通。当融资企业注册后，触发认证过程，由法大大等机构进行认证，证明其法人主体和提供注册信息的真实性	与认证机构合作	机构合作
	与多家资金方合作	资金方合作
我重点提一下，我们现在已经在做构建的计算框架，供应链风险的计算框架，我们将这套框架放在每个 B2B 和金融机构独立的私有化节点当中运行	构建风控框架	业务布局

续 表

原 始 语 句	定义现象	概念化
我认为要进一步地降低每个节点参与供应链金融交易的门槛,所以我们提供两个事情:第一个是我们提供了一套供应链金融风控的协作的工具,这个工具也会放到企业里面来,我们都看不到。第二个是我们会有一套 SDK,大家如果有开发能力的话可以通过 SDK 让你的业务接入这个网络,接入这个节点完成和各个资金方,各个上下游之间的协作关系	提供工具和 SDK	业务布局
金融产品细节、审批流程、数据格式要求、风控准入条件,皆可在系统中自定义并与合作方同步	灵活配置协作流程	配置灵活
系统将自动控制审批及签章流转,计算并控制授信额度,数据同步以及完成准入控制		
摆脱传统电子邮件、聊天窗口或者各自维护的电子表格		
秒钛坊提供一个灵活配置且体验友好的移动端进件界面,你可以将它轻松整合到微信公众号或者 App 里,立刻开展业务	快速融入场景	场景融入
通过可信网络连接到产业上下游以及金融合作方,金融服务机构和产业平台可以提供全线上、快速便捷的金融服务给 SME 客户。在秒钛坊网络的案例已证明,快速高效的全线上体验是获取客户和维护客户关键竞争优势。各金融服务机构和产业平台之间可以通过秒钛坊的平台发现并连接更多的资产资金渠道。另外,通过移动端,SME 可以在邀请其上下游支持其声誉的同时,给金融服务机构带来新的客户渠道	获客效率高	获客优势
SME、金融服务机构和产业平台可以通过秒钛坊提供的信贷风控系统接入网络,直接使用网络上的第三方数据源、分布式信用信息以及风控分析框架,不需要任何开发即可开展业务。有定制需求的客户可以取得开源版本进行少量开发,满足其内部管理要求	接入方便、开发运营成本低	使用便捷
通过将资产的元数据、形成过程、风险表现透明化,增强资金方对资产形成过程的信任,降低由于金融服务机构对 SME、产业平台以及资产形成过程不信任而产生的信用差价。所有资产及其风险表现可溯源,累积好的风险表现后有利于可以被更优质资金方(例如银行)接受,降低资金成本。在形成资产规模后,通过秒钛坊网络进行资产证券化,进一步降低资金成本	优质资金获取	资金成本优势

续 表

原始语句	定义现象	概念化
以 SecID 为基础，将 SME 在网络上的借贷履约表现、产业中的信用表现、上下游关系以及其在网络中的声誉支持会被所有参与方共享。在保护数据隐私的情况下，秒钛坊网络连接丰富多维的数据提供方进行共享和贡献，打破各个数据孤岛，让数据真正流动起来	产业数据共享	数据共享
秒钛坊将开源数据清洗组件、风险数据指标计算组件、风险建模等工具，和社区一起持续改进数据服务框架。秒钛坊有熟悉产业场景的专业风控业务及技术团队为各网络参与方提供咨询服务	持续的服务支持	服务保障
秒钛科技于 2017 年 12 月 11 日完成天使轮融资，投资方为分布式资本与万向区块链投资基金	获得天使轮融资	融资支持
秒钛科技于 2018 年 8 月 30 日完成新一轮数千万元 Pre-A 轮融资，本轮资方为银河系创投和七牛云	获得 Pre-A 轮融资	
秒钛坊至 2018 年 12 月，服务中小企业 500 余家，开展贷款规模超 2 亿元，坏账率低于 0.5%	服务效果良好	价值实现
11 月 6 日，秒钛坊正式宣布将历时 3 年打造并在多个行业成功落地的供应链金融区块链智能合约(GitHub)项目开源，成为国内首个应用于供应链金融的区块链开源项目	智能合约开源	技术开源

第三篇

基于专利数据的领军企业识别及合作研发网络研究

——以 5G 移动通信为例

郑　冲

一、绪论

（一）研究背景

1978 年，美国贝尔实验室首先成功研发移动电话系统（Advanced Mobile Phone System，AMPS），标志着现代移动通信技术的起步。随后，世界各国纷纷加入研发，蜂窝式移动通信网络应运而生。此后，移动通信技术迅速进入爆发式增长阶段。在过去 30 多年里，移动通信技术标准经历了四代变迁，从最初的第一代蜂窝移动通信系统（1G），即 AMPS 发展到第四代移动信息系统，即 4G（其核心为 Long Term Evolution，LTE）。如今，第五代移动通信技术（5th Generation Mobile Communication Technology，5G）开始逐步投入商用。

移动通信技术的革新在很大程度上推动了最近几十年的社会技术变革，为发达国家和发展中国家的社会经济发展作出了巨大贡献。在当今社会，人们日常生活与移动通信技术联系紧密，无法分割。从工信部于 2018 年发布的移动通信行业发展报告中可以得知，截至 2018 年年底，我国移动电话用户超过 5 亿，其中使用 4G 电话的比例超过 73%。移动通信技术的革新与社会技术发展趋势始终保持着密切联系。可以预见的是，随着移动网络用户数量的持续快速增长，未来会对移动通信技术提出更高要求：研发更多满足多样性需求的服务和设备、增加通道流量、进一步降低设备价格等，这些要求对新一代移动通信技术提出了新挑战。

1. 5G 技术的社会经济影响

随着世界范围内经济发展水平的持续增长，社会生活水平日益提高，现实需要的发展对移动通信技术也提出了新的要求。5G 升级了 4G 时代的网络架构，大幅度降低网络传输延迟，提供高出数十倍的峰值速率，并极大提高了网络连通能力，为人类社会实现人机深度交互、万物互联的新时代做好通信技术上的准备。同时，随着 5G 基础通信设施的转型升级，必将辐射相关产业，带来技术赋能和产业创新发展，进而成为未来社会经济增长的有力推动力。

全球移动通信系统协会（Global System for Mobile Communications Association，GSMA）在其发布的“移动通信行业发展研究报告”中指出：“2018 年，全球社会经济中，4.6%的GDP由移动通信技术及相关服务贡献，经济价值高达3.9万亿美元。毋庸置疑，全球范围内移动通信业务为经济发展作出巨大贡献，并保持着良好的增长趋势。预计2023年年底，移动通信业务将实现约4.8万亿美元的社会经济价值，为全球GDP贡献超4.8%。”

回顾我国移动通信产业发展情况，在第三代移动通信技术（3rd Geneneration，3G）时代及以前，中国缺乏自主核心技术知识产权，欠缺参与国际通信标准建立的能力，因此中国的通信企业，包括设备制造商和运营商等在国际竞争中均缺乏竞争优势，处于落后地位。在4G时代，中国移动通信企业加大技术投入，开发出具有我国独立知识产权的4G技术标准，迎头赶上全球发展趋势。4G技术的成功商业化带来了国内移动数据及相关设备的爆发式增长，移动通信产业呈现出良好的发展态势。

2012年，国际电信联盟（International Telecommunication Union，ITU）宣布启动对5G的标准化工作，5G开始进入人们的视野。部分移动通信产业较为发达的国家或组织，如欧盟、美国、日韩及中国等，均相继开展了对5G移动通信技术的研究工作。2013年，我国成立了IMT-2020（5G）推进组，韩国开展了5G forum工作，英国开始设立5GIC项目组。各个国家和组织如此大的投入力度和重视程度，其目的均在于抢占5G移动通信技术发展的战略制高点。

从1G到5G的历史发展实践中可见，一个国家移动通信技术的发展水平很大程度上体现在该国移动通信产业的发展以及移动通信企业的技术竞争力强弱上，所以对5G的发展演化研究具有重要实践意义。

2. 专利是5G移动通信技术创新的重要载体

技术创新研究依赖于海量专利数据所提供的数据支持。Grillches[1]认为，专利数据作为唯一可以直接识别产业技术演化的重要体现，就数据的可获取性及数据质量的可靠性而言，其他任何产业或企业相关数据均无法与之相提并论。专利数据还表征了行业技术知识演化的全过程，其数据的客观性、易获取性及动态更新速度，均可以满足技术发展研究的需要。

人类认识并改造世界的行为具体体现在创新上，而创新的产出主要体现为专利、学术论著以及特定工业产品，其中只有专利文献完整记录了新技术从理论设想到研发设计、再到开发应用直至转化成新产品的整个技术创新流程，因此，专利文献可以表征产业技术创新能力以及产学研科研能力。

根据世界知识产权组织（World Intellectul Property Organization，WIPO），专利数据包含了全球科学研究产出成果90%以上，并且，其中有超过70%的科学研究与试验发展(Research and Development，R&D)成果体现于专利文献中，专利已然成为世界上最大的技术信息源。

4G移动通信技术的规模商用，推动移动通信服务进入下沉市场，提供个人应用服务。5G移动通信的技术突破、实现商业化，则将进一步赋能全行业，推动行业继续向前发展。而这样的行业演化和发展趋势，均体现在专利文献中并受专利权的保护。由此，移动通信领域的技术创新活动通过专利转化成现实生产力，专利文献可以展现全行业创新活动的发展历程。在技术密集的移动通信行业，关注专利技术演化，进而研究行业企业技术演化，为提高企业技术竞争力提供建议，具有重要的意义。本文主要对5G移动通信技术专利文献中的专利权人、专利申请、专利被引及专利合作等相关信息进行分析，评估企业竞争地位及发展潜力，并衡量企业技术创新活动的进展与成果。

3. 研究问题及选题意义

随着5G技术的发展完善，全球范围内均开始利用通信技术赋能相关行业及应用，直接或间接地创造了更多工作岗位，5G移动通信有望成为全球经济新的增长点。可以预见，较之4G技术，5G以其更迅速的传输速度、更好的连通性，能够有效支持海量设备实现互联互通，打破现有行业壁垒，实现未来通信领域行业应用的深化和变革。正是因为5G技术所具备的可延展性、可塑造性，5G领军企业未来盈利空间巨大。一方面，领军企业有机会通过发展5G通信实现超越式发展，进而成为相关行业的有力竞争者甚至是新行业的开拓者；另一方面，领军企业拥有更多相关技术和研发能力，可以成为未来5G移动通信市场竞争者中规则和标准的制定者，进一步占领5G时代移动通信战略高地。

在当前数字经济时代背景下，技术复杂性持续提升，合作研发受到了越来越多的关注，各个创新主体企图通过合作研发分摊研发成本，降低不确定性。行业内逐渐形成了技术合作网络，以实现风险分摊、创新资源共享以及成本共担。

Freeman[2]于1991年发文指出，产业内制度层面的系统性创新是指组织网络创新，而网络架构的形成依赖于行业各主体间的创新合作关系。而创新网络的形成往往基于主体间合作带来的资源互动和信息交流，网络则进一步提升了组织技术创新效率。因此，技术密集型产业在面对激烈的市场竞争时，网络无疑是一种有效的组织形式。

我国移动通信发展起步晚，技术依赖性强，缺乏竞争能力，在目前国际竞争不断加剧的背景下，5G发展只有探寻企业技术合作发展的内在动力和机理，以领军企业技术合作发展带动全行业技术进步，才能适应现实经济发展要求，为行业持续健康发展积累技术资源。

因此，分析5G移动通信领域技术发展演化趋势，并具体分析领军企业合作意愿和合作能力上的区别，在合作的基础上寻求突破和发展，是当前时代背景下，实现技术创新发展、产业转型升级的主要路径之一。

概况来说，本文理论和现实意义可概括为两点。

（1）理论意义

当前对技术合作网络的研究多从行业角度展开，较少关注领军企业的合作变化态势。因此，本研究运用社会网络理论，通过构建技术评价指标体系，区分行业技术领军企业，使用网络测度指标对合作网络进行演化分析，并结合"深度—广度"二维矩阵，对产业专利合作网络进行多对象、多角度解读和分析，为现有的5G移动通信网络研究及行业领军企业界定提供新的研究思路。

（2）实践意义

构建5G移动通信专利合作网络，对我国5G移动通信技术的技术创新布局具有指导性意义。基于对行业技术领军企业的合作态势演化分析，对行业内中小企业接收知识溢出及核心企业技术发展，构建更加有效的企业创新合作网络有一定的指导意义。同时，对于国家制定移动通信产业相关政策，扶持建成更有影响力的科技创新中心，适应未来技术发展趋势，并率先制定行业技术标准，具有重要的现实意义。

（二）研究设计

专利合作已成为移动通信行业内的一个发展趋势，以传统的定性研究为方法，很难直观、准确地反映企业技术专利与技术合作之间的定量关系。在针对产业技术发展趋势以及行业内领军企业专利申请、技术合作关系的研究中，领军企业是否对产业技术发展产生影响，产生了什么影响以及影响的作用机理如何？简单使用传统的分析方法很难清晰地描述和界定，更加难以从庞杂的专利文献中发现领军企业对产业技术发展的影响及作用机理。

本文首先界定了5G移动通信产业内的领军企业，从社会网络分析视角出发，基于5G移动通信产业内的专利联合申请数据，从网络结构层面，对产业技术发展和领军企业技术合作展开定量分析及定性描述。在理论上，为领军企业识别及合作态势内在机制的研究提供新的研究思路。在实践中，通过研究5G移动通信行业技术演化发展及领军企业合作能力和意愿的区别，为我国5G移动通信产业进一步发展、增强技术竞争力、实现创新驱动发展提出建议。

1. 研究内容

随着数字化信息科技的发展，一批新的产业模式和业态涌现出来，创新成为重要经济增长点。技术密集型产业如何实现产业协同创新，已成为产学研各界共同关注的重点。5G 移动通信是典型的基于技术发展的产业，研究 5G 移动通信行业创新网络演化，并探究领军企业合作的现状，对于产业内进一步技术协同发展具有重要意义。

本文基于社会网络分析法，以 5G 移动通信技术领域中的领军企业为研究重点，主要研究领军企业在专利合作网络中的地位以及对专利合作网络产生的影响，分析创新网络中各主体的作用、网络特征、演化轨迹等问题，厘清合作发展脉络，阐明其网络结构特征，揭示出 5G 移动通信行业创新网络演变的一般规律。并针对 5G 移动通信技术领军企业发展和合作的现状，探究领军企业合作机理，针对我国现实发展情况，提出建议和对策。

本文共有六章。

第一章，绪论。结合 5G 移动通信技术的背景信息及本文研究意义，对国内外专利合作网络、专利计量学及领军企业的研究现状进行了归纳梳理。在此基础上，提出本文的研究问题及创新点，归纳本文技术路线。

第二章，研究综述及理论基础。聚焦行业发展阶段性特征、合作创新网络、领军企业、网络主体等关键词，结合社会网络理论、区域创新理论的相关理论分析框架，构建 5G 移动通信专利合作创新网络研究的理论基石。

第三章，对领军企业的界定和专利活跃度、专利影响力进行分析。对专利技术的活跃度和影响力进行了分析，并归纳和区分行业内的领军企业，为第四章社会网络分析做准备。

第四章，对 5G 移动通信合作创新网络的网络特征描述及领军企业合作机理的实证。首先，通过专利申请量及专利被引频次等数据，筛选行业领军企业；其次，通过 5G 移动通信行业联合申请发明专利等相关数据构建合作网络，进一步分析合作创新网络中的主体关系、网络结构等，并建立领军企业技术合作广度—深度矩阵；最后，对 5G 移动通信领域专利合作数据进行指标分析，并对领军企业建立的合作广度—深度矩阵作进一步对比分析。

第五章，针对我国移动通信领域发展现状以及领军企业发展态势，为我国 5G 移动通信产业发展提出对策建议。

第六章，对本文的研究成果进行梳理和回顾，对 5G 移动通信专利合作网络进行整体和个体网络分析结果及领军企业发展提出针对性意见。并总结本文的不足，提出未来可能的研究角度。

2. 研究方法

(1) 文献归纳法

本文通过对大量与主题相关的专利文献、期刊论文以及书籍等进行归纳总结和综合，了解5G移动通信领域相关的研究成果以及前沿研究进展，在此基础上发展深化本文研究的内容和意义，建立研究范式和理论框架，界定出行业内领军企业，并对其技术合作和技术贡献程度进行阐述，丰富研究成果。

(2) 定性分析和定量分析相结合

本文的定性分析主要是通过查阅有关5G移动通信产业的相关报告和文献，如政府相关部门出台的政策、业内新闻、研究机构出具的相关报告、白皮书以及企业相关的宣传信息等，利用这些资料辅助分析移动通信行业发展。

定量分析主要是利用查询德温特数据库得到本文研究的5G移动通信产业相关的专利数据，运用社会网络分析方法，通过网络统计分析软件Ucinet6.0对所得专利合作数据绘制合作网络图谱，分析计算相关网络结构指标等，进一步分析5G移动通信产业创新合作网络特征以及领军企业合作表现等。

(3) 静态分析与动态分析相结合

静态分析方面，系统归纳了5G移动通信产业合作创新网络的空间结构、网络特征等。在动态分析方面，关注5G移动通信产业在不同的技术发展阶段的动态演变过程中创新机制等方面的差异，分析总结和提炼创新网络不同阶段的网络特征和影响因素等。

3. 研究对象

通过行业技术演化分析及企业技术能力评价对技术资源数据源提出较高的要求，技术资源具有极强的专业性，是企业知识高度密集的无形资产，研究中一般采用企业R&D投入、新产品产出等评价指标来衡量，然而此类指标的具体数据缺乏公开获取渠道，难以建立统一标准。而专利数据具有如下特点，可以满足技术评价的指标要求。

第一，专利数据易于获得，市场上存在大量专业的数据库资源，获取渠道多样化且公开透明；

第二，专利文献内容丰富，翔实客观，包含技术、市场、法律等多方面信息，且经过专利局的严格审查，能够客观反映企业的技术研发活动；

第三，专利信息表达规范，具有统一分类标准，有利于信息检索及分析。

专利数据具有以上特点，因此长期以来，在进行技术创新产出、技术活动演化的研究时，专利都被认为是最客观、有效的衡量变量。本文对专利数据进行深入挖掘，可以分析和评价移动通信行业技术演化态势以及技术领军企业合作特征。

由于目前尚未出台5G技术的统一标准，因此，本文借助5G移动通信领域关键技术的申请专利情况，来衡量5G移动通信发展演化趋势，进而衡量该领域领军企业专利合作特征。

4. 研究技术路线图

本文中，数据来源、处理过程、指标计算以及技术路线图如图1.1所示。

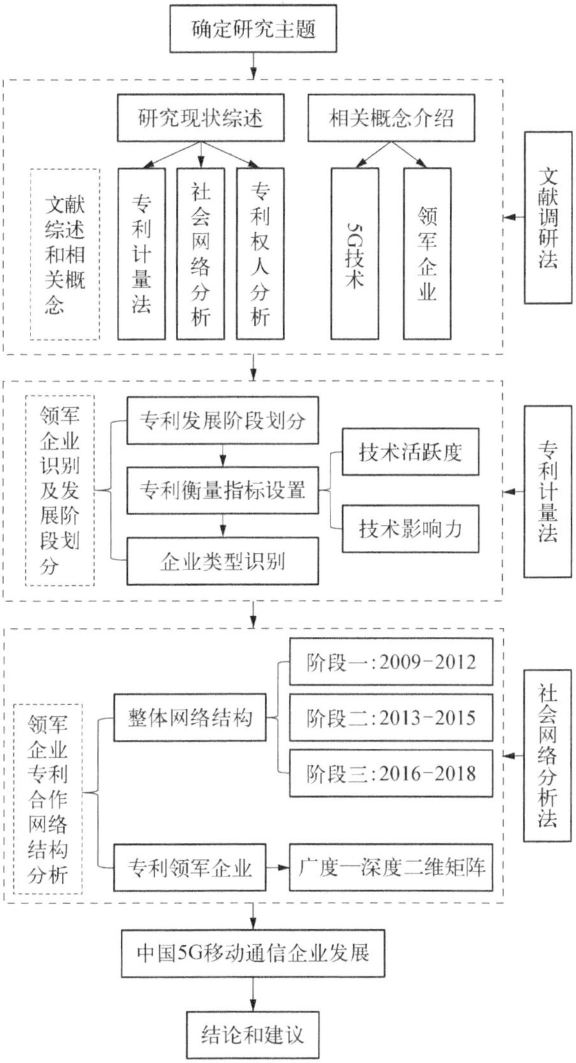

图1.1 技术路线图

（三）本文创新点

（1）研究对象

对于企业专利合作网络的研究，以往学者多是分析某一行业内企业间的合作关系，本研究首先界定了行业内的领军企业，领军企业拥有行业内较高的技术水平和专业知识，系统分析不同阶段领军企业合作广度和强度变化及合作创新网络的结构、演化特征等，揭示领军企业合作创新网络发展的一般规律，对全行业的发展具有借鉴意义，研究视角具有独特性。

（2）研究方法

本文结合定性描述和定量分析，以5G移动通信企业相关专利作为数据源，综合运用社会网络分析等方法，弥补现有的单一定量或定性研究上的不足。

（3）研究手段

系统分析了5G移动通信产业专利合作创新网络结构、领军企业合作演化特征与演化的影响因素等。

二、理论基础及研究综述

（一）5G技术相关研究

1. 5G概念定义

本文依据我国IMT－2020(5G)推进组发布的5G移动通信关键能力和核心技术，总结出5G概念："5G移动通信技术是由标志性能力指标以及一组相关的关键技术构成的通信领域新型技术范式。其中，5G技术的标志性能力指的是用户体验速率；相关的关键技术则包括新型网络架构技术、全频谱接入、超密集组网、大规模天线阵列、新型多址技术；等等。"该定义中，"标志性能力"代表用户体验速率，是指在常规网络环境下，用户可以真实享受到的数据传输速率，这是移动通信技术中最具有工程意义的指标；5G领域"一组关键技术"指的是随着5G技术发展带来移动通信领域技术的革新，在使用范围、通信时延、数据可靠性及能耗等方面全面满足新的业务需求和应用场景[3]。

2. 5G关键技术

进行专利合作分析的前提就是获取完整准确的专利信息，因此，识别5G的关键技术，进而提取5G相关专利信息，是本文研究至关重要的前提。由于截至2022年年底尚未出台统一的5G技术标准，本文依据IMT－2020(5G)工作组于

2015 年 2 月发布的《5G 概念白皮书》、中国电信实验室于 2018 年 6 月在上海世界移动大会上发布的《中国电信 5G 技术白皮书》，以及 TDIA（TD 产业联盟）发布的《5G 关键技术创新报告》，总结了第五代移动通信中的几个关键技术。

5G 关键技术主要集中于网络技术和无线技术两个方面。其中，网络技术领域，软件定义网络（Software Defined Network，SDN）、设备到设备通信技术（Device-to-Device，D2D）、网络功能虚拟化技术（Network Function Virtualization，NFV）等新型网络架构技术已成为发展趋势；无线技术领域，大规模天线阵列（Missive Mimo）、超密组网（Ultra Dense Network）、新型多址技术，包括图样分割多址接入技术（Pattern Division Multiple Access，PDMA），非正交多址技术（Non Orthogonal Multiple Access，NOMA）及全频谱接入等技术已成为业界关注的焦点。此外，可变子载波贷款的自适应空口波形技术（Filtered - OFDM，F - OFDM）、毫米波（Millimeter Wave）、集中化或云化无线接入网（Centralized Radio Access Network or Cloud Radio Access Network，C - RAN）也被认为是 5G 重要的潜在无线关键技术。

3. 5G 移动通信网络整体特征概述

5G 技术的发展极大提高了频谱利用率、降低了能耗，与 4G 通信系统相比较，其传输速率和资源利用率均得到了极大提升，具体体现在以下三个方面。

（1）数据传输速率

随着用户对移动数据使用的依赖性不断增强，移动设备数量的爆发式增长，用户对于移动通信数据传输速率的需求也不断上升，推动了 5G 技术的研发。预计 5G 在实现规模商用后，可以在很大程度上满足用户对于数据传输速率和效果的要求。

据分析，5G 通信网络的峰值速率，即理想情况下可以达到的数据传输最优速率，可以达到几十千兆（Gbps）。而即便是用户在现实情况中，受到各个因素干扰的前提下，可以达到的实际体验速率，也是 4G 移动通信网络体验速率的几百倍，足以支持高清流媒体使用。

（2）通信延迟程度

通信延迟是指设备之间通过网络进行信息传输所耗费的时间。现阶段，4G 移动通信网络传输延迟约为 15～50 毫秒级别，已完全可以满足当前大多数基本服务。而 5G 技术在此技术上仍大有提升，可以完全满足低延迟应用场景的使用，如自动驾驶、VR、AR 等。

（3）能耗与成本

随着 5G 通信网络中数据传输数量的极大提升，每链路中的能力消耗和通信成本也随之大大降低[4]。因此,随着5G技术大规模投入商用,能源耗费和通信成本会随之减少。

(二) 专利计量研究综述

1. 专利计量及专利计量学研究

专利计量是指利用专利文献中所包含的具有计量意义的相关信息,运用计量学、统计学等相关学科知识以及文献计量、归纳演绎、逻辑推理等定性与定量研究方法,从质量、数量、价值指标等多个维度、多个角度分析专利数据相关特征。目前,专利计量学被学界广泛认可。

专利计量学研究的开端是20世纪80年代,美国知识产权咨询公司CHI Research首次在定量分析专利数据时应用了文献计量法。1994年,专利计量学创始人F.Narin首次提出专利记分牌法,这一方法具有较好的可操作性和系统性,使其迅速成为业界衡量企业专利价值以及预测行业技术发展方向的主要方法之一[5]。此后,在Narin等学者的持续推动下,专利信息计量的相关研究不断拓展和深入[6-9]。

我国专利计量学虽然起步较晚,但近年来其研究内涵和范围不断突破和创新。总的来说,我国专利计量相关研究主要分为以下几个方面。

(1) 专利计量理论学研究

栾春娟等[10]、乐思诗等[11]运用聚类分析、因子分析等方法,分析了国内外专利计量研究的研究前沿、合作热点以及代表人物等现状。

(2) 专利计量指标评价体系及研究方法

一批学者对专利计量指标体系建立及评价机制、专利计量研究方法进行了系统分析[12-14]。

(3) 专利信息统计计量及分析软件研究

刘桂锋等[14]对现有的国内外专利计量及可视化分析软件进行详细介绍和比较;郑伟[15]等探讨了专利引文及引文数据库的建设和使用等问题。

(4) 专利信息计量应用与实证研究

不少学者利用实证研究方法,结合专利计量学,研究专利在各个领域的具体应用[16-18]。

2. 专利技术评价相关研究

(1) 产业专利技术评价相关研究

通过文献产出相关信息衡量具体产业技术发展的研究,源于1917年,Cloe

和 Eales 利用文献产出数据研究了 1550—1850 年间解剖学的创新发展历史并发表专著。之后，Narin[19] 于 1994 年总结近十年产业技术发展相关研究，发现专利计量与文献计量研究具有一致性。随后，他在文献计量学思路基础上，开发出专利计量学的研究范式，在产业技术活动研究中，引入了专利分析。此后 Brockhoff[20] 提出专利评价指标综合分析方法，拉开了基于专利数据的产业研究的序幕。

随着专利计量学的发展，国内外围绕专利展开的产业技术相关研究浩如烟海。Nicolas Grandjean 等[21] 认为利用专利文献相关数据，可以研究产业内技术活动的演变和发展趋势，挖掘未来发展领域以及跨领域交叉合作等多方面的技术竞争相关情况。

国内学者对产业技术发展的相关研究更多是利用专利数据开展对不同产业的实证分析，主要集中于部分技术含量高、专利依赖性强及独占性强的产业，比如太阳能光伏产业[22-23]、风电产业[24]、信息技术产业、通信产业以及汽车产业等[25-26]。具体来说，宓翠等[27] 结合专利地图分析技术，深入挖掘我国风电产业专利技术申请情况，针对我国风电产业技术布局和发展趋势提出独到想法；栾春娟[28] 通过分析全球电动汽车产业的专利文献，识别该领域技术热点、重点技术发展方向以及产业内技术高产机构等；金泳峰[29] 结合高技术产业专利数据，测度我国高技术产业专利绩效并与国际专利技术绩效水平进行对比研究。

（2）企业专利技术发展研究

① 基于企业专利信息的技术发展情况

数字化经济、知识经济等热潮的兴起，利用专利数据分析企业技术发展的研究也逐渐发展起来[30]。通过早期研究可以看出，作为容易获得的技术属性衡量指标，企业专利申请数可以用来表征企业的技术属性值。其研究证实专利数据承载了企业的知识资本等技术信息，可以有效衡量企业技术研发投入。

此后，有的学者转向研究产业内企业的专利技术发展趋势，分析产业技术发展路线。国外学者 Holger Ernst[31] 通过分析 50 家德国机床企业 1984—1992 年的专利数据，证明企业专利申请情况和企业经营业绩、绩效存在正相关关系。我国学者开展的企业专利技术发展研究中，王贤文等[32] 以世界 500 强工业企业专利数据为研究对象，绘制工业企业中领军企业的专利合作图谱，评估企业技术和知识核心竞争能力。

② 企业专利竞争力评价指标的构建

本文第三章涉及行业内技术领军企业的选择，领军企业指的是其技术研发能力或研发潜力在业内具有竞争力的组织。因此综述汇总企业的技术能力评价指标及评价方法具有必要性。专利指标是衡量企业科技创新活动的“尺度”，一般通过搜集和挖掘专利文献中的关键信息来获得。现有的专利评价指标体系侧重点有所区别，从不同侧面衡量企业的实际技术能力。

事实上，很多国家和地区的知识产权管理咨询机构都建立了自己独特的企业技术评价指标体系。例如，美国知识产权咨询公司 CHI、世界知识产权组织(WIPO)、世界银行等，均设置了不同的专利衡量指标。由于各国家、地区专利申请模式各有特点，专利衡量指标体系也有所区别。

在学术文章中，企业技术能力及技术发展水平则更多是通过专利引文来反映。文献计量学与专利计量一脉相承，在文献计量中，高被引的文献常常能引起更多关注。被引频次这一指标早已受到学术界的广泛关注，并在文献计量和相关政策分析中，发挥了重要作用[33]。而在专利计量中，专利被引频次同样受到广泛关注，被认为是衡量企业知识扩散、技术转移的重要指标[33-34]。Ellis 等[35]深入挖掘专利引文网络，认为通过专利引文信息可以识别某一具体技术领域中的核心技术。据此，也可以识别出某个领域中真正有投资价值的企业。Nunn[36]结合文献计量与专利计量，认为要想更好地建立引文系统描述技术发展态势，期刊文献和专利引文相结合是一种好的办法。Tripple[37]定义了专利引文分析这一研究方法，提出专利引文的使用场景及指标设立方法，对企业专利能力进行评价。

除了基于专利引文合作信息进行专利评价，还有些学者对专利引用文献进行具体区分，以引用专利文献及非专利文献分别反映企业对基础科学及应用技术关注程度上的差异，对企业科学活动类型进行区分[7]。陈良兴等[38]从专利活跃度和专利质量两个维度出发，构建了基于专利合作程度、专利申请总量、专利技术范畴、专利族、专利被引率的指标评价体系；龚关[39]进一步完善了该体系，并深入探讨了专利数据与企业技术创新能力之间的关系。李姝影等[40]引入了因子分析法、主成分分析等研究手段，从企业层面上分析了专利评价体系，并建立起主成分分析模型，进而判断企业技术竞争力。

在专利计量研究领域内，综合考察以往研究，专利信息能够衡量企业技术竞争力并识别行业内核心技术，已达成广泛共识。较之新产品开发等指标，专利数据易于获取、可操作性强，因而更具有优势。利用专利数据开展企业技术能力研究，进而识别企业核心竞争力，已逐渐发展成为独立完整的学术研究体系。表 2.1 展现了部分企业专利技术能力评价指标。

表 2.1　常见的专利评价指标

指标名称	含　义	应　用
专利数量	某一时间段内主体所获得的专利数量的总和	反映特定时间段内,专利评价主体的技术活跃程度以及未来发展方向
同族专利指数	同一专利权人在不同国家、地区申请或公开的,具有相同优先权的专利组合	反映专利权人在全球范围内专利布局区别
专利成长率	某权利人在某段时间申请或授权的专利总数除以上一阶段的专利总数	反映专利权人其技术增长能力的变化
引证指数	某一专利被引用的总频次	反映该专利的技术的核心程度或技术基础性程度
技术强度(Total Technology Strength,TTS)	专利数量与专利影响力的乘积	常用于评估专利权人的综合技术实力
专利相对产出指数(Activity Index)	专利权人在某一细分领域的专利申请量与其申请总量的比值	衡量专利权人在某领域中核心地位和竞争能力

一般而言,现有研究常常直接以企业规模作为判断标准,将某领域的大型企业直接看作是核心企业,中小型企业作为非核心企业。然而,这一界定方法简单地以规模作为指标,无法真正识别出领域内技术领先企业。本文结合企业技术活跃程度和技术影响力指标,衡量企业实际技术能力,并以此区分行业内领军企业。利用社会网络分析方法,结合个体专利合作评价"广度—深度"二维矩阵,初步判断领军企业合作能力和意愿的差异性。

3. 移动通信产业专利计量研究

移动通信产业作为一个典型的技术密集型产业,在全球经济增长中占据重要地位,对其进行专利计量研究具有重要的理论和现实意义,且具有实际可操作性。国内外学者已从不同角度,利用专利数据对移动通信产业企业进行技术分析。国外的研究中,典型的有 Ernst[41]建立起完整的通信行业技术分析模型,通过考察专利数据,分析通信产业技术演化趋势,识别竞争对手并进行技术能力评价。其在模型中提出了专利组合指标,具体包括专利被引率、有效专利数、专利申请量及占比等。国内学者余翔等[42]通过分析我国通信产业专利权人、主要技术领域等内容，构建我国移动通信产业技术发展趋势图。在此基础上，绘制企业层次专利二维矩阵图。Li 等[43]利用西格玛指数，结合德温特数据库中与 3G 移动通信相关的专利信息，绘制我国 3G 移动通信产业技术演化路径，并揭示产业核心技术专利。沈君[44]分析 3G 移动通信技术领域专利权人结构及核心技术演化，揭示了 3G 移动通信核心技术演化具有阶段性特征，在一定程度上可以被预测。

通信产业中某一企业拥有核心技术标准，相当于占据了行业关键地位。因此对通信产业内核心技术标准的研究十分关键，前人已经开展了诸多相关的研究[45-46]。随着通信产业技术标准从 1G 演变至 4G，再到如今 5G 开始投入商用，相关产品和设备的可操作性和兼容性不断得到提升和改善。随着企业研发投入的提升和技术积累，产业内技术创新活动的效率也有所提高。而技术的演化发展也会衍生出新需求，促使新市场的产生。

通信产业中的标准专利技术，作为行业内的技术基础，为全行业进一步的技术创新和知识转移提供了可能。Mei 等[47]通过分析通信产业专利数据，认为产业内技术标准在一定程度上对产业发展起到正向作用，技术专利标准是企业的首要竞争优势。Park 等[48]通过案例分析方法，利用通信产业典型专利侵权诉讼案件相关数据，评价各个国家在通信产业技术发展中的位置，并为国家通信产业发展提出建议。詹爱岚等[49]利用欧盟通信产业技术标准等相关数据，展现出欧盟专利标准化战略的可行性及优势。任声策等[50]对比研究了诺基亚公司和摩托罗拉公司专利发展战略的区别，认为专利标准可以为企业带来技术竞争优势，有利于维持其市场份额，而后发企业若想实现技术赶超，通过购买核心技术标准是一个合理方式。

（三）社会网络理论相关研究

1. 社会网络发展历史

20 世纪 30 年代，社会网络分析方法作为西方社会学的一个重要分支，逐渐发展起来。起初，社会网络分析因其能够定量描述网络结构特征、网络形态变化以及表述网络中各行为主体间的关系，在社会学研究领域中得到广泛应用[51]。此后的 30 年内，“社会结构”的概念不断深化，并发展至不同的学科领域，人类学、社会学、统计学等领域中，都应用了社会网络的概念，社会网络逐渐发展成为一套完备的研究范式[52]。随后，在 20 世纪 70 年代，伴随着研究所需技术设备和技术基础的完善，尤其是计算机技术的发展，使用社会网络法的文献出现井喷式增长，出现了大批学者利用社会网络分析方法展开多领域、多角度的分析及拓展研究。21世纪初，随着计算机普及率的提升以及一系列社会网络分析软件的开发和投入使用，社会网络分析在各个领域上的应用更加方便快捷。

2. 社会网络理论内涵

1988年，Wellman提出了社会网络的定义：社会网络指的是由某些个体及其相互之间的社会关系构成的具有一定稳定性的网络系统。在此定义中，把“网络”看作是各个行动者(Actor)及其联结而成的各种社会关系(Social Relation)或社会联系(Social Ties)的组合[53]。此类联系的相对稳定形态则构成了社会结构(Social Structure)[54]。

随着社会网络理论的演化发展，这一概念也早已超越了最初人际关系的简单范畴。网络中的行动者(Actor)不仅可以是个人，也可以是家庭、企业、组织等集合单位[55]。社会网络发展也因主体变化而受到了多方面因素的影响，但根本上是与行动者所能获取的资源，包括技术、知识、信息等紧密相关。网络中各行动者之间的差别也主要体现于对稀缺资源的占有程度上。

总的来说，弱联结理论、社会资本理论以及结构洞理论，构成了社会网络理论的基础，并成为社会网络三大关键理论要点。

(1) 弱联结理论

1973年，美国社会学学者Granovetter[56]最早对联结展开研究，其《弱关系的力量》一文将联结具体区分为强联结与弱联结，并以美国人才市场求职现象作为案例进行深入剖析和理论解释。他认为，真正能收集到更多有效求职信息的求职者，是市场中那些具有较多弱联结的求职者，即那些处于至少两个信息中心交汇点的求职者，此类求职者虽未占据核心地位，但处于信息交互中心，能获取更多有效信息。至此，标志着弱联结理论的诞生。在网络中，弱联结起到的作用类似于“桥梁”，沟通了两个信息主体，因此可以能够获得更多的非冗余资源。同时，与弱联结进行沟通的主体间差异性程度较高，也有利于不同信息的交互碰撞，对创新的实现很有帮助。

(2) 社会资本理论

1980年，Bourdieu将社会网络与社会资本相联系，首次提出了“社会资本”的概念，认为社会资本是组织累积形成的社会资源总和，将社会资本与财务、人力资本进行区分和再定义。此后，Coleman[57]认为社会资本是指个人在组织中的社会关系的价值，即个人丰富的社会关系网络可以为个人提供社会资本。并且，个人的关系网络即社会资本越丰富，其获取资源的能力也越强，就越有利于知识和科技的发展和转移[58]。

(3) 结构洞理论

1992 年,Burt 率先提出了“结构洞”的理论思想。Burt 指出,组织若想从网络中获取竞争优势,所要占据的位置并不是关系联结已十分紧密的区域,而需要占据那些跨越了联结紧密的区域,能作为资源交换通道的结构空洞的位置。这就是“结构洞”理论的源头。此后,Burt 将结构洞定义为:处于两个具有紧密联系区域之间,联系较为分散的“空洞”地带。他认为,处于结构洞位置的组织占据了网络中资源交换的核心地位,便于接受知识转移和溢出,也有利于接收更多资源辐射。即若组织占据网络中类似于“桥”的位置,能产生出更多的结构洞效果[59]。

处于结构洞位置的组织,联系了两个关系密集区域,有更多机会接触到异质信息流,更易获得无冗余信息;同时,结构洞位置的企业具有更强的信息流控制能力,因其占据了信息流通的关键位置。所以,网络中能发现并占据结构洞的企业,更易接受更多知识,取得竞争优势。

3. 社会网络分析定义

社会网络指的是社会中各行动者以及行动者之间关系的集合。即社会网络中包含多个行动者节点以及节点间关系的连线。社会网络分析中则用点线的形式分别代表网络中的节点和关系,“点”代表行动者,“连线”代表联结关系,二者构成了社会网络分析的基础。

从社会网络分析的基础构成中可以看出,网络分析侧重于社会关系中“点”的特征及各点之间连线的特点,最终通过网络图谱的形式进行可视化表现,分析其中可能存在的关系特征。目前,社会网络分析方法被广泛应用于多个领域,进行各领域内关系的可视化展现和定量分析。

社会网络分析的定义体现了该分析方法的以下几个特点。

第一,社会网络分析并不注重对节点内在属性特征的研究,而强调节点间关系的特征。

第二,社会网络分析认为网络中各成员之间关系存在多层次联系的可能性。

第三,社会网络分析研究侧重于网站本体对网络中个体产生的影响及行为导向。

第四,社会网络分析首要目的是研究社会关系的范畴,即强调联结,而非对单一组织展开研究。

4. 社会网络类型界定和区分

根据网络研究主体的层次区别，社会网络可以划分为不同的类型。其中，比较典型、使用较为广泛的划分方法是 2014 年刘军[60]提出的，依据网络研究范围，从整体网络结构研究入手，逐渐细化直至网络中个体，由高至低划分为整体网络结构、局部网络结构和自我中心网络 3 个不同的网络类型。

（1）整体网络结构

指在某一社会群体中，所有参与的成员及其相互之间的联结关系构成的网络，是三个类型中最为全面的。在整体网络研究中，网络密度、网络位置、规模、距离、凝聚子群及成员所扮演的角色等是最受关注的焦点问题。

（2）局部网络结构

局部网是由网络中部分特定节点和与之产生联系的其他关系节点联结而成的部分网络。较之自我中心网络，构成局部网络的联结数量更多，但少于整体网络。其目的在于研究整体网络中子群的发展和演变趋势，因此对其网络边界没有明确限制，取决于子群的规模以及与原点的关系和距离。

（3）个体中心网络

个体中心网络是网络中个体研究层面上的范畴，是由网络中某一核心个体及与之有联系的其他个体构成的网络。

此外，根据社会网络中成员间的连线，即“边”是否具有方向性，可以将网络区分为有向网络和无向网络。网络中的方向可以反映关系的导向性和强度。

5. 社会网络分析方法

社会网络分析的研究方向不同，研究理论和方法也有所区别。总体来说，社会网络研究的主要内容有三个大方向：节点间关系、节点所处位置以及网络整体结构。研究节点间的关系主要关注网络中各个体间关系是否存在及关系的强弱，常用的测度指标有关系测度、网络密度等；对节点所处位置的研究则更偏向于对节点中心性、影响力指标及所扮演角色的考察；对于网络结构的测度，主要涉及结构洞、凝聚子群和块模型[61]。

在实际研究中，常用的社会网络分析方法包含对节点进行考察的中心性分析、核心—边缘结构特征分析以及对整体网络结构进行分析的凝聚子群及中心势指标[62]。

中心性分析强调了占据人类注意力核心的往往是网络核心节点。同样，处于网络核心节点的对象，能够从源头开启价值创造并进一步推动知识传播速率。核心节点在整个网络体系中承担着举足轻重的角色[63]。因此，为了提升网络创新效率，核心节点往往占据多数资源，更大范围推动技术创新以获取新知识技能。在此过程中，不断增加自身被引频次并帮助专利提升创新技能。中心性测度指标，主要测量核心网络成员与其他网络成员之间新增合作或重组的概率，并根据计算方法将中心度按照点度、中介和接近中心划分。

网络中处于中心关键位置的节点，其获取资源的能力和效率都远高于偏远节点，同时，位置本身带来的优势也会对节点未来发展产生影响。对于网络中的节点而言，节点间存在的联结关系就是其获取资源的最重要途径。因此在分析社会网络的过程中，应侧重于关注节点之间的联结关系，而忽略节点本身身份信息带来的影响。对网络个体结构的研究主要涵盖了中心性、网络规模、密度等指标。

网络规模是指网络中产生过联结关系的所有节点数量。在网络中，其联结节点数量越多，则网络规模越大。网络密度指的是网络中实际产生的节点间的联系与节点之间联系的最大可能性之间的比值，其值处于 0～1 之间，可以区分为整体网络密度和个体网络密度。

凝聚子群是社会网络研究的重要内容之一。凝聚子群指的是网络中部分行动者之间存在明显强于整体网络密度的联系，乃至于形成了网络中的小团体[64]。子群内部各个成员间存在直接、紧密而较强的联结关系[65-67]。凝聚子群分析就是研究网络中存在的子群特征，并判断子群内部演化关系。

研究凝聚子群的分析方法众多，主要有以下几种：第一，基于子群内部成员间的合作程度的分析方法；第二，利用子群内部个体间距离差距进行研究的分析方法；第三，对中心性指标进行子群界定；还有针对子群内外部关系的不同特征进行研究的方法，如主成分分析、块模型(Blocks)等[65-67]。

综上所述，社会网络研究以网络中的关系作为研究对象，分析行动者及行动者之间关系的强弱、演化特征等。这一独特视角能够直观展现专利合作网络的演化特征，并深入挖掘以领军企业为代表的个体网络发展态势。这也是本文采用社会网络分析方法的主要原因。

（四）基于社会网络分析的专利权人分析

专利技术合作是指专利权人之间基于不同目的进行技术研发合作，并在专利文献产出中联合署名的社会经济活动。而专利合作网络则是利用专利技术合作产生的专利权人互动信息，结合社会网络分析理论，构建出以专利权人作为网络节点、各专利权人之间合作关系作为节点间连线的复杂网络，用以展示专利权人合作关系的基本特征和演化态势[68]。国内外众多学者早已开始利用社会网络分析工具,对专利技术合作网络展开了深入而广泛的研究。

国外的相关研究中,Granovetter[56]率先对网络结构概念进行界定,以网络规模、结构洞、网络可开发性及网络集中程度等指标,对网络结构特征进行剖析,并得出结论:结构洞在其中发挥了重要的作用;随后,Freeman[2]利用亲近性、程度性指标以及居间程度来衡量网络特征结构。

国内的相关研究主要是利用专利数据进行实证研究。王贝贝等[69]整理维普全文数据库中有关生物技术的论文合作发表相关数据,从省级层面上分析我国的知识网络结构演化特征。温芳芳[70-71]使用专利计量的方法研究电动汽车及太阳能光伏产业跨区域的专利合作网络。刘桂锋等[14]以网络分析方法对江苏省以高校为主体开展的产学研专利合作相关问题展开研究。马艳艳[72-73]针对国内高校及产业企业间的专利合作特征展开研究,构建专利合作网络,并分析了网络密度、规模、中心度等相关网络结构指标。

1. 社会网络分析在专利权人分析中的可行性

社会网络分析方法的一个重要特点是聚焦于网络中关系及关系模式的研究。具体来说有以下四点。

第一,社会网络分析在解释网络中个体或群体行为时,基于整体网络关系角度。

第二,社会网络分析认为网络中个体之间存在多种不同关系,并非简单二元关系,因此聚焦多元因素构成的复杂关系如何对个体行为产生影响。

第三,社会网络分析能够同时对网络整体结构及网络中的个体展开研究,建立包含宏微观的多层次分析结构,并探析多层次间的联系。

第四,社会网络分析研究成果往往以可视化图表的形式展现。增加了研究问题的直观感受和现实感,弥补统计计量方法的缺陷。

在专利权人关系网络研究中应用社会网络分析方法具有可行性。专利权人间的合作关系呈现复杂网络的特性,符合社会网络的特征,以专利权人为主要节点构建合作网络,呈现出的网络结构关系也符合社会网络分析的一贯思路[74]。区别于传统统计计量式的专利分析将专利权人视作是孤立个体探究其内在属性的影响机理,社会网络分析更强调对关系网络中不同主体间联系的探究,即关注网络中各个体之间的相关联系、行业格局以及市场环境对网络中个体的影响机理[75]。

2. 社会网络分析在专利权人分析中的应用

社会网络分析的研究重点是网络中行动者及其构成的联系,研究方法为利用可视化图谱、矩阵等形式,测度和评估整体网络结构以及个体在网络中的中心程度和位置。社会网络分析在社会学研究中已经得到广泛应用,在专利分析领域,发展前景也十分广阔。近年来,国内外学者都聚焦利用社会网络分析方法进行专利合作分析[76]。

网络中各行动者之间构成的网络关系是一个复杂的大系统,本身具有丰富的研究价值,能够支持多方位的研究和分析。社会网络分析方法不仅仅局限于对网络静态特征,如整体结构特征、个体关系属性等展开研究,还能够展开与网络动态发展演化、技术转移和知识溢出相关的研究。因此,应用于研究专利权人关系网络中时,不同于传统的统计计量手段,社会网络分析有其优越性,能够进行分析网络的动态演化特征及关系的形成发展等实证研究[77]。

实际研究中,众多学者均通过多角度、多层次的实证研究,证实了社会网络分析方法在专利权人研究中的重要作用。目前,专利权人合作网络相关研究成果斐然,如叶春霞等[78]通过分析国家知识产权局公开的企业间 1985—2010 年间专利合作数据,利用社会网络分析法,展现了网络中多学科知识分布的特征、网络结构特征等,并绘制了多学科知识网络的动态发展演化路径。其研究结果表明,企业间展开跨学科多领域知识交流,与网络中技术转移和知识流动存在正相关关系,有利于网络个体技术创新行为。Inoue 等[79]于 2007 年展开了对日本专利权人合作网络的研究,主要分析了网络个体的中心度指标以及凝聚子群等相关网络特征。随后,2010 年,Inoue 等[80]论证了合作网络中节点中心度指标值分布与网络距离存在相关关系。Zheng 等[81]利用世界各国国家和地区纳米技术合作相关数据,利用专利合作网络,分析了全球纳米技术专利合作发展情况,并论证跨区域合作在技术创新中发挥着重要作用。

专利合作网络分析已成为技术合作创新领域重要的分析工具之一,社会网络分析也逐渐成为技术领域的重要研究范式。但是,现有的专利合作网络关系研究中,对于网络中行动者的考察较为简单,缺乏对机构本身关系属性的综合思考,也缺乏从点到线到面的整体分析,限制了对专利权人关系网络研究的深度。

(五) 文献述评

1. 现有专利计量及社会网络分析方法的特点

利用专利数据,基于专利计量的不同定量研究方法拓展现有关于组织技术合作特征的研究思路。

第一，基于统计计量的角度，结合科研机构、企业等技术研究机构的数量特征、专利分类、技术主题等相关指标，能够从研发主体整体角度对比专利权人之间的技术研发能力、技术影响力、技术研发主体的区别，并分析技术领域整体的技术演化态势。

第二，将专利引文计量分析引用到专利分析中，利用引文相关指标，如被引频次、专利被引率等，考察专利权人的技术辐射范围。通过对专利引用关系的深度考察，能够引申出网络中专利权人之间更深层次的关系。并且通过考察专利权人的耦合强度和频次等指标，能够识别主体间技术研发的相似性，在此基础上结合聚类分析，能够有效识别领域内主要子群和技术研发支线。

第三，专利合作网络通过统计专利权人之间的专利文献合作关系，结合个体网络分析的相关指标，识别专利合作网络的特征，为后续的技术合作研发和合作伙伴的选择提供理论和数据支撑。

随着社会网络分析方法的应用和网络技术的普及，专利网络分析的优势开始显现。社会网络分析中的经典方法和指标，如中心性、网络密度、凝聚子群等，在相关实践和研究中不断创新应用，对专利合作网络的发展演变态势的探析，丰富了基于专利计量的社会网络分析方法。

基于专利数据的社会网络分析，至关重要的是专利数据的搜集。全球范围内存在多种类型的专利数据库，虽尚无统一标准，但均可提供专利相关的基础信息和文本内容。但是，各个数据库之间缺乏统一的著录项标准，还存在公司名称、缩写形式等不一致的情况。因此，在研究前期，需要对数据进行大量的清洗和筛选工作。专利权人合作关系网络的构建，能以可视化图谱的形式直观展现研究领域内技术研发的变化趋势、相关程度以及技术侧重点，分析网络拓扑结构以及网络密度、中心度等指标，可以准确测度专利权人重要性及关系脉络的差异性等信息。这些研究角度也为深入拓展专利权人网络研究提供了新的思路和方法。

社会网络分析方法在专利权人分析中的应用，不仅拓宽了社会网络分析的理论和方法，也有益于专利的社会网络研究。现有的基于社会网络对专利权人展开的研究主要集中于以下几个方面：第一，利用网络指标，如中心度等测度网络中的关键技术主体以及潜在竞争对手；第二，研究网络中相关个体的专利合作网络对整体网络架构的影响机理，包括竞争合作研究、技术创新合作等方面[82]；第三，社会网络分析与专利计量学相结合，利用聚类分析、因子分析等方法，也扩展了专利分析的研究角度[83]。

2. 现有专利计量及社会网络分析方法的局限性

本文研究的顺利开展，依赖于前人已有的利用专利数据进行的专利计量学研究和基于社会网络分析的技术合作网络研究，二者共同奠定了本文的理论基础并使本文具有了一定的现实意义。现有的专利研究方法，主要有基于专利计量的定量分析、基于社会网络分析以及基于聚类的子群分析，前人已经从网络整体结构、个体网络特征及竞争合作关系、网络演化发展态势等多方面展开了多角度多层次的研究，但其中仍存在一定局限性。

第一，利用专利数据进行专利计量分析仅仅表征了有关专利权人较为简单而零散的信息，如专利申请量等计量统计、排序等，很难从整体上对专利申请情况进行宏观把握，更缺乏对专利权人之间相关关系的探究[84]。此外，对目标技术领域进行简单的统计计量分析，得到的研究结果易偏向于片面化、表面化，缺乏系统性。Hsueh[85]指出，利用社会网络分析方法研究专利引文，可以弥补原有引文分析方法的不足，丰富和拓展引文分析的研究方法和思路[86]。

第二，现有研究中，针对专利权人的专利合作网络研究，多数是从整体网络结构的角度展开，或者分析网络中某些关键节点的位置特征，缺乏从整体到局部的关联联系，也缺少对网络中领军企业的界定和衡量。因此，对专利权人技术竞争力进行界定，分析其在网络中的地位和重要性，具有理论意义和实践价值。

三、5G 移动通信产业发展现状分析及领军企业识别

（一）数据收集

本文需要收集的数据主要是 5G 移动通信产业 2009—2018 年专利产出原始数据，同时需根据初始数据计算相关专利计量指标值，主要数据来源为德温特创新数据库(Derwent Innovations Index，DII)。

1. 检索式制定

本文利用 Web of Science 数据检索平台中的 DII 数据库作为获取原始专利信息的数据来源，检索出 2009—2018 年年终的 5G 移动通信技术相关专利，根据专利技术发展态势分为三个阶段，并根据专利申请数量、专利被引频次等指标计算出领军企业，以这些数据为基础，确定领军企业专利合作网络，所以第一步工作是制定检索式，确定专利范围。现大致介绍具体制定步骤。

(1) 确定检索目标

在编制检索策略之前，首先必须了解研究对象，即 5G 移动通信产业的相关

信息。了解的途径主要有阅读国家出台的相关政策汇编、网络新闻、移动通信产业及 5G 技术宏观报告、相关的学术文献等，在此基础上充分了解 5G 移动通信产业发展的现状、背景，界定该领域的主要技术标准及核心技术部件、产业发展前景以及市场现实状况等。

（2）选择专利检索系统和专利分析软件

本文将 5G 移动通信网络领域的相关专利技术文献作为研究数据，数据来源为 DII 数据库。自 1948 年创建以来，DII 数据库一直是全球最权威的专利数据库之一。DII 数据库主要包含两个子数据库，分别是德温特专利引文索引数据库（Derwent Patents Citation Index，DPCI）和世界专利索引数据库（World Patent Index，DWPI）。DII 数据库自 1963 年开始丰富数据库以来，收集了世界范围内 40 多个专利机构的数千万个专利发明，并持续保持高速更新[87]。

本文使用的统计分析软件为 Excel，可视化分析软件为 Ucinet6.0 及 Netdraw。

（3）确定检索词

检索词的确定是为了将 5G 移动通信技术的关键技术名词转换成数据库可以识别的检索语句。为了更方便地开展检索工作，国内外学者普遍使用的一种方法是将某项技术的关键名词当作检索词。但是也有学者[88]指出，仅仅采用关键词进行检索会导致检索语句缺失、翻译不准确、缩写、指代不明确等问题，简单采用关键词检索，无法保证专利数据检索时的准确程度和全面程度。也有些研究机构和学者采用国际专利分类号（International Patent Classification, IPC）进行检索，但庞德良等[89]在后续研究中发现，此类方法存在一定局限性，专利数据库之间没有统一标准，有些数据库缺失这项信息，因此使用 IPC 分类号容易丢失部分专利。为了保证专利数据的查准率及查全率，本文采用肖翔、赵辉[90]总结的检索式构建方法，结合以上两种专利检索方法的优势，以前文中总结的 5G 关键技术作为检索词，并将检索结果的学科领域限制于通信行业（W01、W02），在最大程度上弥补 IPC 分类号检索方法的缺陷。

灵活多样化运用专利检索连接符，能够在很大程度上提高所获得数据的可靠性和准确性。常用连接符有布尔运算符（Boolean Operator），又被称为逻辑运算符（Logical Operator），由逻辑连接词“OR”“AND”“NOT”组成，是构建专利检索式常用的一种工具。使用“AND”（“且”）可以提高专利查找的准确率，使用“OR”（“或”）可以使检索结果更完整。而“NOT”（“非”）的使用要格外慎重，因为在专利检索的过程中，使用“NOT”运算符易造成检索结果缺失。

专利分类号的选定是根据德温特数据库领域分类字段作为限制条件的，使用 DC＝（W01 OR W02）作为本文检索的相关技术领域。德温特数据库中的 W01 领域，是指包含数字信息传输、电话服务以及一般通信在内的通信相关技术领域；而 W02 领域，指代的是与通信有关的硬件传输系统设备，如广播、无线信号传输、有线通信系统等。

本文选取 2009—2018 年 5G 移动通信产业专利数据。将前文中总结的 5G 移动通信领域关键技术作为检索词，各检索词之间以“OR”连接符连接，各检索语句之间采用“AND”连接符，并将检索结果限定在移动通信领域，检索范围是“标题、摘要和专利权人”。

确定的检索式如下：

CTB＝（5G OR C-RAN OR Cloud-RAN OR F-ORDM OR Massive Mimo OR MMW OR "mm wave" or "millimeter wave" or "ultra dense network" or "pattern division multiple access" or "non orthogonal multiple access" or SDN or nfv or d2d）NOT CTB＝（3g）NOT CTB＝（2g）NOT CTB＝（2.5g）NOT CTB＝（4g）AND DC＝（W01 OR W02）AND AD＞＝（20090101）AND AD＜＝（20181231）；

最终检索到 47 827 项与 5G 关键技术相关的专利。

2. 数据处理步骤

原始数据主要采集于 DII 数据库，主要操作步骤如下。

（1）数据筛选和清洗

DII 数据库为全球两万多家大企业设计了特殊的 DWPI 专利权人代码，涵盖该企业及其子公司的所有相关专利数据，代码编制规范且标准化。因此，本文利用 DII 数据库专利权人代码筛选企业整体的专利数据。同时，基于企业角度考虑专利合作网络，因此提出专利权人为个人的专利，最终经人工筛选得到相关专利数据共 39 999 个。

（2）专利申请阶段划分及领军企业界定

根据全领域专利申请总量动态变化趋势，将专利研发活动分为三个阶段，分别检索各个阶段中主要专利权人的专利申请数量、被引频次，计算技术活跃度及技术影响力，进而确定技术领军企业。

（3）领军企业社会网络分析

根据领军企业专利合作数据，建立整体合作网络图，并进一步根据专利合作“广度—深度”二维矩阵，分析个体合作情况。

（二）5G移动通信产业技术发展分析

根据5G移动通信技术专利检索结果，得出5G移动通信行业发展状况。

1. 5G移动通信技术专利发展现状

（1）全球5G移动通信产业主要技术分布情况

首先对5G移动通信技术所有专利的IPC分类号进行分类统计，列出专利排名前十的IPC分类号并确定其技术主题，如表3.1所示。IPC分类号结合了专利技术的应用分类和功能分类，并主要体现了功能分类。因此，对领域内主要IPC分类号的定量统计分析，能够从整体上大致了解5G移动通信领域研究的技术热点及关键技术领域。同时，通过分析不同技术主题专利的占比，能够了解每个技术主题的研发成熟度，从而了解该领域整体的技术发展方向和演化趋势。

表3.1　排名前十的重点技术领域分布

IPC号	专利数量	技　术　主　题	百分比
H04L	14 056	数字信息的传输，例如电报通信	35.14%
H04W	10 610	无线通信网络	26.53%
H04B	8 722	传输，主要包括传输系统及监控	21.81%
G06F	1 888	电数字数据处理	4.72%
H04J	1 383	多路复用通信	3.46%
H01Q	624	天线及零部件	1.56%
G01S	347	无线电定向、导航及利用无线电测距或测速	0.87%
H04M	301	电话通信	0.75%
H01P	213	波导；谐振器、传输线或其他波导型器件	0.53%
H03M	167	一般编码、译码或代码转换	0.42%

从表3.1可以看出，有8个小类分布在H类，指的是电学相关专利，分别是：H04L、H04W、H04B、H04J、H01Q、H04M、H01P、H03M，可以看出，H04（电通信技术）类目下的专利占比最多，即电通信技术在5G移动通信专利申请中占据较高比例；另有2个小类是G类，指的是物理相关，分别是G06F和G01S。其

中,专利申请量排名第一的是 H04L,含义是数字信息的传输,专利申请数为14 056,占该领域专利申请总量的35.14%,说明世界范围内5G移动通信专利的申请技术分布领域较为不均。从各专利申请子类占比可以看出,全球5G移动通信技术主要集中在前十位IPC分类号中,尤其值得注意的是,H04(电通信技术)占据专利申请核心地位,是全球5G技术发展的主要方向。也正是这些主要技术,引领着全球5G移动通信技术的发展。

(2) 2009—2018年5G移动通信技术发展趋势分析

通过分析2009—2018年间5G移动通信技术专利申请量的变化趋势,可以大致探析该领域的技术发展阶段、趋势特征以及全局动态。本文对检索到的5G移动通信领域的专利申请量按专利申请年份进行统计。

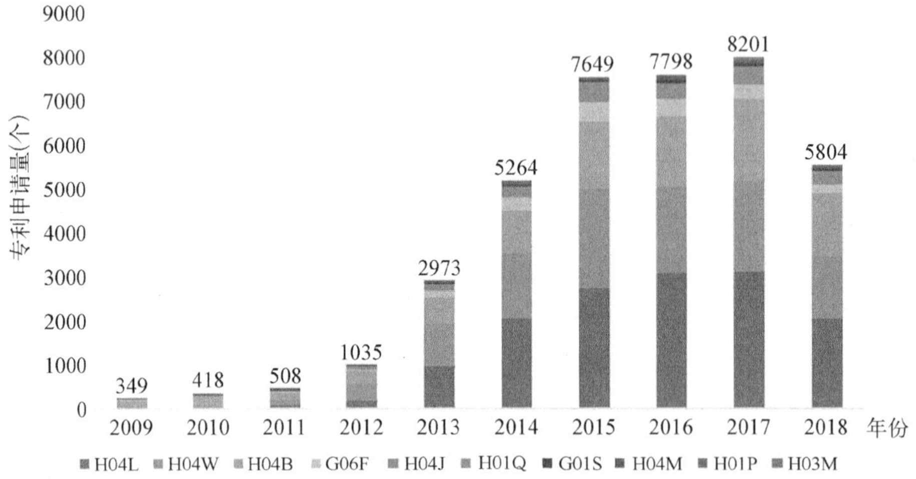

图 3.1 5G历年专利申请量趋势图

由图3.1可以看出,5G移动通信技术专利申请量在2009—2018年间大致呈增长趋势,从2015年开始维持较高的专利产出水平,但在2018年出现小幅下降的趋势。根据图中各主要技术子类历年专利申请数量的变化趋势,在2009—2018年间,主要的技术子类专利申请量大致呈现增长趋势,尤其是H04L(数字信息的传输)及H04W(无线通信网络)的申请量远高于其他技术子类。意味着数字信息传输及无线通信网络技术是5G移动通信领域的关键技术和未来发展方向,企业只有抓住这一重要发展方向,才能获得更好的发展。

(3) 行业内重点企业分析

通过统计领域内关键技术各重点专利权人的专利申请数量,可以粗略判断行业内技术研发活跃企业以及行业整体的竞争环境。总体来说，5G 领域共有 962 个专利权人，发明人数量虽多，但集中度较高。表 3.2 列出来 2009—2018 年间专利申请量排名前十的专利权人。

表 3.2　主要专利权人及其申请数量

序号	专利数	专利权人	序号	专利数	专利权人
1	4 715	HUAW	11	760	HEWP
2	3 898	GLDS	12	718	SONY
3	2 700	QCOM	13	670	NITE
4	2 570	TELF	14	659	CHGY
5	1 554	SMSU	15	563	ETRI
6	1 437	ITLC	16	562	AMTT
7	1 437	ZTEC	17	510	NIDE
8	1 064	OYNO	18	471	IDIG
9	849	KYOC	19	469	COGE
10	767	GDOP	20	378	MTEK

由表 3.2 可知，5G 移动通信领域排名前十的主要专利权人均是全球著名的硬件设备制造商以及科技互联网企业，如华为、LG、高通、三星等。并且，前 20 位专利权人的专利申请量占申请总量的 66.88%。由此可见，5G 技术已经成为各大企业非常重视的技术和行业内的技术热点，且头部企业处于垄断地位。由此探究该技术领域内领军企业及跟随企业技术研发的差异，具有可行性和现实意义。

专利申请总量指标只能粗略地反映某一公司在 5G 移动通信技术领域整体的技术优势，但不能反映不同公司在竞争策略上的差异性。公司采取不同的技术策略，对不同技术子类的侧重点也有所区别。因此，本文继续分析了 5G 技术中几个主要技术子类中企业专利申请情况的差异性。如表 3.3 所示，列出了专利申请量排名前 10 的企业在 5 个重点技术子类的专利分布状况，其中每个子类的专利申请量排名第一的企业用下划线标出。

表 3.3 企业技术领先子类对照表

专利权人	H04L	H04W	H04B	G06F	H04J
HUAW	4 659	2 231	1 287	588	83
GLDS	3 843	957	1 252	1 168	392
QCOM	2 604	909	402	966	124
TELF	2 515	981	836	434	149
SMSU	1 453	338	466	470	65
ZTEC	1 431	632	577	115	23
ITLC	1 416	302	375	506	59
OYNO	1 035	354	416	208	—
KYOC	837	162	403	155	12
GDOP	742	260	305	154	—

由表 3.3 可以看出，华为在 5G 领域处于领先地位，且领先优势较为明显，显示出华为对 5G 的重点关注程度和强大研发实力。而乐金电子(GLDS)在 G06F 和 H04J 方面的优势则较为明显。值得注意的是，索尼(SONY)在 5G 技术领域专利申请总量居第 13 位，但在前 5 的技术领域，其排名有所下降，被日本电气(NITE)反超。在前十技术领先企业中，对 H03M 的关注也超过对 H01P 的关注程度。

2. 5G 移动通信专利申请阶段性划分

图 3.2 描述了 2009—2018 年间 5G 技术领域专利申请总数及合作申请书所占比例。从发明合作数量来看，2009—2012 年间，各企业、高校、研究机构之间的合作数一直处于较低水平；2006 年，欧盟宣布拨款加快 5G 移动技术发展，世界范围内开始关注并重视 5G 技术研发。因此，在 2006—2015 年间，专利合作数量迅速增加；到 2016 年后，随着技术研发的饱和以及专利垄断的进一步演化，专利合作数量有所减少。从专利合作占总发明数的比例来看，2009—2012 年间，专利合作比例在 25%～40%之间波动，2010 年达到最高值 41%，之后逐年递减；2013—2015 年，专利合作比例持续下降，说明这一时期的专利合作数量的

增长速度远远低于其发明专利申请数的增长速度；2016—2018 年，专利合作比例保持在 5%上下，趋于稳定。5G 技术领域专利合作呈现明显的阶段性特征，可以分为 2009—2012 年，2013—2015 年，2016—2018 年三个阶段研究其专利合作行为的演变规律。

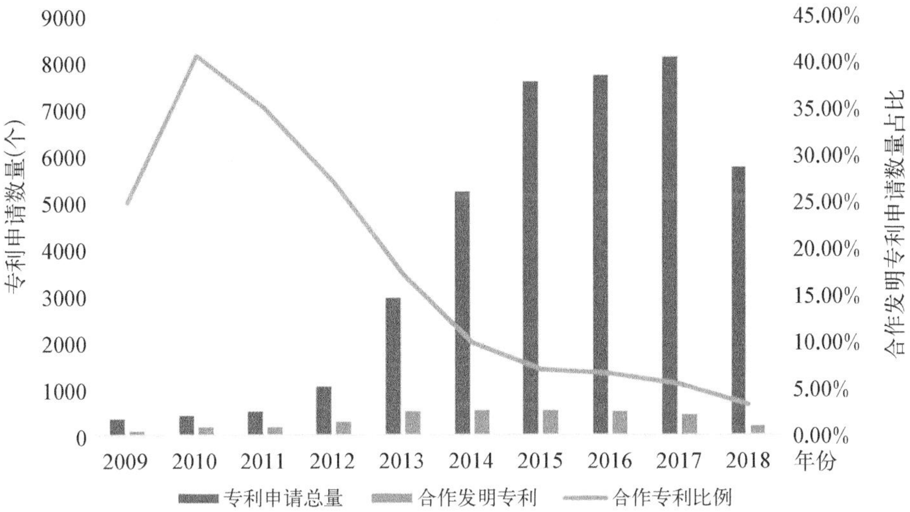

图 3.2 专利申请总量、合作发明专利申请数及所占比例

（三）5G 移动通信产业专利领军企业的技术发展分析

1. 专利领军企业定义

核心企业指领域内掌握大量垄断性或企业存续的必要资源且难以替代的企业，此类资源有规模制造能力、核心技术标准等。核心企业参与了网络中众多关键联结，占据战略性重要地位，其他网络成员对核心企业的依赖程度高，期望与核心企业展开合作。核心企业掌握了网络中众多社会资本和联结关系，拥有更多的知识和技术能力，可以影响网络中资源的流动趋势。因此，研究网络中核心企业的发展演化态势，对于整体网络的良性发展和领域内技术进步具有重要意义。

企业技术竞争力的形成和发展依赖于企业内部的知识技术资源。而专利作为重要的技术载体，连接了企业研发活动及生产经营活动，是企业实现发展的重要知识资源。因此，基于专利角度测度企业技术竞争力，进而识别领域内技术领军企业具有独特的优势。

本文定义的领军企业，是指在行业内具有技术竞争能力，整体技术实力居于行业领先水平，且技术活跃度和影响力领先于行业平均水平的企业。这类领军企业的科技创新能力较强，研发投入和技术资本雄厚，技术实力较强，未来发展潜力相对较大，具有良好的发展前景，因此已在行业内具有相对稳定的核心竞争力。

与行业内领先企业对比，技术领军企业具有极强的技术自主研发实力，在行业内享有盛名，并掌握了大量行业内相关核心技术专利，在市场上具有较好的声誉及较高的市场占有率，与其实力相当的竞争对手较少，是同类企业竞相模仿和追赶的对象。也就是说，技术领军企业是行业内技术居于领先地位，且被受众广泛接受和认可的企业。

一般而言，领军企业中研发人员占比较高，具有极强的创新研发能力，研发周期相对较短，处于引领市场的地位，能够快速响应市场变化，能持续开发新技术及新产品，并投向市场。

本文通过构建产业专利评价指标体系，识别行业领军企业。

2. 专利测度指标体系的构建

本文以企业的整体专利技术实力为研究目标，结合专利指标与企业技术竞争力评价之间的内在关系，根据专利技术指标实际可获得性、可比较性以及系统全面程度，综合设计专利衡量指标体系，从技术活跃度和技术影响力两个维度对企业技术竞争能力进行评价。在对相关指标进行比较时发现，专利篇均被引量受制于企业总被引频次基数的影响。若以篇均被引量指标衡量企业的技术影响力，则应该以总被引频次作为参照。因此，本文采用专利总申请量、专利被引频次指标衡量企业的技术活跃度及技术影响力。

(1) 技术活跃度

一般而言，企业技术研发的实力以及开展技术研发的积极性是通过企业所拥有专利数量进行衡量，常见的专利数量指标有专利授权量和专利申请量。专利授权量指企业授权给其他企业使用的专利数量，与企业自身的专利活动和被授权人等因素相关，存在不可控情况。同时，专利授权申请期限漫长，指标时效性稍显不足。专利申请量虽是专利计量内的一个基础性指标，但其可操作性强，数据可得且应用范围广。卞志昕等[91]提出，以按照年度变化的企业专利申请数量测度企业专利申请活动，进而研究专利活动对企业技术创新能力造成的影响。不可否认，企业的专利申请量与企业的专利活动水平存在正相关关系。此外，这一指标也反映了企业的技术创新能力，从而在一定程度上可以较为全面地表征企业的技术水平。因此,本文利用企业各阶段专利申请总量表示企业技术活跃度,以此来测度企业技术创新能力。为了剔除行业总趋势的影响而反映某一阶段内企业的个体演化趋势,不以绝对指标值作为衡量对象,而以相同阶段内企业个体专利申请总量与领域内所有专利权人专利评价申请量的比值来计算。

（2）技术影响力

专利技术影响力反映企业自身技术实力对整体网络及网络中其他组织的辐射能力。前人研究表明,企业技术影响力可以用该企业专利被引的频次来表征,被重复多次引用的专利,说明此项专利所包含的技术是领域内较为领先的技术或是基础性知识,二者皆能为企业带来经济效益。因此,可以通过计算专利影响力指数来评价企业专利技术能力对产业及其他企业的技术辐射能力。计算方法是:在某一时间段内,计算本企业新申请专利的篇均被引情况,与同期全行业平均专利被引情况作比,以此剔除行业和企业规模可能带来的影响。

如果一个企业拥有领域内诸多高被引专利,那么较之竞争对手,该企业则更具有竞争优势,就更有机会处于领域内的重要位置,有机会发展成为领军企业。Breitzman 等[92-93]认为,高被引专利中更可能含有该领域技术未来发展趋势。本文以专利被引频次表征企业技术影响力指标,用以衡量 5G 技术领域内各专利权人专利质量的差异性。一般而言,专利被引频次越高,则技术影响范围越广,专利质量越高。

本文综合考虑企业专利活跃程度以及技术影响力水平,共同衡量企业的技术实力,降低了使用单一指标分析可能产生的误差,在一定程度上可以更有效地揭示出企业的技术实力,进而可以判断行业内技术领军企业。

3. 5G 移动通信产业专利企业类型的识别

根据以上的专利指标值,可以计算出企业层面的技术影响力和技术活跃度,通过这两个指标来表征企业的技术创新能力,进而表征企业的技术领军程度,能够直观看出各个企业自身在行业内的位置,了解自身的竞争实力。

一般而言,行业内龙头企业会对行业技术创新产生较大的影响。领军企业拥有较强的技术研发实力,其申请的专利质量也较高,是 5G 移动通信技术行业的技术引领者,也是其他相关企业跟随和学习的对象。

本文运用下载的 10 年 5G 移动通信产业所有专利数据,将其分为 2009—2012 年,2013—2015 年,2016—2018 年三个阶段,分别计算三个阶段内主要专利权人的技术活跃度和技术影响力,并根据指标计算结果初步判断不同企业在技术活跃度和影响力维度上的差异性特征。

本文将技术活跃度及影响力指标高于行业平均水平的企业看作是核心企业,而将剩余的企业看作是非核心企业。依据这种思路,当某一专利权人专利数量和技术影响力都处于行业平均水平之上,可以认为是行业领先企业,即领军企业。将三个阶段技术力量 Top15 的领军企业基本信息汇总至表 3.4。

表 3.4 三阶段领军企业技术活跃度及技术影响力

序号	阶段一(2009—2012 年)			阶段二(2013—2015 年)			阶段三(2016—2018 年)		
	专利权人	技术活跃度	技术影响力	专利权人	技术活跃度	技术影响力	专利权人	技术活跃度	技术影响力
1	OYNO	14.57	36.88	HUAW	61.43	45.44	GLDS	70.92	97.44
2	HUAW	15.22	16.58	GLDS	51.81	36.38	AMTT	16.21	297.25
3	BDCO	13.83	14.20	TELF	34.50	26.97	HUAW	82.69	33.45
4	SONY	11.62	10.40	SMSU	23.03	31.42	QCOM	71.13	20.66
5	SMSU	14.08	7.80	ZTEC	21.25	14.44	TELF	44.19	27.84
6	QCOM	10.23	6.31	ITLC	16.93	11.76	ITLC	28.94	27.20
7	TELF	7.36	6.46	HEWP	12.69	15.03	SMSU	19.77	16.23
8	ZTEC	5.07	6.46	QCOM	16.01	10.65	ZTEC	21.79	13.13
9	RENE	2.95	5.34	KYOC	14.95	9.83	OYNO	17.77	13.33
10	GLDS	3.68	4.04	IDIG	5.83	22.07	IDIG	8.75	20.46
11	NITE	3.03	2.46	AMTT	2.87	32.35	KYOC	10.88	12.35
12	NIDE	3.27	1.88	OYNO	10.76	7.57	HEWP	10.66	11.41
13	AVAG	1.39	4.22	NITE	6.41	5.76	NITE	14.33	8.41
14	MITQ	2.05	1.97	NIDE	5.58	5.92	SONY	12.12	6.84
15	IBMC	1.72	1.92	IBMC	4.07	7.83	GDOP	26.38	2.41

为了更清晰地观测三个阶段领军企业技术活跃度和技术影响力的变化,将表 3.4 的数据进行可视化处理,如图 3.3—图 3.5 所示。其中,圆心所在位置代表企业技术活跃度,圆的大小代表技术影响力。

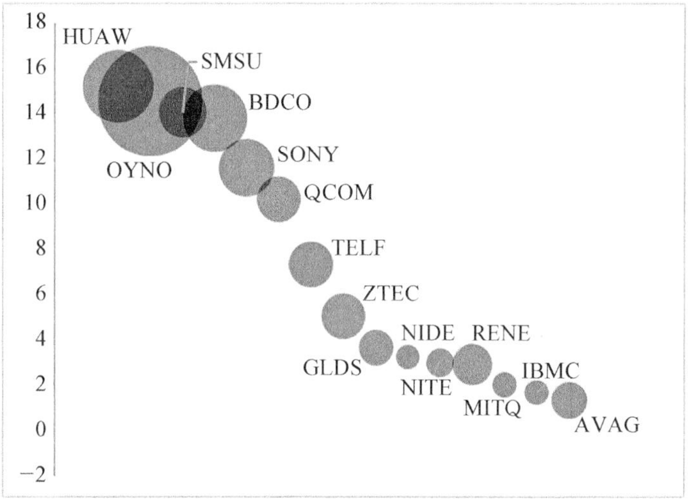

图 3.3　2009—2012 年技术领军企业技术组合分析

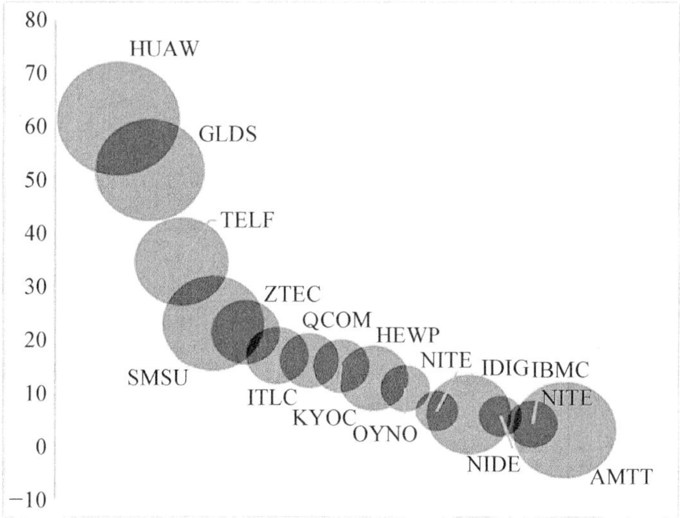

图 3.4　2013—2015 技术领军企业技术组合分析

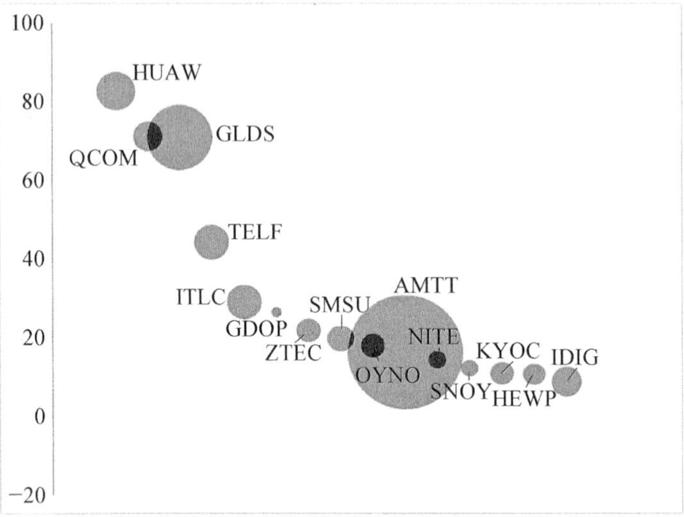

图 3.5　2016—2018 年技术领军企业技术组合分析

根据表 3.4，5G 移动通信领域内，美国、中国、日本、韩国企业占据绝大多数。从 2009—2018 年三阶段中，华为(HUAW)、诺基亚(OYNO)、三星(SMSU)、高通(QCOM)、爱立信(TELF)、中兴(ZTEC)、LG 电子(GLDS)、日本电话电报公司(NITE)均居于前 15 名，技术创新呈现较为稳定的发展状态。其中，华为(HUAW)专利申请量及专利被引量始终位居前三，其技术活跃度持续上升，但技术影响力在第三阶段有所下降，意味着华为专利申请量虽然逐年上升，但其专利质量有所下降；诺基亚(OYNO)呈现波动下降的趋势，技术活跃度下降，随着新技术的出现，其技术影响力也不断弱化；三星(SMSU)、中兴(ZTEC)、高通(QCOM)技术发展相对稳定；韩国 LG 公司(GLDS)的发展引人瞩目，在过去十年里，始终保持上升趋势，随专利申请量不断提高，其专利质量也随之上升。由图 3.3—图 3.5 可以看出，在 2009—2018 年间，随着技术发展变化，领军企业的竞争格局和竞争优势也发生了较大的变化。在第一阶段(2009—2012 年)领跑行业的领军企业诺基亚(OYNO)，在后续阶段并未继续维持专利技术优势，并且在后续阶段也并没有能够再次领跑产业。

在领军企业中，企业发展也呈现出完全不一样的趋势。专利数量、总被引频次等指标的相关排名和总排名也并不必然对等，不少企业在专利质量、专利数量方面存在着不均衡性。就中国企业来说，在技术活跃度指标上的表现要明显优于技术影响力指标上的表现。如华为公司(HUAW)在三个发展阶段都保持了较高的技术活跃度，但其技术影响力在第二阶段（2013—2015 年）有所提升后，第三阶段（2016—2018 年）开始下降。5G 移动通信仍属于技术密集型产业，而我国企业的优势仍限制于专利申请数量，对质量的把握不够，对国外的先进技术仍有依赖性。企业的长远发展必须依靠高质量、高水平的技术提供动力和支撑，而国内 5G 移动通信企业在专利技术方面的劣势必然影响和制约其市场竞争力与其可持续发展能力。

三个阶段 Top15 专利领军企业总计有 22 家，其基本信息汇总至表 3.5。

表 3.5　22 家企业的专利权人代码及其代表企业

专利权人代码	企　业　名　称
AMTT	美国电话及电报有限公司
AVAG	安华高科技公司
BDCO	博通公司
COGE	阿尔卡特朗讯公司
GDOP	OPPO 广东移动通信有限公司
GLDS	韩国 LG 集团
HEWP	惠普
HUAW	华为技术有限公司
IBMC	国际商业机器股份有限公司
IDIG	交互数字通信有限公司
ITLC	英特尔
KYOC	京瓷集团
MITQ	三菱电子
NIDE	日本电气
NITE	日本电话电报公司
OYNO	诺基亚公司

续 表

专利权人代码	企　业　名　称
QCOM	美国高通公司
RENE	瑞萨公司
SMSU	三星电子
SONY	索尼公司
TELF	爱立信集团
ZTEC	中兴通讯股份有限公司

从表 3.5 可以看出，5G 移动通信产业是典型的二八定律，说明在 5G 移动通信领域内，极少数领军企业拥有了行业内大量专利积累，专利产出能力和专利质量水平相对较高，这些企业占据了领域内技术领军位置。因此，对此类企业展开研究具有较为重要的现实价值。

4. 领军企业技术专利发展分析

5G 移动通信领域的领军企业，其专利活跃度和专利影响力都高于行业平均水平，具有较强的研发实力和技术积累。下文从领军企业的专利申请子类以及专利申请量等角度对领军企业技术发展展开初步分析。

(1) 领军企业专利活动分析

随着世界范围内对 5G 发展趋势的重视和数字化经济发展趋势发展，5G 技术领军企业其研发创新活动非常活跃，不断加大在技术研发上的资本投入，在巩固现有技术领军地位的基础上，通过新技术研发和创新，持续保持市场份额和竞争优势。正如丁堃等[94]所说的，企业业务规模与专利持有数量间存在相关关系，总体上说，企业业务规模越大，经营业绩越好，其对技术创新的投入则越多，随之专利申请量则越高。此类实力雄厚的企业有足够的技术和资本积累，能够支持技术研发活动，因此，其申请的专利就越多。

表 3.6 是本文总结出 2009—2018 年间 5G 移动通信领域技术领军企业的专利申请基本信息。可以看出，近十年内领军企业的专利申请量均较高，超过行业平均水平，说明领军企业都十分重视技术创新，投入了大量的资本。大部分领军企业为移动通信硬件设备制造商及科技互联网企业，布局 5G 技术较早，因此积

累了深厚的先发优势。而近三年内,各个企业的专利申请占比虽高低不一,但大部分企业都保持了上升的趋势,除了博通公司(BDCO)和瑞萨公司(RENE)在第三阶段都没有新专利申请。这说明,除了博通公司(BDCO)和瑞萨公司(RENE)之外的其他企业,在近些年仍保持了较强的技术活力。尤其值得一提的是,OPPO(GDOP)在第二阶段才进行5G相关技术的研发,但其研发实力和技术影响力迅速提升,在第三阶段也迅速进入了领军企业行列。

表 3.6　领军企业基本信息

企业名称	专利申请量				年均申请量	近三年占比
	阶段一	阶段二	阶段三	专利总量		
AMTT	3	103	456	562	56.2	81.14%
AVAG	17	19	7	43	4.3	16.28%
BDCO	169	75	0	244	24.4	0.00%
COGE	21	275	173	469	46.9	36.89%
GDOP	0	25	742	767	76.7	96.74%
GLDS	45	1 858	1 995	3 898	389.8	51.18%
HEWP	5	455	300	760	76	39.47%
HUAW	186	2 203	2 326	4 715	471.5	49.33%
IBMC	21	146	58	225	22.5	25.78%
IDIG	16	209	246	471	47.1	52.23%
ITLC	16	607	814	1 437	143.7	56.65%
KYOC	7	536	306	849	84.9	36.04%
MITQ	25	22	50	97	9.7	51.55%
NIDE	40	200	270	510	51	52.94%
NITE	37	230	403	670	67	60.15%

续 表

企业名称	专利申请量				年均申请量	近三年占比
	阶段一	阶段二	阶段三	专利总量		
OYNO	178	386	500	1 064	106.4	46.99%
QCOM	125	574	2 001	2 700	270	74.11%
RENE	36	1	0	37	3.7	0.00%
SMSU	172	826	556	1 554	155.4	35.78%
SONY	142	235	341	718	71.8	47.49%
TELF	90	1 237	1 243	2 570	257	48.37%
ZTEC	62	762	613	1 437	143.7	42.66%

(2) 领军企业专利技术分析

总体上说，领军企业专利申请质量较高、核心技术占比较高，也符合全行业的技术发展趋势。通过分析领军企业专利发展态势，能为领域内其余企业技术发展树立标杆，促进全行业技术发展。图 3.6 所示是领军企业对全球范围内 5G 移动通信领域主要技术的专利申请情况。

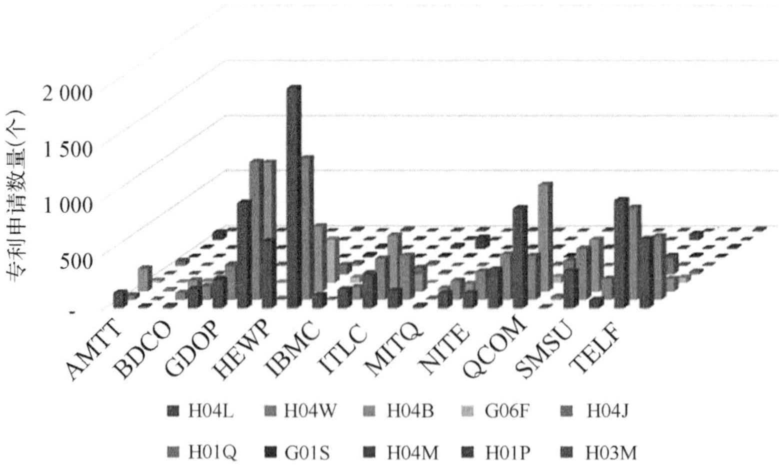

图 3.6 领军企业主要技术分布情况

从图 3.6 可以看出，大部分企业在 H04L(数字信息传输)、H04W(无线通信网络)以及 H04B(传输)这三项技术上申请的专利较多，而惠普(HEWP)、IBM(IBMC)和日本电气(NIDE)则主要集中于 G06F(电数字数据处理)技术的研发；安华高科技(AVAG)、三菱电子(MITQ)、瑞萨公司(RENE)对这 10 项主要技术的专利申请量都较少；LG 公司(GLDS)、高通(QCOM)和爱立信集团(TELF)在 H04J(多路复用通信)技术的专利申请量也较多，说明这三家公司在多路复用信号传输领域中占据核心地位。

图 3.7—图 3.9 所示是三阶段 22 家领军企业主要技术分布情况。

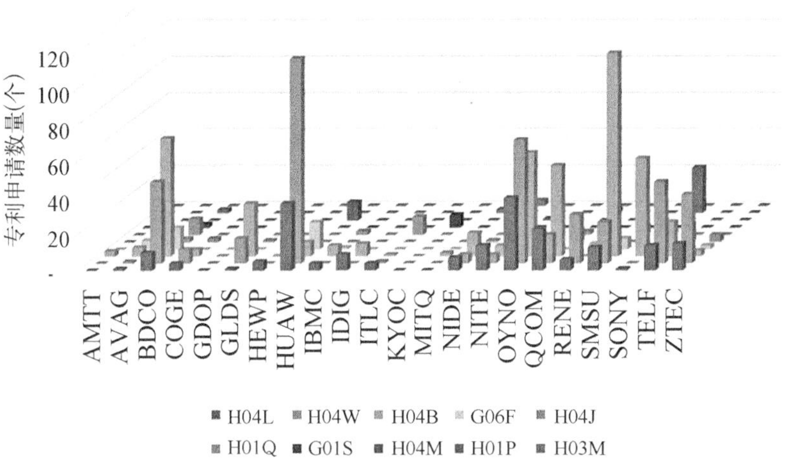

图 3.7　2009—2012 年领军企业主要技术分布情况

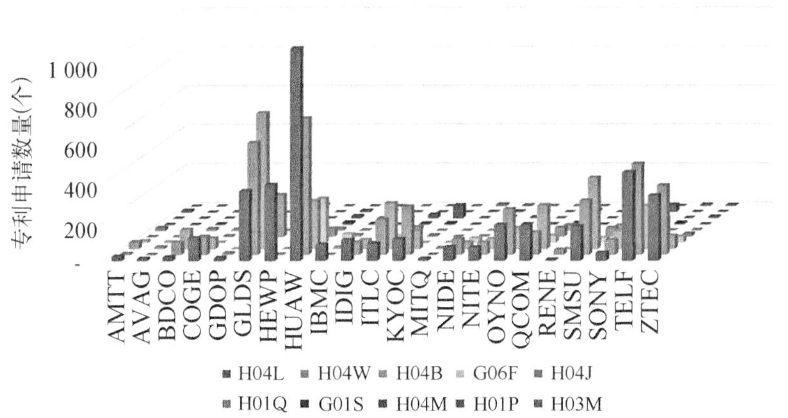

图 3.8　2013—2015 年领军企业主要技术分布情况

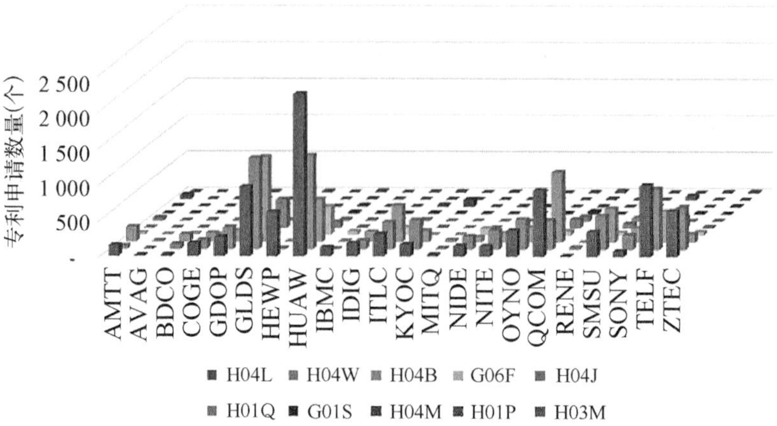

图 3.9　2016—2018 年领军企业主要技术分布情况

由三个阶段领军企业主要技术分布情况图可以看出，H04L(数字信息传输)、H04W(无线通信网络)以及 H04B(传输)一直是行业技术研究热点。在技术研究早期，领军企业更注重 H04W(无线通信网络)和 H04B(传输)技术研究，专利产出量较大。但在中期，H04L(数字信息的传输)愈发受到领军企业关注，专利数量出现大幅提升。H04L(数字信息的传输)包括数据网络开关、发送或接收“点划电码”的设备或局部电路、用于发送或接收电码的设备或局部电路等子研究领域。

有关 H03M(编码、译码或代码转换)、H01P(波导、谐振器)、H04M(电话通信)的研究，从第二阶段开始出现，但专利产出一直保持较低水平。

四、合作创新网络结构演化分析

在过去十年，5G 移动通信领域专利合作网络发展从无到有，由弱变强，参与到专利合作网络中的个体也越来越多，行业内技术交流趋向密集而频繁，网络联系不断增强。通过分析可以看出，5G 技术领域存在帕累托效应，因此本章在分析整体网络结构的基础上，重点关注 5G 技术领军企业合作意愿和水平的阶段性特征。

(一) 社会网络分析指标的选取

本章主要运用社会网络分析软件 Ucinet6.0 对 5G 移动通信产业整体网络

结构及个体网络特征进行分析研究，并运用可视化软件 Netdraw 绘制三个阶段专利合作网络图谱。本文使用的网络特征评价指标主要有网络密度、网络规模、中心势以及中心性，等等。各指标的具体含义及计算思路如下。

（1）网络规模（Network Scale）：指专利合作网络中节点的数量，网络规模越大，参与专利合作的专利权人越多。

（2）网络密度（Network Density）：指合作网络中实际存在的边的数量与理论上可存在边数最大值的比值，网络密度越大，意味着网络饱和程度越高，各节点间的联系则越紧密[95]。

（3）中心势（Network Centrality）与中心性指标（Point Centrality）：中心势反映了整体网络结构特征，而中心性则表征网络中参与主体的位置及结构特征。二者均是对网络密度的补充和细化。本文使用的中心势和中心性指标主要有度数中心度、接近中心度和紧密中心度。不同的中心度指标值均可以通过 Ucinet 软件进行计算。

（二）整体专利合作网络结构演化分析

5G 技术领域是高技术依赖性产业，技术更新快，行业动态性程度高，对企业整合内外部资源，适应环境变化提出了更高的要求。在技术密集型行业，专利最能代表企业的竞争优势和技术能力，专利合作更是企业间合作关系的重要体现。通过分析各专利权人在专利申请著录项上的共现关系，搭建 5G 技术移动通信网络，能够识别全行业技术演化趋势和合作整体态势。因此，本章将针对 5G 移动通信领域专利合作所形成的整体网络根据网络指标、重要节点等情况进行演化分析。

通过把领军企业及其合作组织联合发明专利按 2009—2012 年、2013—2015 年、2016—2018 年三个阶段进行分类汇总，提出合作专利著录项中不同的专利申请人并对其分类汇总，利用社会网络分析软件 Ucinet6.0 及可视化插件 Netdraw 分别绘制三个阶段以专利权人表征网络节点，各专利权人之间合作关系为网络边的 5G 移动通信领域专利合作网络图。

1. 专利合作网络：2009—2012

应用 Netdraw 软件绘制 2009—2012 年期间专利合作网络图，以节点大小区分度数中心性的高低，以连线的粗细表示合作次数的多少，如图 4.1 所示。通过观察合作网络图谱，可以看出合作网络主题比较分散，节点间合作次数较少。以三星电子（SMSU）和松下电器（MATU）为核心，组成网络中较大的两个子网。在这一阶段,企业间的合作较少,企业与学校、科研机构之间的联系较为紧密,与三星电子(SMSU)发生合作关系的大多数为高校,如成均馆大学(USKK)、韩国电子通信研究院(ETRI)等,都是韩国在通信领域实力较强的学校和科研机构。网络中存在许多节点只与固定的合作对象发生联系,且联系较为分散,一定程度上也说明了在5G技术起步阶段,各个技术主体间合作较少且技术单一。

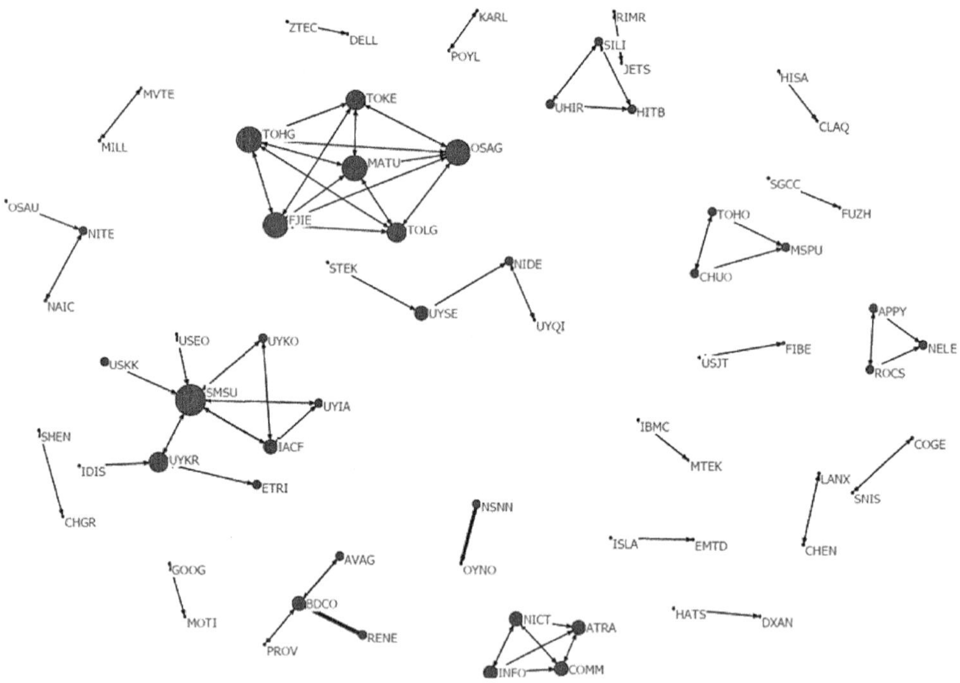

图 4.1 2009—2012 年专利合作网络图

利用 Ucinet6.0 进一步分析第一阶段整体网络属性。根据计算,2009—2012 年间,参与技术合作的各专利权人中,三星电子(SMSU)具有最高的接近中心度值,其值为 1.204,说明在第一阶段专利合作网络中,与三星电子发生联系的主体最多,三星电子是这一阶段专利合作网络中的核心节点,在网络中发挥了最强的沟通作用。这与上文的可视化分析结果保持一致。进一步计算各专利权人的中介中心性,其值最高的主体也是三星电子(SMSU),值为 0.611,说明在第一阶段,三星电子不仅处于网络的核心,并且还承担着沟通网络中不同凝聚子群的关键性作用,占据结构洞优势,对网络中的信息控制能力强。

2. 专利合作网络：2013—2015

随着社会经济的发展和技术的演化，5G 技术领域内专利权人结构也发生了一些变化。部分企业随着企业技术竞争策略的改变或技术能力的落后而离开了这一领域，而有的企业则异军突起，表现出很强的技术实力。将 2013—2015 年 5G 移动通信领域专利权人合作数据导入 Netdraw 软件，绘制专利合作网络图，如图 4.2 所示。以度数中心性区分节点，专利权人之间合作的频率则以节点间连线的粗细进行区分。所以，在网络图中节点越大代表度数中心性越高，发生合作关系的组织则越多，连线越粗则表示此专利权人间合作越紧密。

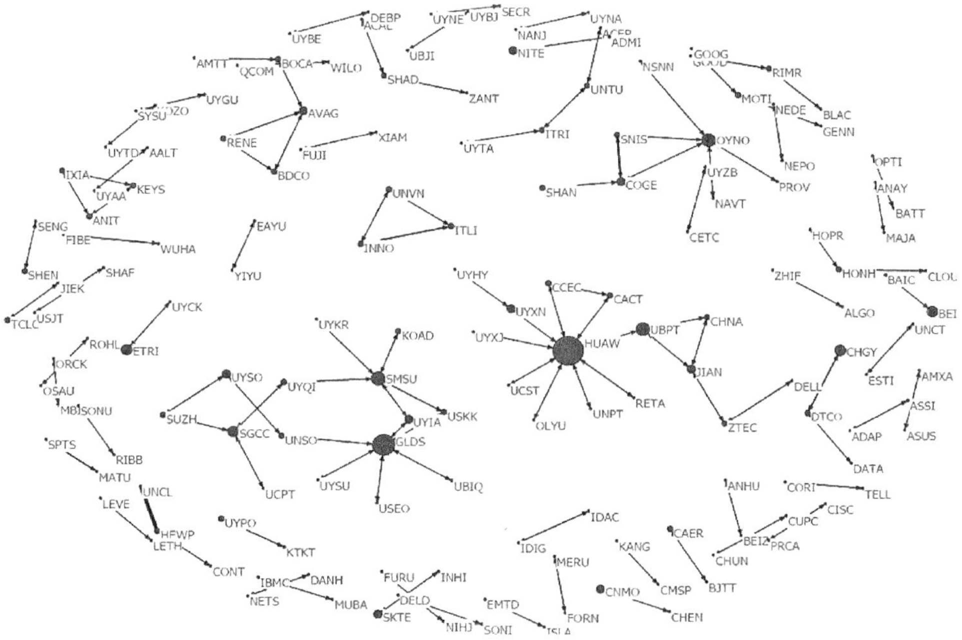

图 4.2 2013—2015 年专利合作网络图谱

在网络图中，相较于上一阶段，网络主体间的联系增多，分散子网络有所减少。华为(HUAW)成为网络的中心。

网络接近中心度值最高的节点为华为公司(HUAW)、北京邮电大学(UBPT)、西安电子科技大学(UYXN)等，值为 0.588，说明网络中高校及科研机构占据重要地位，华为在这一阶段异军突起，与网络中其他机构的合作较多，网络沟通作用明显。网络中介中心性最高的节点也是华为(HUAW)，其次是北京邮电大学(UBPT)，在全球 5G 移动通信专利技术合作网络中，中国企业和院校占据着关键地位,控制着网络中的大量信息。

3. 专利合作网络：2016—2018

将2016—2018年期间的专利权人合作数据导入Netdraw软件,同样以度数中心性区分节点、以连线的粗细区分合作频率,如图4.3所示。总体上可以看出,随着5G技术的不断发展和成熟,各专利权人之间的合作联系越来越紧密。从专利合作网络图谱中也可以看出,网络中多节点间的联系不断增加,孤立节点减少。从图中还可以看出,这一阶段网络中较为核心的节点是北京北方烽火科技有限公司(BEIJ)、上海无线通信研究中心(SHAN),其度数中心度和中介中心度保持较高水平,在网络中处于信息交流桥梁的位置,信息流通和转移能力较强。而网络中原来控制力较强的企业,如三星,在这一阶段均有所下降,各个节点间控制力的差距开始减小。

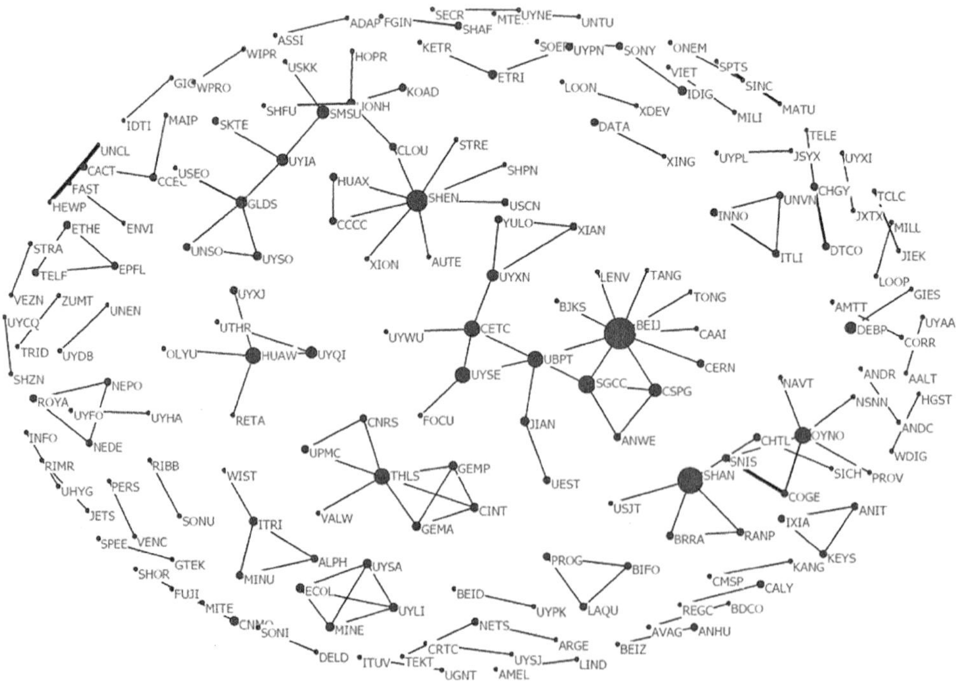

图 4.3　2016—2018 年专利合作网络图谱

通过Ucinet6.0分析,各节点间的接近中心性差距不大,证明5G移动通信技术的发展,整体合作网络呈现出去中心化的趋势,机构间合作沟通更加便捷。中介中心性研究发现,中介中心性指标最高的节点分别为：北京北方烽火科技有限公司(BEIJ)、清华大学(UYQI)、三星电子(SMSU),控制着网络中的大量信息。

4. 专利合作网络发展演化总结

从图 4.1 到图 4.3 可以看出,在第一阶段 2009—2013 年间,22 家领军企业中有 7 家没有进入合作网络,分别是美国电话及电报有限公司(AMTT)、OPPO(GDOP)、交互数字通信有限公司(IDIG)、英特尔(ITLC)、京瓷(KYOC)、三菱电子(MITQ)以及爱立信集团(TELF);2013 年,欧盟宣布将拨款以加快 5G 移动技术的发展,后续也将有更多的通信领军企业嵌入专利合作网络。

为了详细描述网络结构特征变化,本文利用社会网络分析软件 Ucinet,对三个阶段专利合作网络中的整体网络结构特征进行测度,结果如表 4.1 所示。

表 4.1　总体专利合作网络结构特征

阶段	网络规模	网络边数	联结次数	网络密度	网络中心势	平均路径长度	派系数量
阶段一	89	61	285	0.085 8	1.36%	1.436	9
阶段二	194	182	1 579	0.084 3	0.51%	2.809	8
阶段三	263	230	1 155	0.033 3	0.36%	4.917	22

由表 4.1 可以看出,随着三个阶段网络的演化和发展,网络规模不断扩大,从第一阶段的 89 扩张至第三阶段的 263,说明 5G 技术领域内的专利权人越来越重视专利合作,与越来越多的产学研机构展开专利合作。尤其是 2015 年中美相继宣布开始试用 5G 并逐步实现商用后,网络规模及边数呈现出高速增长态势。

网络联结次数表示网络内存在合作关系的各主体间实际合作的次数加总,网络边数指标表征网络中各专利权人之间存在合作关系,综合网络边数及联结次数可以看出,2009—2012 年间,5G 移动通信企业间参与技术合作的专利权人较少,且合作次数也较少。第二阶段专利合作组织与前一阶段相比有了大幅度的跃升,网络边数和联结次数分别增加了 3 倍和 5 倍,说明在这一阶段,5G 移动通信领域各个企业之间开始形成紧密且稳定的合作关系,知识交流和技术合作变得更加频繁。2016—2018 年间,虽然网络边数呈上升趋势,但是联结次数却较前一阶段下降了。这说明,随着技术饱和程度提高,5G 移动通信领域内虽然进入了新的合作者,但是总体合作水平有所下降。

从网络中心势、网络密度和平均路径长度三个指标也可以看出,从阶段一至阶段三,整体专利合作网络的网络密度呈持续下降趋势,说明在5G专利合作网络中,网络边数即新的合作关系增加速度小于网络规模即新的专利权人的扩张速度,进而导致网络的平均路径长度变长。网络中心势代表网络中心趋势的程度,网络中心势逐年降低同样意味着网络呈现出去中心化的趋势。这说明在全球范围内,5G移动通信技术领域专利合作网络仍较为稀疏,存在发展的空间。合作网络中新节点(专利权人)的加入反而导致节点间的沟通距离变远,节点间合作效率和信息传递效率存在下降的可能性,但合作仍是目前5G移动通信领域内各创新主体寻求进一步发展的合理途径。

派系是指至少包含三个节点的最大完备子图,派系是完备的,即其任何两节点间都直接相连,派系也是最大的,即无法向其添加新的节点。派系数量可以反映网络的整体连通性,5G移动通信企业专利合作三阶段的派系数量分别为9、8、22,表明在第三阶段,专利合作网络的连通性显著提高。但观察派系中的最大节点数量,三阶段分别为5、4、4,其规模变化不大,表明虽然整体网络的连通性有所上升,但相互连通的节点数量保持平稳,合作对象保持稳定,知识溢出会受到一定程度限制。预示在今后的专利合作中,不仅要保证知识传递流通性,也要进一步考虑企业之间扩大合作范围。

表4.2说明了三个阶段专利合作网络中度数中心度、紧密中心度、中间中心性及特征向量中心度的变化趋势。三个阶段的度数、紧密程度和中介中心性都有所下降,说明网络中节点增加的速度高于合作次数增加的速度,网络总体趋于更加分散的状态。

表4.2 三阶段中心度指标

阶　　段	度数中心度	紧密中心度	中间中心性	特征向量中心度
阶段一 (2009—2012)	1.84	1.12	0.02	3.76
阶段二 (2013—2015)	0.77	0.54	0.03	−2.76
阶段三 (2016—2018)	0.66	0.45	0.18	−2.90

领军企业在网络中并未总是占据核心地位。总体来说，三星公司（SMSU）展现出更强烈的与其他企业、研究机构及高校合作的趋势，而其余领军企业，在网络中更多体现出传递的作用。为进一步分析 5G 移动通信领域专利合作中重要节点的演化特征，本文结合社会网络分析的中心性指标分析方法，分别计算各个阶段专利权人的度数中心性、特征向量中心性以及中间中心性指标，衡量专利权人合作伙伴的数量、节点在网络中的影响力及其合作伙伴关键性判断，基于指标值分别挖掘出各个阶段中指标值前五的关键节点，如图 4.3 所示。

表 4.3　关键节点排名

阶　段	依据度数中心度	依据特征向量中心性	依据中间中心性
阶段一（2009—2012）	SMSU，FJIE，MATU，OSAG，TOHG	FJIE，MATU，OSAG，TOHG，TOKE	SMSU，UYKR，UYSE，NIDE，USKK
阶段二（2013—2015）	HUAW，GLDS，OYNO，SMSU，UBPT	GLDS，UYIA，SMSU，SGCC，SKTE	HUAW，UBPT，GLDS，CHGY，UYIA
阶段三（2016—2018）	BEIJ，SHAN，SHEN，SGCC，CETC	THLS，CINT，GEMA，GEMP，CNRS	BEIJ，UYQI，SMSU，SHAN，SHEN

由表 4.3 可知，在三个阶段内，在 5G 技术领域专利合作网络中占据关键位置的专利权人基本都是专利领军企业以及部分高校。这表明专利领军企业作为网络中最关键的节点，与其他众多节点之间存在着专利合作关系，是网络中知识扩散的核心。同时，众多高校在中间中心性的指标值较高，说明高校拥有较多的专利合作伙伴，处于知识信息传播和转移的中介位置。

同时还可以观察到，第一阶段三星占据相对中心的位置，第二阶段华为领先，第三阶段则为北京北方烽火科技有限公司领先。北京北方烽火科技有限公司与众多领军企业展开合作，因此在专利合作网络中占据较高的中心性。

综上所述，我们发现 2009—2018 年间，5G 移动通信领域专利合作网络的演化具有以下特点。

（1）整体合作网络密度呈下降趋势

网络密度由 2009—2012 年间的 0.085 8 到 2016—2018 年间的 0.033 3，降低了一倍多，说明网络中合作次数增加的频率低于专利权人增加的速度。由此可以推测，5G 移动通信领域中存在技术壁垒等限制，技术领先企业会减少合作研发。

(2) 网络呈现出去中心化趋势，不同主体间重要性程度区别降低

在网络发展的第一阶段，整体网络结构较为分散，只存在一个较大的子群，并且网络中只有三星(SMSU)这一个较明显的关键节点；在 2013—2015 年间，网络内分散聚类减少，合作节点和合作关系增多，网络中出现多中心，分别是华为(HUAW)和北京邮电大学(UYBT)。在 2016—2018 年期间，网络中分散聚类和孤立节点减少，但是中介中心性指标值差距也逐渐缩小，网络呈现出扁平化特征。

(3) 网络中不同主体间联系不断增强

专利权人之间合作申请的专利数量决定了主体间的联系强度。在 2009—2012 年间，各专利权人更倾向于独立研发，合作专利申请量较少，网络联系宽松；从 2013 年开始，专利权人之间的技术合作和知识交流逐渐密切，专利权人间联系的强度有所增加。尤其值得注意的是，在三个研究阶段中，第二阶段(2013—2015 年)的专利申请总量最大，专利权人间合作活动也最为活跃，产生的合作研发专利数最多。

(三) 专利领军企业个体网络演化分析

1. 专利合作“广度-深度”二维矩阵构建

本节主要探究 5G 移动通信领域内，领军企业在专利合作网络中展现出合作的能力和意愿上的差异性。因此，利用社会网络分析中对个体行动者的网络结构特征指标，主要是度数和联结次数指标，来揭示领军企业在不同发展阶段所展现出的网络结构的变化。

为了更直观地展现领军企业专利合作特征的演变趋势，本文结合前人[96]对个体网络特征的研究经验，构建了专利合作“广度-深度”二维矩阵。专利合作的广度以“度数中心度”指标来表征，表示与某一领军企业有过合作的其他产学研机构的个数。广度越高，说明网络中与这一企业直接相连的其他组织及个体就越多，而该企业在网络中的位置则更为关键。本文将专利合作深度定义为：合作深度=联结次数/度数。联结次数表示 5G 移动通信网络中某一行动者与网络中其他组织进行技术合作的总频次，联结次数越高，代表行动者之间技术合作活动越频繁。网络是主体及主体间关系组成的复杂系统，可以认为网络中的企业和与之存在直接联系的企业至少合作一次，因此，合作深度≥1。该指标值越大，说明这一技术主体与网络中其他主体的合作深度越深。

由此本文构建专利合作领军企业“广度-深度”二维矩阵，并分别考察 22 家专利领军企业的相关数据，以行业平均水平为分界线，将领军企业划分为四种类

型。其一是“高广度-高深度”(HH)类型，位于这一象限中的企业合作深度和合作广度都较高，在网络中处于核心位置，与其他企业合作交流较广泛且深入；其二是“高广度-低深度”(HL)类型，此类与网络中众多企业展开合作，但合作并不深入，技术交流范围广但深度有限；其三是“低广度-高深度”(LH)类型，这类企业聚焦行业内的某一子领域，鲜少与外界企业进行合作，但保有深度交流合作的少量企业；最后是“低广度-低深度”(LL)类型，这类企业鲜少与外界开展合作，即使发生了合作，也仅仅局限于表层的知识交流，是网络中边缘的节点。

根据专利合作“广度-深度”二维矩阵，本文分别考察了领军企业三阶段合作网络的演化特征并绘制图表，见图 4.4—图 4.6。其中，矩阵中的横坐标表示合作广度，纵坐标表示合作深度，以领域内平均广度、深度指标值作为划分依据。通过计算及图表可知，随着整体网络结构的演化发展，网络中平均合作广度和深度逐渐提升，证实网络中知识交流与技术协作更为频繁和深入。

2. 领军企业专利技术合作创新网络模式

(1) 2009—2012 年 5G 移动通信专利技术合作创新网络模式

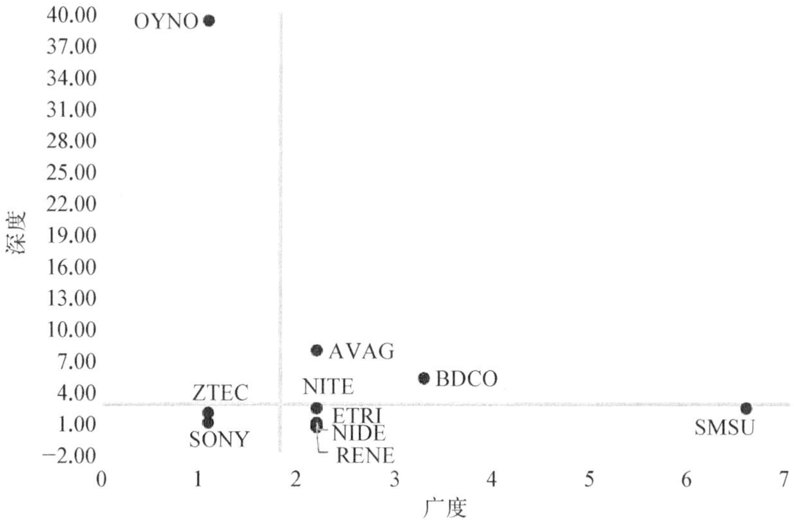

图 4.4　2009—2012 年领军企业专利合作“广度-深度”二维矩阵

由图 4.4 可以看出，在 2009—2012 年间，由于 5G 移动通信领域合作申请的专利总量较少，使得领军企业专利合作广度与深度均维持较低水平，只有三星(SMSU)具有较高的合作广度，其合作规模较为庞大。诺基亚(OYNO)具有较高的合作深度，处于 LH 象限，与行业内某几家企业进行深度合作，具有较为稳定的合作关系。安华高科技(AVAG)及美国博通公司(BDCO)各方面表现较为均衡,位于HH象限,其合作深度和广度均高于行业平均水平。大部分领军企业均处于HL象限,这类领军企业与行业内较大的高校、科研机构及其他企业展开合作,但合作深度并不高,合作规模较小。而中兴(ZTEC)和索尼(SONY)虽技术活跃度和技术影响力较高,是行业内的领军企业,但与其他企业合作的规模和次数都低于行业平均合作水平。

同时,除了以上领军企业,在2009—2012年间,技术活跃度及技术影响力保持较高水平的企业还有华为(HUAW),但在这一阶段,华为并未与其他企业展开专利合作,其专利申请全部为独自研发或与其子公司进行合作研发。

(2) 2013—2015年5G移动通信专利技术合作创新网络模式

在2013—2015年间,5G移动通信领域产学研机构间合作专利申请以及领军企业合作专利申请量均呈现出爆发式增长的态势,22家领军企业中共有15家企业与其他企业、高校及研究机构发生过专利合作,其专利合作广度-深度分布见图4.5。从"广度-深度"二维矩阵中可以看出,领军企业的合作网络模式呈现出差异化特征。

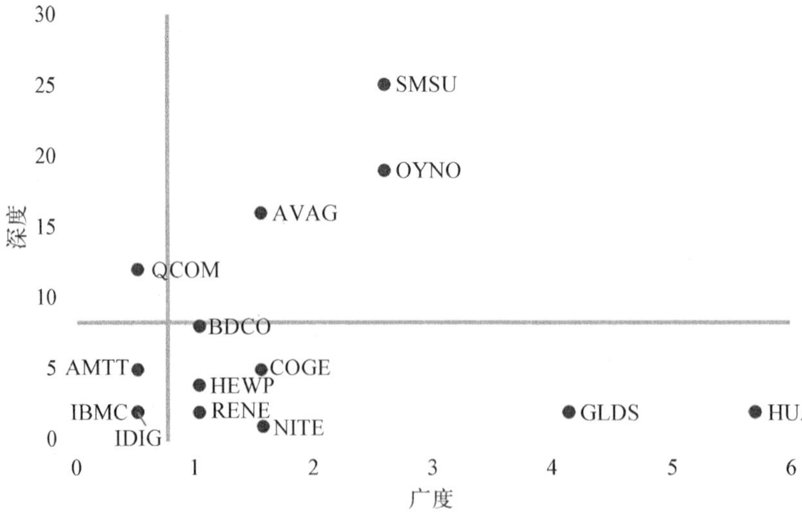

图4.5 2013—2015年领军企业专利合作"广度-深度"二维矩阵

总体上说,较之前一阶段,2013—2015年期间,企业间的合作深度和广度有大幅度提高。大部分领军企业位于HL象限,说明网络中领军企业具有较高的合作广度,掌握着网络中主要的知识资源,占据着网络中的重要节点位置,在

HL象限中较为突出的是华为公司(HUAW)和韩国LG公司(GLDS),其合作的广度远高于其他领军企业,是网络中重要节点,是知识和信息传递中心。但这两家企业的专利合作深度远低于行业平均水平,说明这两家企业知识交流广泛但缺乏深度。这一阶段HH象限中的节点有所增加,除了阶段一的安华高科技(AVAG)和美国博通公司(BDCO),三星电子(SMSU)和诺基亚(OYNO)也表现出高广度-高深度的特点,表明这是专利合作网络中的核心节点,对于推动5G移动通信领域的专利合作网络发展具有至关重要的作用。

(3) 2016—2018年5G移动通信专利技术合作创新网络模式

第三阶段,共有14家领军企业与其他组织进行了专利合作。在这一阶段,领军企业都扩大了与其他企业的合作规模,所有领军企业的专利合作广度均高于行业平均水平,14家领军企业均处于HH与HL象限(图4.6)。其中,华为(HUAW)表现突出,其合作广度和深度均高于其他领军企业,成为最突出的节点。而之前领先的博通公司(BDCO)三个阶段的合作广度和深度均不断下降。

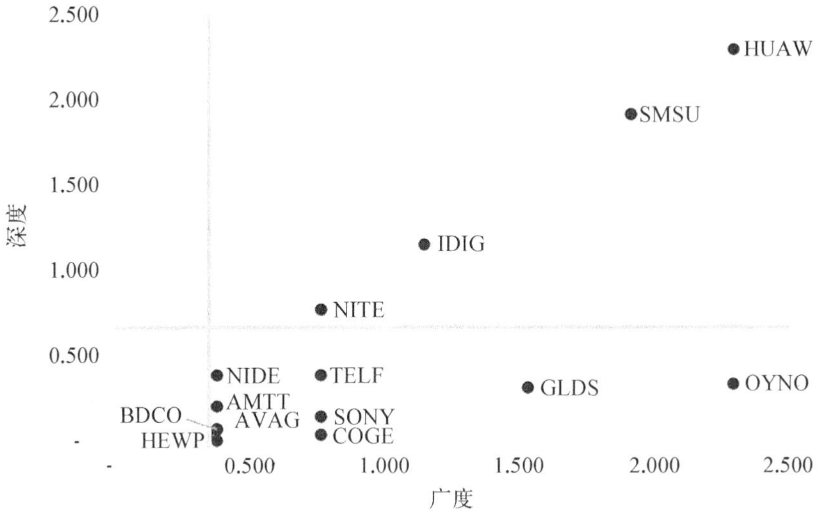

图4.6　2016—2018年领军企业专利合作"广度-深度"二维矩阵

3. 专利领军企业个体网络演化总结

由5G移动通信领军企业专利合作网络的结构演化可知,各个领军企业合作模式各不相同,各有其特点。2009—2012年间,由于专利合作水平较弱,大部分领军企业专利合作的广度和深度都较弱,局限于企业内部独立研发,行业内部知识交流的广度和密集程度都较低。2013—2015年期间,伴随着全球范围内对

5G移动通信领域的重视，相应的扶持力度不断加大，相关的专利合作申请总量迅速攀升，越来越多产学研等相关机构参与其中，而领军企业的表现也可圈可点，尤其是三星（SMSU）以及诺基亚（OYNO），其合作强度和广度均较大。我国企业华为（HUAW）虽具有较强的合作广度，知识交流广泛，但合作深度较低，暂未形成固定的专利合作子网。第三阶段（2016—2018），随着领域内技术趋向于饱和，专利申请总量有所下降，但领军企业都表现出较高的合作意愿，合作广度均高于行业领军水平，行业内出现明显的知识溢出，这也直接影响了5G移动通信领域的专利合作网络演化。在第三阶段，专利合作呈现出去中心化的趋势，企业间均加强专利合作和知识联络。

五、中国5G移动通信企业发展对策

（一）我国5G移动通信领军企业发展现状

之前，我国移动通信产业发展一直处于落后追赶的状态，虽曾经拥有第三代移动通信技术标准TS-SCDMA，但商用后市场反应差，很快便被取代。在4G时代，我国开始赶上甚至超越了部分通信强国的发展水平。随着5G逐步实现商用，物联网及万物互联时代到来，用户应用场景不断扩张，使用设备出现爆发式增长，4G技术已无法有效承载和适应场景的发展。

我国移动通信市场庞大且增速快，同时，国家出台相关政策大力扶持移动通信产业发展，移动通信技术在我国有良好的发展空间。各行业的信息化建设，手机、互联网、物联网等的发展均为移动通信产业提供巨大的推动力。目前，制约我国移动通信产业发展的主要难题有：技术标准、信息安全和核心技术短板[97]。在全球5G移动通信网络发展进程中，最关键的是要突破技术研发瓶颈，建立我国移动通信技术核心技术库，进而创造具有独立知识产权的5G技术标准。

根据前文对领军企业的分析，在如今5G产业全球激烈竞争的背景下，我国在5G领域仍具有一定的优势。中国阵营的领军企业，如华为（HUAW）、中兴（ZTEC），都表现出强劲的技术研发实力，专利申请数量及技术影响力均居于全球领先。然而，中国阵营的领军企业，其技术研发合作程度却各不相同。在过去十年内，华为（HUAW）逐步崛起，在行业内占据核心地位，其研发合作活动也趋于频繁；而中兴（GDOP）和OPPO（GDOP）与其他企业、研究机构等合作不活跃，更倾向于独立自主研发，以及专利引进。

本章根据我国企业在5G移动通信领域内的技术竞争实力和发展位势，并结合当前移动通信产业发展现状，对5G技术未来发展提供建议。而对本国相关企业而言，也可与我国领军企业进行对比，识别发展差距，并制定符合自身实际情况的发展道路。

（二）我国5G移动通信产业提升策略

1. 合理搭建技术结构

我国5G移动通信产业虽具有一定优势，但多局限于特定技术子领域中，如H04L（数字信息的传播）、H04W（无线通信网络），在整体技术发展中，或多或少存在着技术比较优势不明显、专利申请占比较低、缺乏吸引力等结构性问题。因此，若想提高我国企业技术竞争力，首先便需要解决我国移动通信企业技术发展的结构性问题，弥补在某些技术子领域中的不足，从而为我国通信产业技术升级和技术进步提供足够的内力及吸引力。

若要实现产业技术升级，首先应把握未来技术发展趋势。只有当企业个体与产业技术发展趋势相一致时，才能更精准地贴合市场发展需求。因此，我国5G移动通信企业在专注自身技术进步的同时，需密切关注全球范围内技术发展趋势变化，紧跟产业技术走向。当企业技术发展趋势与行业发展不一致时，企业需合理调整本企业研发投入，并重新审视本企业的技术结构，以使本企业技术活动与行业步伐保持一致。而当企业技术发展方向与产业发展保持一致时，能够更好地迎合市场需求，也能获得更高的技术效益。例如，华为在布局5G相关技术时，识别行业内无线通信发展的新趋势，布局了大量相关专利。在这一子领域，华为占据了绝对优势，保证其企业产品能够更好迎合市场，满足消费者需求。

其次，必须大力提高我国企业技术研发投入。在我国，中兴和华为在研发投入上占到了总收入的10%～20%，远超其他企业的研发投入，这两家企业的专利数量也十分可观，竞争力不断增强。当然除了高额的技术研发费用，技术研发投入还表现为企业对技术的重视。因此，企业在进行研发投入时，还需注重营造鼓励创新、重视技术的企业文化，倡导自主研发，激发员工自主创新，发挥主观能动性。只有大力加强技术研发投入，创造更多有价值的技术产出，企业才能够降低技术对外依赖度，形成有利于本企业发展的技术布局。

最后，企业必须重视科研人才的储备和培养。科研人才是推进技术进步和实现技术成果转化的中坚力量，是企业技术发展的重要资源。2018年，华为公司从事技术研发的员工超8万名，占总人数的45%以上，正是因为大量技术人员的共同努力，华为累积了大量专利，逐渐发展为5G领域领先企业。作为一个技术密集型行业，5G移动通信领域内的企业必须大力加强人才队伍建设，关注技术人才培育和储备。通过各种手段激发技术人才研发积极性，设立各类职业技术培训以不断提升技术员工的知识储备，亦可与各类科研机构进行深度合作，打造产学研相结合的人才培养体系。只有解决了人才流失和人才匮乏的问题，保障企业技术人才供应，才可避免因技术人才问题限制企业发展。

2. 促进专利技术标准化

5G移动通信系统具有网络外部性，即该系统的价值体现为外部使用该网络的人数，用户数量越大则系统价值越高。而从移动通信网络的发展历程来看，全球范围内，移动通信技术标准越来越趋于同一，实现全球统一标准指日可待，因此促进专利标准化一定优于多重标准。标准的不一致容易导致各标准间的不兼容，以及人力、物力等资源的浪费，这是一种不经济的选择。

专利标准化也是企业实现长远发展的必经之路。专利标准的建立，意味着建立者在该领域的地位，其他企业均需以此标准进行后续的技术创新研发。在移动通信领域，我国发展起步晚，在3G、4G时代需遵循其他国家制定的标准，技术创新仍以模仿为主，长期受限于国外的先进技术，极易引发知识产权纷争。而在5G时代，以华为、中兴为首的移动通信企业提高自主研发力度，获取了一定的竞争优势。下一步仍需巩固技术优势，建立我国的专利技术标准。

同时，我国企业在扩大技术积累，弥补前期技术不足的过程中，不仅要追求专利申请数量，且应关注专利申请质量，尤其要重视基础专利的申请。基础专利指能够开辟新技术领域的专利，是新技术领域的基石。此类专利的研发，需要技术人员的大量心血和企业高额的研发投入，对企业而言至关重要。一旦企业拥有了某项基础专利的授权，意味着企业在该市场上拥有了主导权，其他企业均将受制于基础专利所有权人。因此，企业必须致力于基础专利的研究和开发。

3. 加强企业间专利合作

在移动通信领域，我国虽然有一批领军企业如华为、中兴、OPPO，但整体研发实力仍有限，已有的技术积累与国外相比，仍存在较大差距。技术合作广度、深度保持较高水平的企业，其技术能力普遍高于其他企业。这是因为单一一家企业的研发投入和研发精力是有限的，必然存在企业所不能及的技术短板和限制，而企业间的合作，能够在一定程度上解决单一企业技术有限性的问题。

华为、中兴与OPPO的对外专利合作中，高校都占据了较高比例，说明高校对企业专利合作具有较深影响。这是由于企业间合作无法避免地存在专利权归属划分以及专利使用等方面的分歧或冲突，而科研院所、高校等掌握了较多高层次的人才，研发实力雄厚，往往也掌握了国际领先的相关技术，因此，开展与高校及科研院所间的合作是企业专利合作的必然趋势和选择。

目前，针对企业间的合作，可采用专利联盟以及技术交叉许可等方式，深化企业间技术互动和合作。专利联盟能够通过对联盟企业专利进行统一管理，构建专利组合，形成一定的技术壁垒。不仅能够节省联盟企业技术成本，也能够在较短时间内改变企业的竞争地位。技术交叉许可是指合作各方将各自的专利技术使用权互相授权使用，能够在一定程度上减少同行业竞争对手的技术妨碍，有效防止相互侵权，促进合作各方共同进步。

合作是 5G 移动通信领域技术发展的必然方向，我国企业通过各种手段加强技术沟通与合作、共享技术成果、降低开发成本、互利共赢，从而在全球范围内占据竞争优势。

六、结论与讨论

伴随着数字经济时代的到来，5G 移动通信技术的发展已经备受各国关注；研究 5G 移动通信领域的专利合作网络演化机理，并探究领军企业技术合作意愿和能力，对于促进 5G 移动技术产业的进一步发展具有重要意义。

通过参阅已有的文献资料，本文构建了一套识别产业领军企业的标准体系。以专利申请量作为技术活跃度指标，以专利被引频率作为技术影响力指标，将 2009—2018 年 5G 移动通信领域专利发展情况区分为三个阶段，并分别识别各阶段的专利领军企业，共得到专利领军企业 22 家，分别是：美国电话及电报有限公司、安华高科技、博通公司、阿尔卡特朗讯公司、OPPO、韩国 LG 集团、惠普、华为、IBM、交互数字通信有限公司、英特尔、京瓷、三菱电子、日本电气、日本电话电报公司、诺基亚、高通、瑞萨公司、三星电子、索尼、爱立信集团、中兴。在此基础上，进一步建立领军企业专利技术合作网络，并从专利合作的深度和广度两个方面对领军企业技术合作意愿和能力进行可视化分析，现总结如下。

(1) 从行业内技术研发重点来看，领军企业技术研发的方向是全行业的核心技术领域及未来研发的方向。在 2009—2018 年，主要技术研发方向从 H04W（无线通信网络）和 H04B（传输）转向 H04L（数字信息的传输），H04L（数字信息的传输）技术属于下一代通信网络、三网融合等信息技术中的重要研究内容，因此受到了各领军企业的广泛关注。

(2) 5G 移动通信领域的专利合作网络演化过程呈现出明显的阶段性特征，

且各阶段的网络结构演化具有较大的差异性。2009—2012年间，网络中专利合作较少；2013—2015年间，专利合作总量大幅上升，领军企业合作模式呈现出差异化分布；2016—2018年间，企业专利申请量趋于稳定，领军企业合作广度均高于行业平均水平，行业内知识流动较为频繁和便捷，网络呈现出去中心化态势。

（3）我国的5G移动通信技术发展态势较好，领军企业具有较强的技术积累，但是技术质量有待提升，技术竞争力相对较弱。华为公司是中国5G技术的领先者，同时在世界范围内也保持着领先地位。

由于个人能力所限，本文在写作的过程中，仍存在诸多不足。

（1）本文以DII公开的专利数据库作为数据来源，利用专利分析法进行数据搜集和整理。但无法避免的，检索结果无法完全覆盖每一个相关专利，精确度仍有待提高。此外，专利只是技术研发活动的一种表现形式，以专利表示企业间的所有合作情况，易出现遗漏。在后续研究中可以考虑增加企业合作的表征形式，使专利合作网络覆盖的范围更广，内容更丰富，其研究结果也会更加准确。

（2）本文根据5G移动通信领域的发展状况将网络划分为三个阶段，具有较大的主观性。并且，本文尚未考虑网络密度提高给网络效率优化带来的影响，后期也可以尝试从技术生命周期出发，研究5G关键技术的技术路线图。作者会在后续更深入地研究这些问题。

参考文献

[1] GRILICHES Z. Patent statistics as economic indicators: a survey[J]. Journal of Economic Literature, 1990, 28(4): 1661-1707.

[2] FREEMAN C. Networks of innovators: a synthesis of research issues[J]. Research Policy, 1991, 20(5): 499-514.

[3] 刘友华，李雨维.第五代移动通信技术专利情报分析及战略[J].科技管理研究，2016，36(9)：155-160.

[4] ANDREWS JG, BUZZI S, CHOI W, et al. What will 5G be? [J]. IEEE Journal on Selected Areas in Communications, 2014, 32(6): 1065-1082.

[5] 肖国华，牛茜茜.专利价值分析指标体系改进研究[J].科技进步与对策，2015，32(5)：117-121.

[6] NARIN F. Patents as indicators for the evaluation of industrial research output[J]. Scientometrics, 1995, 34(3): 489-496.

[7] NARIN F, OLIVASTRO D. Linkage between patents and papers: an interim EPO/US comparison[J]. Scientometrics, 1998, 41(1-2): 51-59.

[8] VERBEEK A, DEBACKERE K, LUWEL M, et al. Linking science to technology: using bibliographic references in patents to build linkage schemes[J]. Scientometrics, 2002, 54(3): 399 - 420.
[9] CHEN D, LIN WC, HUANG M. Using essential patent index and essential technological strength to evaluate industrial technological innovation competitiveness[J]. Scientometrics, 2007, 71(1): 101 - 116.
[10] 栾春娟,王续琨,刘则渊,等.专利计量研究国际前沿的计量分析[J].科学学研究,2008(2): 334 - 338.
[11] 乐思诗,叶鹰.专利计量学的研究现状与发展态势[J].图书与情报,2009(6): 63 - 66.
[12] 黄庆,曹津燕,瞿卫军,等.专利评价指标体系(一)——专利评价指标体系的设计和构建[J].知识产权,2004(5): 25 - 28.
[13] 高继平,丁堃,潘云涛,等.技术领域中的专利知识群分析——以SIPOD中的H04L领域为例[J].情报理论与实践,2015,38(6): 83 - 87.
[14] 刘桂锋,卢章平,刘琼,等.基于社会网络分析的江苏省高校产学研专利合作研究[J].情报杂志,2015,34(1): 122 - 126.
[15] 郑伟.Derwent Innovations Index数据库的主要特点及其检索方法[J].中国索引,2009,7(1): 56 - 60.
[16] 唐健辉,叶鹰.3G通讯技术之专利计量分析[J].图书与情报,2009(6): 70 - 73.
[17] 赵黎明,高杨,韩宇.专利引文分析在知识转移机制研究中的应用[J].科学学研究,2002(3): 297 - 300.
[18] 吕一博,韦明,林歌歌.基于专利计量的技术融合研究: 判定、现状与趋势——以物联网与人工智能领域为例[J].科学学与科学技术管理,2019,40(4): 16 - 31.
[19] NARIN F. Patent bibliometrics[J]. Scientometrics, 1994, 30(1): 147 - 155.
[20] BROCKHOFF K K. Instruments for patent data analyses in business firms[J]. Technovation, 1992, 12(1): 41 - 59.
[21] GRANDJEAN N, CHARPIOT B, PENA CA, et al. Competitive intelligence and patent analysis in drug discovery: Mining the competitive knowledge bases and patents[J]. Drug Discovery Today: Technologies, 2005, 2(3): 211 - 215.
[22] 石媛媛.基于专利数据的太阳能电池技术发展现状与对策研究[D].北京: 北京工业大学,2013.
[23] 李海丽,李玲,曹静.全球太阳能产业专利地图分析[J].科技管理研究,2013,33(22): 152 - 156.
[24] 贡金涛,魏晓峰.基于社会网络分析的专利合著网络研究——以风力发电技术领域在华专利为例[J].情报杂志,2013,32(11): 37 - 42.
[25] 余翔,蒋文光.我国纳米科技产业专利战略研究[J].软科学,2004(2): 31 - 34.
[26] 马虎兆,何静,李春成.基于专利地图的我国RFID技术领域专利态势分析[J].情报杂志,2012,31(8): 50 - 56.
[27] 宓翠,袁旭梅,孟卫东.基于专利地图技术的我国风电产业专利竞争情报研究[J].情报杂志,2010,29(11): 39 - 43.

[28] 栾春娟.全球电动汽车产业专利计量分析[J].技术与创新管理,2011,32(2): 114 - 116.

[29] 金泳锋.高技术产业专利态势与绩效及专利风险研究[D].武汉: 华中科技大学,2009.

[30] 邹曼莉,李宏轩.试论知识组织与知识创新[J].图书情报工作,2002(1): 41 - 44.

[31] HOLGER E. Patent applications and subsequent changes of performance: evidence from time-series cross-section analyses on the firm level[J]. Research Policy, 2001, 30(1): 143 - 157.

[32] 王贤文,刘则渊,侯海燕.基于专利共被引的企业技术发展与技术竞争分析: 以世界 500 强中的工业企业为例[J].科研管理,2010,31(4): 127 - 138.

[33] ALBERT M B, AVERY D, NARIN F, et al. Direct validation of citation counts as indicators of industrially important patents[J]. Research Policy, 1991, 20(3): 251 - 259.

[34] NARIN F, NOMA E, PERRY R. Patents as indicators of corporate technological strength[J]. Research Policy, 1987, 16(2): 143 - 155.

[35] ELLIS P, HEPBURN G, OPPENHEIM C. Studies on patent citation networks[J]. Journal of Documentation, 1978, 34(1): 12 - 20.

[36] Nunn H. A patent-journal citation network on prostaglandins [J]. World Patent Information, 1980, 2(2): 57 - 60.

[37] TRIPPE A J. Patinformatics: tasks to tools[J]. World Patent Information, 2003, 25 (3): 211 - 221.

[38] 陈良兴,赵晓庆,郑林英.基于专利信息分析的企业技术创新能力评价——以通信企业为例[J].科技与经济,2012, 25(1): 37 - 41.

[39] 龚关.基于 BP 网络的企业信息能力评价研究[J].情报科学,2014,32(9): 95 - 99.

[40] 李姝影,方曙.公司层面的专利组合分析方法研究及实证分析[J].情报杂志,2014,33 (3): 39 - 43.

[41] ERNST H. Patent information for strategic technology management[J]. World Patent Information, 2003, 25(3): 233 - 242.

[42] 余翔,詹爱岚.我国移动通信产业专利分析及对策研究[J].科学学与科学技术管理,2004 (5): 78 - 82.

[43] LI X, SHEN J. Visualization Analysis on Key Technologies of Technical Evolution-In the field of 3G Mobile Communication[C]//. LIU X H, ZHANG K F, LI M Z, ed. Advanced Materials Research, 2013: 2394 - 2399.

[44] 沈君.知识网络视角的专利技术主题结构分析[D].大连: 大连理工大学,2012.

[45] 刘灿.移动通信企业技术标准许可定价研究[D].长沙: 湖南大学,2013.

[46] 周丽惠.我国通信技术标准化中的专利权问题研究[D].武汉: 华中科技大学,2013.

[47] MEI H, CHE JL, LO S, et al. Does technological standardization enhance or inhibit firm's capabilities? Research on dynamic capabilities in the mobile communication market [C]//. Picmet 2010 Technology Management for Global Economic Growth. 2010. 1 - 8.

[48] PARK W, LEE B N, Lee Y G. Standards Essential Patent (SEP) related recent issue and SEP trend analysis[C]. IEEE - SA. 2013. 803 - 808.

[49] 詹爱岚,王小勇.欧盟视野下的移动通信产业标准与专利策略——以 GSM 和 UMTS 标

准中的企业战略为实证[J].知识产权，2007(1)：42－47.
[50] 任声策，宣国良.技术标准中的企业专利战略：一个案例分析[J].科研管理，2007(1)：53－59.
[51] 林聚任.论社会网络分析的结构观[J].山东大学学报(哲学社会科学版)，2008(5)：147－153.
[52] 曹霞，宋琪.产学合作网络中企业关系势能与自主创新绩效——基于地理边界拓展的调节作用[J].科学学研究，2016，34(7)：1065－1075.
[53] 王夏洁，刘红丽.基于社会网络理论的知识链分析[J].情报杂志，2007，(02)：18－21.
[54] XU L, GAO Y, CAO M. Research on innovative performance model of the productive service industry cluster based on the process of network innovation[C]//. XU Q, LI Y, YANG X, ed. Advanced Materials Research. 2014. 3054－3060.
[55] XING L. Research on knowledge diffusion in cluster innovation network based on social network theory[C]//. YARLAGADDA P, YANG S F, LEE K M, ed. Applied Mechanics and Materials. 2013. 262－265.
[56] GRANOVETTER M. The strength of weak ties: a network theory revisited[J]. Sociological Theory, 1983, 1: 201－233.
[57] COLEMAN J S. Social capital in the creation of human-capital[J]. American Journal of Sociology, 1988, 94: 95－120.
[58] 刘庆林，綦建红.国际贸易社会网络理论研究综述[J].经济学动态，2004(7)：96－99.
[59] 边燕杰，丘海雄.企业的社会资本及其功效[J].中国社会科学，2000(2)：87－99.
[60] 刘军.整体网分析讲义：UCINET软件实用指南[M].上海：上海人民出版社，2009.
[61] 周晔，潘美娟，周源，等.社会网络分析在专利知识网络中的应用[J].科技进步与对策，2015，32(18)：138－144.
[62] 刘萍.基于异构社会网络的知识社区挖掘及学者相似度研究[M].北京：科学出版社，2016.
[63] 闫超栋，马静.中国省际信息化的空间关联及其影响因素分析[J].情报科学，2017，35(6)：145－153.
[64] 魏龙，党兴华.非对称视角下技术创新网络社群结构涌现及其对双元创新的影响研究[J].运筹与管理，2017，26(10)：188－199.
[65] NEWMAN M E J, GIRVAN M. Finding and evaluating community structure in networks[J]. Physical Review, 2004, 69(2): 26－113.
[66] WOLFE A W. Social network analysis: methods and applications[J]. American Ethnologist, 1997: 24.
[67] NEWMAN MEJ. Detecting community structure in networks[J]. European Physical Journal B, 2004, 38(2): 321－330.
[68] 杨桂婵.基于凝聚子群分析的企业内部合作团队的选择[J].科技情报开发与经济，2015，25(19)：109－112.
[69] 王贝贝，汪涛.我国生物技术知识网络结构的时空演变研究[J].软科学，2013，27(11)：38－43.

[70] 温芳芳.专利引文视阈下企业技术影响力的测度与比较——以“世界500强”汽车企业为例[J].情报杂志,2018,37(9): 58 - 63.

[71] 温芳芳.基于德温特专利族计量的太阳能汽车技术全球专利布局研究[J].科技管理研究,2016,36(22): 134 - 138.

[72] 马艳艳,刘凤朝,孙玉涛.中国大学专利被企业引用网络分析——以清华大学为例[J].科研管理,2012,33(6): 92 - 99.

[73] 马艳艳,刘凤朝,孙玉涛.中国大学—企业专利申请合作网络研究[J].科学学研究,2011,29(3): 390 - 395.

[74] GRESS B. Properties of the USPTO patent citation network: 1963—2002[J]. World Patent Information, 2010, 32(1): 3 - 21.

[75] 石军伟.社会资本与企业行为选择:一个理论框架及其在中国情境中的实证检验[M].北京:北京大学出版社,2008.

[76] 张端阳,肖国华.基于社会网络分析的企业专利情报分析[J].情报杂志,2013,32(6): 34 - 39.

[77] 向希尧,蔡虹.基于专利引用的社会网络分析在知识管理研究中的应用[J].管理学报,2012,9(4): 562 - 569.

[78] 叶春霞,余翔,李卫.企业间专利合作的多学科知识网络研究[J].情报杂志,2013,32(4): 113 - 120.

[79] INOUE H, SOUMA W, TAMADA S. Spatial characteristics of joint application networks in Japanese patents[J]. Physica A: Statistical Mechanics and its Applications, 2007, 383(1): 152 - 157.

[80] INOUE H, SOUMA W, TAMADA S. Analysis of cooperative research and development networks on Japanese patents[J]. Journal of Informetrics, 2010, 4(1): 89 - 96.

[81] ZHENG J, ZHAO Z, ZHANG X, et al. International collaboration development in nanotechnology: a perspective of patent network analysis[J]. Scientometrics, 2014, 98(1): 683 - 702.

[82] 陈云伟,方曙.社会网络分析方法在专利分析中的应用研究进展[J].图书情报工作,2012,56(4): 90 - 95.

[83] 刘彤,郭鲁钢,杨冠灿.基于动态网络分析的专利合作网络演化分析——以纳米技术为例[J].情报杂志,2014,33(11): 88 - 93.

[84] 陈琼娣.专利计量指标研究进展及层次分析[J].图书情报工作,2012,56(2): 99 - 103.

[85] HSUEH C, WANG C. The use of social network analysis in knowledge diffusion research from patent data[C]//. 2009 International Conference on Advances in Social Network Analysis and Mining, ASONAM 2009: 393 - 398.

[86] 陈云伟.引文网络演化研究进展分析[J].情报科学,2016,34(8): 171 - 176.

[87] 王博,刘盛博,丁堃,等.领军企业在产业技术发展中作用研究[J].科学学研究,2017,35(6): 863 - 872.

[88] 张晨.专利检索新策略——关键词与分类号相结合[J].科技情报开发与经济,2014,24(13): 112 - 113.

[89] 庞德良,刘兆国.基于专利分析的日本新能源汽车技术发展趋势研究[J].情报杂志,2014,33(5):60-65.
[90] 肖翔,赵辉.基于专利计量的5G通信企业竞争态势分析[J].电信工程技术与标准化,2017,30(10):47-53.
[91] 卞志昕,顾震宇,路炜,等.基于模糊分析法的专利竞争力模型初探与应用[J].科技进步与对策,2010,27(1):115-118.
[92] NARIN F, BREITZMAN A. Inventive productivity[J]. Research Policy, 1995, 24(4): 507-519.
[93] BREITZMAN A, THOMAS P. Using patent citation analysis to target/value M&A candidates[J]. Research-Technology Management, 2002, 45(5): 28-36.
[94] 丁堃,曲昭,张春博.比较视角下的中美银行专利计量分析和创新对策研究[J].科研管理,2014,35(9):138-146.
[95] 陈丽君.上海市科技型中小企业合作创新网络演化研究[D].上海:上海师范大学,2018.
[96] 刘凤朝,马荣康,姜楠.基于"985高校"的产学研专利合作网络演化路径研究[J].中国软科学,2011(7):178-192.
[97] 梁张华.我国5G产业发展面临的困境及策略建议[J].通信管理与技术,2018(5):9-11.

第四篇

创新生态系统合作机制研究

——以中国汽车产业在华德企为例

李倩雯

一、绪论

（一）研究背景

文明的演化、社会的进步，其背后皆以创新为驱动力。一直以来，技术革新推动着全球的发展，成为个人、企业、产业、国家竞争优势的重要驱动因素，并对社会及经济发展起着不可替代的作用。然而，随着信息化及全球化的迅猛发展，企业、产业、区域乃至一个国家的创新活动很难在原本封闭的系统中独立展开，创新过程的复杂性、创新结果的不确定性亦随之提升。

Chesbrough 提出的开放式创新[1]，为创新管理提供了一种全新的思考范式。开放式创新打开了管理者的思路，让他们意识到企业技术创新可以通过同时利用内外部互补型的创新资源实现。越来越多的企业或组织寻求与外部创新伙伴协同合作创新，逐渐发展成相互合作、相互依存的关系。这种共生演化的关系，以及各创新主体间信息、资源、知识流通的过程都表明组织间的创新合作呈现出“生态化”的特点，创新生态系统的概念应运而生。创新生态系统是企业、高校、科研机构、孵化器等多个创新主体之间，基于技术、人才、市场、文化等共同的创新要素而形成彼此依赖、协同创新实现价值共创的一种组织体系[2]。生态化、共生共赢的创新生态系统成为近 10 年来创新系统发展及创新战略研究的新趋势。作为新的创新范式，创新生态系统为企业与区域或产业内其他创新主体的创新合作提供了新思路。

汽车产业是典型的创新驱动型产业，而汽车技术创新承载着提升国家产业竞争优势的战略使命。2020 年 2 月，国家发改委等 11 部委联合发布了《智能汽车创新发展战略》[3]，规划了未来 30 年智能汽车发展方向，提出要全面建成更加完善的中国标准智能汽车体系。其中六大任务包括了要构建协同开放的智能汽车技术创新体系和跨界融合的智能汽车产业生态系统，从技术和产业层面对汽车产业创新生态系统的发展提出了相应的措施。同时，发改委指出，将鼓励外资企业积极参与智能汽车产业发展，重点投向智能汽车关键技术研发等领域。

当前，各大汽车行业内的外资企业纷纷意识到构建或参与创新生态系统的意义及必要性，不断加大在中国的技术投入和资金投入。其中，在华德企的参与度及积极性较高。戴姆勒于2016年与加速器 Plug and Play 合作打造创新生态系统,并于2017年开启其在中国的创新加速营项目。宝马2018年起在中国引入其"宝马初创车库"项目,通过孵化器的形式与本土有潜力的初创公司进行创新合作,将它们视为宝马在华打造开放创新生态的重要组成部分。巴斯夫与博世、普华永道及蔚来汽车同样就面向初创企业的孵化器项目进行合作。保时捷成立了全资子公司——保时捷数字化技术公司,并在华设立分公司,积极拓展与初创公司的合作,并与同济大学签署了合作备忘录……由此可见,越来越多的汽车行业外资企业开始挖掘与其他创新主体的合作潜力,推进其在中国的创新战略,持续助推汽车产业的发展。然而,它们也面临一系列挑战,只得小马过河式地在摸索中前进,不断探索企业在中国参与创新生态系统合作的策略与模式。若企业了解如何与创新生态系统中的其他伙伴产生连接,如何选择适合的企业发展成为合作对象并采取恰当的合作模式,将有助于加速企业间的创新合作,从而促进整体创新生态系统及产业的发展。因此,迫切需要对创新生态系统的合作机制开展研究。

目前,对创新生态系统的研究仍不够成熟,相关研究主要从企业、产业、区域、国家等层面展开,研究方向主要集中在以下四个方面:① 对创新生态系统方法模型和理论框架构建的相关研究;② 对创新生态系统构成及运行机制的探讨;③ 针对某一创新生态系统的演化过程的研究;④ 对创新生态系统的评价的研究。多数研究缺乏具体产业情境,且尚未系统性地对企业与创新生态系统中其他创新主体的合作机制进行分析研究。基于以上研究现状,本文以中国汽车产业的在华德企为例,采用质性研究方法,对企业在创新生态系统中的合作机制进行研究探讨。

(二) 研究目的及意义

1. 研究目的

创新生态系统逐渐成为创新管理领域所关注的研究方向,尤其在全球化经济变革的当下,组织间的竞争已逐步演变为其创新能力之争,如何理解、构建并利用创新生态系统受到广泛关注。虽然企业已经逐步意识到与外部创新伙伴合作的重要性,然而在制定创新管理战略时,并非所有企业都对其所处的创新生态系统及如何与外部合作伙伴合作有足够深入的认知。这便可能出现由于企业的创新合作战略制定及执行不当,导致创新合作的产出不如预期等现象。因此,本文针对中国汽车产业的在华德企提出以下研究问题。

(1) 在华德企在创新生态系统中的合作机制受到哪些因素影响?

(2) 在华德企如何与创新生态系统中的其他创新主体进行合作?即合作机

制如何？

本研究着眼于对上述两个问题的深入分析及质性研究，构建基于创新生态系统的创新管理理论体系，为企业创新伙伴管理提供理论指导和可行建议。

2. 研究意义

现有研究大多从企业、产业、区域和国家等层面，围绕创新生态系统的概念、内涵、演化、运行机制、评价及战略和政策等方面进行研究。而目前创新生态系统的研究尚处于起步阶段，文献资料还存在一定的局限性，尚未有文献系统对创新生态系统内部各创新主体之间的合作机制进行阐释。武建龙[4]指出，中国的创新实践经验可帮助丰富创新生态系统理论，研究者须重视中国情境下的创新生态系统研究。黄鲁成[5]同样认为现有的创新生态系统研究缺乏对某一特定产业情景下的针对性研究，尤其是各创新主体之间的关系研究甚少。

本文以中国汽车产业的在华德企为例，对创新生态系统的合作机制进行研究，旨在构建创新生态系统的合作机制理论，进一步完善创新生态系统研究的理论体系，为企业制定开放式创新生态系统战略、实施创新合作提供决策参考，具有重要的理论意义和现实意义。

（1）理论意义

创新生态系统的研究在近年来成为创新管理领域的研究重点，但是目前该领域的研究较少关注创新生态系统的合作机制，合作机制问题大多被视为非核心问题来研究或将其嵌套于创新生态系统的方法模型或理论构建之中。此外，现有的有关创新生态系统合作机制的研究并没有形成系统的研究框架，学者们主要从产学研或政产学研角度分析创新生态系统中部分创新主体之间的合作。因此，本文通过扎根理论的质性研究方法，探究中国汽车产业的在华德企与创新生态系统内其他创新主体的合作机制。该研究聚焦合作机制，有助于构建系统的研究框架，对现有创新生态系统理论进行补充，进一步拓宽创新管理的研究思路，具有重要理论价值。

（2）现实意义

本文基于中国汽车产业这一特定产业情境的在华德企案例，通过半结构化访谈，对其与创新生态系统的其他创新主体合作目的、合作对象选择、合作模式进行研究，力求打开创新生态系统合作机制这一“黑箱”，帮助中国汽车产业乃至其他行业的企业理解并参与到创新生态系统的合作中。本文为读者提供了一系列方法与建议，可指导企业制定合理、有效的创新战略，特别是外部创新伙伴管理战略，帮助企业自主构建或利用创新生态系统的各种资源，进一步提升其创新能力。同时，研究结果还可帮助其他创新主体，例如为管理部门提供相应的政策支持提供理论依据，具有较强的现实指导意义。

（三）研究设计

1. 研究内容与结构

根据当前的研究背景，结合研究目的，本文围绕中国汽车产业情境下在华德企的创新生态系统合作机制展开。

第 1 章绪论，交代了本文研究背景，强调创新生态系统的构建对企业、产业、区域、国家的重要性，而目前创新生态系统中各个创新主体虽然开展了彼此间的合作，但现有研究未能全面诠释这背后的合作机制，尤其是在中国汽车产业研究上。为此，笔者提出了本文的研究问题，说明了研究目的和意义，并介绍了研究内容和方法。

第 2 章文献综述，首先阐述了创新生态系统的源起、定义、特征、构成及各构成要素之间的合作。然后从微观、中观及宏观的角度梳理了创新生态系统的现有研究，并对其进行总结归纳，阐述目前研究的局限性。

第 3 章研究设计，介绍了本文的研究方法、抽样方法及研究对象的选择。通过半结构式访谈收集研究数据，运用 Nvivo 软件对转录稿进行编码分析并进行饱和度检验。

第 4 章研究分析及理论构建，基于编码结果解释各范畴之间的关系，构建了企业在创新生态系统中的合作机制理论框架并逐一进行阐述。

第五章研究结论与展望，给出研究结论，从企业创新战略及创新生态系统发展两个方面提出了提升企业创新合作产出效果及创新生态系统建设的建议，并指出本文的局限性和未来研究可能的发展方向。

2. 研究方法

（1）文献检索法

研究者进行质性研究须从资料中提取信息并构建理论，这需要研究者具备一定的理论敏感度，即对于资料所隐含的意义保有高度洞察力[6]。笔者通过数据库检索、图书馆资源和在中国知网、Web of Science 等文献检索网站收集、查阅了大量现有创新生态系统相关的文献和著作，了解掌握国内外的研究现状，在此基础上对创新生态系统现有研究进行全面回顾总结并确定本文的研究思路，从而保证笔者在访谈提纲设计、资料分析及理论构建阶段具有较高的理论敏感度。

（2）半结构式访谈法

半结构式访谈法又称深度访谈法，是质性研究中常用的方法之一。本文根据研究方向和研究目的，设计了访谈大纲，以此作为访谈实施的提纲及基本框架。共选择了 15 个在华德企的创新或技术部门中高层、高校教授、初创企业技术总监、政府机构人员、第三方科技服务类机构从业者及投资人样本作为研究对象。在访谈过程中，笔者根据实际情况和受访者类型的差异，对访谈问题做了弹性化处理，全程录音，以便回访及后续资料整理。

（3）扎根理论研究法

根据质性研究理论并结合扎根理论的研究步骤、方法与规范，本文选择运用 Nvivo12 对创新生态系统的合作进行资料收集及编码分析，一方面可深入探究企业与其所处的创新生态系统中其他创新主体的合作机制，另一方面增加研究过程和结果的有效性、降低主观因素的影响。

（四）技术路线

本文拟按照图 1.1 所示的技术路线展开。

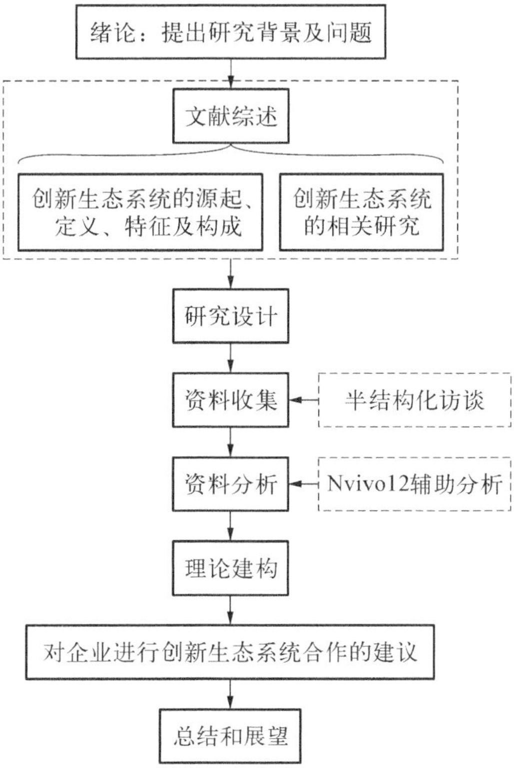

图 1.1 技术路线图

（五）研究创新点

（1）进一步明确了创新生态系统的构成

现有研究对创新生态系统存在不同解读，其定义及构成均未取得学界共识。本文验证了 Budden(2019)提出的五个主要创新主体，即大型企业、政府机构、投融资机构、高校及科研机构、初创企业，进一步在中国汽车产业情境下识别出第三方科技服务机构并将之判断为主要构成因素，提出了企业所处的六位一体创新生态系统模型。

（2）构建了企业在创新生态系统中的合作机制的理论框架

现有研究未将企业视角下的创新生态系统合作机制作为核心问题来研究，而是嵌套于创新生态系统的方法模型或理论构建中、零散地归入创新生态系统的运行机制研究中。

因此，本文聚焦企业在创新生态系统的合作机制的研究，并以中国汽车产业中在华德企为例，完整分析了外部影响因素（政策环境、创新环境、创新生态系统构成及特点）、内部影响因素（企业在华创新的内部条件及准备）引至合作机制所包含的内涵和决策逻辑（合作目的、合作对象的选择机制、建立合作联系的途径、合作模式及挑战与障碍），从而实现了理论框架的构建，以期拓展现有的创新生态系统研究。这可以说是一项创新的、尝试性研究。

（3）丰富了已有的研究情境，为企业提供创新管理启示

目前创新生态系统相关研究从微观企业层面、中观产业或区域层面以及宏观国家层面展开，且总体上较为缺乏产业场景的联系，现有研究所涉及的产业情境大多为通信、高科技及战略性新兴产业。针对企业在创新生态系统合作机制的研究依托于产业的特点，此类研究应基于特定的产业情境。本文聚焦中国汽车产业情境下的在华德国企业，丰富了研究情境。同时，将微观及中观层面相联系，首次以在华德企为切入点探讨其在具体区域及产业情境下的合作机制，选择了扎根理论法而非案例研究法或实证研究，构建的理论不仅对此类企业的管理者而且对中国汽车行业的从业者提供创新战略及创新生态系统合作对象管理的思路，同时也对其他行业的创新管理有一定借鉴和指导意义。

二、文献综述

（一）创新生态系统

在持续变化的环境中，创新被视作企业提升竞争优势的关键[7]。由于技术

创新的复杂性、风险性和市场的不确定性，企业发现单凭自身资源难以开发所有必要的资源和技术，这就导致了其对外部资源的依赖[1,8-9]。企业开始通过与能够提供产品和服务的外部互补企业合作，一同创造价值[10]。传统观念中过多强调企业内在能力的商业模式，不能适应当下通过构建创新网络、彼此联系的世界[11]，业间的竞争已经转变为生态系统之间的竞争[1,12]。吴希金[2]指出，单个企业的影响力相较于之前企业间的竞争变得无足轻重，生态系统整体的竞争态势绝大部分决定了各企业的此消彼长。

创新生态系统的重要性已然得到学术界和产业界的一致认同[13]，既是近几年创新管理领域的重要研究方向，也是创新创业、政府治理及行业发展的重要基础。

1. 创新生态系统的缘起

生态系统(Ecosystem)的概念最早由英国生物学家 Tansley 于 1935 年提出，是指大自然及与自然相联系的物质与能量共同体[14]。1993 年，Moore 在《哈佛商业评论》发表论文并首次提出了“商业生态系统”(Business Ecosystem)的概念，成为第一个系统、科学地从战略角度探讨商业生态系统的学者[15]。根据 Moore 的定义，商业生态系统是以互动的组织和个人为基础组成的、生产有价值产品和服务的经济社区。商业生态系统不仅包括上下游服务商，也包括消费者。1997 年经济合作与发展组织(经合组织，OECD)[16]的报告指出，商业生态系统超越了核心业务代理商(直接供应商、核心贡献者和分销渠道)而是囊括了整个供应链、其他间接代理商和利益相关者。他们还将商业生态系统分为“网络核心型”“支配主宰型”“坐收渔利型”等多个类型。Iansiti 和 Levin[17]基于微软和沃尔玛的案例，提出“生态位”的概念并指出生态系统是由一系列企业组成，这些企业占据不同但彼此相关联的生态位，进一步分析了动态的生态位对战略、创新及可持续发展的影响。

20 世纪 90 年代日本经济持续低迷而美国在经济危机后的重整旗鼓，尤其是硅谷的区域创新发展促进了创新生态系统理论的发展。美国总统科技顾问委员会(PCAST)于 2004 年发表了两个研究报告[18-19]，正式提出“创新生态系统”(Innovation Ecosystem)这一核心概念，认为动态且有活力的创新生态系统决定国家的技术及创新地位。同年，美国竞争力委员会在《创新美国》[20]报告中首次明确提出了“创新生态系统”的框架。该报告认为，为顺应创新本身性质的变化及创新者之间关系的变化，企业、政府、教育者和工人之间有必要构建一种新型的关系，由此创新生态系统的概念应运而生。

“创新生态系统”概念的提出标志着创新研究的范式从创新系统转变为创新生态系统。前者较多静态地分析系统中的要素构成，而后者则聚焦系统内各要素之间的动态联系[21]。此后,学者们基于不同的视角和场景对创新生态系统进行探索。Adner[22]进一步关注创新生态系统的本身并提出一个企业的创新成功与否不仅取决于其自身的技术突破,同时与外部环境的变化紧密相关,需要生态系统内各成员的参与。Adner 与 Kapoor[12]认为复杂的创新往往涉及一系列的参与者,且相应发生的变化不仅限于传统的供应链网络,其他参与者例如监管者或也受到影响。Russell 等[23]提出创新生态系统由若干子系统构成,这些子系统之间互相沟通分享,进一步促进整个生态系统的价值创造。Borgh 等[24]从价值创造的实现途径来分析创新生态系统。Chesbrough[1]则基于开放式创新视角关注企业研发过程对生态系统中其他参与者知识及创意的价值捕捉。

2013 年,《哈佛商业评论》中《拥抱创新 3.0》[25]一文总结了创新模式的演化路径,创新研究的范式已经从创新 1.0 阶段(封闭式创新),经历创新 2.0 阶段(创新系统和开放式创新)过渡到创新 3.0 阶段(嵌入式共生式创新),其中创新 3.0 阶段的核心为创新生态系统。

2. 创新生态系统的定义

关于创新生态系统的定义,目前学术界尚未统一。Overholm[26],Nambisan 和 Baron[27],Gawer 和 Cusumano[28]等学者将商业生态系统视为创新生态系统的同义词。而 Valkokari[29]则认为创新生态系统不同于商业生态系统,认为前者聚焦价值创造,而后者聚焦价值捕捉。由于不同学者的视角不同,对创新生态系统的定义也不完全一致。Torre 和 Zimmermann[30]则将创新生态系统定义为一种由相互交流的经济环境与其中不同类型的关系构成的一个相互作用的系统。表 2.1 结合 Gomes 等[31]的总结,梳理了国内外被引较多的学者对创新生态系统的不同定义。

表 2.1 创新生态系统的不同定义及特征

年份	研究者	生态系统/商业生态系统/创新生态系统的定义	特 征
1993	Moore	商业生态系统横跨多个行业,企业围绕一个新的创新共同进化能力:它们以合作和竞争的方式支持新产品,满足客户需求,并最终融入下一轮的创新。商业生态系统都有四个不同的发展阶段:诞生、扩张、领导和自我更新,如果不能自我更新就死亡。虽然该系统的中心可能会随着时间的推移而改变,但是领导的角色受到社区其他成员的重视。这样的领导使得所有的生态系统成员都能参与进来为共同获利的未来投资	具有不同发展阶段;参与者(领导者或追随者);竞合关系

续 表

年份	研究者	生态系统/商业生态系统/创新生态系统的定义	特 征
2010	Adner 和 Kapoor	生态系统的构建，作为一种使相互依赖关系更加明确的方式……关注于理解交换网络中以同时合作和竞争为特征的伙伴之间的协调	互补；竞合关系；技术和行为的不确定性
2004	Iansiti 和 Levien	这些……公司的业绩源自比它们自身的商业生态系统大得多的东西。这些松散的网络——包括供应商、分销商、外包公司、相关产品或服务的制造商、技术供应商和许多其他组织——会影响公司自身产品的创建和交付，并受其影响 今天大多数公司所处的生态系统已经超出了它们所在行业的范围	替代策略；基于平台角度；网络效应
2006	Adner	创新生态系统——不同企业将自己提供的产品或服务组合成一致的、面向客户的解决方案的协作安排	风险管理；针对关键问题的协作
2009	Vargo	沿用 Iansiti 和 Levien 的定义	角色；资源吸收；必须基于服务的网络及具有网络关系的角度来看待商业生态系统
2008	Gawer 和 Cusumano	沿用 Iansiti 和 Levien 的定义，认为平台领导者可以与为平台生产互补产品和服务的公司形成创新生态系统，以增加其创新的价值	基于平台角度；互补；网络效应；合作伙伴关系；主要参与者
2009	Carayannis 和 Campbell	在创新生态系统中，人、文化和技术……相遇并相互作用，以催化创造力、触发发明和加速跨学科间的及跨公共和私营部门间的创新，并以自上而下的政策驱动以及自下而上的由企业家授权的方式	共生；共同演化；参与者（政府，高校，产业和公益组织）；聚类
2009	Rohrbeck 等	采用 Moore 的定义，认为企业通过与其他公司的合作和竞争，以共同发展能力，支持新产品，满足客户需求，并纳入新一轮的创新，由此建立了一个商业生态系统	商业生态系统；开放创新生态系统。
2009	Li	商业生态系统是一个新兴的概念……，现在越来越成为企业经营战略的重点。一个生态系统也可以提供一个新兴的方向，在商业运作中创造新颖性	共生；平台；共同演化；参与者（供应商，分销商，外包公司，相关产品或服务的制造商，服务、技术提供商及很多其他的组织）

续 表

年份	研究者	生态系统/商业生态系统/创新生态系统的定义	特 征
2011	Romero 和 Molina	一个价值共创系统是一组由人、组织和技术共生的商业生态系统，其中组织和消费者双方在合作生产产品过程中就所作承诺的动态互惠关系中互动	价值共创及合作创新；合作创新网络；合作过程；消费者社群
2008	张运生	创新生态系统是由高科技企业主导的，基于配套技术，以技术标准为连接而形成的共生共进化的创新体系。系统边界具备开放性、变动性和模糊性等特征	技术协同；共生共进化；参与者（核心企业，外围企业）
2015	吴希金	借鉴自然生态系统的特征，认为创新生态体系是指多个创新主体之间，基于一系列共同的创新要素而形成的，互相依赖、共生共赢的组织体系，该体系具有一定的稳定性与独立性的特点	共生共赢；稳定性；独立性

目前，学者对于创新生态系统存在不同理解，对其内涵及外延并没有统一的归纳。根据地域（区域、国家或全球范围）、时间尺度（静态或动态）及流通因素类型（知识、价值或材料），创新生态系统可有不同的定义。这种情况说明，创新生态系统研究仍有巨大的空间，有待进一步深化。

3. 创新生态系统的特征

由于生态系统的概念源自自然界，是对人类社会的一种“隐喻”，因此在探讨创新生态系统的特征之前，有必要先回顾一下自然生态系统的特征。自然界的生态系统往往具备以下特征：区域性，相对稳定性，受环境约束，物种间互利共生、互相依赖，物种本身的动态性、多样性和整个生态系统的可持续发展性[2]。

创新生态系统呈现了自然界生态系统的某些特征。根据 Moore[38] 的理解，企业与其所处的生态系统之间不仅仅是竞争或合作的关系，而是一同“共生进化”。Iansiti 和 Levien[17] 指出创新生态系统与自然生态系统的不同在于：前者的参与者有智慧，可计划并预测未来，争夺可能的成员，旨在传递创新；而后者旨在生存。Romero 和 Molina[36] 强调了创新生态系统具有价值创造的特征。Nambisan 和 Baron[27] 指出创新生态系统具有主体间相互依赖、目标共享、资源共享三大特征。Peltoniemi[39] 认为不可简单地将自然身体系统的特征照搬用于研究创新生态系统，他们总结出以下五种创新生态系统的基本特征：复杂性、自组织性、涌现、共同进化及适应性。国内学者曾国屏等[21] 提出创新生态系统具有动态演化性、栖息性与自组织成长性。李万等[40]提出，创新范式在经历线性范式与创新系统后逐步演化为创新生态系统，该系统具备多样共生性、自组织演化性和开放式协同的特征。

鉴于学者借鉴的理论角度不同，对创新生态系统的特征的认知亦存在差异。总结来看，关于创新生态系统特征的理解归纳下来有三点共识。

（1）自组织性：创新生态系统是由系统内的各个成员有意识地与彼此组成一个整体从而共同构建的。

（2）动态演化性：创新生态系统并非静止不变，而是系统内各个成员互相依赖、彼此合作、在动态的过程中不断演化发展。

（3）价值共创性：创新生态系统中的创新主体彼此沟通，进行信息及资源的分享，实现价值共创及共同创新。

4. 创新生态系统的构成

针对创新生态系统的构成，学者们分别从商业生态系统、创新网络、技术协同等角度进行阐释。Moore认为商业创新生态分为核心生态要素（与企业直接相关的供应商、互补品供应商、消费者及分销商等）、扩展生态要素（与企业间接相关的供应商、互补品供应商、消费者及分销商等）、完整生态要素（如投资人、物主等风险承担者，政府部门、同类企业等）及系统环境要素（经济、政治、社会、文化、科技等宏观因素）[15]。Iansiti和Levien[41]认为，企业的创新生态系统由影响企业的供应商、分销商、外包机构、互补品制造商、研发机构、监管机构、金融机构、竞争对手、劳动力市场、消费者和媒体等构成。Dedehayir等[42]聚焦创新生态系统形成初期，认为其有四种主要构成：领导者角色（领导者/主导者），直接价值创造者（供应商、组装者、互补者、用户），价值创造支持角色/辅助者（专家、冠军）及创业生态系统角色（企业家、赞助商、监管者），并分析不同角色在创新生态系统初期不同阶段的活动。Budden和Murray[43]基于麻省理工学院的研究和三螺旋模型总结了对构建创新生态系统起到决定性作用的五类参与者：大型企业、政府机构、投融资机构（不仅局限于风险投资机构）、高校（大学及相应科研机构）及创业家（主要指以创新为驱动的初创企业）。此外，他们认为创新生态系统中还有一些其他的参与者，如律师、审计、咨询从业者等服务提供商，非政府公益组织和类政府组织，如银行等金融机构及加速器、孵化器等。他们的理论并非基于平台角度或以核心企业为主体的商业生态系统角度，而是直接聚焦在已定义范围的创新生态系统中彼此依赖的参与者类型。某种程度上，他们的总结更能捕捉创新生态系统有机的、共生共演化的本质。

一些学者进一步对创新生态系统内各参与者之间的合作机制进行研究。目前尚未有学者系统、全面地梳理或研究创新生态系统内各方之间的合作机制，学者们大多结合开放式创新理论或聚焦于“政产学研金介”之间的两方或三方、四方之间的合作机制进行研究，主要从动力机制、合作对象的选择机制及合作模式三个方面进行阐释。

（1）关于创新生态系统中动力机制的研究

Ceccagnoli 等[44]认为企业自身研发效率低是增加企业和外部伙伴进行创新合作的动力。周大铭[45]提出企业技术创新生态系统的外部动力因素有技术进步、市场需求、政府支持和市场竞争等，内部因素有可持续发展方式、经济利益、企业家精神和企业文化等；付俊超[46]认为产学研合作的动力机制由环境动力和内部动力构成，环境动力包括市场、政府与科学技术，而内部动力包括资源共享、降低成本、利益驱动等因素。

（2）关于创新生态系统中合作对象选择机制的研究

Traitler[47]结合开放式创新理论，将创新阶段分为早期、中期以及成熟期，并基于创新阶段来选择外部伙伴。他认为与大学的合作适用于早期阶段的创新，不对商业化作过多要求；中期阶段有相应业务聚焦的创新，适合与初创企业及发明者合作，并得到风险投资机构的间接支持；而成熟阶段有与企业业务密切相关的创新，适合与核心伙伴合作。他同时强调在开展外部合作前，企业须先定义内部需求及要求。Ceccagnoli 等[44]指出企业的内部情况是选择外部合作伙伴的因素之一。顾兴燕和银路[48]认为，在选择产学研合作创新对象时应考量双方能力的异质性。张运生、田继双[49]基于前人有关合作伙伴选择机制的相关研究，结合高科技企业创业生态系统的特征，提出了企业的技术研发能力、用户基础与市场地位、技术标准能力、合作企业间兼容性、技术资源互补性以及声誉和信任这六种创新生态系统合作伙伴选择影响因素。周大铭[45]认为，核心企业进行创新伙伴选择时应遵循信息对称性、资源和技术互补性、兼容性三个原则，并总结提出了企业选择创新生态系统中合作伙伴的流程图。

（3）关于创新生态系统中合作模式研究

针对产学研三方之间的合作，朱桂龙和彭有福[50]指出，可分为技术协作、契约型合作和一体化三种模式；王文岩等[51]则提出了技术转让、联合攻关、委托研究、内部一体化、组件研发实体、共建科研基地、人才联合培养、产业技术联盟八种合作模式；何郁冰[52]提出了“战略—知识—组织”三位一体的协同合作模式。刘慧芬[53]分析并总结了四种“政产学研”的合作机制。杜兰英与陈鑫[54]则提出了以中小企业为核心，政产学研用五类主体提供资源及信息交换的“六位一体”协同创新模型，但未经过任何实证或案例对模型进行验证。

经过梳理，就创新生态系统的构成因素，即创新主体类型而言，Budden 总结的五类参与者概括并提炼了多数学者的观点。目前有关创新生态系统各成员之间的合作机制研究缺乏系统性、全面性，多数研究聚焦或涉及合作机制中的合作目的、合作对象选择和合作模式中的一个角度且缺乏与产业场景的联系。

（二）微观层面的创新生态系统研究

聚焦企业及其技术、产品的微观层面的研究，在近 20 年来一向是创新生态系统研究的重心和主体。本节从微观层面的研究内容出发，将现有研究概括为以下几个主要方面。

（1）关于企业创新生态系统运行机制的研究

张利飞[55]针对高科技企业的创新生态系统运行机制展开研究，提出了四项基本内容：以平台为核心的开放式创新机制、技术标准扩散机制、企业生态位的选择及匹配机制以及利益平衡机制。Alexy 等[56]研究了创新生态系统中参与者的协作机制，并提出了将选择性知识披露作为了解参与者的策略。周大铭[45]认为企业技术创新生态系统存在五大运行机制，包括供给、技术扩散、共生公演、创新生态为决策及利益分配。刘家洋[57]针对比亚迪新能源汽车总结出其创新生态系统小生境到平台的发展过渡模式，并从合作伙伴选择、协同创新、利益协调、风险识别与管理四个方面深入探讨了其运行机制。

（2）关于企业创新生态系统的演化研究

学者们普遍采用案例分析对特定企业进行研究。胡京波等[58]提出，以民机转包商为核心企业的产品创新生态系统的演化过程包含三个阶段，分别为组件转包生产、大组件制造以及风险协作式协作研发，并认为客户与组件供应商之间的动态关系推动了该产品创新生态系统的演化。王宏起等[59]基于比亚迪新能源汽车对新能源汽车企业创新生态系统的演化进行案例研究，认为该创新生态系统受到创新驱动、需求拉动和政策引导的共同作用，继而从渐进性小生境升级为开放式产品平台，最后演化至全方位拓展的程度，实现了持续升级。Huang 等[60]针对中国高铁产业进行研究，提出企业核心竞争力作为决定企业发展的核心能力，具有生命周期的特征，在演化过程中遵循着相应的规律，进化过程分为四个阶段，即技术积累、技术引进、自主创新与集成式创新时期。

(3) 关于创新生态系统战略的研究

此类研究将企业战略管理与生态系统理念相连接，回答了例如何种战略适用于哪类创新生态系统类型、如何设计企业的商业生态系统模型等问题[31]。一部分学者从平台视角出发，认为产品或单个企业扮演了在与其他组织链接的核心角色[61]，如 Li Yan Ru[8]探讨了思科创新生态系统的案例，认为创新生态系统的平台建设助力了思科的价值创造且帮助其竞争优势的提升。Kapoor 和 Lee[10]指出，企业创新生态系统战略包含多种战略活动，企业创新战略、各创新主体间的创新协作机制与技术相关的战略投资之间存在关联。国内学者蒋石梅等[62]综合梳理了企业创新生态系统研究的文献，认为基于战略性视角的生态系统研究可以更全面地分析并反映核心企业与系统内创新伙伴的共生共演的合作关系，且核心企业会结合企业战略目标和所处的创新环境选择相应的控制机制，以保障企业创新生态系统的可持续发展。

（三）中观层面的创新生态系统研究

中观层面的研究体现了某类集合的思想，根据研究对象的不同，可进一步分为针对产业创新生态系统和针对区域创新生态系统的两种研究视角。前者侧重于产业集聚的角度，而后者立足于空间角度，具有不同的特征。

1. 产业创新生态系统研究

从 20 世纪 90 年代起，诸多学者在研究创新生态系统时选择从某一产业切入，进行深入研究。此类研究思路缘起于技术创新，经过产业链创新过渡至创新生态系统[63]。有别于企业或商业创新生态系统，产业创新生态系统不以单个创新主体作为核心，而是强调打破产业链，通过技术合作、专利许可等方式实现产业内部或者不同产业之间的技术创新[64]。经梳理发现，现有的产业创新生态系统研究主要围绕以下几个方面展开。

(1) 关于系统特征与运行机制研究

此类研究成果数量有限，且已有的研究成果仅涉及某一产业创新生态系统的某种运行机制，例如杨剑钊和李晓娣[65]提出，高新技术产业创新生态系统应包含协同共生机制、风险识别与防范机制、利益分配机制、环境匹配机制，从而形成一套完整的运行机制以保障自身良好运行。张笑楠[66]认为，我国战略性新兴产业创新生态系统具有自组织性、耗散结构特性、协同创新的创新范式、栖息性的特征，并提出该产业创新系统的运行机制应由聚集机制、竞争与共生机制和传导扩散机制一同构成。然而无论是何种产业创新生态系统都可能有多种运行机制并行的情况，这说明现有针对产业创新生态系统运行机制的研究带有一定局限性，有待进一步深入研究和完善。

（2）关于方法模型和理论框架构建的相关研究

此类研究数量约占产业创新生态系统研究总文献数的五成，是产业创新生态系统的重要研究内容。相关研究主要从结构模型视角和功能模型视角进行分析。前者侧重将生态系统特征与产业创新系统特征相结合，认为产业创新生态系统可由创新生态群落子系统，创新生态内、外环境子系统构成，其具备的五层层次结构可进一步总结为研究、开发和应用三种群落[67]。不同产业情境下的创新生态系统的结构模型存在区别。而功能模型的研究内容丰富，涉及产业创新生态系统演进[68]、产业供需协同[69]、产业协同创新[70]、产业知识投入激励[71]等方面。

（3）强调产业情景的研究

洪帅和吕荣胜[72]指出产业情景在产业创新生态系统的研究的重要性，认为只有把产业情景和理论研究相联系才能确保产业创新生态系统相关研究的有效性和科学性。学者在进行此类研究时，大多将其与上述其他研究方面相结合。Martin[73]基于电信通信行业分析了产业创新生态系统有产业体系、硬件、软件、创新型人才及外部环境等五个主要因素。从文献数量看，国内学者对于产业创新系统的研究主要集中于通信产业，高科技产业和战略性新兴产业等。熊炜烨和张圣亮[74]提出了通信产业生态系统的构成部分有互生演化的特征。张运生[75]分析了高科技产业的创新生态系统耦合战略，认为其包含专利许可、协作研发及技术标准扩展合作这三个子战略。近几年，国内学者逐渐开始针对汽车产业进行相关研究。王宏起等[59]基于比亚迪新能源汽车案例对新能源汽车产业创新生态系统的演进机理探究，发现其遵循创新链和采用链的双链协同机理。宋燕飞等[76]总结了汽车产业创新生态系统的基本框架，并以上海汽车产业为例探讨研发支出、产业投入、政府引导对汽车产业创新生态系统发展的影响。目前国内学者对于引入特定产业场景的产业创新生态系统研究在场景类型和研究数量方面都相对有限，因此值得学者对不同产业背景下的创新生态系统研究予以一定的重视和进一步探索。

2. 区域创新生态系统研究

Cooke[77]于 1992 年率先提出了区域创新生态系统的概念并强调其重要性，他认为区域创新生态系统是由地理上彼此关联又相互分工的企业、科研及教育机构等构成，并支持创新活动的发生。Andersen[78]认为创新生态系统首先是一个成功的创新区域(如硅谷和班加罗尔),然后才是成功的企业创新平台。由此可见,区域创新生态系统对技术创新、产业创新的活动及构成要素的地理位置提出了要求,强调其限定在一定的区域内,从而形成了空间上的集聚。区域创新生态系统的研究者开始立足于政产学创新三螺旋理论[79]或"产学研"合作的角度或利用生态学理论和生态系统来分析区域创新生态系统,强调创新组织群落自身的协同演化及其与创新环境协同演化的重要性。学者们主要对区域创新生态系统的运行机制,演化过程和评价开展研究。

(1) 关于区域创新生态系统的运行机制研究

陈畴镛等[80]首次将区域技术创新生态系统与小世界网络作对比,认为前者特征体现了后者的集聚系数较高和特征路径长度较短的特征,继而提出了对区域技术创新生态系统的思考与展望。Gobble[81]提出区域创新生态系统有别于传统区域网络和集群的内涵,具备非线性、复杂性、动态性和自适应性的特征,系统的行为并非其个体部分的综合。王凯[82]从知识网络嵌入性关系切入,着重探讨区域创新生态系统的高校与产业两个主体之间的知识协同创新机制。严建援、李雅婷[83]从愿景、价值、利益相关者、目标、主体、促动因子和支撑保障等方面构建了长三角地区的区域创新生态系统战略布局,其中将促动因子和支撑保障进一步分为管理体制、引入机制、数据共享机制和创新动力机制。

(2) 关于区域创新生态系统的演化研究

刘雪芹和张贵[84]针对京津冀区域,借鉴生态学提出该区域的协同创新路径,最终形成以研究、开发、应用三大群落为核心的区域创新生态系统。张仁开[85]构建了创新生态系统演化的三要素模型,从构成要素、网络联系和系统功能三个层面分析上海创新生态系统的演化路径和范式。陈雅诗和刘明广[86]利用复杂适应系统理论深入研究了区域创新生态系统的演化过程,并将其适应性机制进一步划分为标识、内部模型和积木块三个概念。

(3) 关于区域创新生态系统评价的研究

周青、陈畴镛[87]采用适宜度角度,从创新群落、创新资源、经济和技术环境四个指标对我国区域技术创新生态系统进行分析。苗红、黄鲁成[88]从健康评价的角度,采用模糊综合评价法对区域技术创新生态系统的自组织健康程度、系统整体功能、系统外部胁迫等指标进行了评价。陆燕春等[89]和孔伟等[90]基于竞争力视角,通过实证研究对中国区域创新生态系统的发展水平进行评价。一些学者侧重于聚焦特定区域的创新生态系统进行研究。苌千里[91]、孙丽文和李跃[92]采用生态位的理论,分别对河南省和京津冀地区的区域创新生态系统的生态位适宜度进行分析与比较。万立军等[93]学者通过网络层次分析法，以黑龙江省8个资源型城市为例对其创新生态系统效能进行深入评价。

（四）宏观层面的创新生态系统研究

从宏观视角来看，创新生态系统是一个跨组织、经济的、政治的和技术的系统，往往指在国家或者更高层次上。OECD提出被广为接受的国家创新系统概念，即"国家创新系统是由公共和私营部门的各类机构共同组成的网络，各机构的活动和相互作用决定了国家的技术能力并对国家的创新表现产生进一步影响"[94]。Freeman[95]于1987年提出国家创新体系的理念，Etzkowitz[96]进一步提出"三螺旋"理论，强调"政产学"合作是国家创新体系建设的关键。2013年，欧盟发布《开放式创新3.0》报告，正式提出国家创新生态系统的概念，并认为它是政府及公共机构、企业（产业）、大学、用户（民众）相结合的四螺旋结构式的开放式创新系统[97]。

此后，一些学者聚焦国家创新系统与生态系统相融合的角度对国家创新生态系统开展了研究。朱迪·埃斯特琳[98]指出，研究、开发和应用三个群落间是否达到健康的平衡直接影响了国家创新生态系统的可持续性。杜传忠、刘忠京[99]总结了美国、瑞士等国的国家创新生态系统的建设战略，指出我国当前的国家创新系统的根本性缺陷是缺乏"生态系统性"，主要体现为创新主体的力量薄弱、创新环境不均衡、政府的资源配置效率有限，并进一步提出我国国家创新生态系统建设的战略建议。陈劲和尹西明[100]基于国家创新系统理论及整合式创新，结合国有企业的创新发展实例，构建了新型国家创新生态系统的框架，并提炼出该系统对加速国企创新的六种影响路径，包括战略及制度创新、以科学为本的战略转型、以高密度研发为驱动的自主可控型创新、产学研用提高集群创新协同、互联网与新技术应用相结合的生态转型、"走出去"的开放合作路径。

另一些学者关注政策领域，Lengrand[101]在对法国和英国的创新生态系统进行研究后提出了"第三代创新政策"。Watanabe和Fukuda[102]指出，在网络社会不断发展的21世纪，只有坚持构建国家创新生态系统的相关政策体系才能维持美日两国的创新优势，2018年，两人进一步指出美国和日本的创新生态系统政策的演进路径遵循替代性可持续发展、自强化的共生演化、异质性协同原理、组织惯性及竞争性学习四个原理[103]。McCarthy等[104]认为俄罗斯国家创新的历史性障碍来自其政策层面的不足，并指出相应的政策及制度变革对于构建与发展国家创新生态系统的重要性和必要性。姜庆国[105]基于四螺旋结构的分析框架,通过定量研究构建了中国创新生态系统的评价指标体系。他发现:各区域的创新生态系统发展存在不平衡的情况,其中东部地区的创新能力及创新生态系统相较于中、西部和东北地区更为均衡、完善,并建议各级政府根据当地实际情况制定针对性的政策,做到"一区一策,精准发力"。

通过文献梳理可以发现,学者们对创新生态系统的理解不一,学术界对于创新生态系统的研究尚不完善。不论是基于三螺旋模型、平台角度,还是基于价值创造角度等,现有研究仅从特定的研究情景对创新生态系统的定义、内涵、构成等给出了不同的解释,尚未达成共识。而创新生态系统相关研究所聚焦的层面不同,无论微观的企业层面、中观的产业或区域层面还是宏观的国家及以上层面,现有研究对于创新生态系统中的各主体之间的关系、运行机制、评价体系等的理解有一定成果,但所考量的研究情景有限,且合作机制的研究大多被当作非核心问题嵌套于方法模型或理论构建的研究之中。因此,需要基于更多不同的情境对此展开更深入的研究。

三、研究设计

本文核心在于探讨目前中国汽车产业中在华德资企业的创新生态系统合作现状及与创新生态系统中其他伙伴的合作机制,以形成新的理论观点。因此研究设计须考量本文最终结论的科学性与有效性。笔者从研究方法的选取、抽样方法及研究对象的选取、数据收集、数据分析及饱和度检验方面分别加以论述。

(一)研究方法选取

1. 质性研究方法

质性研究又称为质化研究或定性研究,是相对量化研究而言的一种研究方法。该方法要求研究者以本人作为研究工具,在自然情境下运用多种方法收集资料,对社会现象进行深入的整体性研究。研究者主要采用归纳式研究思路,对原始资料中反映的现象或问题进行分析,进一步形成结论和理论。通过不断与访谈对象互动,研究者对其行为和意义建构做出解释性理解[106]。该研究方法适用于求真,探讨"是什么"和"如何"的问题。

量化研究则遵循实证主义范式,常用于验证理论。研究者首先基于理论和文献提出相应的假设,并将构成假设的各概念进行可操作化定义,而后采用完备且精确的操作技术或实验程序控制经验事实的场景并进行测量,从而验证研究者的理论假设。为了保证探究的客观性和说服力,量化研究往往需要大样本的数据。但量化研究同样具有局限性,该方法难以对问题进行深度研究,同时针对复杂、动态的社科现象无法采用测量、统计等量化方法进行研究[107]。

与量化研究不同,质性研究属于解释主义范式,适用于探索理论,构建理论,强调在自然情景下而非人工控制环境下与研究对象沟通,不断深入真实而具体的社会情境使其得以更真实地表露[108]。该研究方法要求研究者经过经验、介入设计、资料收集、解释分析,将基于经验的知识上升到理论并生成新的经验,如此循环,不断演化直至理论达到饱和。质性研究的研究程序富有弹性,允许使用小样本和个案;而数据主要为文字,有模糊性及零散性的特点[109]。

基于目前中国汽车产业创新生态系统的研究现状及本研究的目的,选择质性研究方法作为本研究的主要手段。一方面,由于目前针对汽车产业创新生态系统的合作机制尚无既成的或完备的理论可以参考,缺乏一定的理论基础,本研究难以运用量化研究实现;另一方面,本文研究目的是构建企业创新生态系统合作机制的理论,深入探讨中国汽车产业创新生态系统中各相关利益者的角色,提供产业内各核心企业(包括整车厂及一级供应商等)与创新伙伴合作的合作目的、合作对象选择机制、具体合作模式的解读,属于探索性研究。对于此类探索性研究,质性研究方法能帮助构建理论,相较于量化研究方法可更好实现研究目的、解决研究问题。

2. 扎根理论

质性研究的主要类型有:扎根理论研究法(Grounded Theory,GT)、民俗志(ethnography)、生命史(life histories),现象学派(the phenomenological)以及对话分析(conversational analysis)。

扎根理论是由 Barney Glaser 和 Anselm Strauss 于 1967 年在专著《扎根理论之发现:质性研究策略》中共同提出的一种质性研究方法[110]。Strauss 为其注入了实用主义与符号互动论的思想,而 Glaser 则将量化分析融入扎根理论方法,因此使扎根理论具有研究过程可追溯、研究程序可重复及研究结论可验证的特点,受到学者追捧并不断发展与演化[111]。

该研究方法提供了系统数据收集与分析准则,强调基于经验数据[112],通过不断抽象实现数据的概念化及简约化以及通过连续比较从原始资料中不断提炼核心概念与范畴,进而建构理论。

区别于一般的质性研究方法，扎根理论研究过程秉持着不断比较的原则，即强调数据收集与分析过程不断交替进行。研究者每获得新的数据，就需要及时对数据进行分析和编码，从中生成新的概念或范畴。它们不仅被用于与已提炼出的概念进行分析比较，还需作为指导下一步样本选择和数据收集的基础，直至不再涌现新概念或范畴或关系。此时称为理论达到饱和。该理论的应用流程如图 3.1 所示。

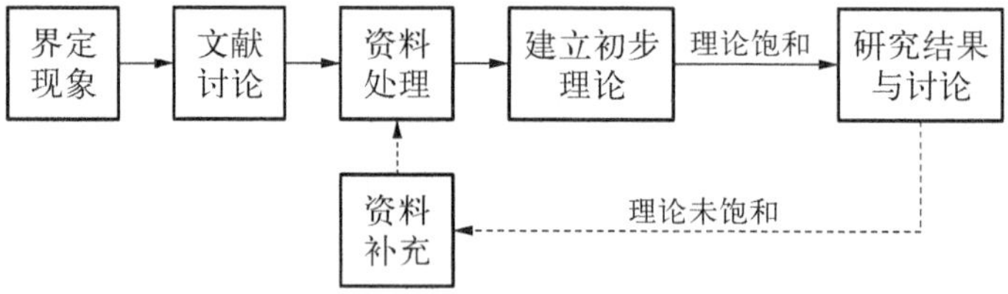

图 3.1 扎根理论流程示意图

扎根理论经过演化主要分为两种，一种是 Glaser 和 Strauss 于 1967 年提出的经典扎根理论，另一种为 Strauss 和 Corbin 于 1976 年提出的程序化扎根理论[113]。两者的区别在于，经典扎根理论研究的问题是研究对象所面临的问题，而非研究者自己确定的研究问题，也就是说所有的研究问题、概念或范畴都是随着研究进展逐步涌现的；而程序化扎根理论则是研究者在开展研究之前就有了一个相对完整的概念[114]。此外，两者的编码过程有所区别。前者包括实质性编码及理论性编码两个步骤，而后者的编码过程由开放性编码、主轴编码和选择性编码三个步骤构成。

基于下述三点原因，本文选择运用经典扎根分析法。首先，扎根理论研究方法具有系统性、规范性、分析过程严谨性及科学性的特征，较适用于社会科学各领域的管理问题的研究，是定性研究中较为科学的方法论体系。其次，汽车产业创新生态系统及其中的合作机制属于相关研究尚不明确、现有理论尚未完善，更适合质性研究，尤其是着重资料分析与理论构建的扎根理论研究方法。最后，研究者普遍认为相较于程序化扎根理论，经典扎根理论更接近实证主义，具有较高的科学性，继而提高了理论的信度及解释力。

（二）抽样方法及研究对象的选取

本文以中国汽车产业在华德企为研究对象，旨在深入探讨创新生态系统的合作机制，为了达到扎根理论的分析目的，研究对象即受访者须满足一定要求。吴宗佑[6]指出，质性研究依据理论的关联度来抽取样本，使得理论有高度的适应性。换而言之，研究者可以基于理论上的考量来判断下一步资料收集的方向。

在数据收集初期，笔者采用目的性抽样，即选取典型性的样本进行初步研究，首先在华德企的受访对象均来自汽车行业排名前列的整车厂或供应商；其次来自企业方的受访者，须是企业创新部门或技术部门的部门经理或总监等中高层职位，对企业的内部情况及技术或创新等领域有较为深刻的理解。

在研究过程中形成的概念或范畴指导笔者进一步拓展研究抽样。由于先前收集到的概念中出现了其他与企业有创新合作的对象，为了保障研究，尽可能全面了解企业与创新生态系统的合作机制，笔者根据理论性抽样的原则进一步选取了来自初创企业、政府、高校、投融资机构（包括风险资本）、第三方科技服务机构（孵化器、加速器或科技类媒体等）的受访者。

由于本文探究企业在创新生态系统中与其他创新主体合作的机制，而这对于企业的中高层管理者而言是较为敏感的话题，可能涉及受访对象所在企业的一些未被披露的商业机密。这可能导致受访者在深度访谈中产生顾虑，甚至会引起不信任、抵触情绪及配合意愿下降。这是笔者在与受访者的访谈中所面临的一大难题。

为了解决该问题，笔者在对受访者样本进行选择及获取时考虑了三种可能性：① 满足条件且与导师十分熟悉或关系密切的企业方受访者，笔者可通过导师的引荐较快取得受访者的信任，打消其顾虑；② 笔者出席创新创业类会议或活动遇到的分享嘉宾，基于活动上的联系及笔者学术研究需求的说明，受访者具备对创新环境的熟悉度且有意愿帮助学生进行此类研究；③ 在访谈后经过前两类样本的引荐而结识的受访者，此类受访者与笔者在访谈之前彼此陌生，没有联系，这种情况下也可以基于相识的人脉并通过一定举措消除受访者的戒备心理，甚至使其打开心扉，进行深度交流。在访谈的实施阶段，以上三种情况均得到验证。综上，本研究综合考虑了受访样本的代表性及可获得性，运用理论抽样法来选取样本。

笔者于 2019 年 11 月 1 日至 2020 年 1 月 22 日期间先后深入北京、上海、深圳等地，以面对面或电话形式对 15 个样本企业或组织的主要负责人进行了半结构化深度访谈。访谈的平均时长约为 60 分钟。受访者的基本信息见表 3.1（为保护受访者隐私，受访者姓名及受访企业的名称均被隐去。按照访谈的先后顺序依次用 A—O 表示）。

表 3.1 被访者的基本信息

被访者	公司类型	职　　位	访谈时长（分钟）	访谈日期
A	高校	教授	53	2019.11.08
B	孵化器	创新业务部门总监	48	2019.11.21
C	企业	亚太区区域经理	58	2019.12.02
D	企业	技术总监	71	2019.12.06
E	企业	技术与创新经理	56	2019.12.06
F	企业	总经理	62	2019.12.09
G	初创企业	技术总监	70	2019.12.10
H	政府	交流合作部副部长	50	2019.12.16
I	企业	销售与数字化部高级经理	40	2019.12.16
J	企业	战略与创新部副总裁	55	2019.12.18
K	初创企业	技术总监	65	2019.12.27
L	企业	亚太区创新总监	40	2020.01.16
M	投融资机构	管理合伙人	50	2020.01.20
N	企业	战略与业务拓展部高级经理	62	2020.01.22
O	企业	技术部高级经理	51	2020.02.19

本文的样本数量由两方面因素决定。第一，样本的收集难度。由于本课题研究的是企业角度出发与所处行业及区域的创新生态系统的合作机制，考虑到员工层次的差异，此类合作决策主要由企业与创新有关联的中高层管理者制定，因此笔者选择企业中此类高级管理人员作为样本。此类样本难以获取的客观原因之一是访者数量不多。此外，预约成功的访谈存在因受访者职位变动、新冠疫情等客观因素而被取消的情况。第二，理论的饱和度。每次访谈结束后，笔者及时转录、分析访谈录音。当笔者发现即使再增添新的样本及

访谈资料，受访者的回答也会与先前的受访者有大量的内容重复，少有新发现，并且也没有再出现新的观点时，就可以认为进入了理论饱和阶段，继而选择停止资料的收集。

虽然样本数量不大，但已经充分满足了本文的研究需求，样本的类型涵盖了访谈总结出的六大主要创新主体：企业、初创企业、高校、政府、孵化器及投融资机构，样本的职位均为中高层管理人士且其职务与创新相关度紧密。因为是深度访谈，每次访谈平均时长近 60 分钟，且访谈的核心问题并不多，笔者会反复围绕核心问题及受访者的回答进行深入询问。因此，笔者在访谈中获得了较为充分的数据，这些数据也满足后期的分析及理论建构环节。

（三）数据收集

本文的数据来自半结构化访谈。笔者根据研究问题拟出核心问题，确定访谈提纲，并根据访谈对象的差异以及访谈过程的具体情况调整访谈的具体问题。

数据收集工作主要遵循以下几个步骤：① 根据不同访谈对象准备访谈提纲（见附录 A—F）；② 通过行业人脉及领英等平台寻找潜在的受访者并向其发送邮件邀请函进行访谈预约；③ 实施访谈；④ 对部分受访者进行跟踪回访、确认信息。

上述流程及访谈提纲中的问题会随着整体访谈的进展情况及受访者差异有所调整。例如访谈的第一部分是对受访者个人基本情况及企业创新战略的了解，让其对自身职务、部门及企业创新战略或理解作个简短介绍。通过这种方式可以增进笔者对受访者的了解，且进一步缩短双方的心理距离，构建彼此之间的信任。如受访者出现停顿或失语现象，笔者会依据受访者先前的介绍给出一定的针对性提示。但随着研究的深入，笔者发现这部分所占时间较长，且容易出现受访者陈述较多但与研究项目关联度较低的信息的情况。因而笔者在中后期的访谈过程中简化了这一部分，并在受访者出现跑题或离题时适时地转移话题，委婉地引导对方回归正题，以保障在有限访谈时间内得到尽可能多的有效信息。

为获得完整的数据，在征得访谈对象同意的前提下，笔者对访谈过程进行录音。为了避免访谈对象有所顾虑、出现不愿接受录音的情况，笔者在访谈前均向受访者进行邮件说明并提供保密承诺书，向受访对象承诺：本研究充分尊重其隐私权；恪守学术道德，不会将访谈任何信息（包括访谈录音及转录稿）泄露给第三方或用于除本研究外的任何用途；在本项目的最后总成果中不会出现任何有关受访者的个人信息。此外,笔者会告知受访者访谈中的回答并无对错之分,都是对研究有价值的信息。通过以上措施,笔者获得了受访者的信任,受访者均积极、坦诚地接受访谈,有些甚至为笔者引荐其他合适的访谈对象,使本研究获得了较为理想的成果。

每次访谈结束后及时将录音资料转化为文本材料,每次转录加校对的耗时约为 4 小时/篇。如受访对象为外籍人员,则在"信、雅、达"的翻译要求下先自行翻译并外聘具有翻译资质的译员进行校对,翻译及校对的时长约为 8 小时/篇。如有信息缺失或录音不清晰的情况,笔者及时以电话或邮件回访等方式与访谈对象进行沟通确认。

最终,共整理形成文字材料共 18.8 万余字,在此基础上继续编码工作。

此外,本人通过企业官网、新闻报道等渠道收集了访谈涉及企业的二手数据。通过上述不同来源的三角验证,实现数据的收敛[115],从而提高本研究的信度。

(四)数据分析

为尽可能保证数据分析的系统性和科学性,笔者遵循经典扎根理论的编码方法,以人工编码为主,以 Nvivo12.0 为辅助软件,在完成数据收集的工作后,及时对采集到的数据进行数据分析。首先采取实质性编码,在对事件之间和概念的不断比较中形成更多的范畴、特征,将数据概念化、抽象化。这一环节又分为开放性编码和选择性编码两个步骤。

1. 开放性编码

开放性编码是指对数据进行逐行编码,将原始的质性资料分解为不同的意义单元,再对其命名,不断概念化、抽象化的过程。目的在于界定概念、挖掘范畴,即处理聚敛问题[116]。在此过程中,研究者须保持开放的态度,同时为了确保对数据的批判性观点,研究者可灵活应用批判式问题来改变对数据的看法和概念的构建。由此可见,概念的产生仅仅是基于原始数据,而不是预先设想的[117]。这个过程不是一蹴而就的,研究者需要逐字逐句将资料中反映出的现象进行概念化,然后不断把提炼出的概念再划分、归至同一类别下,即逐级范畴化,通过几个层次的编码最终提高数据的抽象化水平。Nvivo 为研究者提供了不同的节点类型,在开放性编码阶段,研究者可使用自由节点将访谈中承载零散想法的资料"概念化",并逐渐将这些节点根据逻辑归于树节点中。

在开放性编码阶段,笔者共获得 835 个自由节点。这些节点大多具体且零散，因此需要进一步对这些原始概念进行聚敛操作。通过反复对比、整理逐级编码后，笔者剔除了与研究主题关联度低的概念，最终获得 289 个概念，并将其归纳为九个范畴，分别为：A1 政策环境、A2 创新环境，这两个是企业外部与创新及政策相关的因素的总和；A3 创新生态系统的构成及特点，企业所处的创新生态系统中的创新主体类型及其各自特点；A4 企业在华创新的内部条件及准备，为企业在中国与创新相关的内部条件、资源；A5 合作目的，在本研究中指企业参与创新合作的初衷；A6 合作对象的选择机制，指的是企业选择外部创新合作伙伴的考虑因素；A7 合作模式，本研究中指企业所采取的具体创新合作方式；A8 建立合作联系的途径，指企业与外部创新伙伴构建联系的来源；A9 挑战及障碍，本研究中指企业与外部创新伙伴合作中遇到的难点。

开放性编码示意图见附录 G。

2. 选择性编码

通过开放性编码阶段，研究者可发现具有概括性和统领性的范畴。这类范畴经常出现、能尽可能多地与其他概念产生联系、可解释大部分研究对象所具备的行为模式且具有意义，因而被称为核心范畴。在选择性编码阶段，研究者开始只对能与核心范畴产生足够重要关联的数据进行编码。其中，核心范畴帮助指导后续的数据收集和理论性抽样。通过理论性抽样及不断重复上述步骤，当核心范畴达到理论饱和时，研究方进入下一阶段，即理论建构阶段。

本研究中，笔者根据之前的开放式编码的结果，对 A1～A9 这九个范畴再次提炼，形成了“企业与创新生态系统的合作机制”这一核心范畴，其中 A1～A3 是企业参与创新生态系统合作的外部条件，A4 是企业参与创新生态系统合作的内部条件，A5～A9 是企业与创新生态系统的合作机制的构成因素。

选择性编码示意图见附录 H。至此，本研究进入理论构建阶段。

3. 理论性编码

基于开放性及选择性编码，本文明确了“企业与创新生态系统的合作机制”这一核心范畴与其他主范畴之间的关系，以中国汽车产业在华德企为研究对象，构建了企业与创新生态系统的合作机制的基本框架，并获得了企业与创新生态系统中其他创新主体合作的基本思考路径(见附录 I)。此时研究的理论框架基本完成，但是鉴于笔者为理论的初学者，为了提升理论敏感性，作者带着理论构想回到文献之中，不断比较以补充现有概念、范畴及理论的不足，同时使本文中所获得的概念更具备理论解释力。

值得说明的是,本文并未全部使用在编码过程中出现过的编码。笔者根据研究问题、研究的展开及理论的发展来判断是否使用或继续发展这些概念或范畴。由于笔者在研究过程中将研究问题聚焦于创新生态系统的概念及企业与创新生态系统的合作机制,因此对其他概念和范畴就没有继续深入探究。如果未来重新整理或分析本研究中的资料,也许可以获得更多的发现。

(五)饱和度检验

本研究将15份访谈资料分为两个数据库,其中12份访谈资料作为扎根理论分析的原始资料,另外3份被用作理论饱和度检验。通过对剩余的3份访谈资料做开放式编码的操作,未发现与研究对象关联紧密的新的概念或范畴,由此可知,经过该扎根理论分析得出的概念和范畴已达到饱和,即企业与创新生态系统的合作机制的理论模型达到饱和。

四、研究分析与理论构建

中国汽车产业在华德企在创新生态系统中的合作机制是本文最初的研究问题。机制一词的本义包括几方面的解读:① 有机体是由哪些部分构成,② 有机体是如何工作以及为什么会这样运转的。经济学中的机制用来描述系统中各个要素的链接方式及相互作用的关系和功能[118]。同理,企业在创新生态系统中的合作机制是企业与构成创新生态系统的其他创新主体之间相互合作,不断实现创新的内在机理。本研究旨在建立有关企业在创新生态系统中合作机制的理论,访谈结果为该理论的质性研究基础。因而,笔者在构建理论中的各部分联系都得到了访谈及编码的支持。

通过研究,笔者梳理了对企业在创新生态系统中合作机制产生影响的外部因素及内部因素:外部因素由三方面构成,分别为政策环境、创新环境及创新生态系统构成与特点;内部因素是企业在华创新的内部条件及准备。同时,笔者提出了企业在创新生态系统中的合作机制所包含的内容,分别为:企业的合作目的,企业对合作对象的选择机制、建立合作联系的途径、合作模式及挑战与障碍六个方面。由于受访对象受企业商业披露的条件所限未能全部揭示企业与外部创新伙伴进行合作的具体细节,研究结果将不以个案研究为例,而是基于之前的编码结果概述分析企业与创新生态系统中其他创新主体的合作(图 4.1)。

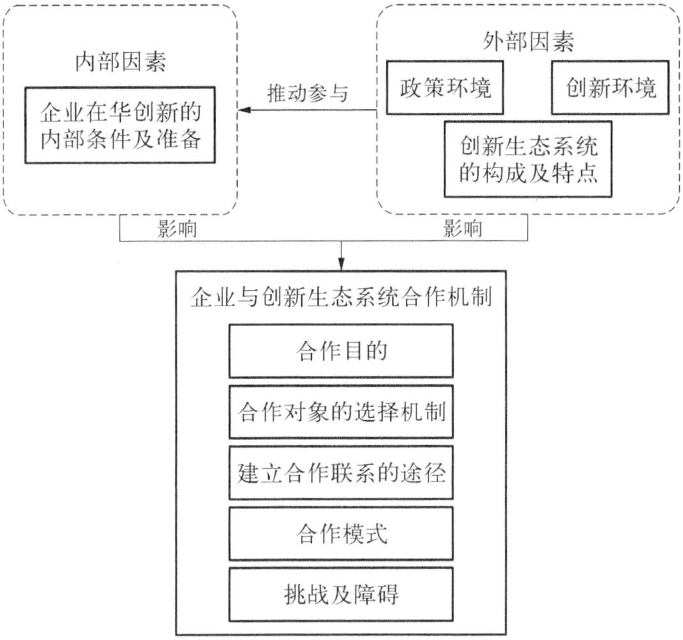

图 4.1 企业与创新生态系统的合作机制理论框架示意图

(一) 外部因素

本文研究发现,中国汽车产业在华德企的创新生态系统合作的外部影响因素包括: ① 政策环境,② 创新环境,③ 创新生态系统的构成及特点这三个方面。由政策及创新环境所构成的宏观环境推动企业参与创新合作,也促进创新生态系统的发展。创新生态系统的构成及特点是指企业的外部创新合作对象的类型和特点,直接影响企业对外的创新合作机制。

1. 政策环境

受访对象普遍表示政策环境是影响其所属企业在华对外创新合作机制的因素之一,该范畴得到多次数据和编码支持。政策的支持范围及力度为企业技术创新及合作提供了保障。例如,某企业亚太区创新经理在谈及政策环境对行业影响时指出,政府的政策有指导性特点,从政府政策及补贴等层面支持汽车产业(表 4.1)。

表 4.1 数 据 1

数 据	多级编码后的结果
C：政府也具有很大的创新性和支持性。比如补贴，对我而言，最好的例子之一就是汽车行业，以及中国政府从一开始就在这个生态系统中支持这个生态领域的初创公司。技术趋势的发展等方面都受到了政府强有力的政策及补贴支持。这都是非常积极的	指导性

而来自某孵化器的创新总监同样指出这一点(表 4.2)。

表 4.2 数 据 2

数 据	多级编码后的结果
B：我认为事情是这样的……当然，中国有从制造业经济专项创新和知识经济的大战略，而中国有什么战略，不管怎么样，不管何种情况，它都会发生	指导性

然而，部分领域存在市场监管及准入门槛，这将影响企业在华创新的聚焦领域及创新、创新合作的主动性，例如某零部件供应商企业的技术总监指出(表 4.3)。

表 4.3 数 据 3

数 据	多级编码后的结果
D：我们两年前本来想做，但是受到一些法律法规的限制，您可能也知道中国对数据的采集和管理有严格要求，是不能拿到国外去的。我们不能采集中国的数据到国外去运作。但从中国本身来说，投资会很大，因为数据的储存管理，这是很大一笔投资。我们同时在两个不同的平台去投资、去研发，对我们来说还是压力比较大的，所以我们目前以欧洲数据起步，中国的数据现在在具体项目上还是寻找有能力的合作伙伴，在零星的领域里可以做一些市场，但是大规模的采集我们现在没做	部分领域有市场监管及准入门槛；获得异质性资源

他还指出中国目前某些领域的法律法规有待政策支持(表 4.4)，企业面对这些领域往往采取观察的态度。

表 4.4　数 据 4

数　　据	多级编码后的结果
D：还有一个就是新技术会导致一些新的法律法规的一个促成，比如说自动驾驶进入 L3 以后，那交通责任方面就有一个界定、相应的保险等。这个其实说不仅仅是中国，包括全球，现在都没有这样一个很好的方案，也就是说我们在一方面推动技术，一方面要关注法律法规在哪里，怎么样发展	部分领域有待政策支持

另一企业的战略及创新副总裁指出现有政策环境中对知识产权保护的不足（表 4.5）。

表 4.5　数 据 5

数　　据	多级编码后的结果
J：IP 仍然是我们需要警惕的问题。IP 的质量、知识产权的价值，国内对于知识产权的保护有待提高。比如相同的 IP，如果是在美国，那价值会很高，还有其他因素	知识产权保护有待提高

2. 创新环境

除政策环境以外，创新环境也是重要的外部因素。企业的创新活动与外部创新环境密不可分，创新环境的活跃度和开放度影响企业参与创新合作的积极性。研究表明，中国的创新环境有活跃度高、创新数量多、应用型创新偏多、速度快、灵活性强、开放度高等特点，例如某零部件供应商企业受访对象表示（表 4.6）。

表 4.6　数 据 6

数　　据	多级编码后的结果
D：中国在数量上挺多的，但更多的是在应用方面	创新数量多；应用型创新偏多

另几位来自企业的访谈对象表示（表 4.7）。

表 4.7　数 据 7

数　　据	多级编码后的结果
C：首先，它是一个非常、极其活跃的环境	活跃
E：我认为中国的多样性或活力是非常独特的	
I：但我在这里感受到的活力与在柏林、慕尼黑或其他地方完全不同，比其他地方更活跃	

另有数据显示中国的创新环境存在区域差异（表 4.8），例如北京适合进行顶尖科研合作，上海在科研及产业化方面占优，而深圳适合进行与互联网及高科技企业的合作。

表 4.8　数 据 8

数　　据	多级编码后的结果
H：在上海，海外合伙人通常会问我北京、上海和深圳有什么不同。我在上海工作已经超过 15 年了，上海擅长科研和产业，深圳可能擅长产业和高科技公司，北京擅长顶级的科研合作	存在区域差异

此外，1/3 的受访者表示中国的创新环境也有不足的地方，例如多个数据支持“存在泡沫”这一概念（表 4.9），创新环境繁荣背后的另一面是良莠不齐，企业难以找到合适的合作伙伴，尤其是初创企业类型的合作伙伴。

表 4.9　数 据 9

数　　据	多级编码后的结果
B：如果你遇到一个糟糕的公司，你会得到一个糟糕的结果。所以你需要找一个好的公司。这在中国并不容易。初创企业的质量不尽如人意，数量多得惊人。垃圾公司太多了	存在泡沫；质量不高
F：我们可以说谁是真正有价值的玩家，因为当市场繁荣时，你知道有很多泡沫，你不能很清楚地看到实际的东西	存在泡沫
J：这里是有泡沫的，没错，你可以看到创业公司的估值超级高。那么在这种环境下，如何才能做到真正的清晰和独特呢？这是非常重要的	存在泡沫；初创企业的估值过高

3. 创新生态系统的构成及特点

本文所探究的创新生态系统是中国汽车产业情境下在华德企所处的创新生态系统。创新生态系统中的创新主体类型及其特点与企业对创新生态系统的认知是企业在合作机制中选择合作对象及明确合作模式等方面的重要因素。在开放性编码阶段，"创新主体类型及特点"共得到 71 个概念或范畴的支持。

通过编码及文献补充，笔者确定了以下六大创新主体类型，分别是企业、高校及科研机构、初创企业、政府机构、投融资机构及第三方科技服务机构。多项数据支持这一结果（表 4.10）。

表 4.10　数 据 10

数　　据	多级编码后的结果
B：我们组织的目标是连接所有能够为创新过程增加价值的相关方，也就是初创公司、规模化企业、大学、风投、政府	价值创造；初创企业；企业；高校；风投；政府

来自企业的多个访谈对象提到孵化器、加速器、科技媒体等第三方科技服务机构是企业重要的合作伙伴（表 4.11）。

表 4.11　数 据 11

数　　据	多级编码后的结果
E：是的。但我不能说 Plug and Play 只是我们技术上的侦查伙伴。Plug and Play，孵化器，加速器……Xnode，还有……像 36Kr，还有 VCs。它们的渠道是什么，它们的数据库是什么，都是关于技术侦查的	孵化器；加速器；科技媒体（36 氪）；风险投资；异质性资源；获得市场洞察

经研究发现，初创企业直接参与企业的创新活动并有创新产出，属于直接价值创造者；而政府机构、投融资机构及第三方科技服务机构不直接参与创新产出的生产研发过程，而是间接支持创新活动，属于间接价值支持者。多数时候，外部企业、高校根据具体的创新合作内容及产出属于直接价值创造者，也可能是间接参与创新的价值创造过程。企业认为外部创新伙伴之于企业自身的创新发展都很重要，可以帮助实现协同创新。

(1) 企业

企业是创新生态系统中最主要的参与者，它既负责技术创新的生产，同时又是技术创新的消费者。企业可以通过构建或为其他利益相关者提供一个平台[119]，同时通过竞合来为生态系统作出贡献[22]。此外，Budden[43]指出企业通过吸引人才，通过企业风险投资或其设施来建立创新基础。虽然受访的企业本身置身于创新生态系统中，也是其中的构成因素之一，但由于笔者选取从中国汽车产业在华德企的视角分析其与所处的创新生态系统中其他创新主体的合作机制，因此在分析外部因素中创新生态系统的构成及特点时不考虑自身企业，此处的企业指的是外部企业。

经编码分析，外部企业主要为价值链企业，包括供应商、制造商、经销商、竞争者等参与技术创新的其他企业。价值链的企业熟悉并了解市场，具备从创意生成至生产研发再至商业化落地的技术及市场能力，对于研究对象而言是重要的对外创新合作伙伴，对企业的生存和发展不可或缺。例如某零部件供应商企业的受访者在谈及外部创新合作伙伴类型时提到价值链企业(表 4.12)。

表 4.12 数 据 12

数　　据	多级编码后的结果
E：还有其他大公司，一些没有提到的一级供应商和原始设备制造商，就是整车厂。这是非常传统的合作方式，因为我们处于相同的价值链或相同的行业	供应商；制造商(整车厂)

另一老牌车企则提到经销商与客户(表 4.13)。

表 4.13 数 据 13

数　　据	多级编码后的结果
I：因此，我们试图为客户的经销商网络带去数字解决方案，并基本上连接你在墙后面可以看到的生态系统，就是这个神奇的三角形。所以我们基本上把上海大众(SVW)作为原始设备制造商(OEM)与经销商和客户联系起来。这是我们的神奇三角，我们提供解决方案，举一个例子，比如在经销商前端，我们是销售 App 端，这是一个苹果和安卓端销售我们汽车的移动 App。我们收集库存信息，经销商统计当地在售的车辆价格信息和库存信息，我们共有五万用户使用这一销售和售后 App，你可能知道一些垂直网站，汽车之家，XCars 等。我们也通过该应用将主渠道整合到我们的经销商网络	经销商；应用方案；聚焦的创新领域：数字化

此外，企业方的访谈对象还提到如百度、腾讯、华为等科技巨头，指出其在某些领域的专业性强、技术能力强，值得企业关注、寻求未来合作的可能（表 4.14）。

表 4.14　数 据 14

数　　据	多级编码后的结果
E：在计划部分，比如华为和百度这样的新进入公司。因为与它们相比，尽管我们决心在这方面发展我们的内部能力，以及所有的机器学习和人工智能能力，但到目前为止，我认为它们比我们这些传统的 tier1 公司更先进或更发达。所以我们也在规划部分与它们合作，比如英伟达，我们与英伟达有战略伙伴关系，还有华为和百度	科技巨头；聚焦的创新领域：人工智能；价值链企业（芯片供应商）；在某些领域专业性强

（2）高校及科研机构

高校及科研机构属于创新生态系统中的技术上游，大多属于直接价值创造者，是企业创新活动的知识资源与科技人才的提供者及分享者。高校及科研机构汇集了创新资源，具有研究及研发优势，与企业在理论研究、市场洞察、新技术、联合实验室等方面通力合作，为企业及社会提供技术领域的洞见。它们通过和企业的创新合作，推动学术成果转化、实现创新成果商业化落地。虽然同属一类创新主体，高校之间也具有差异性，而且与创新生态系统有一系列不同的接触点：学校层面、学院层面、课题组或实验室层面、教师层面。

然而，企业方及初创企业的访谈对象谈及与高校的合作时都会提到高校的优、劣势，认为高校更适合作为创新早期研究阶段中研究的合作对象，而非商业化、落地化伙伴（表 4.15）。

表 4.15　数 据 15

数　　据	多级编码后的结果
D：高校应该说更多是以研究或者是某一个专题上的深入探讨作为一个目的和出发点，马上能够生产出转化为产品的东西不太现实	适合理论研究；不适合商业化落地
G：一开始在高校里去做所谓的自动驾驶研究，其实更多是研究性的，因为如何去应用，如何去真实地把一个东西贴近到产业里头不适合在学校做。其实在高校这个研究阶段，这些东西想得相对来说比较少，很多的是一些课题	自动驾驶；适合理论研究；项目级别；不适合商业化落地
O：我是说大学是非常早期的阶段。所以你不可能把这个结果就随便找个地方去实施。但这就是大学的本质	适合早期创新阶段

此外，不少受访者均表示高校在创新速度方面不如企业(表 4.16)。

表 4.16 数 据 16

数 据	多级编码后的结果
D：但创新本身来说，我觉得高校创新还是赶不上社会上的创新。它有些可能也受限于一个教学体制方面，它要出题目、要做课题，所以高校更多在某一方面、在深层次上有些研究、有些做法对我们这些企业来说可能有些帮助，我们可能需要走得更深	高校创新速度不及企业；适合理论研究
E：而且大学相比我们要慢一点	高校创新速度不及企业
L：所以我看到了一定的区别。行业学术界有点，我们叫它慢一点	高校创新速度不及企业

高校及科研机构还可能是企业技术创新的间接价值支持者，鉴于高校的主要职责在于人才培育，高校是企业人才储备的主要来源(表 4.17)。

表 4.17 数 据 17

数 据	多级编码后的结果
E：大学，尤其是顶尖大学，它们在一些课题上处于领先地位，尤其是在研究方面。还有人才，我们有这样的人才库，这就是为什么我们仍然与大学合作	适合理论研究；人才库
O：大学对于人才的储备非常非常重要	人才库

(3) 初创企业

初创企业是企业在创新生态系统中进行技术创新的最重要合作对象。在激烈的竞争环境中，初创企业旨在建立基于创新的竞争优势，这些创新可以源于科学洞见、技术变革、新商业模式、供应链等。初创企业将其技术成果产业化为企业提供产品或服务，积极开展创新活动及合作，从而推动创新生态系统的发展。初创企业的创新能力及绩效可以直接反映出其所处的创新生态系统的扶持能力及创新活力。

初创企业具有灵活性强、速度快、积极性高、执行力强及细分领域专业性强的特点(表 4.18)。

表 4.18　数 据 18

数　　据	多级编码后的结果
L：那么在您看来，在目前的车企或者是您所处的这样一个创新生态系统里面，哪一方是相对来说表现最积极的？ D：在市场上表现的话，应该说是一些初创公司	积极性高
G：初创企业在这里头可能是积极性最高的	
D：事实上来说，可能社会上的一些初创公司它的执行力要强得多，它那个时间给我支持可能会更多一点	执行力强
O：它们非常专注，执行力强，决策速度快。这也是它们的强项	专注；执行力强；速度快
E：对于初创公司来说，优势在于它们的发展速度非常快，这是我们的补偿方式，尤其是在中国的一些地方项目。因为根据我们的程序或标准流程，我们无法在上市前进行调整，我们无法快速或有效地做到这一点。优点是它们非常灵活，非常快。我认为现在因为它们有一些非常顶尖的人才，所以我可以说它们的技术已经明显地赶上来了	速度快；挑战与障碍—风险控制问题—决策流程多，周期长；灵活性强
O：但是，初创企业专注于特定领域且他们可以办到，而且它们的速度非常快，可以非常快地推动一些具体的事情。所以这也是我们所知道的，也是我们所期待的	细分领域专业性强；速度快；执行力强

值得一提的是，来自企业技术总监，企业风险投资负责人及初创企业技术总监的受访对象均表示受资本环境的影响，初创企业于 2018 年年末开始面临生存压力，从之前受到风险资本的追捧到难以进行下一轮融资，开始务实（表 4.19）。

表 4.19　数 据 19

数　　据	多级编码后的结果
E：因为我认为现在的情况与前几年或两三年前完全不同。当时这些创业公司资金是非常充足的，它们不是那么渴望，或者它们不是为了生存而奋斗，所以它们只是和公司随便聊聊。所以我认为现在是因为我们没有那么急切，所以我们有足够的时间来交谈和交流。但现在，你会感觉到初创公司因为融资机会非常有限，它们现在面临着生存的巨大压力	初创企业面临生存问题，更现实

续 表

数　　据	多级编码后的结果
F：因为从去年年初人们已经开始抱怨，不容易从风险投资筹集资金，创业公司说它们不能轻易得到钱，对于估值也是如此，如果在去年年初我与它们交流，有时我会说创始人会有点傲慢，因为他们过去总是被一些风投基金追寻，去年他们已经变得更加现实，不仅仅是为了筹集资金，因为当我在去年年初走近一些初创公司，我听到最多的事是你可以提供多少钱，我说我可以给你一些支持产业	初创企业面临生存问题，更现实
G：虽然包括了投资，包括了一些订单，然后求生存。这是一些初创企业今年的一些动向。所以，其实原来的纵向的话是大家如何把这个东西落地，然后尽早创造价值，到今年，如何转型、如何活下去，就变成了初创公司今年的一个主旋律。所以，初创可能也存在活跃，但活跃的点可能和原来不太一样	看重采购订单；初创企业面临生存问题，更现实

（4）政府机构

在企业所处的创新生态系统中，政府机构扮演着重要角色，属于间接价值支持者。政府不直接参与企业技术创新，却是创新活动的重要推动者。政府机构制定扶持政策，为创新生态系统中各创新主体提供相应的政策法律环境及基础设施保障。政府政策对企业及初创企业的创新战略及创新活动有引导作用，政府通过协调国家、地方或区县级的财政资源对科技创新创业资源进行合理配置，以发挥最大效益。如访谈中某企业创新负责人谈及政府时指出汽车行业受政策驱动，政府是意见领袖（表 4.20）。

表 4.20　数 据 20

数　　据	多级编码后的结果
E：我认为在整个移动出行领域中，政府扮演着非常重要的角色。因为汽车行业是一个高度受政策或法规驱动的行业……这意味着政府是最大的意见领袖	政策驱动；意见领袖

同时政府从各个层面鼓励和引导企业及个人开展创新创业活动。刘文光[120]总结了政府为营造创新生态环境所采取的手段，包括：① 制定财税政策，从财政投入和税收调节的角度引导和促进创新活动；② 知识产权保护政策及力度，保障企业及初创企业赖以生存及发展的基础——专利及专有技术；③ 建立

科技创新服务体系，包括科技创业中心、政府背景的孵化器、加速器、创新创业空间、产业园、科技园等科技服务机构。这与访谈编码的结果一致，“政府及其特点”在开放式编码后获得了“为高新技术企业提供税收减免”，“为服务供应商提供资金支持”，“为初创企业提供资金支持”等概念支持。相比与其他创新主体的合作，企业与政府之间的合作紧密度低，访谈数据显示，由于企业难以直接触及政府，因此企业通过高校、行业协会来获取与政府政策动向相关的信息或解读。

（5）投融资机构

投融资机构指为企业和个人提供所需创业、研发资金的金融机构及非金融机构，主要包括风险投资机构、天使投资机构等。投融资机构之于企业在创新活动中是伙伴关系，而非竞争关系，因为两者所关注的对象都是一致的：初创企业。投融资机构熟悉资本市场的运行规律，且熟悉以初创企业及孵化器等第三方科技服务机构为主导的创业生态系统，对初创公司有一套系统、合理的评估机制。例如某风险投资创始人及合伙人指出(表 4.21)。

表 4.21　数 据 21

数　　据	多级编码后的结果
M：通常，我们与一些孵化器或者和相关机构合作，帮它们筛选项目，这是我们拥有的主要资源之一。我在这个行业已经 20 年了，我们拥有你所需的所有行业的联系。信不信由你，我这么说有点吓人，但是毫不夸张。我做了很久	有丰富的行业及孵化器资源

另一企业创新负责人谈及与风险投资合作时指出(表 4.22)。

表 4.22　数 据 22

数　　据	多级编码后的结果
E：对于选择概念和评估团队，我们需要风险合作(venture capital，VC)合作伙伴的帮助，因为我们需要新鲜的或行业外的视角来帮助我们评估这个概念是好是坏。因为最终它们会走向市场，而最终我们想要将这个概念商业化，这不仅仅是创新 demo(样品)展示或创新项目，我们想要最后的胜利。我们与 VC 投资人合作，从项目的一开始到结束。最终，当和初创企业的商业想法得到批准后我们投入进市场，此时我们需要一些外部资金，我们就和 VC 合作(联合投资)	对初创企业有系统的评估机制；商业化；获得异质性资源-资金；联合投资

(6) 第三方科技服务机构

第三方科技服务机构这一概念是笔者在编码后的总结提炼，主要包括孵化器、加速器、科技媒体、咨询机构、行业协会等间接支持企业创新活动的服务提供者。多数学者在研究创新生态系统中未将诸如孵化器、加速器等机构作为创新生态系统中的主要构成因素。例如 Budden[43] 提出的研究框架中仅包含前五类创新主体，没有特别提到专门的服务提供商、非政府组织、孵化器、加速器等，而是认为它们可根据情况被归类至前五类创新主体中。经研究发现，第三方科技服务机构是企业对外进行创新活动合作的重要对象，且来自除企业外的访谈对象均提及第三方科技服务机构的作用或活动，因此考虑到其重要性，笔者将其单独归为第六大创新主体。

第三方科技服务机构的主要职能是帮助初创企业成长与发展，有着丰富、强大的资源网络，极其熟悉创新生态系统，是各创新主体之间的重要联结者及协调者。它可以为创新生态系统中的企业提供技术筛查、市场调研的咨询服务及帮助企业组织如孵化器项目、创客马拉松等创新活动(表 4.23)。

表 4.23 数 据 23

数 据	多级编码后的结果
B：我们组织的目标是连接所有能够为创新过程增加价值的相关方，也就是初创公司、规模化企业、大学、风投、政府。它们都可以添加一些不同的东西：有时增加资本，有时增加网络，有时增加想法。我们希望成为中间的推动者，以确保创新发生得更快，成功的可能性更大	可对接各创新主体；熟悉创新生态系统；初创企业；高校；风险投资；政府
E：比如你知道很多人喜欢……我不确定你是否知道……Plug and Play。我们是它们的主要合作伙伴。所以它们是我们认识这些初创公司的主要渠道。甚至还 36 氪……我不确定你熟悉这个，现在的科技媒体，它们也有自己的初创企业榜单，也有自己的投资组合	可对接各创新主体；孵化器；科技媒体；各有所长
F：例如 Plug and Play。他们很擅长收集初创公司，组织会议，整合从 OEM 到各层的资源。所以这就是为什么我要加入他们成为其中一员，你知道，就像参加峰会一样，去见创业公司和同行。而创业邦非常擅长企业风险投资(Corporate Venture Capital，CVC)生态系统	可对接各创新主体；孵化器；科技媒体；会议或活动；各有所长

(二) 内部因素：企业在华创新的内部条件及准备

研究表明，企业与外部创新伙伴的合作决策建立在与创新生态系统互动的内部条件和准备之上。以受访的中国汽车产业在华德企为例，中国区子公司的定位、企业对中国本土创新的态度影响企业战略目标及在华组织架构，也进一步影响其与外部合作创新的选择及活动。中国区子公司的定位有三类特征：销售为主、具备有限的研发能力、具有创新中心的定位及功能，企业具备其中一项或同时具备几项特征。某受访企业的战略与创新高级经理表示，企业在中国的定位以销售为主，不设研发，因而其在中国的创新活动分为两类：① 围绕如电动化、移动出行等集团战略重心，以期为总部在汽车相关技术领域的研发及创新提供洞见；② 围绕如数字化、客户服务等创新领域，以持续创新更好地服务本土客户。而另一些企业具备在华的研发能力，但是人员及创新领域有一定的局限性；同时，还有部分受访企业的定位上升至创新中心，这类企业相较之下更积极地参与创新生态系统中的联结与创新活动（表 4.24）。

表 4.24　数 据 24

数　　据	多级编码后的结果
D：我们确定四个全球的创新中心，一个在德国总部，叫 Fiedenshafen 的地方，它是最大的。第二是在美国加利福尼亚州，有一个现在还是相对比较大的团队。第三个其实也就是……我先讲原来第四个吧，它走得比我们远。在以色列特拉维夫那儿建立一个小的创新中心，主要是有一个合作。第四个就是上海，上海在全球的创新定位在我这里，就是一个创新中心。也就是从定位上来说，我们这里是创新	中国子公司的定位—创新中心；企业对中国本土创新的态度—重视在中国的创新布局
J：我认为第三部分也是基于我们在中国组织的地位。实际上，我们的商业存在感很强，但研发人员相对有限。是的，我非常非常乐观。有更多的内部和外部的压力和机会，我们将会看到中国成为全球创新的热点。是的，不仅仅是在这里，这就是我们给中国中心的定位。我们地点设在中国，但它不只是个中国的组织，或只是为了中国。我们看的项目也是为了全球市场，我们欢迎全球的创业公司和组织来中国市场，我们帮助它们，也利用这里的	中国子公司的定位—研发有限；企业对中国本土创新的态度—重视在中国的创新布局；战略目标—在中国，为世界
N：因为中国是一个销售和市场子公司，我们在这里没有研发和生产，只是进口和分销	中国子公司的定位—销售为主；没有研发

企业采取多样的创新管理方法及策略激励内部的创新创业精神，增进对外部环境、市场、趋势的理解。受访企业在近几年普遍采用如敏捷管理、价值主张

设计、设计思维等方法增进员工创新意识、丰富内部创新文化,同时通过一定的趋势及生态圈监测系统、联合工作坊、推拉式策略增进对外部趋势及创新生态系统的理解,判断如电动化、共享化、互联化、人工智能、数字化、新材料、安全等领域的发展及对汽车行业、企业的影响,以决定其在相关领域的创新投入及是否与外部进行创新合作。例如访谈对象 E 表示(表 4.25)。

表 4.25 数 据 25

数 据	多级编码后的结果
L:有一定的范围,我们可以称之为核心领域,在想与他人合作开发核心技术之前,我们仍然尽可能把这些领域留给企业内部解决。但在一些与核心领域相邻且有价值的领域,我们称之为风险缓解(risk mitigation),这意味着对我们来说不是很熟悉,但我们相信这些领域是有潜力的,这就是传统意义上我们与他人合作的板块。因此,当我们有一个预算范围时,我们会尝试自己去做。但与此同时,这些领域正在变得模糊	内部创新—核心领域;外部创新—风险缓解领域

企业内部条件及准备是企业开展创新合作及活动基础,企业需要根据企业内部条件及准备来确定企业对具体合作的需求和承诺。经研究发现,企业的内部条件及准备还包括以下五个主要因素:① 企业组织构架;② 企业创新文化;③ 明确的内部需求与计划;④ 人力;⑤ 投入及预算;⑥ 内部参与度。

其中,企业的组织构架进一步分为企业在创新管理及投资管理层面的组织构架两个层面。创新管理相关的组织架构决定了在华德企与创新相关的决策及执行方,有以下几种可能性:① 中国区技术研发部门负责区域创新战略及创新活动;② 各事业部各自为营,制定适合自身业务或技术发展的创新战略;③ 战略与创新职能并为一个部门,且已有或在筹备中国创新中心的建设,往往采取矩阵式的创新组织构架与各事业部门产生联结并收集各部门的创新需求。另一值得注意的是,企业与投资相关的组织构架,中国子公司是否具备企业风险投资的职能部门。与传统风险投资相比,企业风险投资是一种较新的创业投资组织形式,与创新生态系统中的初创企业及第三方科技服务机构有密切合作。值得注意的是,企业风险投资不是仅以财务回报为目的,而是支持背后母公司的战略布局,或者是为了上下游产业链布局而提前进行的风险投资。某企业风险投资负责人同样指出这一点(表 4.26)。

表 4.26　数 据 26

数　　据	多级编码后的结果
F：我们为投资做的所有事情都有两个逻辑。就像所有的投资一样，我们重视投资回报。这就是财务逻辑，但更重要的是业务逻辑。因此，如果这项投资能够提升我们的核心业务，能够扩大我们的业务组合，或者能够为我们未来的发展带来一些特别的好处，如果我们确定了这一点，就应该成为下一步投资的基础或先决条件，这就是一般的投资策略	投资逻辑；财务回报；战略布局

创新文化是企业对待创新的意愿及开放度，体现了创新层面的组织文化。创新文化对员工的知识分享有正向影响[121]，能促进企业在对外创新合作中的开放度与信息交流。明确的内部需求与计划、人力、投入及预算是产生创新活动的基础，直接影响合作机制中的合作对象选择、合作模式。企业可以通过趋势侦测了解市场及技术的发展情况或向企业内部各部门收集需求来明确内部所聚焦的创新领域及合作需求，制定明确的计划，预估人力、资金及物资的投入（表 4.27）。

表 4.27　数 据 27

数　　据	多级编码后的结果
N：当我们进行侦查活动时，必须有很强的目的性。这是我一直牢记的事情，我有要做的计划，然后我们去做侦查工作。我们需要考虑哪些事情是可以外包的，哪些事情是需要我们内部自己掌控的	市场洞察；明确的需求和计划
D：这是我们在前期做一些准备，在大项目之前，你的人要准备好，别到后来你硬推也做不下去	人力
B：是不是有一个业务单元……甚至在你开始任何形式的合作过程之前，是不是说过有一个业务单元，我想把钱花在这上面，我将放两个、三个、四个、五个人在这个项目上和初创企业合作，以确保它们获得正确的数据，确保它们能联系到我们的客户。我真的想在这上面下点本，因为我知道这最终会帮助我。如果不是这样的话——相信我，通常情况下不是这样的——要做出点什么就很困难了。公司需要有一个小的预算来支持初创公司切实做出技术开发路径，但有时不是这样的	预算；人力；明确的需求；企业内部条件及准备不充分

内部参与度是创新活动顺利开展的保障，若企业创新及技术部门在合作中的参与度高，则双方对创新产出及合作效果的评价更为积极。内部参与度还包

括如财务部、法务部等支持性部门的参与度，来自企业方和初创企业的受访对象均表示企业内部支持部门的参与度影响合作的决策流程、周期及风险控制评估等方面。在早期合作阶段就引入财务部及法务部的深入参与有助于提升决策及合作过程的效率(表 4.28)。

表 4.28 数据 28

数据	多级编码后的结果
B：理想情况下，你会让法律、采购和 IT 这些公司内部的阻碍因素都参与进来，最好一开始就让它们参与进来。这就是……一旦你真的做了这个项目，你就不需要花一年的时间来促成合同。所以有几个元素是很重要：初创企业的质量、业务单元的参与、采购、IT、法律这类支持部门的参与	初创企业的质量；内部参与度；支持部门的早期参与有助于决策效率

（三）企业在创新生态系统中的合作机制

企业在创新生态系统中的合作机制研究是本文的重中之重。少有受访对象表示其所在企业具备系统的创新伙伴管理规划及清晰的对外创新合作思路，受访对象均表示目前企业尚未研究出一套行之有效的程序化合作流程或机制，需要具体情况具体讨论。笔者发现，企业在熟悉并理解外部环境、明确自身的需求和资源、做到“知己知彼”后开始展开与外部合作伙伴的合作。首先是明确合作目的。基于合作目的及一系列考虑因素，企业方可选择正确且合适的外部合作对象。企业可经由多种途径与合作对象建立合作联系，该过程需要时间及人脉等资源的积累。企业进一步与外部创新主体沟通并确认具体的合作模式及内容。

1. 合作目的

合作目的是企业与外部创新主体合作的原始动机，包含两个维度：① 企业对外合作的初衷；② 企业对于创新生态系统中合作的具体产出的期望。本文仅讨论第一个维度，第二个维度过于实际、具体，须结合企业自身情况进行讨论，因此不在本文分析范围内。

与外部进行合作创新可以为企业带来诸多好处，如获取外部环境的信息及复杂研究所需的专业知识，避免重复性的研究投入，降低或转移部分研发过程中的失败风险，降低研发成本等。Richardson[122]最先提出企业合作的概念，他认为企业之间的合作源于某种动机，其本质在于链接不同企业间的异质性资源。Maria 和 Marti[123]则从核心企业角度出发，认为其与外部合作伙伴的合作目的在于知识共享、分摊风险、保持持续的竞争优势来实现企业的创新效益最大化。虽然学者的研究角度略有差异，但共性都在于直接或间接与异质性资源有关。本文研究的结果同样印证了这一点，获得异质性资源是中国汽车产业在华德企选择与外部创新伙伴进行合作的首要目的（表 4.29）。企业选择与优秀且适合的伙伴进行合作、获得异质性资源，继而提升彼此的竞争力，达到共赢的效果。异质性资源包括合作对象领先的技术、信息或人脉、新市场准入渠道、特定资源的使用权限、资金等。

表 4.29　数 据 29

数　　据	多级编码后的结果
J：创新中心或创新生态系统的本质是利用外部的专业知识和优势，这是我们必须做的部分，因为有些东西我们内部没有，我们需要补充，我们需要利用它们的外部力量	合作目的—获得异质性资源

企业与外部创新伙伴的合作目的呈现多元化趋势，合作目的还包括降低产品成本、获得市场洞察、创新教育及人才培养等。企业可以在当地选择性价比更高的供应商合作开发零部件，与第三方科技服务机构合作让对方提供市场调研或技术筛查等市场洞察类服务，与高校合作进行针对企业内部员工或未来员工（即学生）的创新教育及人才培养。

此外，企业的创新合作目的与创新阶段有密切联系，企业为了创意构想、原型设计、研发生产及商业化落地与外部创新伙伴进行合作。

2. 合作对象选择机制

企业正确选择合作对象是保障其与外部创新伙伴合作顺利的基础。经研究发现，企业在选择合作伙伴时有以下四个主要考虑因素：战略匹配度、共识、合作对象的可得性、声誉及信任。其中，战略匹配度是企业选择合作对象时最重要的影响因素。

（1）战略匹配度

战略匹配度指的是企业与合作对象在技术、资源等方面投入的互补性及目标的一致性，具体包括两个方面：第一，合作对象对于与企业的创新合作是否有共同的愿景、使命，是否有一致的目标；第二，合作对象具备的技术能力和资源与企业是否有互补性，且所聚焦的领域是否有未来前景，能对企业的业务有牵引作用(表 4.30)。

表 4.30 数 据 30

数 据	多级编码后的结果
B：首先是技术，我们有一个完整的团队来做技术尽职调查，以评估它的独特性，它的市场应用是什么，我们是不是能利用它来做生意	技术能力；市场潜力
C：就像我说的那样，总体标准是战略契合的。有时，我们如何选择合作伙伴，很大程度上取决于技术或市场准入	战略匹配度；技术能力；资源—市场准入
O：我认为在这个阶段非常重要的是要有共同的愿景和使命。这真的帮助很大，这对我来说也是一个非常重要的标准。不仅仅是钱的问题，谁更便宜，或者说谁有相同的理念，谁在同一个方向上推动这个事情，这也是非常重要的。所以其中的一个标准也是，这个大的项目有多大的战略意义	战略匹配度；目标一致性

目标一致性并不代表企业与外部合作伙伴有完全相同的目标，而是即便双方目标有差异，但当一方的目标实现时，另一方也同时达到既定目标。例如某车企计划继续深入智能座舱这一方向的创新设计及研发，想尝试触觉感知技术与座舱操作系统的结合，而另一聚焦触觉感知芯片及软件领域的初创企业旨在探索更多的商业方案及行业落地场景，双方目标互补。此外，双方对于技术开发、产品研发等面临的市场风险也有一致的理解，基于此目标达成一致。

合作对象具备的技术能力和资源是企业在选择合作对象时最关注的条件。一方面，合作对象具有的技术及资源是否与企业的投入资源互补，对方的技术成熟度、相关性及承诺可兑现程度决定了技术创新产出的具体表现。另一方面，对方提供的技术是否有市场潜力，对企业而言是否具备战略意义。以第三方科技服务机构为例，企业在选择合作对象时，会根据企业需求与对方所能提供的资源进行针对性合作。例如孵化器 a 更擅长组织创新活动，而科技媒体 b 拥有大量初创企业的数据资料，另一孵化器 c 有强大的政府关系网络，若某车企创新负责人现阶段的合作目的是组织创客马拉松活动，则他会选择孵化器 a 作为合作对象。访谈结果显示，企业倾向于将核心业务领域的相关技术及研发工作放在内部解决。对于非核心业务板块的现有或成熟技术，企业更倾向于与外部企业进行创新合作，例如在现有业务上与供应链上下游企业进行合作，在其他垂直领域与如百度、阿里、华为等科技巨头进行创新合作，针对非核心业务板块的新技术或未来技术趋势企业会倾向于与如初创企业等早期创新合作伙伴合作。

(2) 共识

共识是指合作双方是否具有相同或类似的理念，本文研究发现，想要合作双方和谐相处、合作顺利的前提条件之一是双方在目的、期待与价值观上达成一致。在期待层面，合作对象是否可以实现其承诺成为判断依据。来自企业的访谈对象指出，初创企业并不能完全实现其所宣称或允诺的内容，继而合作无法继续(表 4.31)。

表 4.31　数　据　31

数　　据	多级编码后的结果
E：所以大多数创业公司有时候，或者大多数时候，它们在我们的内部测试后无法继续合作，这就是为什么我们仍然觉得，它们所宣称的，或它们所描绘的，和它们实际能达到的，之间有差距	共识；承诺的可实现程度低

此外，有多名访谈对象指出与高校合作出现创新产出后续难以管理等问题，这也说明了这些企业对于合作的期待与高校实际的合作产出及效果存在差距，这反映出未在事前达成足够共识的后果。

(3) 合作对象的可得性

合作对象的可得性是指可与该创新主体取得联系或合作的难易程度，具体包括：时间、地理位置及是否可取得联系三个方面。由于企业的创新合作活动具有一定时效性及周期，因此合作对象需要在时间上与企业相匹配。此外，鉴于企业自身以及合作项目的地理位置，企业会考虑潜在合作对象是否在该处有驻点。对于企业本身通过各类渠道无法接触到的外部创新主体，企业将不浪费精力考虑此类潜在合作对象。

(4) 声誉及信任

为了可以为用户提供可持续的完整的产品及解决方案，企业倾向于保持长期且稳定的合作伙伴关系。由于汽车产业有其特殊性，汽车的研发周期、产品生命周期及寿命至少在 3～4 年以上，甚至有些以 10 年为单位，因此企业对于与首次接触到的初创企业合作有顾虑，更倾向于与有一定规模、稳定的伙伴合作。企业会根据合作对象的规模、业内名声、过往的类似项目经验及团队背景来评估合作对象的声誉及企业对该对象的信任程度。如果对方与企业已有合作，合作对象的声誉会随着合作创新的深入而发生改变，良好的声誉可增进企业对该合作对象的信任，提高企业与该对象继续合作的可能性，从而保障创新生态系统合作关系的长期稳定发展。

值得注意的是，以往类似项目的经验对于企业建立与合作对象的信任是把“双刃剑”。一方面，类似经验的背书有助于增加企业对潜在合作对象的信任；另一方面，如果该潜在合作对象是企业竞争对手的供应商，企业会因内容敏感性及排他性的考量重新考虑是否与之合作（表 4.32）。

表 4.32 数据 32

数据	多级编码后的结果
D：我们一般做项目都是有某一个技术方面的要求的，首先在这个行业这一点上他是有能力的、有建树的，这是最起码的。第二，看它已经做过了一些，有参照，它以前做过类似的、成功的，当然往往是这些公司做的时间长了，它就会有一些名声，也是行业内比较有名的，我们一般都会综合一下考虑	技术能力；以往合作经验；声誉
I：另一个，当然是保密或排他协议。因此，如果你（潜在合作对象）也是宝马的供应商，我们谈论的是一个非常敏感的领域，我们可能需要重新考虑决定，反之亦然	排他性

3. 建立合作联系的途径

然而结识合适的创新伙伴并非易事，企业还需通过一系列途径与外部创新主体构建联系。目前，尚未有研究对此进行分析或阐述。通过访谈及扎根研究，笔者发现，在中国，非正式的人脉网络即私人人脉是最为重要的信息来源。私人人脉主要为企业创新或技术部门员工之前积累的行业人脉与个人的人脉资源。在此引用某孵化器负责人的话：“找到好公司的唯一方法还是通过非正式的关系网络，认识那些认识合适的公司或伙伴的人。”企业的创新合作领域的牵头人可通过非正式人脉获得有关潜在合作对象的更多信息，而这些信息不一定会在行业报告或该合作对象的官网或其他媒体中披露。

第三方科技服务机构、高校教授及风险投资人也为企业直接引荐初创企业合作对象。若企业想与高校教授进行联系，除了私人人脉外，还可通过阅读学术期刊论文后进行邮件联络或通过高校的技术转移办公室等方式。

参加行业协会、出席会议或由第三方科技服务机构举办的活动、阅读行业报告也是企业创新或技术部门负责人及员工连接潜在的价值链企业伙伴、初创企业、风险投资、第三方科技服务机构的有效途径。诸如新媒体的报道或科技媒体的排行榜让企业的创新负责人或员工能对初创企业为主的外部合作伙伴产生合作意向，并进一步建立联系。某企业技术总监表示其与外部创新主体建立联系经历了几个阶段：从广泛参与活动以提高曝光度的广撒网式，到自己熟悉创新生态，再到成为专业圈子的一员，并有针对性地结识细分领域潜力企业的人脉。另一技术总监则表示，最初与合适的合作对象产生联结一般会存在运气成分。

4. 合作模式

企业根据合作目的、创新生态系统外部伙伴的特点、企业内部条件及准备，基于不同因素的考量，并经过多轮沟通或谈判决定合作模式及内容。通过对受访的中国汽车产业的在华德企进行研究，笔者总结出八种常见的创新生态系统合作形式。

(1) 创新项目

基于外部挖掘或促进生成创意或技术构想的目的，企业主要针对初创公司采取多种创新项目，包括创新孵化器/加速器项目、创客马拉松项目、工作坊等形式。此类项目可由企业职能部门(如创新部门或技术部门)自行筹办，或委托第三方科技服务机构负责初创企业筛选、活动筹办、项目管理等。企业负责提供资金、场景需求、技术及人员(包括来自技术等业务部门的专家及各职能部门的组织人员)，而初创企业提供技术、解决方案及相应的项目人员，第三方科技服务机构则提供科技咨询及项目管理服务。

企业创新孵化器或加速器项目是由企业主导的开放式创新项目，旨在构建平台连接科技初创企业，加速推动企业与产业链创新结合，通常项目周期为 3～6 个月不等。企业可根据自身发展需求提出项目主题，例如智能座舱设计、数字化、智能驾驶等多重行业前瞻领域，通过前期筛选、项目合作、创意展示、评选等步骤，企业可选拔出个别匹配度高的初创企业进行后续沟通与合作。企业与进入创意合作阶段的初创企业根据合作情况签署项目合作协议或技术开发合同，部分初创企业在此类项目中经历创意构想、原型设计等阶段并为企业提供更多的商业落地场景或方案。更少的初创企业在经历此类合作后经企业考核、升级成为供应商。

创客马拉松项目与前者较为相似，但项目周期较短，通常为几天或一至两周，因而效率较高。相比孵化器或加速器项目，马拉松项目更多存在于创意构想阶段，较少的参与者可以提供较为成熟的原型设计方案。工作坊则为另一短期的企业与外部企业或高校的合作形式，适用于创意生成阶段。

(2) 科学研究

企业基于市场需求及自身发展需求,需要对行业前瞻技术、材料及未来发展趋势等有更深入的研究。在我国,高校汇聚了主要研究资源,并拥有人才及科研方面的优势。通过与高校及研究机构在基础研究层面的科研合作,委托其针对新技术、工艺或材料及产品的研究,企业与之形成了优势互补。由于基础研究的周期较长且资金投入相对较大,与高校合作可以降低企业一定的研发成本并提升企业在某些领域的竞争优势。

(3) 联合开发

联合开发是常见的外部创新合作模式。企业与外部企业、初创公司及高校均可能针对技术、商业模式、产品等方面进行联合开发合作,具体形式包括联合项目开发、联合实验室等。

为了尽可能发掘外部企业及初创公司的技术、市场等优势,企业常与外部企业及初创企业签署一次性或短期的联合开发协议。出于企业日常经营合作流程及风险控制的考量,企业与它们大都采取供应商采购合同形式。而针对技术及市场成熟度高、互信度较高的合作对象,部分企业会选择与其进行长期且深度的合作,通常为长期的联合开发协议或合资协议。

(4) 创新教育及人才培养

创新教育及人才培养是企业与高校合作的另一主要模式,具体包括合作创新课程及教席、学生创新大赛及其活动赞助。高校是企业重要的人才招募渠道,且可以为企业提供源源不断的创新想法。即便来自学生的创意成熟度较弱,但部分有价值的想法可进一步激发企业创新思考及技术创新方向。通过合作创新课程形式,企业引入来自高校的知识与活力,可促进内部员工的创新创业思维及内部创新文化建设。通过赞助教席、学生创新大赛及活动等,企业与高校建立了紧密联系。在了解学术研究动态及收获来自学生的创意构想之余,企业也会直接或间接参与创新人才培养、孵化未来员工。

(5) 咨询服务

根据服务内容及特性,咨询服务可进一步分为技术咨询服务与科技咨询服务。技术咨询普遍存在于企业与高校之间,由高校为企业某特定项目或工程提供技术分析、调查、可行性分析或知识传授等咨询类合作。某车企创新经理表示,由于高校教授有较高可信度,因而可作为对集团总部的游说渠道,进一步向总部推销中国子公司内部得出的一些观点。

科技咨询服务则普遍存在于企业与第三方创新服务机构之间,由第三方的孵化器、加速器、科技媒体或咨询公司等提供某技术领域的市场调研、技术筛查、初创企业筛查、数据库等咨询类合作及创新活动或项目的筹办、管理等科技服务类合作。

（6）非正式信息交流

经研究发现，企业的创新或技术负责人与外部各创新主体之间存在大量非正式信息交流，这些交流能极大程度帮助企业连接到其他创新合作伙伴并加深对市场环境及创新环境的熟悉度及理解度。

企业方代表的价值在于分享垂直领域的见解。高校及研究机构的部分教授及管理层由于参与智库或行业政策制定等活动，深度理解中国的行业趋势及发展，可在非正式场景下透露某些政策风向，并帮助引荐合适的合作对象。第三方科技服务机构则因访谈过大量科技企业，对市场环境及创新氛围有较深的理解，可进行趋势及初创企业信息的交流。初创企业因参加大量的创新活动及会议，与企业方嘉宾有多重交集，可加深企业方对该初创企业及相关细分领域的了解。而风险投资机构可从财务投资角度为企业提供分析并引荐初创企业。

（7）投资

投资分为股权投资及联合投资两种合作形式。企业风险投资近几年在国内快速兴起，是企业主动适应竞争环境、拓展边界的举措，它可以帮助企业及时掌握行业最新动向、深入创新生态系统乃至实现收购、引进新技术、抢占赛道等，实现获得异质性资源的目的。对于与自身战略契合度高或能带来较高财务回报的初创公司，部分企业会选择与之合作、进行股权投资和增长支持，有些通过与被投资企业的协同作用促进自身的业务发展。但研究发现，受到集团对中国子公司的制约及商业披露等限制，目前汽车行业在华德企对初创企业的股权投资案例极少且难度较高。而联合投资主要存在于企业与外部风险投资机构之间，双方共同对看好的某初创企业投资。

（8）战略合作伙伴框架

基于高度的信任及双方在竞争优势与利益的长期互补、协同发展的情况下，企业会考虑与合作对象签署战略伙伴合作框架协议。通常这种合作类型存在于企业与企业（尤其是供应商）之间或企业与高校之间，有部分企业会与第三方科技服务机构签订类似的战略伙伴协议。战略合作伙伴框架有一定的广泛性及灵活性，企业可与合作方针对多个领域进行多层次的深入合作，并于后期商榷具体合作项目。

5. 挑战与障碍

企业与创新生态系统各创新主体的合作过程并不是一帆风顺的，面临一系列挑战与障碍。以受访的中国汽车行业在华德企业为例，它们普遍面临以下五类挑战及障碍。

（1）企业内、外部难以达成共识

首先，企业内部难以达成共识的根本原因在于企业内部条件及准备不足，主要有四个方面原因：① 总部不了解中国市场及创新环境，对中国层面需求的迫切度不够重视。因此中国子公司在征询总部意见及争取相关支持上往往花费大量时间说服对方，然而效果不尽如人意。② 信息不对称。例如在与初创企业的合作中往往涉及企业多个职能部门及业务部门，他们之间掌握的信息量不对称且透明度低，导致内部沟通耗时过长。③ 企业内部偏保守，员工的开放性不够，缺乏创新合作的主动性。④ 创新的重视度不高。由于企业多数为利润驱动型，企业高层更在乎产品的销售额、在任期间的业绩及利润。而汽车行业真正实现落地化的技术或产品创新耗时较长，有些甚至10年后才能形成销售带来业绩，因此部分集团的高层存在对创新的重视度不够的现象（表4.33）。

表4.33　数　据　33

数　　据	多级编码后的结果
B：企业是一个非常大的组织，内部经常会有很多信息不对称。所以经常地，初创公司得向业务部门（Business Unit，BU）的头头推销一遍，向BU的头头B推销一遍，然后是CEO、CTO，再然后是德国的某个人、奥地利的其个人，之后是美国的某个人……不知不觉间，初创公司就沦为了企业的玩具，浪费了大量时间，一遍又一遍地分享同一个故事，却没有真正地促进实际购买决策过程	信息不对称；决策周期长
D：因为我们的老企业，尤其现在是在中国或者亚太这一带，其实还是非常operation-oriented（经营驱动型），大家是看着产品销售、业绩、利润怎么样，在我们的很多领导人里面大概99%是这些东西挤在脑子里，所以你要搞一个创新的，有可能三五年甚至十年以后才能形成销售的话，他们其实很多人现在是不关心的	对创新的重视度不够；在乎业绩和利润
E：有时因为总部不太了解市场，所以有时它们觉得中国市场的需求不是那么迫切。它们不理解我们与创业公司合作某个话题的紧迫性	总部不了解中国市场及创新环境
M：它们没有动力成为第一个：我为什么要做第一？成为第一个需要冒险。所以它们在这个意义上肯定更保守	企业内部偏保守；员工的开放性不够

其次，企业与外部也难以达成共识，原因有三：① 彼此理解不足。一方面，企业对外部创新利益相关者及具体公司或组织的特点理解不够；另一方面，外部合作对象对汽车行业及该公司的业务、技术研发及生产领域的要求和特点、客户特征不熟悉，低估了企业的复杂性。这就导致了双方对彼此合作的期待与实际存在偏差，进而在合作过程中难以形成解决方案。② 彼此着眼点不一致。企业对合作的期待与合作目的及合作需求相匹配，重视的是战略匹配度等因素，而外部合作对象的合作目的是追求自身利润或发展等，两者立足点不同导致思考方式、合作目标及可能提供的合作资源有偏差。例如企业有意与高校进行合作，然而高校层面更在乎学生的创新教育、教授层面重视研究兴趣及学术成果（如发表论文等），而企业旨在通过短期项目委托提升自身业绩，则此类合作存在天然的起步障碍，增加了沟通成本及合作产出效果的风险，例如研发产出难实现产品落地或项目交付物缺乏后续管理。因此，多个受访对象表示在经过多次合作后发现高校更适合做基础研究或前瞻研究，而非以商业化为目标的研发工作（表 4.34）。③ 企业缺乏明确需求，进而增加了与外部伙伴的前期商榷时长，甚至导致合作中断。

表 4.34　数据 34

数　　据	多级编码后的结果
D：一般大学里也是做研究项目，就是说你真要给他做这个项目的话，实际上是事先约好。甚至要跟高校签保密协议，或者签一个什么合同，然后你内容是什么，交付什么、多长时间、怎么要求，然后多少钱，基本上是这样的。这个业务相对比较简单，因为这不是一个产品类的合作，因为产品里头还有个交付状况，还要验证什么要验收。跟高校往往是研究或者 demo……这里就有一个风险，就是说你能拿到一定的东西，但很难说不合格，人家要打回去，重新怎么补，一般我们不怎么做产品类合作，但这里有最大的一个障碍，就是大学环境老师的着眼点跟企业是不一样的。他不是围着企业转的，他要走出他的一个教学研发，如果围绕的是行业的东西，可能我们要去寻找一些切入点，能够达到目的可能很不容易。高校应该说更多是以研究或者是某一个专题上的深入探讨作为一个目的和出发点，马上转化为产品的东西不太现实	科研研究；原型设计；项目交付物缺乏后续管理；挑战与障碍；彼此着眼点不一致；高校适合科研研究；高校不适合商业化
E：我们认为现在的大学的商业化能力不是很好。中国的顶尖大学，它们的设施和能力都在那里，因为它们的首要任务是研究，而我们是企业。作为一个公司，我们要将一些东西商业化，这意味着最终的目标是不同的	高校商业化能力弱；研究；彼此着眼点不一致

续 表

数　　据	多级编码后的结果
K：其实你一个企业的思维方式跟学校平台是差得蛮远的，不理解对吧？你老师总是想针对自己感兴趣的事情，发 paper（论文），对于产业化的积极性没那么高，然后从时间上要求你也不能用经验主义的项目管理方法去压学校，这样是不行的，但整体来讲，大家还是蛮愉快的	彼此着眼点不一致；教授层面重视研究兴趣及学术成果；老师的产业化积极性低；难以项目管理

（2）集团总部对中国子公司的制约

集团总部对中国子公司的制约存在于两个层面：研发及决策权。一方面，在华子公司的研发权力有限，导致某些领域的合作仅存在项目级别、不能深入生产制造层面。另一方面，在华子公司的决策权有限，尤其在开放式创新合作领域。企业在创新层面的组织构架存在差异，部分企业的创新部门直接受总部战略及创新部门领导并需要得到总部的审批同意后才能进行外部合作项目，总部对工作重心的周期性变动频繁、审批领导的态度均会直接影响企业创新合作决策的生成及潜在合作对象的等待时间及合作意愿（表 4.35）。

表 4.35　数 据 35

数　　据	多级编码后的结果
K：在做创新引进的时候，坦白来讲，我们整体的观感就是德国的这些做汽车的大企业，实际上本身在国内虽然车卖得很多，但是国内整个开发上面，在开发设计内容上，你实际上权力是有限的。大多停留在项目级别，有些无法进一步商业化	研发权力有限
N：我觉得管理层的需要以及总部工作重心变得太快了，每三个月，我们都需要重新评估现在的重点是什么、我们需要和谁一起工作	决策权有限；总部对工作重心的周期性变动频繁

（3）风险控制问题

风险控制问题是受访对象提及较多的障碍，主要表现为决策流程多、周期长、速度慢。企业出于降低风险及合规的要求，设置了系统化的风险评估及采购流程。然而面对如初创企业这类灵活性强、成熟度不高的合作对象，多数企业认为与其合作的风险性高、内部采购部门仍对其采用供应商采购的内部流程，导致企业内与初创企业的兼容性不够。流程复杂性及牵扯的内部决策方过多容易导致合作双方的矛盾(表 4.36)。

表 4.36　数 据 36

数　　据	多级编码后的结果
B：此外还有很多操作上的事情，比如采购。采购就是为了降低风险。默认情况下与初创公司合作是有风险的，所以很难在合同协议上达成一致。你要怎么构建它，有时你并不知道被开发出来的会是什么。这就是我想到的一些事情	风险控制问题；采购合同与初创企业的兼容性问题
E：因为对我们来说，我们需要进行如此多的内部沟通，如此多的流程，我认为我们的风险评估也要慢得多	决策流程多；速度慢
I：目前我们的流程非常复杂，使得它几乎不可能迅速采取行动。……需要很长的准备时间，很长的决策周期	流程多；周期长

(4) 知识产权的归属

知识产权的归属是企业与外部企业、初创企业及高校合作过程中最主要的问题。虽然知识产权的归属问题视具体情况而定，存在外部合作伙伴对归属没有强烈要求的情况，但无论何种规模的企业总倾向于尽可能拥有更多知识产权。如何最大程度拥有知识产权，同时最大程度降低风险，这对企业而言是巨大挑战。初创企业可能因企业提出的排他协议或防竞对协议产生顾虑，从而降低合作意愿，甚至取消合作。受访企业均未找到针对该问题的最佳解决方案，现有方案包括引入专家进行特定技术的知识产权侦查及合作对象的资质评估，尽量在合作之初就对知识产权的归属问题达成一致等。

(5) 政府的政策环境限制

研究对象表示政府的政策对其在某些领域的创新发展形成一定的挑战或障碍。以大数据及安全为例，数字化及大数据是汽车行业创新发展的一大方向，同时影响着移动、互联、智能化、自动驾驶等汽车行业主流的创新趋势。而根据我国《网络安全法》规定，在我国境内收集到的个人信息及重要数据应留在中国境内，对于确实需要出境的数据应该按规定进行评估，认为不危害国家安全和社会公共利益的可以出境。这意味着诸如汽车行业的在华外企的数据采集及管理受到限制，无法凭自身条件实现某些基于数据的技术或商业模式创新。面对这类问题，部分企业选择与本土有数据采集及处理资质的企业或初创企业合作，以减少部分政策对企业创新发展的不利影响，但这给采购及风险管理带来难度。又如自动驾驶领域，虽然目前如北京、上海、江苏、深圳等地已陆续发布了自动驾驶测试牌照，但对标美国已开始或实现自动驾驶在干线物流运输等场景下的商业化落地，中国的法律制定、标准及政策相对较晚且尚停留在测试阶段。对于在华外企而言，测试牌照数量有限、申请手续复杂、有资质要求，而且在中国目前不具备技术或产品商业落地的客观条件，因此，企业具有对政府加快相关领域的法规、政策制定的诉求。

五、研究结论及展望

（一）研究结论

创新生态系统的理论及研究仍在不断演变发展的过程中，国内外学者目前较多聚焦于宏观、中观及微观层面的创新生态系统的概念、内涵、演化、运行机制、评价及战略和政策等方面，很少有学者系统地从企业角度分析其与创新生态系统的合作机制。为了丰富创新生态系统合作机制相关研究，本文针对中国汽车产业在华德企提出了两个研究问题，即中国汽车产业在华德企在创新生态系统中的合作机制受到哪些因素影响？在华德企如何与中国汽车产业创新生态系统中的其他创新主体进行合作？

通过半结构式访谈及基于扎根理论的编码分析，本文构建了中国汽车产业创新生态系统中在华德企与其他创新主体合作机制的整体理论模型，并基于访谈数据分析得出了以下结论。

（1）中国汽车产业在华德企在创新生态系统中的整体合作机制受到两个因素的影响，即内部因素与外部因素。外部因素进一步分为政策环境、创新环境及创新生态系统的构成与特点，其中正确把握创新生态系统的构成及特点对企业的合作机制有重要影响。第三方科技服务机构是中国汽车产业创新生态系统中不可或缺的重要组成部分。企业、初创企业及高校是直接价值创造者，而政府、投融资机构及第三方科技服务机构是间接价值参与者。内部因素则指企业在华创新的内部条件及准备，它是企业判断是否及如何进行外部创新合作的基础。中国汽车产业在华德企的本土创新合作机制受到中国区子公司的定位、企业对中国本土创新的态度、创新管理方法及策略、企业的组织构架、创新文化、明确的内部需求与计划、人力、投入及预算与内部参与度等九大企业内部条件与准备因素的影响。企业内部条件及准备的不完善影响了企业对外创新合作的成效，因此在开展合作前，企业应全面考量内部条件及准备是否充分，如有硬性条件不足的情况，企业方应就此作出长远的改良规划。

（2）在华德企在中国汽车产业创新生态系统中的合作机制由企业的合作目的、合作对象的选择机制、建立合作联系的途径、合作模式及挑战与障碍五个方面构成。根据验证结果，表 4.29 显示获取异质性资源是企业进行对外创新合作的主要目的。在战略匹配度、共识、合作对象的可得性、声誉及信任这几个维度中，战略匹配度是企业选择外部合作伙伴的最主要的考量因素，包括目的一致性及合作对象的技术能力与资源两个方面。本研究首次归纳了多种建立合作联系的途径，并指出中国情境下私人人脉是寻找合作对象的最普遍且有效的信息渠道。基于内外部因素、合作目的、合作对象的选择机制，双方确定合作模式及内容。合作模式包含创新项目、科学研究、联合开发、创新教育及人才培养、咨询服务、非正式信息交流、投资、战略合作伙伴框架等八种模式。其中，非正式信息交流是最广泛且基本的合作模式，投资是较少见的合作模式。非正式信息交流、创新项目、咨询服务较适用于早期创新阶段如熟悉创新生态系统、创意构想等；科学研究与联合开发较适用于中期及后期创新阶段如原型设计、商业化落地等；而投资及战略合作伙伴框架可视各种合作目的具体探讨。

（3）目前我国汽车产业在华德企在创新生态系统中的合作仍面临诸多挑战及障碍。可以看到，企业内、外部难以达成共识。企业内部的沟通及决策障碍源于总部的不理解、内部信息不透明、创新文化及员工积极性不足与唯业绩论的现象，而彼此理解不足及双方着眼点不一致是企业与外部难以达成共识的原因。企业仍偏向与成熟度高的价值链企业进行可落地的技术及产品创新，企业与高校及科研机构的合作还不充分。尽管文献显示高校积极参与产学研合作、促进高校科技成果产业化，但编码结果（表 4.34）反映，由于高校教师层面缺乏一定的产业化积极性、研发产出的后续管理难等原因，企业除了基础研究及市场洞察外少有与高校进行商业化阶段的技术或产品创新。如表 4.35 及表 4.36 所示，集团总部对中国子公司在研发及决策权层面的制约、风险控制问题及知识产权的归属问题均影响合作效果、合作双方的体验及继续合作的可能性。企业已意识到与初创企业合作的重要性，但上述问题极大影响了双方的合作沟通及产出，多数合作仍停留在早期至中期创新阶段，未达到商业化水准。

此外，政府虽然在引导和推动创新生态系统建设和发展方面采取了发放财政补贴、制定相关政策并积极建设科技服务保障体系等措施，但还存在一定的政策环境限制，影响了在华德企的创新战略及策略。中国整体创新环境的速度占有优势，而创新质量有待提高，企业在浮躁的大环境下筛选合适的合作对象需要大量时间、精力及资源的投入，第三方科技服务机构可在一定程度上代替这个工作，但同时企业应甄别其优势以判断合作范围。

（二）研究启示

1. 理论启示

本研究以中国汽车产业在华德企为例，系统地考察并构建了企业在创新生态系统中的合作机制理论框架，提出了影响合作机制的企业内、外部因素及合作机制所包含的合作目的、合作对象的选择机制、建立合作联系的途径、合作模式及挑战与障碍五大内容。

现有研究均聚焦创新生态系统中的各主体之间的关系、运行机制、评价体系等方面，缺少对合作机制的深入研究。本文的研究结论将丰富创新生态系统领域的现有成果，尤其是深入理解企业与其他创新主体的完整合作逻辑、整体合作机制，具有一定的理论意义。

现有创新生态系统的研究与产业情境的联系较为缺乏，本研究丰富了创新生态系统研究的产业情境，为中国汽车产业的创新生态系统合作机制研究提供了一定的理论基础。

此外，本研究将微观与中观层面的创新生态系统研究相结合，聚焦中观层面的区域及产业创新生态系统中的微观基础，即企业，探讨其与其他创新主体间的合作机制。通过与已有文献的比较，本研究构建的理论模型具有一定的普适性，可反映中国汽车产业在华德企与外部创新伙伴合作的普遍机制，也可以经调整推广至重视创新的其他企业、产业，作为创新生态系统相关理论的补充与拓展。

2. 管理启示

针对第四章及上一小节总结出的研究结论，笔者提出以下企业创新管理建议及公共管理启示，希望能够帮助企业更好地计划并开展与创新生态系统的合作，提升合作效率及产出。

1）企业管理启示

（1）企业应具备"生态系统"思维，制定合理的创新生态系统合作战略

目前，在华德企已意识到在中国进行本土创新的重要性及必要性，但仍存在领导层唯业绩论、在创新规划层面短视的现象。在战略层面，部分企业仍以传统的价值链或产业链思维指导对外的创新合作，缺乏系统性的生态系统思维。因

此，企业领导层应明确创新对企业意味着什么，建议管理者超越通常的开放式创新思维，而是以创新生态系统视角来看待创新管理并树立长远目标。

这需要企业对中国汽车产业环境、创新生态系统主要创新主体及其特点有更深层次的了解。在此基础之上，企业应制定与自身需求及发展战略相匹配的创新生态系统合作战略，包括融入创新生态系统的途径与方法、系统的合作伙伴选择机制、与外部伙伴开展互动合作的方式及模式以及后续伙伴关系管理等方面，提升企业吸收及转化外部资源的能力与效率。

(2) 在运营管理层面，企业须提升对资源的把控，优化企业的内部准备

对企业进行外部创新合作的分析表明，与外部合作伙伴的合作需要对企业的内部环境有透彻的理解，而根据表 4.33 的分析可知，部分企业存在资源把控力度不足的情况，造成信息不对称、内部参与度不够等问题。因此，须对内部资源及能力进行全面分析，以便以最佳方式利用内部资源。

而在创新合作的内部准备上，目前各在华德企的创新管理人员及组织机构上设置不一，受访对象普遍表示有熟悉本土创新环境的专人或特定部门负责企业对外创新合作是必要的。因此，企业应考察并优化内部制度、流程及组织结构，以保障决策制定的合理性及资源调度的效率。企业的各职能部门、业务单元应为未来的对外创新协作做好充分的准备，包括资源、创新文化、员工参与度等。而针对任何的创新生态系统中的合作，企业应事先明确自身的需求并根据可投入的预算、人力、各部门参与度的情况来确定自身的承诺，以便与合作对象达成共识。

(3) 企业应加强与风投界及创业界的互动，加注未来赛道

初创公司往往在细分技术领域做的内容更前沿、更具创新力；而投融资机构，尤其是风险投资紧盯风向，具有高前瞻力。目前，在华德企已通过各类创新项目与初创企业有项目级别甚至生产制造级别的合作，但多数合作仍未达商业化水准，企业值得进一步加强与初创企业的合作。企业可从自身创新平台及孵化项目建设或引入第三方科技服务机构来增强与创业界的互动。

而在投资方面，在华德企目前对中国初创企业的投资案例极少，与风投界的联系停留在信息交流为主，企业仍需加强与风投界的互动。本文研究发现，设立企业风险投资(CVC)职能并与外部投融资机构进行联合投资尚未普及且有极大的发展前景。外部风投机构具有高资金量、看重初创企业带来的未来投资回报，而 CVC 可利用企业的技术资源、看重被投企业的战略匹配度与财务回报并能为被投的初创公司带来业务。因此，两者的合作，即联合投资可带来协同作用，实

现双赢。CVC对于企业建立起自身的生态体系、巩固竞争壁垒、抢占未来赛道具有很高的重要性。现有的在华德企中的极少数拥有进行风险投资操作的权利,企业风险投资职能大多由总部把控。相较于定位在国外的企业总部,中国子公司更熟悉中国市场及创新环境,企业应考量加强与中国本土风投界的联系,适度放权。

2) 公共管理启示

(1) 高校应跨越研究型大学,而以创新型大学为建设目标

研究结果及编码数据(表4.34)显示,企业与高校的合作仍以基础研究、创新人才教育为主,与高校在联合开发层面的产出难以产业化、商业化。这受制于高校方面的着眼点及配套机制。现有体系下,高校主要以学术成果及教学质量来评定科研人员的产出,未充分发挥高校及其教工、学生的创新能力。文章发表及专利申请数量是否足以考核高校的创新水平?现有的考核体系能否反映出创新成果的商业化价值及社会价值?高校及研究机构作为创新人才的孵化来源及主要的科研力量,应重视校内创新成果的商业价值,以创新型大学为建设目标、促进创新创业教育并建立和完善科研人员创新的激励机制,以调动科技创新的主观能动性、加强与创新生态系统中各方的合作、促进整体创新生态系统的发展。

(2) 政府应加强创新生态系统建设,制定配套政策

作为创新生态系统中的“意见领袖”,政府应充分发挥其引导作用,从知识产权保护、配套扶持政策与科技服务体系建设三方面促进创新生态系统的发展。首先,政府应健全知识产权法律体系,重视对知识产权价值的保护,提高审核效率,保障知识产权的转化及完善,扩充和完善相应的法律法规,使其具有前瞻性。其次,政府应积极出台和完善有效的扶持政策及激励政策,从“面对面”的撒网式扶持转变为“面对面”与“点对点”相结合,考虑创新生态系统的实际运行机制和合作机制以制定针对性方案,例如针对投资了初创企业的大企业提供专项补贴,这样将大大促进企业的投资积极性,也保障了资本市场低潮时期初创企业的活力与质量。最后,政府应加强科技服务体系建设,目前政府已通过税收优惠、补贴、设立专项资金等方式向第三方科技服务机构提供资金支持,但还需进一步加强监管,以促进第三方科技服务机构及整体创新生态系统的良性发展。

(三) 研究局限及展望

本文运用扎根理论方法,得出了基于中国汽车产业本土情境的新的研究结

论，并对企业与外部创新合作伙伴之间的合作机制进行了深入研究与理论探讨，这是对创新生态系统理论的补充。但由于受到调研时间、研究能力及其他外部客观条件限制，使得本研究仍存在不足与有待完善之处，有待未来更为深入地研究。

1. 研究局限

（1）相关文献有限，研究具有较多探索性

由于创新生态系统理论仍处于初级阶段，从定义、构成等方面没有业界广泛认可的定论。同时，系统分析企业与创新生态系统中各创新主体的合作机制的研究寥寥无几。尽管笔者借鉴了开放式创新、区域创新、产业创新、产学研合作等视角的相关研究，但由于创新生态系统是新的创新范式，部分文献的结论并不能很好地匹配本研究课题。此外，笔者不能保证所有的相关文献都能被完全覆盖。

（2）理论敏感性有待提升

本文使用的扎根理论研究方法对于研究者的理论敏感度即透过现象看本质的能力有较高要求。由于笔者能力有限，可能出现理论敏感度不够而造成的对访谈资料分析中某些概念的遗漏，构建出的理论解释力度也有待进一步提高。

（3）样本选取有待扩展

这项研究的样本中主要考察了汽车行业在华德企中的标杆企业，但忽略了中小企业的视角。此外，样本数量受到时间及被访对象的意愿情况影响。Bryman[124]指出定性研究的方法难以复制，而且由于样本量小，研究结果的范围受到限制。这些因素可能限制了研究结果适用的范围。

（4）数据质量有一定的局限性

由于受调查的某些商业信息是保密的，这影响了被访对象的答案完整性，因此部分访谈内容无法深入探讨。受访者来自公司的不同部门，所得数据具有多样性的特征，来自公司其他部门的对象对同一问题的分析及回答的角度不一致，这限制了数据的质量。

（5）研究或受到笔者主观性的影响

尽管笔者尽可能避免或弱化“先入为主”，但不能完全排除研究问题的生成受到研究者先前知识的影响。虽然 Mayring[125] 指出定性数据分析中的编码过程应具备可靠性，并且需要两名研究者来执行以保证编码结果可交叉互验。但因为研究独立性的要求，所有研究步骤均由笔者一人完成，因此编码过程无法满足 Mayring 提出的要求。

2. 研究展望

这项研究针对企业与创新生态系统中各创新主体的合作机制进行了系统的研究，提出了企业与创新生态系统的合作机制的内、外部影响因素及具体的选择机制与合作模式，构建理论。未来可以在本研究的基础之上就以下几处继续深入发展。

(1) 关于创新生态系统的构成及特点还有很多探索空间

Oh 等[126]，Russell 和 Smorodinskaya[127] 均指出，各区域的创新生态系统构成和各创新主体间的相互作用机制都具有区域特色。在后续研究中，可深入探究某一特定区域并结合该区域内各创新主体的具体特征来分析。

(2) 具体产业情景及样本对象的选择有待拓展

本文的访谈研究仅讨论了中国汽车行业的产业情境下在华德企在创新生态系统中的合作机制。后续研究可扩大范围，结合其他特定的产业情景或针对其他企业类型进行分析，例如中国本土互联网科技企业的创新合作机制研究。

(3) 关于创新生态系统合作机制的研究还有待更广泛、深层次的研究

首先，从创新生态系统的研究角度而言，后续研究者可结合价值创造、价值分配等角度深入探讨。虽然本研究在创新生态系统的构成中引入了价值创造的理念，将创新主体分为直接价值创造者及间接价值支持者，但未对合作机制中的价值创造机制或价值分配机制进行研究。其次，本文仅讨论了企业的创新生态系统合作机制，未对合作机制进行评价。在后续研究中，可对合作伙伴选择、合作模式选择进行定量评价研究。最后，本文基于企业视角考量其与外部创新主体的合作机制，学者们还可从中观或宏观角度分析产业创新生态系统、区域创新生态系统及国家创新生态系统的各创新主体之间的合作机制。

参考文献

[1] CHESBROUGH H W. Open Innovation: the new imperative for creating and profiting from technology[M]. Boston: Harvard Business School Press, 2003.

[2] 吴希金.创新生态体系论[M].北京：清华大学出版社，2015.

[3] 中华人民共和国国家发展和改革委员会.智能汽车创新发展战略[EB/OL]. [2020-02-10]. https://www.ndrc.gov.cn/xxgk/zcfb/tz/202002/t20200224_1221077.html

[4] 武建龙，于欢欢，黄静，等.创新生态系统研究述评[J].软科学，2017，31(3)：1-3+29.

[5] 黄鲁成，米兰，吴菲菲.国外产业创新生态系统研究现状与趋势分析[J].科研管理，2019，40(5)：1-12.

[6] 吴宗佑.工作中的情绪劳动：概念发展、相关变量分析、心理历程议题探讨[D].台北：国立台湾大学心理学研究所，2003.
[7] DESS G G，POCKEN J C. Changing roles：Leadership in the 21st century[J]. Organizational Dynamics，2001，28(3)：18 - 34.
[8] LI Y R. The technological roadmap of Cisco's business ecosystem[J]. Technovation，2009，29 (5)：379 - 386.
[9] CHEN Y，RONG K，XUE L，et al. Evolution of collaborative innovation network in China's wind turbine manufacturing industry[J]. International Journal of Technology Management，2014，65(1)：262 - 299.
[10] KAPOOR R，LEE J M. Coordinating and competing in ecosystems：how organizational forms shape new technology investments：Coordinating and Competing in Ecosystems [J]. Strategic Management Journal，2013，34(3)：274 - 296.
[11] 李恒毅.技术创新生态系统协同发展研究[D].长沙：中南大学，2014.
[12] ADNER R，KAPOOR R. Value creation in innovation ecosystems：how the structure of technological interdependence affects firm performance in new technology generations [J]. Strategic Management Journal，2010，31(3)：306 - 333.
[13] CECCAGNOLI M，FORMAN C，HUANG P，et al. Cocreation of value in a platform ecosystem：the case of enterprise software[J]，MIS Quarterly，2012，36(1)：263 - 290.
[14] TANSLEY A G. The use and abuse of vegetational terms and concepts[J]. Ecology，1935，16(3)：284 - 307.
[15] MOORE J F. Predators and prey：a new ecology of competition[J]. Harvard Business Review，1993，71(3)：75 - 86.
[16] OECD. The knowledge-based economy[R]. The National Innovation System. 1997.
[17] IANSITI M，LEVIEN R. The keystone advantage：what the new dynamics of business ecosystems mean for strategy，innovation and sustainability[M]. Boston：Harvard Business Press，2004.
[18] PCAST. Sustaining the nation's innovation ecosystems：information technology manufacturing and competitiveness[R]. Washington DC：2004.
[19] PCAST. Sustaining the nation's innovation ecosystem：maintaining the strength of our science & engineering capabilities[R]. Washington DC：2004.
[20] Council on Competitiveness. Innovate America：thriving in a world of challenge and change[R]. National Innovation Initiative Interim Report，2004.
[21] 曾国屏，苟尤钊，刘磊.从“创新系统”到“创新生态系统”[J].科学学研究，2013，31(1)：4 - 12.
[22] ADNER R. Match your innovation strategy to your innovation ecosystem[J]. Harvard Business Review，2006，84(4)：98 - 107.
[23] RUSSELL M G，STILL K，HUHTAMÄKI J，et al. Transforming innovation ecosystems through shared vision and network orchestration [C]//Triple Helix IX International Conference："Silicon Valley：Global Model or Unique Anomaly?"，2011.

[24] BORGH M V D, CLOODT M, ROMME A G L. Value creation by knowledge-based ecosystems: evidence from a field study[J]. R&D Management, 2012, 42(2): 150 - 169.

[25] 蒋德嵩.拥抱创新 3.0[N].哈佛商业评论,2013 - 01 - 05.

[26] OVERHOLM, H. Collectively created opportunities in emerging ecosystems: the case of solar service ventures[J]. Technovation, 2015(39), 14 - 25.

[27] NAMBISAN S, BARON R. Entrepreneurship in innovation ecosystem: Entrepreneur' self-regulatory processes and their implications for new venture success [J]. Entrepreneurship Theory and Practice, 2013, 37(5): 1071 - 1097.

[28] GAWER A, CUSUMANO M A. Industry platforms and ecosystem innovation[J]. Journal of Product Innovation Management, 2014, 31(3): 417 - 433.

[29] VALKOKARI K. Business, innovation, and knowledge ecosystems: how they differ and how to survive and thrive within them[J]. Technology Innovation Management, 2015, 8 (5): 17 - 24.

[30] TORRE A, ZIMMERMANN J B. Des clusters aux écosystèmes industriels locaux[J]. Rev. D'économie Ind., 2015(4): 13 - 38.

[31] GOMES L A, DE V FACIN A L F, SALERNO M S, et al. Unpacking the innovation ecosystem construct: Evolution, gaps and trends[J]. Technological Forecasting and Social Change, 2018(136): 30 - 48.

[32] VARGO S L. Toward a transcending conceptualization of relationship: a service dominant logic perspective[J]. Bus. Ind. Mark., 2009, 24(5 - 6): 373 - 379.

[33] GAWER A, CUSUMANO M A. How companies become platform leaders[J]. MIT Sloan Management Review, 2008, 49(2): 28 - 35.

[34] CARAYANNIS E G, CAMPBELL D F J. 'mode 3' and 'quadruple helix': toward a 21st century fractal innovation ecosystem [J]. International Journal of Technology Management, 2009, 46(3): 201 - 234.

[35] ROHRBECK R, HÖLZLE K, GEMÜNDEN H G. Opening up for competitive advantage — how Deutsche Telekom creates an open innovation ecosystem[J]. R&D Management, 2009, 39(4): 420 - 430.

[36] ROMERO D, MOLINA A. Collaborative networked organizations and customer communities: value co-creation and co-innovation in the networking era[J]. Production Planning & Control, 2011, 22(5 - 6): 447 - 472.

[37] 张运生.高科技企业创新生态系统边界与结构解析[J].中国软科学,2008(11): 95 - 102.

[38] MOORE J F. The death of competition: leadership and strategy in the age of business ecosystems[M]. New York: Harper Business, 1996.

[39] PELTONIEMI M. Preliminary theoretical framework for the study of business ecosystems[J]. Emergence Mahwah Lawrence Erlbaum, 2006, 8(1): 10 - 19.

[40] 李万,常静,王敏杰,等.创新 3.0 与创新生态系统[J].科学学研究,2014,32(12): 1761 - 1770.

[41] IANSITI M, LEVIEN R. Strategy as ecology[J]. Harvard Business Review, 2004, 82

(3)：68－78.
[42] DEDEHAYIR O, MKINEN S J, ROLAND ORTT J. Roles during innovation ecosystem genesis: a literature review[J]. Technological Forecasting & Social Change, 2016, 136(11): 18－29.
[43] BUDDEN P, MURRAY F. MIT's stakeholder framework for building & accelerating innovation ecosystems[R]. MIT's Laboratory for Innovation Science & Policy, 2019.
[44] CECCAGNOLI M, GRAHAM S J H, HIGGINS M J, et al. Productivity and the role of complementary assets in firms' demand for technology innovations[J]. Industrial and Corporate Change, 2010, 19(3): 839－869.
[45] 周大铭.企业技术创新生态系统运行研究[D].哈尔滨：哈尔滨工程大学,2012.
[46] 付俊超.产学研合作运行机制与绩效评价研究[D].武汉：中国地质大学,2013.
[47] TRAITLER H. Innovation partnerships as a vehicle towards open innovation and open business[M]//. An Integrated Approach to New Food Product Development, 2009, 65－78.
[48] 顾兴燕,银路.基于能力异质性的产学研合作创新对象选择[J].技术经济,2010,29(11)：26－31.
[49] 张运生,田继双.高科技企业创新生态系统合作伙伴选择研究[J].科技与经济,2011,24(5)：21－26.
[50] 朱桂龙,彭有福.产学研合作创新网络组织模式及其运作机制研究[J].软科学,2003(4)：49－52.
[51] 王文岩,孙福全,申强.产学研合作模式的分类、特征及选择[J].中国科技论坛,2008(5)：37－40.
[52] 何郁冰.产学研协同创新的理论模式[J].科学学研究,2012,30(2)：165－174.
[53] 刘慧芬.产学研合作模式和机制研究[D].上海交通大学,2009.
[54] 杜兰英,陈鑫.政产学研用协同创新机理与模式研究——以中小企业为例[J].科技进步与对策,2012,29(22)：103－107.
[55] 张利飞.高科技企业创新生态系统运行机制研究[J].中国科技论坛,2009(4)：57－61.
[56] ALEXY O, GEORGE G, SALTER A J, Cui bono? The selective revealing of knowledge and its implications for innovative activity[J]. Academy of Management Review, 2013, 38(2): 270－291.
[57] 刘家洋.比亚迪新能源汽车创新生态系统发展模式与机制研究[D].哈尔滨：哈尔滨理工大学,2016.
[58] 胡京波,欧阳桃花,谭振亚,等.以 SF 民机转包生产商为核心企业的复杂产品创新生态系统演化研究[J].管理学报,2014,11(8)：1116－1125.
[59] 王宏起,汪英华,武建龙,等.新能源汽车创新生态系统演进机理——基于比亚迪新能源汽车的案例研究[J].中国软科学,2016(4)：81－94.
[60] HUANG H, CHEN J, YU F, et al. Establishing the enterprises' innovation ecosystem based on dynamics core competence—the case of China's high-speed railway[J]. Emerging Markets Finance & Trade, 2019, 55(4): 843－862.

[61] TSUJIMOTO M, KAJIKAWA Y, TOMITA J, et al. A review of the ecosystem concept—Towards coherent ecosystem design[J]. Technological Forecasting and Social Change, 2018, 136(11): 49 - 58.

[62] 蒋石梅,吕平,陈劲.企业创新生态系统研究综述——基于核心企业的视角[J].技术经济,2015,34(7): 18 - 23+91.

[63] 吕鲲.基于生态学视角的产业创新生态系统形成、运行与演化研究[D].长春: 吉林大学,2019.

[64] 刘友金,黄鲁成.技术创新与产业的跨越式发展——A - U模型的改进及其应用[J].中国软科学,2001(2): 38 - 42+47.

[65] 杨剑钊,李晓娣.高新技术产业创新生态系统运行机制[J].学术交流,2016(8): 134 - 139.

[66] 张笑楠.战略性新兴产业创新生态系统构建与运行机制研究[J].技术与创新管理,2016,37(6): 595 - 600+618.

[67] 何向武,周文泳,尤建新.产业创新生态系统的内涵、结构与功能[J].科技与经济,2015,28(4): 31 - 35.

[68] 曹如中,史健勇,郭华,等.区域创意产业创新生态系统演进研究: 动因、模型与功能划分[J].经济地理,2015,35(2): 107 - 113.

[69] 李维梁,高雅.供需协同的产业创新生态系统构建及对策研究[J].华东经济管理,2016,30(11): 180 - 184.

[70] 李煜华,武晓锋,胡瑶瑛.共生视角下战略性新兴产业创新生态系统协同创新策略分析[J].科技进步与对策,2014,31(2): 47 - 50.

[71] 吴绍波.战略性新兴产业创新生态系统协同创新的知识投入激励研究[J].科学学与科学技术管理,2013,34(9): 71 - 76.

[72] 洪帅,吕荣胜.中国产业创新生态系统研究综述[J].经济问题探索,2017(5): 38 - 44+50.

[73] FRANSMAN M. Innovation in the new ICT ecosystem [J]. Communications & Strategies, 2008, 68(4): 89 - 109.

[74] 熊炜烨,张圣亮.基于生态系统的我国宽带产业发展对策研究[J].管理评论,2004(7): 34 - 37+42 - 64.

[75] 张运生.高科技产业创新生态系统耦合战略研究[J].中国软科学,2009(1): 134 - 143.

[76] 宋燕飞,尤建新,栾强.汽车产业创新生态系统仿真与影响因素分析[J].同济大学学报(自然科学版),2016,44(3): 473 - 481.

[77] COOKE P. Regional innovation systems: competitive regulation in the new Europe[J]. Geoforum, 1992, 23(3): 365 - 382.

[78] ANDERSEN J B. What are innovation ecosystems and how to build and use them[EB/OL]. [2011 - 05 - 16]. http://www.Innovationmanagement.se/2011/05/16/what-are-innovation-ecosystems-and-how-to-build-and-use-them/2011.

[79] LEYDESDORFF L, Meyer M. The triple helix of university-industry-government relations [J]. Scientometrics, 2003, 58(2): 191 - 203.

[80] 陈畴镛,胡枭峰,周青.区域技术创新生态系统的小世界特征分析[J].科学管理研究,2010,28(5): 17 - 20+30.

[81] GOBBLE M M. Charting the innovation ecosystem [J]. Research Technology Management, 2014, 57(4): 55 - 59.
[82] 王凯.区域创新生态系统情景下产学知识协同创新机制研究[D].杭州：浙江大学,2016.
[83] 严建援,李雅婷.长江三角洲区域创新生态系统发展路径与运行机制研究[J].现代管理科学,2019(5): 18 - 20.
[84] 刘雪芹,张贵.京津冀产业协同创新路径与策略[J].中国流通经济,2015,29(9): 59 - 65.
[85] 张仁开.上海创新生态系统演化研究[D].上海：华东师范大学,2016.
[86] 陈雅诗,刘明广.基于CAS理论的区域创新生态系统演化研究[J].科技和产业,2016,16(9): 50 - 52+64.
[87] 周青,陈畴镛.中国区域技术创新生态系统适宜度的实证研究[J].科学学研究,2008,26(1): 242 - 246.
[88] 苗红,黄鲁成.区域技术创新生态系统健康评价研究[J].科技进步与对策,2008,25(8): 146 - 149.
[89] 陆燕春,赵红,吴晨曦.创新范式变革下区域创新生态系统影响因素研究[J].企业经济,2016(3): 168 - 173.
[90] 孔伟,张贵,李涛.中国区域创新生态系统的竞争力评价与实证研究[J].科技管理研究,2019,39(4): 64 - 71.
[91] 苌千里.河南省区域创新生态系统适宜度研究[D].洛阳：河南大学,2012.
[92] 孙丽文,李跃.京津冀区域创新生态系统生态位适宜度评价[J].科技进步与对策,2017,34(4): 47 - 53.
[93] 万立军,罗廷,于天军,等.资源型城市技术创新生态系统评价研究[J].科学管理研究,2016,34(3): 72 - 75.
[94] 陈劲.关于构建新型国家创新体系的思考[J].中国科学院院刊,2018,33(5): 479 - 483.
[95] FREEMAN C. Technology, policy and economic performance: lessons from Japan[M]. London: Pinter Publishers, 1987.
[96] ETZKOWITZ H, LEYDESDORFF L. The dynamics of innovation: from national systems and 'Mode 2' to a triple helix of university-industry-government relations[J]. Research Policy, 2000, 29(2): 109 - 123.
[97] SALMELIN, B. Reflections from open innovation 2. 0 paradigm[R]. Innovation in Horizon 2020, 2013.
[98] 朱迪·埃斯特琳.美国创新在衰退？[M].闾佳,译.北京：机械工业出版社,2009: 2 - 8.
[99] 杜传忠,刘忠京.基于创新生态系统的我国国家创新体系的构建[J].科学管理研究,2015,33(4): 6 - 9.
[100] 陈劲,尹西明.建设新型国家创新生态系统加速国企创新发展[J].科学学与科学技术管理,2018,39(11): 19 - 30.
[101] LENGRAND L P. Innovation tomorrow, innovation policy and the regulatory framework: Making innovation an integral part of the broader structural agenda[R].

DG Enterprise, 2002.

[102] WATANABE C, FUKUDA K. National innovation ecosystems: the similarity and disparity of Japan-US technology policy systems toward a service oriented economy[J]. Journal of Services Research, 2006(1): 159 - 186.

[103] FUKUDA K, WATANABE C. Japanese and US Perspectives on the National Innovation Ecosystem[J]. Technology in Society, 2008, 30(1): 43 - 49.

[104] MCCARTHY D J, PUFFER S M, GRAHAM L R. Emerging innovation in emerging economies: can institutional reforms help russia break through its historical barriers[J]. Thunderbrid International Business Review, 2014(3): 243 - 260.

[105] 姜庆国.中国创新生态系统的构建及评价研究[J].经济经纬,2018,35(4): 1 - 8.

[106] 陈向明.质的研究方法与社会科学研究[M].北京: 教育科学出版社,2000.

[107] 吴毅,吴刚,马颂歌.扎根理论的起源、流派与应用方法述评——基于工作场所学习的案例分析[J].远程教育杂志,2016,35(3): 32 - 41.

[108] 凌建勋,凌文辁,方俐洛.深入理解质性研究.社会科学研究[J],2003(1): 151 - 153.

[109] 文军,蒋逸民.质性研究概论[M].北京: 北京大学出版社,2010.

[110] GLASER B, STRAUSS A L. The discovery of grounded theory: strategies for qualitative research[M]. Chicago: Aldine Publishing Company, 1967.

[111] GLASER B, HOLTON J. The grounded theory seminar reader[M]. Mill Valley: Sociology Press, 2007.

[112] STRAUSS A. Qualitative analysis for social scientists[M]. Cambridge: Cambridge university press, 1987: 5.

[113] STRAUSS A, CORBIN J. Basics of qualitative research: grounded theory procedures and techniques[M]. Newbury Park, CA: Sage, 1990.

[114] 吴刚.工作场所中基于项目行动学习的理论模型研究[D].上海: 华东师范大学,2013.

[115] 潘绵臻,毛基业.再探案例研究的规范性问题——中国企业管理案例论坛(2008)综述与范文分析[J].管理世界,2009(2): 92 - 100+169.

[116] 李志刚.扎根理论方法在科学研究中的运用分析[J].东方论坛,2007(4): 90 - 94.

[117] GLÄSER J, LAUDEL G. Life with and without coding: two methods for early-stage data analysis in qualitative research aiming at causal explanations [J]. Forum: Qualitative Sozialforschung, 2013, 14(2): 1 - 38.

[118] ROBERT E, LUCAS. On the mechanic of economic development[J]. Journal of Monetary Economics, 1998, 22(1): 3 - 42.

[119] GAWER A, CUSUMANO M A. Platform leadership: how intel, microsoft, and cisco drive industry innovation[M]. Boston: Harvard Business School Press, 2002.

[120] 刘文光.区域科技创业生态系统运行机制与评价研究[D].天津: 天津大学,2012.

[121] 李燕萍,刘宗华,林叶.员工知识分享的动力何在——创新文化的跨层次作用机制[J].经济管理,2016,38(5): 75 - 86.

[122] RICHARDSON G B. The organization of industry[J]. Economic Journal, 1972, 82(327): 883 - 896.

[123] MARÍA J，MARTI V. Social capital benchmarking system：profiting from social capital when building network organizations[J]. Journal of Intellectual Capital，2004，5(3)：426 - 442.

[124] BRYMAN A. Social research methods[M]. 5th Edition. New York：Oxford University Press，2016.

[125] MAYRING P. Qualitative Inhaltsanalyse：Grundlagen und Techniken[M]. Beltz，2015.

[126] OH D-S，PHILLIPS F，PARK S，et al. Innovation ecosystems：a critical examination [J]. Technovation，2016(54)：1 - 6.

[127] RUSSELL M G，SMORODINSKAYA N V. Leveraging complexity for ecosystemic innovation[J]. Technological Forecasting and Social Change，2018(136)：114 - 131.

附录C 访谈提纲（企业版）

1. 个人信息

a. 请介绍一下你自己和你在公司的职务。

2. 企业创新战略

a. 你或贵公司目前有哪些聚焦的技术创新领域？

b. 你或贵公司采取哪些推动创新的工具或方法？

c. 贵公司在中国的创新战略如何？你们是如何执行这一战略的？

d. 你或贵公司与创新合作伙伴们有长期协作管理的方法吗？这个方法是什么？为什么采取这样的方式？这样做的优点和缺点是什么？

3. 对创新生态系统的理解

a. 你能描述一下你所在的或由贵公司主导的创新生态系统吗？

b. 根据你的观察，谁是该生态系统中最积极的参与者？为什么在你看来他们是最活跃的？

c. 在这个创新生态系统中，你主要的创新合作伙伴有哪些？

4. 具体合作案例

a. 你是否在创新过程中引入其他企业或外部合作伙伴？如果是的话，为什么？

b. 请提供一个你与外部合作伙伴协同创新的例子。

c. 合作的基本情况：

i. 合作对象是谁？

ii. 为什么选择和它合作？

iii. 请简单描述下合作内容。

iv. 你是如何和对方建立联系的？

v. 你提供了什么？对方提供了什么？

d. 你或贵公司的合作初衷是什么？

e. 你通常如何选择外部创新合作伙伴？你有结构化的选择标准吗？如有的话，你有哪些考量因素？

f. 这是一个长期还是短期合作？为什么选择长期/短期？

g. 这种类型的合作伙伴有哪些特点？和这种类型的合作伙伴一起工作感觉有什么特别之处？

h. 你们如何开展合作？你选择了哪类形式/模式（包括法律层面）？为什么？它有哪些优缺点？

i. 合作的产出如何？和你的预期一致吗？为什么？

j. 在与这类创新伙伴合作时，你有遇到什么挑战或障碍吗？

k. 你能再说一个与其他创新合作伙伴的合作案例吗？

重复问 4b 到 4k 的问题

5. 你对中国创新生态系统的总体评价是什么？（访谈后期增设的问题）

a. 贵公司在中国与在其他市场的创新活动有哪些区别？

b. 贵公司对于在中国进行本土创新的看法是什么？

c. 中国创新环境/创新生态/创新生态系统有哪些优缺点？

6. 贵公司目前在中国的创新活动与中国政府的政策和激励机制有怎样的关系或联系？（访谈后期增设的问题）

注：其中问题 4 为核心问题，其下属的子问题起到信息查漏的辅助作用。

附录 D 访谈提纲（初创企业版）

1. 个人信息

a. 请介绍一下你自己和你在公司的职务。

2. 企业创新战略

a. 请简单介绍下贵公司。

b. 你们聚焦哪个技术领域？

c. 你们提供哪些产品或服务？解决了什么问题？

3. 对创新生态系统的理解

a. 你能描述一下你所在的或由贵公司主导的创新生态系统吗？

b. 根据你的观察，谁是该生态系统中最积极的参与者？为什么在你看来他们是最活跃的？

c. 在这个创新生态系统中，你主要的创新合作伙伴有哪些？

4. 具体合作案例

a. 你是否在创新过程中引入其他企业或外部合作伙伴？如果是的话，为什么？

b. 请提供一个你与外部合作伙伴协同创新的例子。

c. 合作的基本情况：

i. 合作对象是谁？

ii. 为什么选择和它合作？

iii. 请简单描述下合作内容。

iv. 你是如何和对方建立联系的？

v. 你提供了什么？对方提供了什么？

d. 你或贵公司与对方合作的初衷是什么？

e. 你通常如何选择外部创新合作伙伴？你有结构化的选择标准吗？如有的话，你有哪些考量因素？

f. 这是一个长期还是短期合作？为什么选择长期/短期？

g. 这种类型的合作伙伴有什么特点？和这种类型的合作伙伴一起工作感觉有什么特别之处？

h. 你们如何开展合作？你选择了哪类形式/模式（包括法律层面）？为什么？它有哪些优缺点？

i. 合作的产出如何？和你的预期一致吗？为什么？

j. 在与这类创新伙伴合作时，你有遇到什么挑战或障碍吗？

k. 你能再说一个与其他创新合作伙伴的合作案例吗？

重复问 4b 到 4k 的问题

5. 企业与创新生态系统合作战略

a. 你对于想和初创企业合作的企业有什么建议吗？

b. 你认为企业在与像你们这样的初创企业合作过程中应注意哪些事项？

6. 你对中国创新生态系统的总体评价是什么（访谈后期增设的问题）

a. 中国创新环境/创新生态/创新生态系统有哪些优缺点？

b. 你认为目前创新生态系统中还有哪些值得改进/改善的地方？

7. 贵公司目前的创新活动与中国政府的政策和激励机制有怎样的关系或联系（访谈后期增设的问题）

附录 E　访谈提纲（高校版）

1. 个人信息

a. 请介绍一下你自己和你在组织内的职务。

2. 整体与创新相关的研究信息

a. 请简单介绍下你所处的组织/实验室/课题组。

b. 请简单介绍下你的研究方向及目前进展。

3. 对创新生态系统的理解

a. 你能描述一下你所在的或由你方主导的创新生态系统吗？

b. 根据你的观察，谁是该生态系统中最积极的参与者？为什么在你看来他们是最活跃的？

c. 在这个创新生态系统中，你主要的创新合作伙伴有哪些？

4. 具体合作案例

a. 你是否与外部合作伙伴（尤其是产业界/工业界）有创新层面的合作？如果是的话，为什么？

b. 请进一步具体介绍一个你与外部合作伙伴（尤其是产业界/工业界）协同创新的例子。

c. 合作的基本情况：

i. 合作对象是谁？

ii. 为什么选择和它合作？

iii. 请简单描述下合作内容。

iv. 你是如何和对方建立联系的？

v. 你提供了什么？对方提供了什么？

d. 你或贵公司与对方合作的初衷是什么？

e. 你通常如何选择外部创新合作伙伴，以产业界的企业伙伴为例？你有结构化的选择标准吗？如有的话，你有哪些考量因素？

f. 这种类型的合作伙伴有什么特点？和这种类型的合作伙伴一起工作感觉有什么特别之处？

g. 你们如何开展合作？你选择了哪类形式/模式（包括法律层面）？为什么？它有哪些优缺点？

h. 合作的产出如何？和你的预期一致吗？为什么？

i. 在与这类创新伙伴合作时，你有遇到什么挑战或障碍吗？

j. 你能再说一个与其他创新合作伙伴的合作案例吗？

重复问 4b 到 4j 的问题（具体针对与企业的合作案例提问）

5. 企业与创新生态系统合作战略

a. 你对于想和高校合作的企业有什么建议吗？

b. 你认为企业在与你们（高校）合作过程中应注意哪些事项？

6. 你对中国创新生态系统的总体评价是什么（访谈后期增设的问题）

a. 中国创新环境/创新生态/创新生态系统有哪些优缺点？

b. 你认为目前创新生态系统中还有哪些值得改进/改善的地方？

附录 F　访谈提纲（政府版）

1. 个人信息

a. 请介绍一下你自己和你在组织中的职务。

2. 组织的创新战略

a. 请简单介绍下贵司的主要职责。

b. 你们如何支持创新？是否聚焦/针对哪些产业或技术领域？

c. 你们是如何支持创新生态系统建设的？（访谈过程中添加）

3. 对创新生态系统的理解

a. 你能描述一下你所在的或由你们主导的创新生态系统吗？

b. 根据你的观察，谁是该生态系统中最积极的参与者？为什么在你看来他们是最活跃的？

c. 在这个创新生态系统中，你主要的创新合作伙伴有哪些？

4. 具体合作案例

a. 目前你们有哪些针对 1）其他创新伙伴，2）企业参与的项目？

b. 你能提供一个外部合作伙伴参与政府项目并从中受益的案例吗？

c. 项目的基本情况：

i. 合作对象是谁？

ii. 项目的初衷是什么？

iii. 请简单描述下这个项目。

iv. 你是如何和对方建立联系的？

v. 你提供了什么？对方提供了什么？

d. 你为什么选择与对方合作？

e. 你通常如何选择该项目的参与者？你有结构化的选择标准吗？如有的话，你有哪些考量因素？

f. 这种类型的合作伙伴有什么特点？和这种类型的合作伙伴一起工作感觉有什么特别之处？

g. 你们如何开展合作？你选择了哪类形式/模式（包括法律层面）？为什么？它有哪些优缺点？

h. 合作的产出如何？和你的预期一致吗？

i. 在与这类创新伙伴合作时，你有遇到什么挑战或障碍吗？

j. 你能再介绍其他激励机制/项目的案例吗？

重复问 4b 到 4j 的问题

5. 企业与创新生态系统合作战略

a. 你对于想和政府合作的企业有什么建议吗？

b. 你认为企业在与政府或相关机构的合作过程中应注意哪些事项？

6. 你对中国创新生态系统的总体评价是什么(访谈后期增设的问题)

a. 中国创新环境/创新生态/创新生态系统有哪些优缺点？

b. 你认为目前创新生态系统中还有哪些值得改进/改善的地方？

附录G 访谈提纲(投融资机构版)

1. 个人信息

a. 请介绍一下你自己和你在贵公司的职务。

2. 投资战略

a. 请简单介绍下贵公司。

b. 你们的主要目标和职责是?

c. 你是如何达到该目标的?具体采取了哪些策略?

d. 你聚焦哪个产业?

e. 可以简述下你的投资战略/逻辑吗?针对长期还是短期投资?为什么?

f. 你通常如何选择你的投资目标(初创企业)?你有结构化的选择标准吗?如有的话,你有哪些考量因素?

3. 对创新生态系统的理解

a. 你能描述一下你所在的或由贵公司主导的创新生态系统吗?

b. 根据你的观察,谁是该生态系统中最积极的参与者?为什么在你看来他们是最活跃的?

c. 在这个创新生态系统中,你主要的创新合作伙伴有哪些?

4. 具体合作案例

a. 请提供一个你与外部伙伴合作的例子。(如果对方在3c中回答过与企业有合作,则聚焦对方提出的继续问)

b. 合作的基本情况:

i. 合作对象是谁?

ii. 为什么选择和它合作?

iii. 请简单描述下合作内容。

iv. 你是如何和对方建立联系的?

v. 你提供了什么?对方提供了什么?

c. 你或贵公司与外部伙伴合作的初衷是什么?

d. 你通常如何选择你的外部合作伙伴?你有结构化的选择标准吗?如有的话,你有哪些考量因素?

e. 这种类型的合作伙伴有什么特点?和这种类型的合作伙伴一起工作感觉有什么特别之处?

f. 你们如何开展合作？你选择了哪类形式/模式(包括法律层面)？为什么？它有哪些优缺点？

g. 合作的产出如何？和你的预期一致吗？

h. 在与这类创新伙伴合作时，你有遇到什么挑战或障碍吗？

i. 你能再说一个与其他创新合作伙伴的合作案例吗？

重复问 4b 到 4j 的问题

5. 企业与创新生态系统合作战略

a. 你对于想和你们合作的企业有什么建议吗？

b. 你认为企业在与你们合作的过程中应注意哪些事项？

6. 你对中国创新生态系统的总体评价是什么(访谈后期增设的问题)

a. 中国创新环境/创新生态/创新生态系统有哪些优缺点？

b. 你认为目前创新生态系统中还有哪些值得改进/改善的地方？

附录 H　访谈提纲（第三方科技服务机构版）

1. 个人信息

a. 请介绍一下你自己和你在公司的职务。

2. 企业创新战略

a. 请简单介绍下贵公司。

b. 你们的主要目标和职责是?

c. 你/贵公司是如何支持创新或推动创新发展的?

d. 你们聚焦哪个产业?

e. 可以简述下你们的企业战略吗? 为什么是这样的?

3. 对创新生态系统的理解

a. 你能描述一下你所在的或由贵公司主导的创新生态系统吗?

b. 根据你的观察,谁是该生态系统中最积极的参与者? 为什么在你看来他们是最活跃的?

c. 在这个创新生态系统中,你主要的创新合作伙伴有哪些? 为什么?

d. 你在选择创新伙伴时有哪些考量因素? 为什么?

4. 具体合作案例

a. 请提供一个你与外部合作伙伴协同创新的例子。

b. 合作的基本情况:

i. 合作对象是谁?

ii. 为什么选择和对方合作? 你的需求是什么?

iii. 请简单描述下合作内容。

iv. 你是如何和对方建立联系的?

v. 你提供了什么? 对方提供了什么?

c. 你或贵公司与外部伙伴合作的初衷是什么?

d. 你通常如何选择外部创新合作伙伴? 你有结构化的选择标准吗? 如有的话,你有哪些考量因素?

e. 这种类型的合作伙伴有什么特点? 和这种类型的合作伙伴一起工作感觉有什么特别之处?

f. 你们如何开展合作? 你选择了哪类形式/模式(包括法律层面)? 为什么? 它有哪些优缺点?

g. 合作的产出如何？和你的预期一致吗？

h. 在与这类创新伙伴合作时，你有遇到什么挑战或障碍吗？

i. 你能再说一个与其他创新合作伙伴的合作案例吗？（主要问与企业/初创企业的合作）

重复问 4b 到 4j 的问题

5. 企业与创新生态系统合作战略

a. 你对于想和你们这样的孵化器/加速器合作的企业有什么建议吗？

b. 你认为企业在与你们合作的过程中应注意哪些事项？

6. 你对中国创新生态系统的总体评价是什么(访谈后期增设的问题)

a. 中国创新环境/创新生态/创新生态系统有哪些优缺点？

b. 你认为目前创新生态系统中还有哪些值得改进/改善的地方？

附录 I 开放式编码

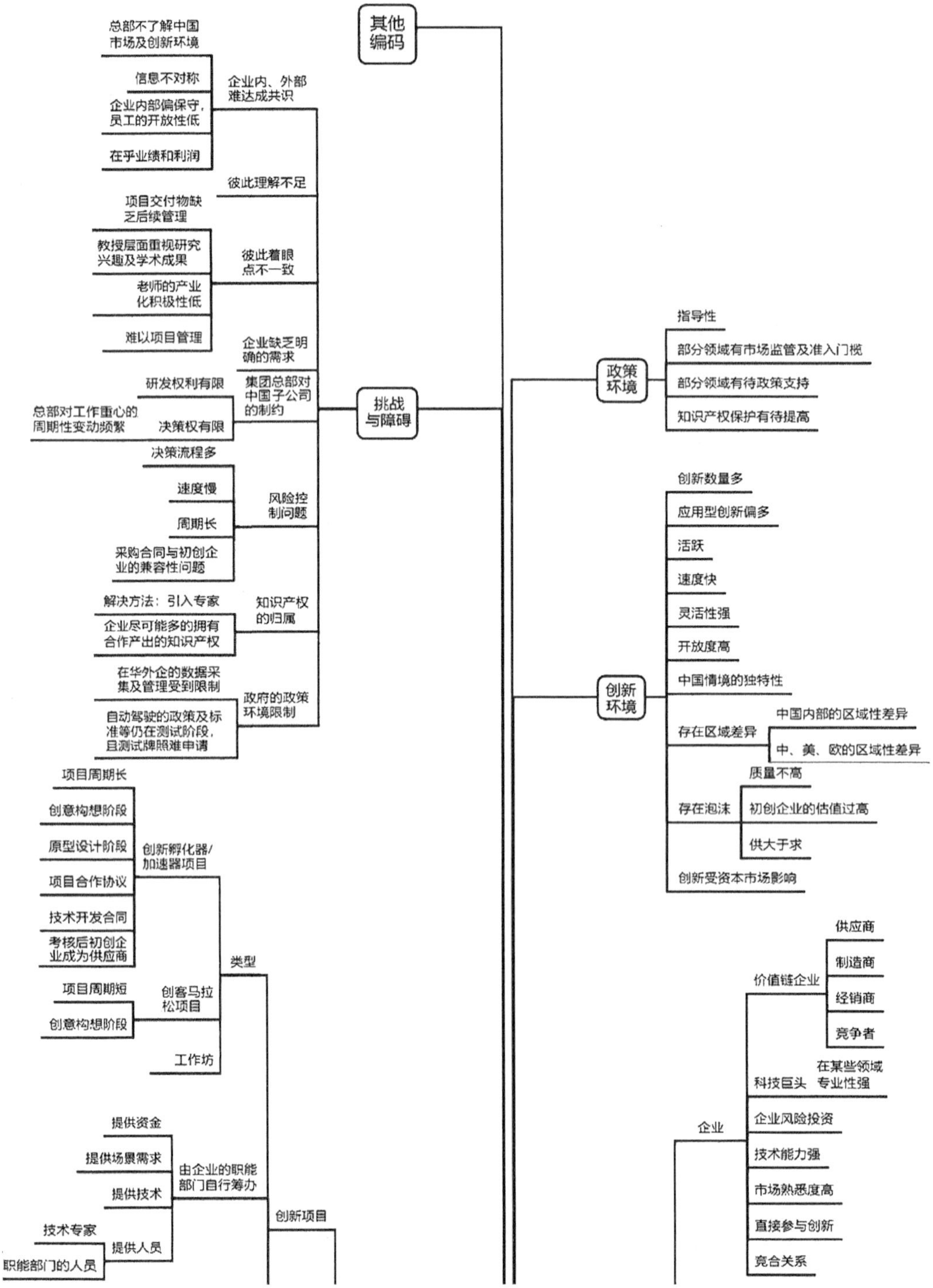

其他编码
挑战与障碍
总部不了解中国市场及创新环境
信息不对称
企业内部偏保守，员工的开放性低
在乎业绩和利润
企业内、外部难达成共识
彼此理解不足
项目交付物缺乏后续管理
教授层面重视研究兴趣及学术成果
老师的产业化积极性低
难以项目管理
彼此着眼点不一致
企业缺乏明确的需求
研发权利有限
总部对工作重心的周期性变动频繁
决策权有限
集团总部对中国子公司的制约
决策流程多
速度慢
周期长
采购合同与初创企业的兼容性问题
风险控制问题
解决方法：引入专家
企业尽可能多的拥有合作产出的知识产权
知识产权的归属
在华外企的数据采集及管理受到限制
自动驾驶的政策及标准等仍在测试阶段，且测试牌照难申请
政府的政策环境限制
项目周期长
创意构想阶段
原型设计阶段
项目合作协议
技术开发合同
考核后初创企业成为供应商
创新孵化器/加速器项目
项目周期短
创意构想阶段
创客马拉松项目
工作坊
类型
提供资金
提供场景需求
提供技术
技术专家
职能部门的人员
提供人员
由企业的职能部门自行筹办
创新项目
政策环境
指导性
部分领域有市场监管及准入门槛
部分领域有待政策支持
知识产权保护有待提高
创新环境
创新数量多
应用型创新偏多
活跃
速度快
灵活性强
开放度高
中国情境的独特性
存在区域差异
中国内部的区域性差异
中、美、欧的区域性差异
存在泡沫
质量不高
初创企业的估值过高
供大于求
创新受资本市场影响
企业
价值链企业
供应商
制造商
经销商
竞争者
科技巨头
在某些领域专业性强
企业风险投资
技术能力强
市场熟悉度高
直接参与创新
竞合关系

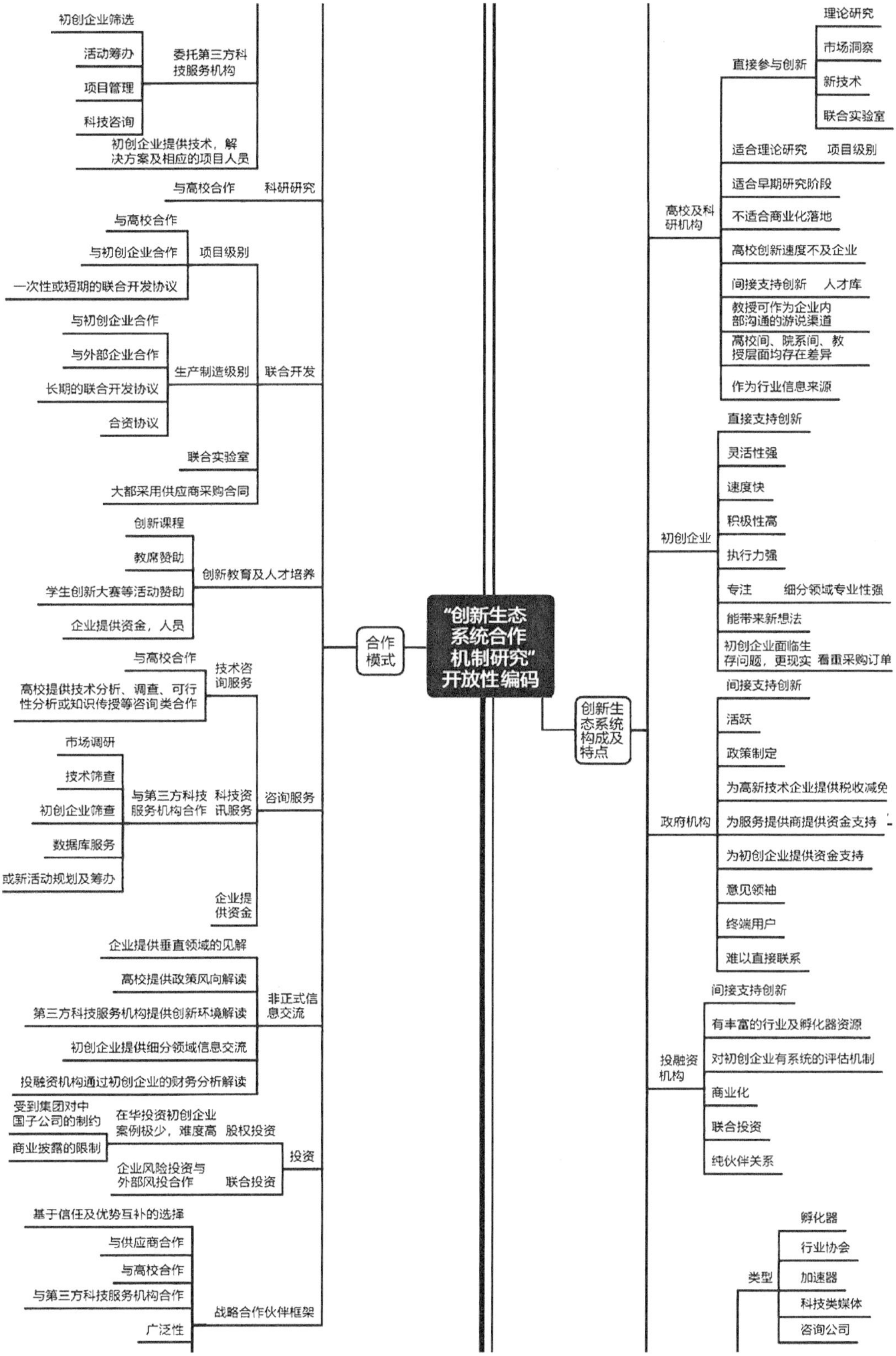
"创新生态系统合作机制研究"开放性编码
合作模式
科研研究
与高校合作
委托第三方科技服务机构
初创企业筛选
活动筹办
项目管理
科技咨询
初创企业提供技术，解决方案及相应的项目人员
联合开发
项目级别
与高校合作
与初创企业合作
一次性或短期的联合开发协议
生产制造级别
与初创企业合作
与外部企业合作
长期的联合开发协议
合资协议
联合实验室
大都采用供应商采购合同
创新教育及人才培养
创新课程
教席赞助
学生创新大赛等活动赞助
企业提供资金，人员
咨询服务
技术咨询服务
与高校合作
高校提供技术分析、调查、可行性分析或知识传授等咨询类合作
科技资讯服务
与第三方科技服务机构合作
市场调研
技术筛查
初创企业筛查
数据库服务
或新活动规划及筹办
企业提供资金
非正式信息交流
企业提供垂直领域的见解
高校提供政策风向解读
第三方科技服务机构提供创新环境解读
初创企业提供细分领域信息交流
投融资机构通过初创企业的财务分析解读
投资
股权投资
在华投资初创企业案例极少，难度高
受到集团对中国子公司的制约
商业披露的限制
联合投资
企业风险投资与外部风投合作
战略合作伙伴框架
基于信任及优势互补的选择
与供应商合作
与高校合作
与第三方科技服务机构合作
广泛性
创新生态系统构成及特点
高校及科研机构
直接参与创新
理论研究
市场洞察
新技术
联合实验室
适合理论研究
项目级别
适合早期研究阶段
不适合商业化落地
高校创新速度不及企业
间接支持创新
人才库
教授可作为企业内部沟通的游说渠道
高校间、院系间、教授层面均存在差异
作为行业信息来源
初创企业
直接支持创新
灵活性强
速度快
积极性高
执行力强
专注
细分领域专业性强
能带来新想法
初创企业面临生存问题，更现实
看重采购订单
政府机构
间接支持创新
活跃
政策制定
为高新技术企业提供税收减免
为服务提供商提供资金支持
为初创企业提供资金支持
意见领袖
终端用户
难以直接联系
投融资机构
间接支持创新
有丰富的行业及孵化器资源
对初创企业有系统的评估机制
商业化
联合投资
纯伙伴关系
类型
孵化器
行业协会
加速器
科技类媒体
咨询公司

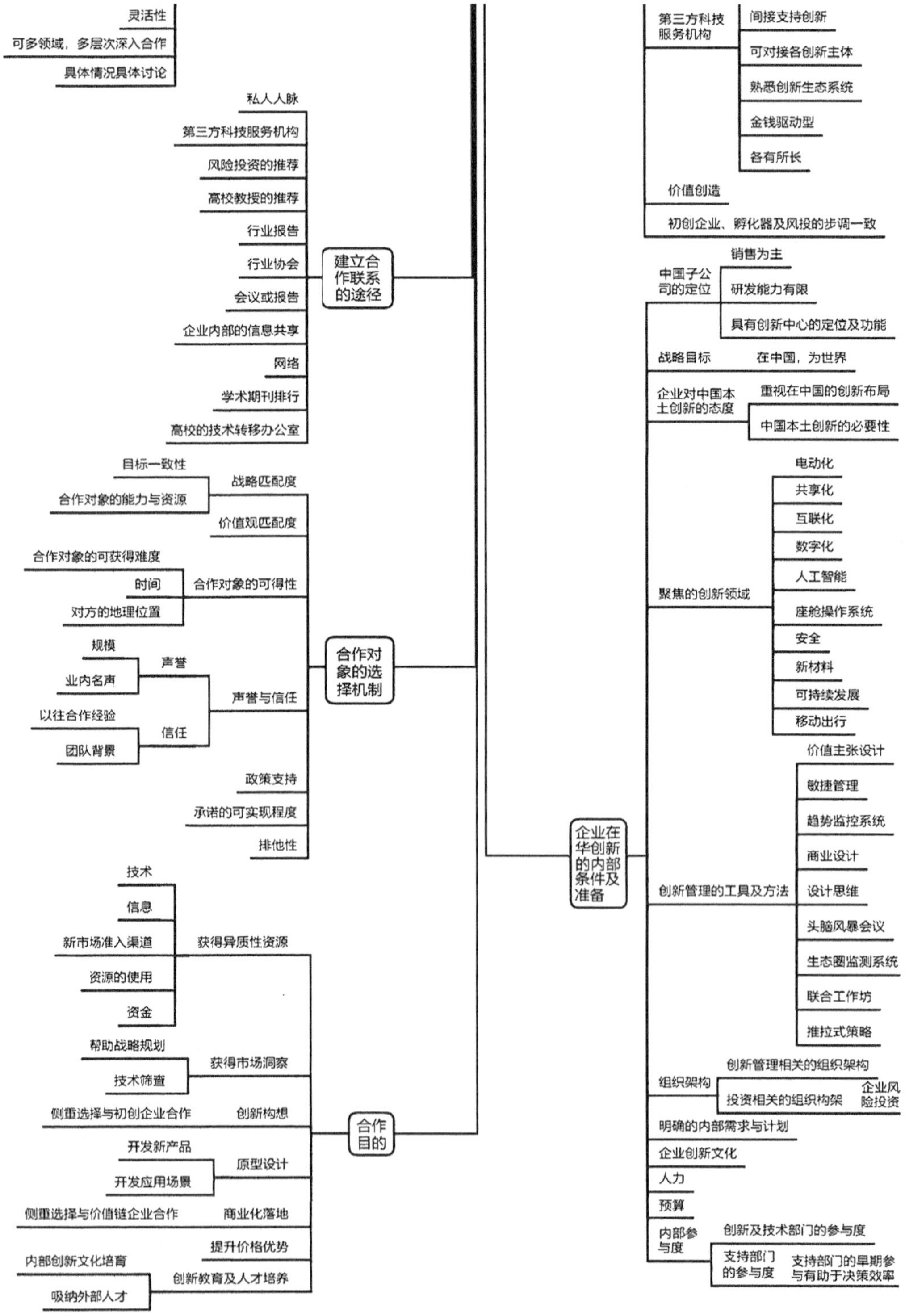
灵活性
可多领域，多层次深入合作
具体情况具体讨论
私人人脉
第三方科技服务机构
风险投资的推荐
高校教授的推荐
行业报告
行业协会
会议或报告
企业内部的信息共享
网络
学术期刊排行
高校的技术转移办公室
建立合作联系的途径
目标一致性
合作对象的能力与资源
战略匹配度
价值观匹配度
合作对象的可获得难度
时间
对方的地理位置
合作对象的可得性
规模
业内名声
声誉
以往合作经验
团队背景
信任
声誉与信任
政策支持
承诺的可实现程度
排他性
合作对象的选择机制
技术
信息
新市场准入渠道
资源的使用
资金
获得异质性资源
帮助战略规划
技术筛查
获得市场洞察
侧重选择与初创企业合作
创新构想
开发新产品
开发应用场景
原型设计
侧重选择与价值链企业合作
商业化落地
提升价格优势
内部创新文化培育
吸纳外部人才
创新教育及人才培养
合作目的
第三方科技服务机构
间接支持创新
可对接各创新主体
熟悉创新生态系统
金钱驱动型
各有所长
价值创造
初创企业、孵化器及风投的步调一致
中国子公司的定位
销售为主
研发能力有限
具有创新中心的定位及功能
战略目标
在中国，为世界
企业对中国本土创新的态度
重视在中国的创新布局
中国本土创新的必要性
聚焦的创新领域
电动化
共享化
互联化
数字化
人工智能
座舱操作系统
安全
新材料
可持续发展
移动出行
创新管理的工具及方法
价值主张设计
敏捷管理
趋势监控系统
商业设计
设计思维
头脑风暴会议
生态圈监测系统
联合工作坊
推拉式策略
组织架构
创新管理相关的组织架构
投资相关的组织构架
企业风险投资
明确的内部需求与计划
企业创新文化
人力
预算
内部参与度
创新及技术部门的参与度
支持部门的参与度
支持部门的早期参与有助于决策效率
企业在华创新的内部条件及准备

附录 J 选择性编码

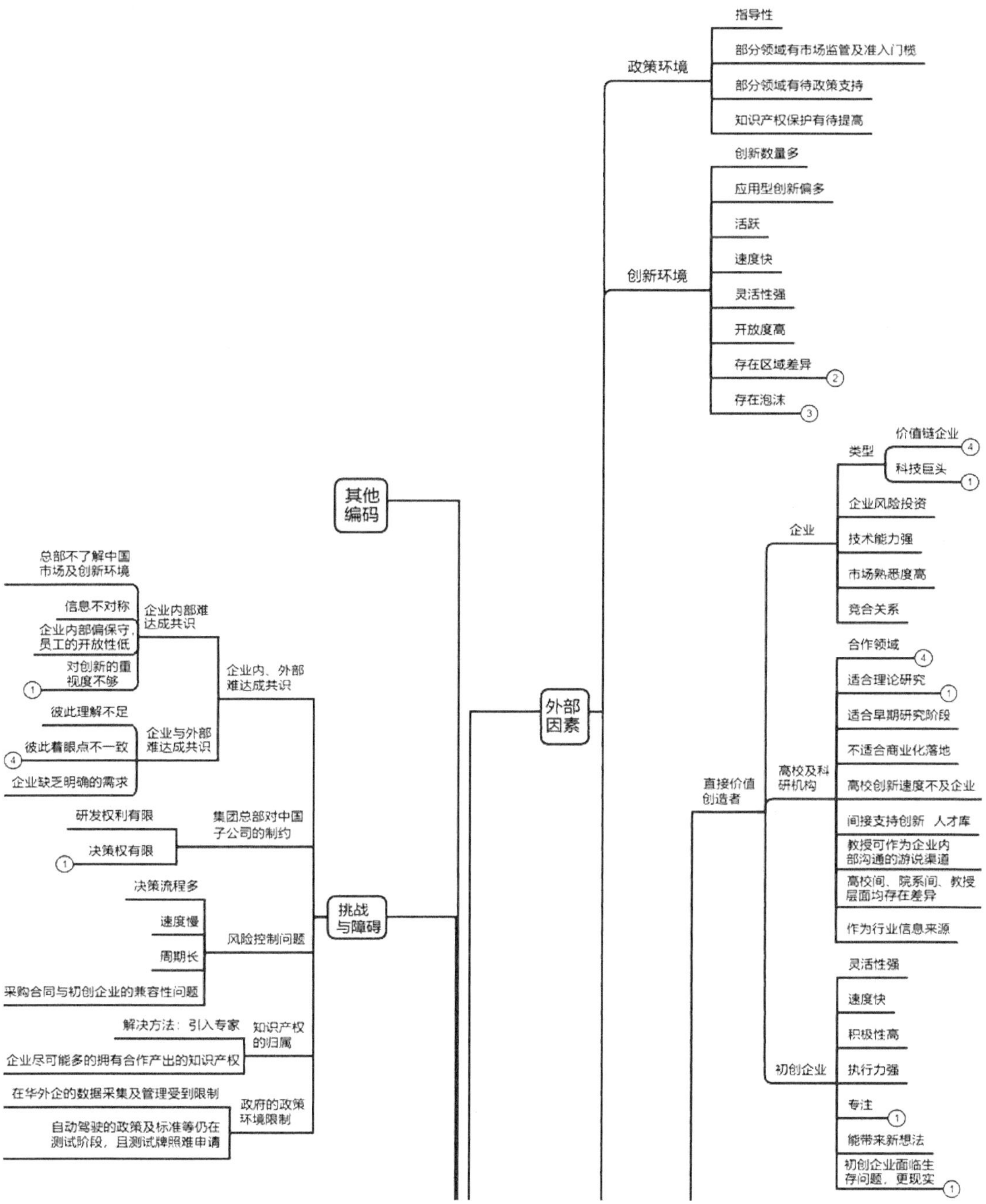
指导性
部分领域有市场监管及准入门槛
政策环境
部分领域有待政策支持
知识产权保护有待提高
创新数量多
应用型创新偏多
活跃
速度快
创新环境
灵活性强
开放度高
存在区域差异
2
存在泡沫
3
价值链企业
4
类型
科技巨头
1
其他
编码
企业风险投资
企业
技术能力强
总部不了解中国
市场及创新环境
市场熟悉度高
竞合关系
信息不对称
企业内部难
达成共识
企业内部偏保守，
员工的开放性低
合作领域
4
对创新的重
视度不够
1
企业内、外部
难达成共识
适合理论研究
1
外部
因素
适合早期研究阶段
彼此理解不足
企业与外部
难达成共识
不适合商业化落地
彼此着眼点不一致
4
高校及科
研机构
企业缺乏明确的需求
直接价值
创造者
高校创新速度不及企业
研发权利有限
集团总部对中国
子公司的制约
间接支持创新 人才库
决策权有限
1
教授可作为企业内
部沟通的游说渠道
决策流程多
高校间、院系间、教授
层面均存在差异
挑战
与障碍
速度慢
风险控制问题
作为行业信息来源
周期长
灵活性强
采购合同与初创企业的兼容性问题
速度快
解决方法：引入专家
知识产权
的归属
积极性高
企业尽可能多的拥有合作产出的知识产权
初创企业
执行力强
在华外企的数据采集及管理受到限制
政府的政策
环境限制
专注
1
自动驾驶的政策及标准等仍在
测试阶段，且测试牌照难申请
能带来新想法
初创企业面临生
存问题，更现实
1

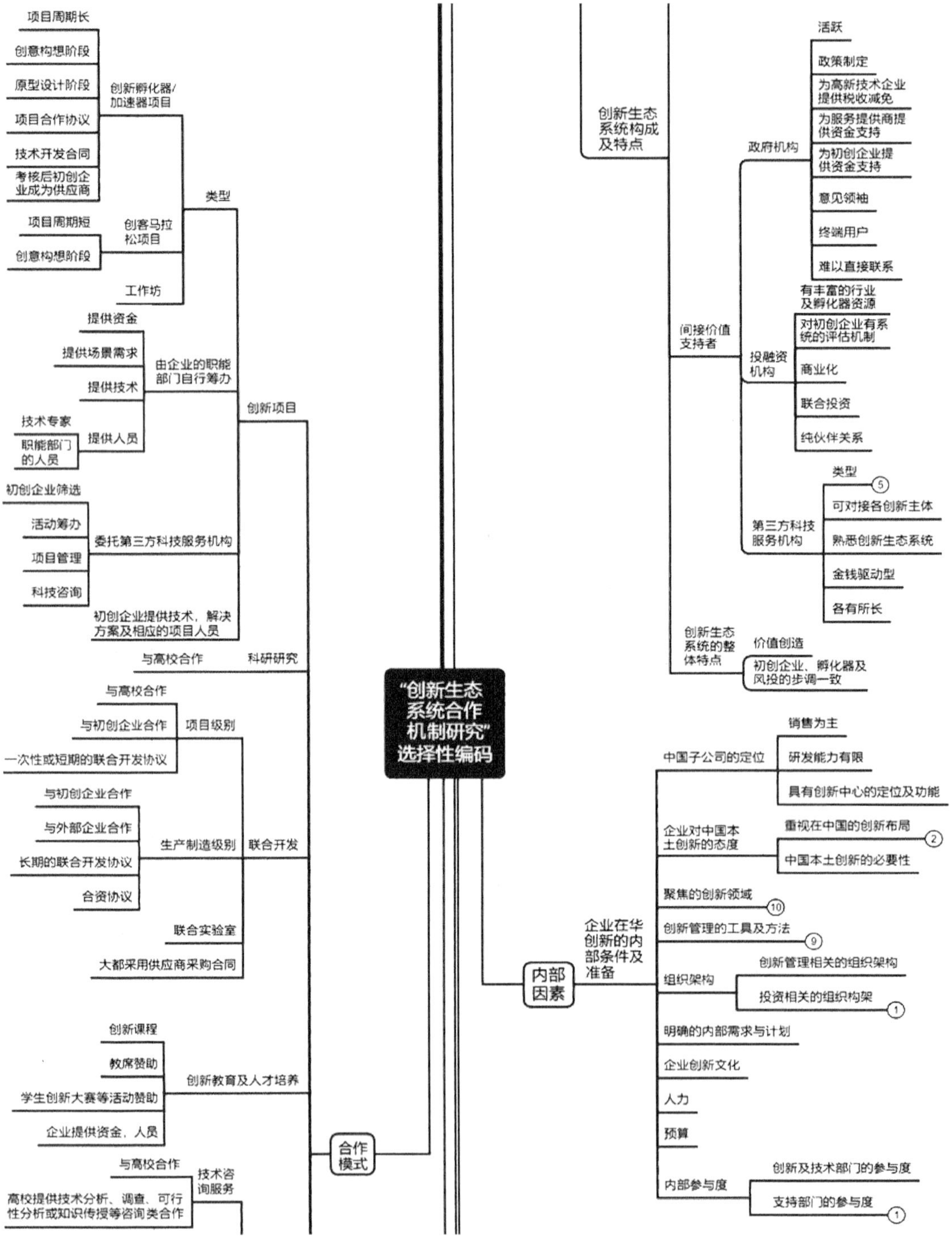
"创新生态系统合作机制研究"选择性编码
合作模式
创新项目
类型
创新孵化器/加速器项目
项目周期长
创意构想阶段
原型设计阶段
项目合作协议
技术开发合同
考核后初创企业成为供应商
创客马拉松项目
项目周期短
创意构想阶段
工作坊
由企业的职能部门自行筹办
提供资金
提供场景需求
提供技术
提供人员
技术专家
职能部门的人员
委托第三方科技服务机构
初创企业筛选
活动筹办
项目管理
科技咨询
初创企业提供技术，解决方案及相应的项目人员
科研研究
与高校合作
联合开发
项目级别
与高校合作
与初创企业合作
一次性或短期的联合开发协议
生产制造级别
与初创企业合作
与外部企业合作
长期的联合开发协议
合资协议
联合实验室
大都采用供应商采购合同
创新教育及人才培养
创新课程
教席赞助
学生创新大赛等活动赞助
企业提供资金，人员
技术咨询服务
与高校合作
高校提供技术分析、调查、可行性分析或知识传授等咨询类合作
创新生态系统构成及特点
间接价值支持者
政府机构
活跃
政策制定
为高新技术企业提供税收减免
为服务提供商提供资金支持
为初创企业提供资金支持
意见领袖
终端用户
难以直接联系
投融资机构
有丰富的行业及孵化器资源
对初创企业有系统的评估机制
商业化
联合投资
纯伙伴关系
第三方科技服务机构
类型
5
可对接各创新主体
熟悉创新生态系统
金钱驱动型
各有所长
创新生态系统的整体特点
价值创造
初创企业、孵化器及风投的步调一致
内部因素
企业在华创新的内部条件及准备
中国子公司的定位
销售为主
研发能力有限
具有创新中心的定位及功能
企业对中国本土创新的态度
重视在中国的创新布局
中国本土创新的必要性
2
聚焦的创新领域
10
创新管理的工具及方法
9
组织架构
创新管理相关的组织架构
投资相关的组织构架
1
明确的内部需求与计划
企业创新文化
人力
预算
内部参与度
创新及技术部门的参与度
支持部门的参与度
1

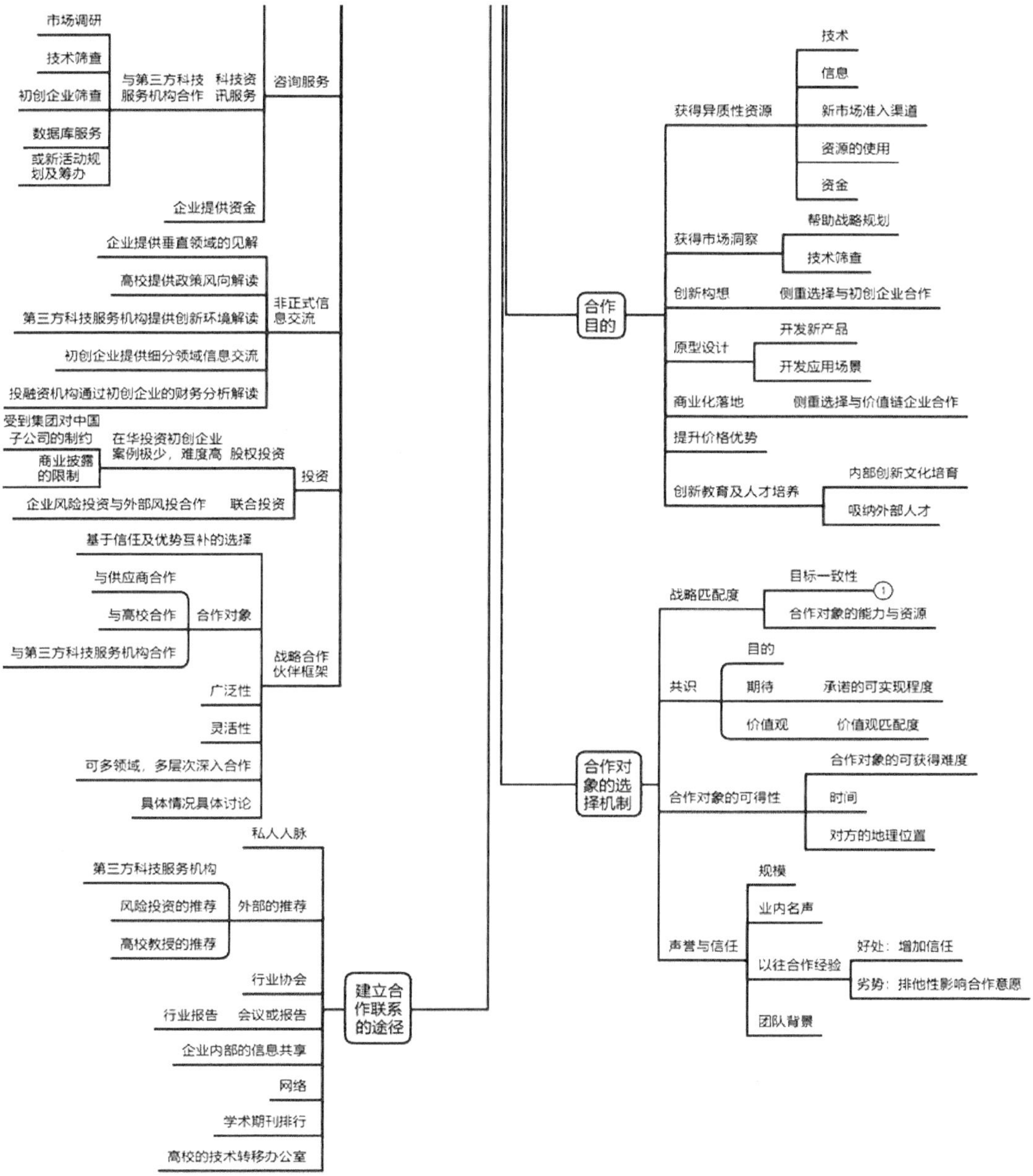
市场调研
技术筛查
初创企业筛查
数据库服务
或新活动规划及筹办
与第三方科技服务机构合作
科技资讯服务
咨询服务
企业提供资金
企业提供垂直领域的见解
高校提供政策风向解读
第三方科技服务机构提供创新环境解读
非正式信息交流
初创企业提供细分领域信息交流
投融资机构通过初创企业的财务分析解读
受到集团对中国子公司的制约
商业披露的限制
在华投资初创企业案例极少，难度高
股权投资
投资
企业风险投资与外部风投合作
联合投资
基于信任及优势互补的选择
与供应商合作
与高校合作
合作对象
与第三方科技服务机构合作
战略合作伙伴框架
广泛性
灵活性
可多领域，多层次深入合作
具体情况具体讨论
私人人脉
第三方科技服务机构
风险投资的推荐
外部的推荐
高校教授的推荐
行业协会
行业报告
会议或报告
建立合作联系的途径
企业内部的信息共享
网络
学术期刊排行
高校的技术转移办公室
合作目的
获得异质性资源
技术
信息
新市场准入渠道
资源的使用
资金
获得市场洞察
帮助战略规划
技术筛查
创新构想
侧重选择与初创企业合作
原型设计
开发新产品
开发应用场景
商业化落地
侧重选择与价值链企业合作
提升价格优势
创新教育及人才培养
内部创新文化培育
吸纳外部人才
合作对象的选择机制
战略匹配度
目标一致性
1
合作对象的能力与资源
共识
目的
期待
承诺的可实现程度
价值观
价值观匹配度
合作对象的可得性
合作对象的可获得难度
时间
对方的地理位置
声誉与信任
规模
业内名声
以往合作经验
好处：增加信任
劣势：排他性影响合作意愿
团队背景

附录 K　理论性编码

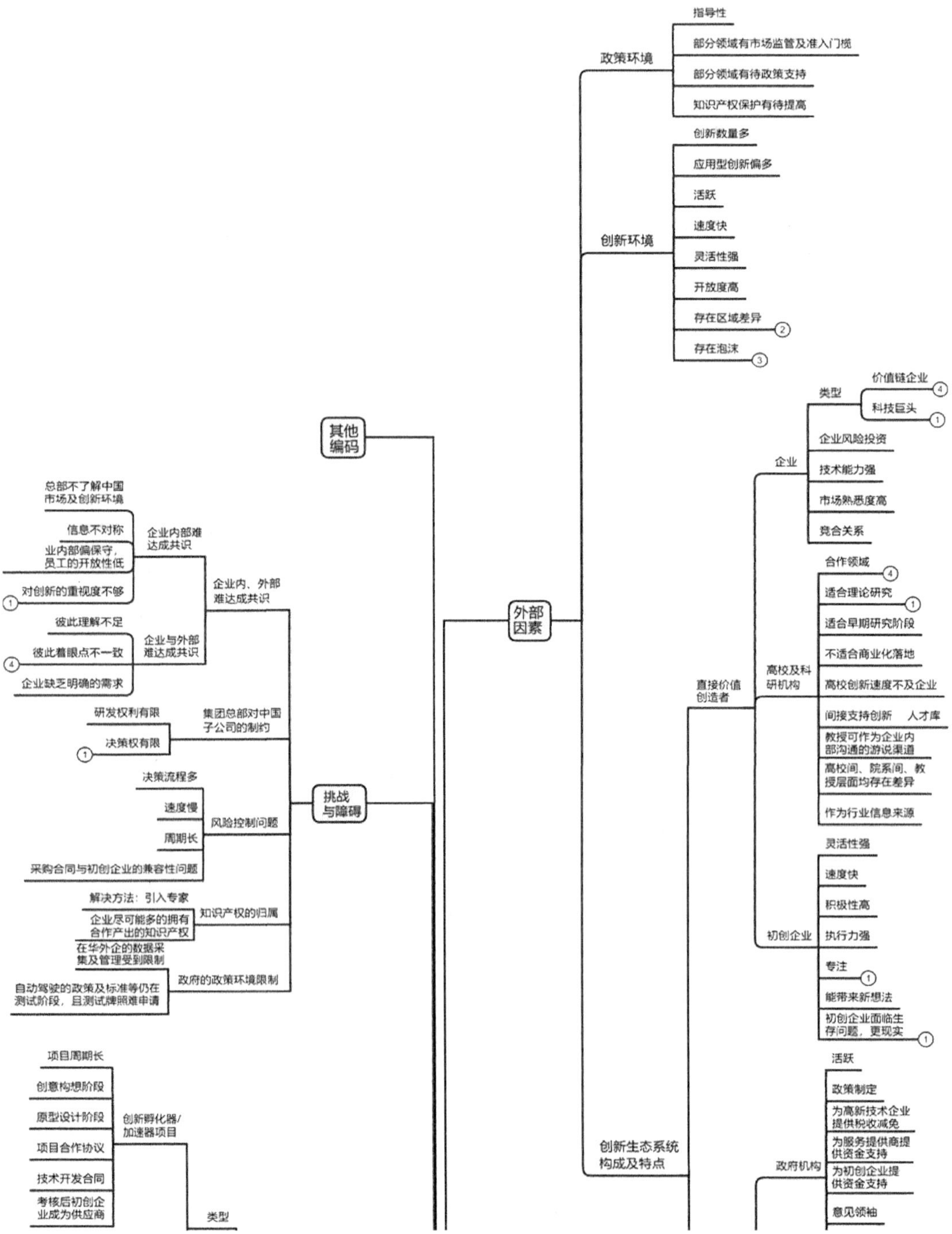

指导性
部分领域有市场监管及准入门槛
部分领域有待政策支持
知识产权保护有待提高
政策环境
创新数量多
应用型创新偏多
活跃
速度快
灵活性强
开放度高
存在区域差异
存在泡沫
创新环境
价值链企业
科技巨头
类型
企业风险投资
技术能力强
市场熟悉度高
竞合关系
企业
合作领域
适合理论研究
适合早期研究阶段
不适合商业化落地
高校创新速度不及企业
间接支持创新　人才库
教授可作为企业内部沟通的游说渠道
高校间、院系间、教授层面均存在差异
作为行业信息来源
高校及科研机构
直接价值创造者
灵活性强
速度快
积极性高
执行力强
专注
能带来新想法
初创企业面临生存问题，更现实
初创企业
活跃
政策制定
为高新技术企业提供税收减免
为服务提供商提供资金支持
为初创企业提供资金支持
意见领袖
政府机构
创新生态系统构成及特点
外部因素
其他编码
总部不了解中国市场及创新环境
信息不对称
业内部偏保守，员工的开放性低
对创新的重视度不够
企业内部难达成共识
彼此理解不足
彼此着眼点不一致
企业缺乏明确的需求
企业与外部难达成共识
企业内、外部难达成共识
研发权利有限
决策权有限
集团总部对中国子公司的制约
决策流程多
速度慢
周期长
采购合同与初创企业的兼容性问题
风险控制问题
解决方法：引入专家
企业尽可能多的拥有合作产出的知识产权
知识产权的归属
在华外企的数据采集及管理受到限制
自动驾驶的政策及标准等仍在测试阶段，且测试牌照难申请
政府的政策环境限制
挑战与障碍
项目周期长
创意构想阶段
原型设计阶段
项目合作协议
技术开发合同
考核后初创企业成为供应商
创新孵化器/加速器项目
类型

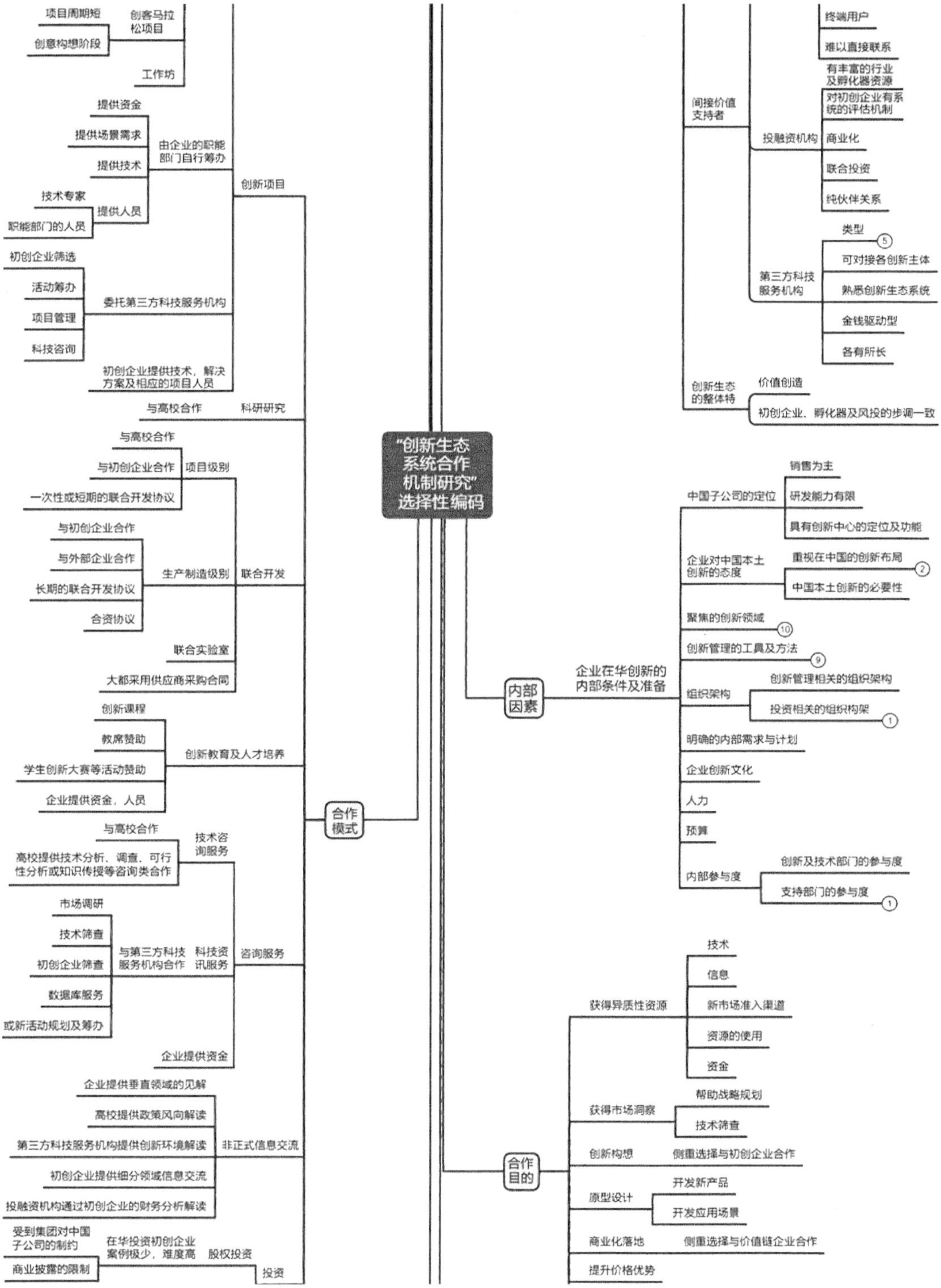

"创新生态系统合作机制研究"选择性编码
合作模式
创新项目
创客马拉松项目
项目周期短
创意构想阶段
工作坊
由企业的职能部门自行筹办
提供资金
提供场景需求
提供技术
提供人员
技术专家
职能部门的人员
委托第三方科技服务机构
初创企业筛选
活动筹办
项目管理
科技咨询
初创企业提供技术，解决方案及相应的项目人员
科研研究
与高校合作
联合开发
项目级别
与高校合作
与初创企业合作
一次性或短期的联合开发协议
生产制造级别
与初创企业合作
与外部企业合作
长期的联合开发协议
合资协议
联合实验室
大都采用供应商采购合同
创新教育及人才培养
创新课程
教席赞助
学生创新大赛等活动赞助
企业提供资金，人员
咨询服务
技术咨询服务
与高校合作
高校提供技术分析、调查、可行性分析或知识传授等咨询类合作
科技资讯服务
与第三方科技服务机构合作
市场调研
技术筛查
初创企业筛查
数据库服务
或新活动规划及筹办
企业提供资金
非正式信息交流
企业提供垂直领域的见解
高校提供政策风向解读
第三方科技服务机构提供创新环境解读
初创企业提供细分领域信息交流
投融资机构通过初创企业的财务分析解读
投资
股权投资
在华投资初创企业案例极少，难度高
受到集团对中国子公司的制约
商业披露的限制
间接价值支持者
终端用户
难以直接联系
投融资机构
有丰富的行业及孵化器资源
对初创企业有系统的评估机制
商业化
联合投资
纯伙伴关系
第三方科技服务机构
类型
可对接各创新主体
熟悉创新生态系统
金钱驱动型
各有所长
创新生态的整体特
价值创造
初创企业、孵化器及风投的步调一致
内部因素
企业在华创新的内部条件及准备
中国子公司的定位
销售为主
研发能力有限
具有创新中心的定位及功能
企业对中国本土创新的态度
重视在中国的创新布局
中国本土创新的必要性
聚焦的创新领域
创新管理的工具及方法
组织架构
创新管理相关的组织架构
投资相关的组织构架
明确的内部需求与计划
企业创新文化
人力
预算
内部参与度
创新及技术部门的参与度
支持部门的参与度
合作目的
获得异质性资源
技术
信息
新市场准入渠道
资源的使用
资金
获得市场洞察
帮助战略规划
技术筛查
创新构想
侧重选择与初创企业合作
原型设计
开发新产品
开发应用场景
商业化落地
侧重选择与价值链企业合作
提升价格优势

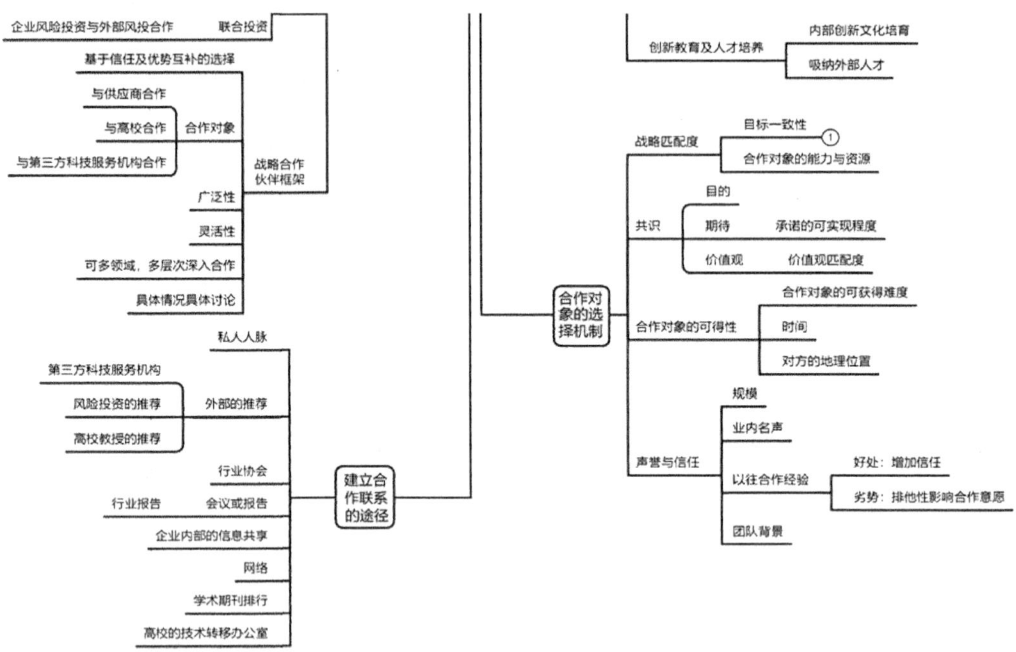
企业风险投资与外部风投合作
联合投资
基于信任及优势互补的选择
与供应商合作
与高校合作
与第三方科技服务机构合作
合作对象
战略合作伙伴框架
广泛性
灵活性
可多领域，多层次深入合作
具体情况具体讨论
私人人脉
第三方科技服务机构
风险投资的推荐
高校教授的推荐
外部的推荐
行业协会
行业报告
会议或报告
企业内部的信息共享
网络
学术期刊排行
高校的技术转移办公室
建立合作联系的途径
创新教育及人才培养
内部创新文化培育
吸纳外部人才
战略匹配度
目标一致性
合作对象的能力与资源
共识
目的
期待
承诺的可实现程度
价值观
价值观匹配度
合作对象的选择机制
合作对象的可得性
合作对象的可获得难度
时间
对方的地理位置
声誉与信任
规模
业内名声
以往合作经验
好处：增加信任
劣势：排他性影响合作意愿
团队背景